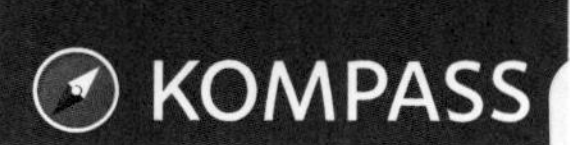

Endlich Hüttenzeit

TIROL

44 HÜTTENTOUREN

TIROL
44 HÜTTENTOUREN

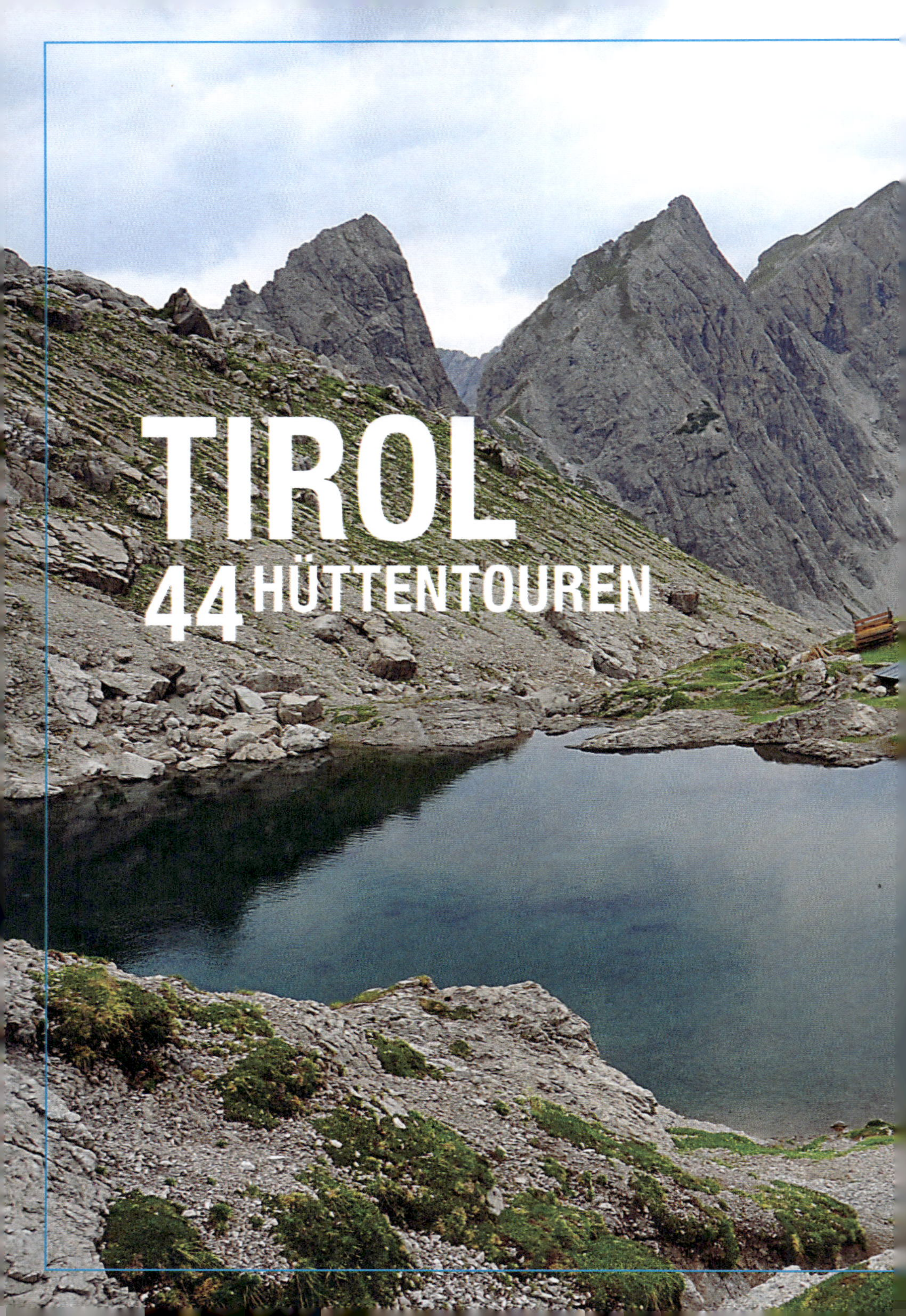

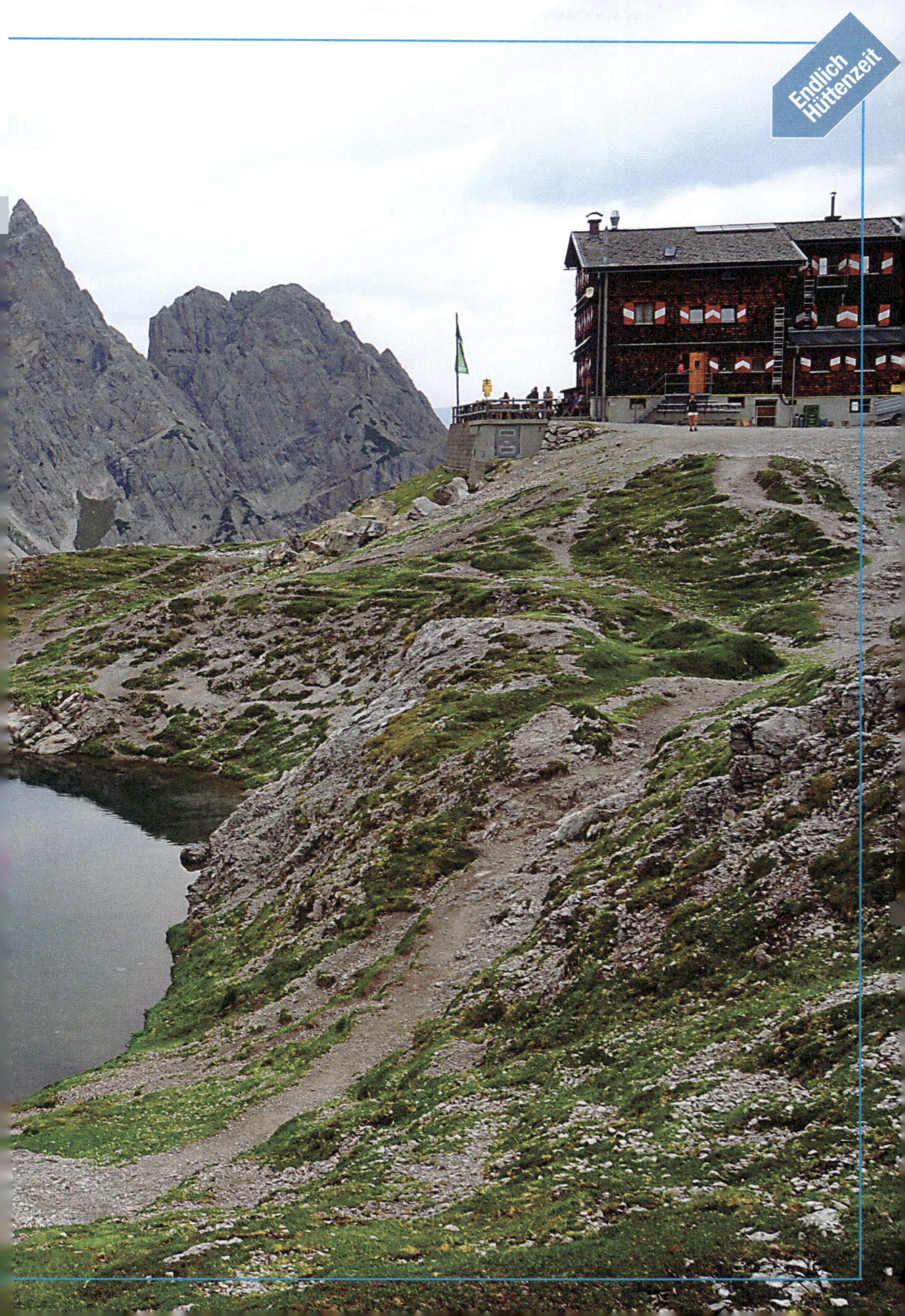
Endlich
Hüttenzeit

Inhalt

Grundwissen

Touren 1–44

Unsere Hütten-Hacks

Endlich was Neues ausprobieren

Von Vorteil für Mensch & Natur

Impressum

Endlich Feierabend

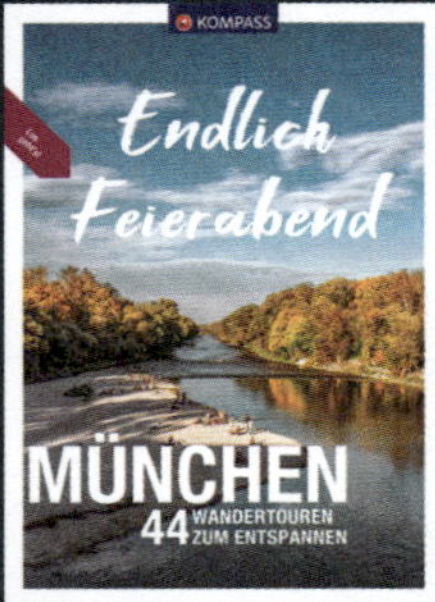

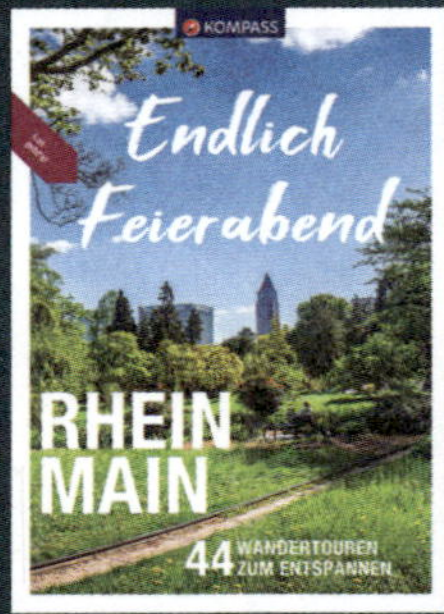

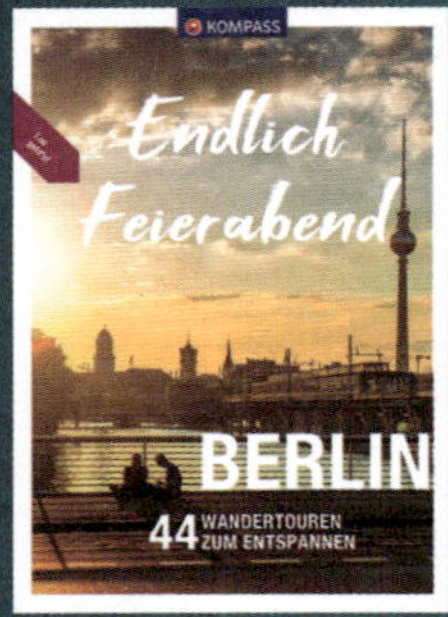

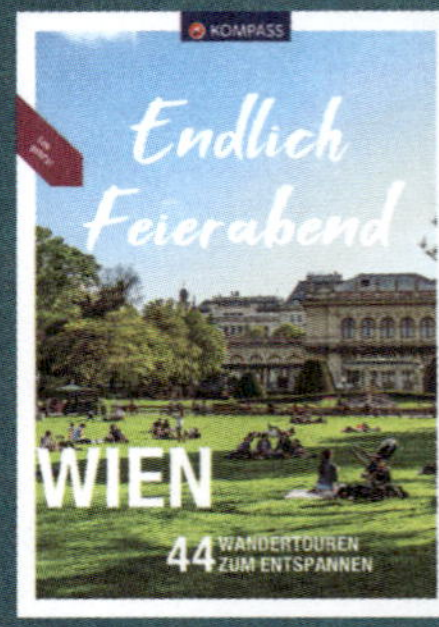

Endlich Erfrischung & Endlich Fahrtwind

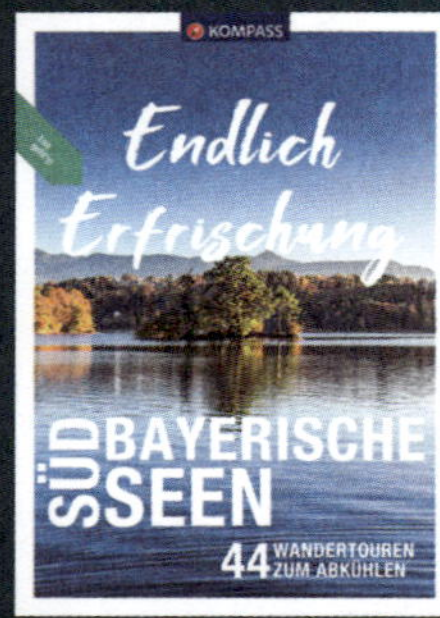

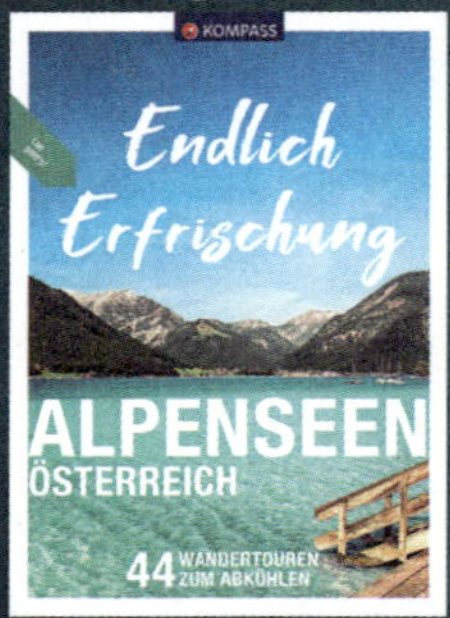

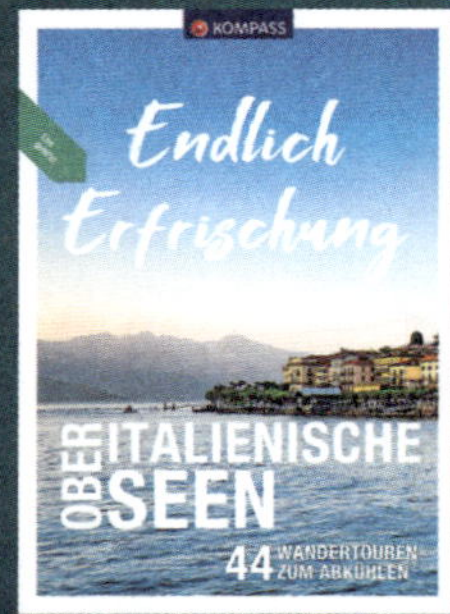

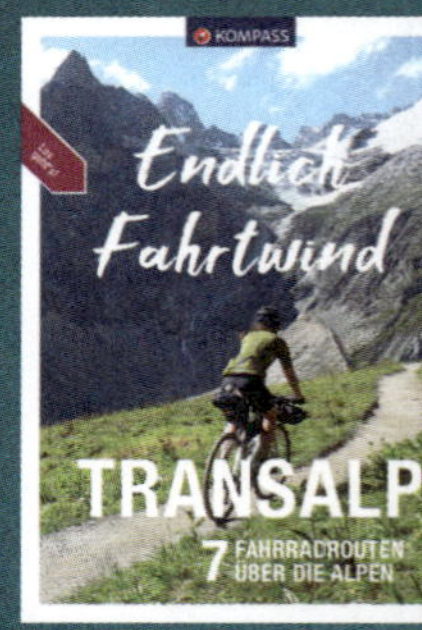

Endlich aufs Wasser & Endlich Sonne

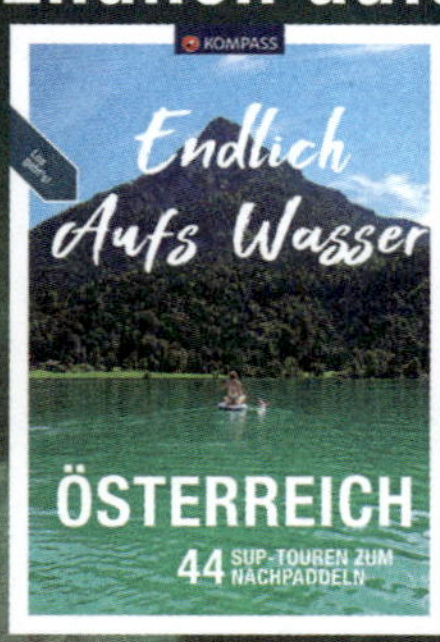

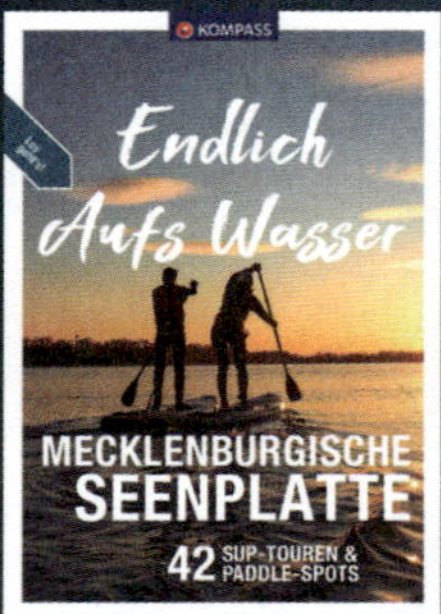

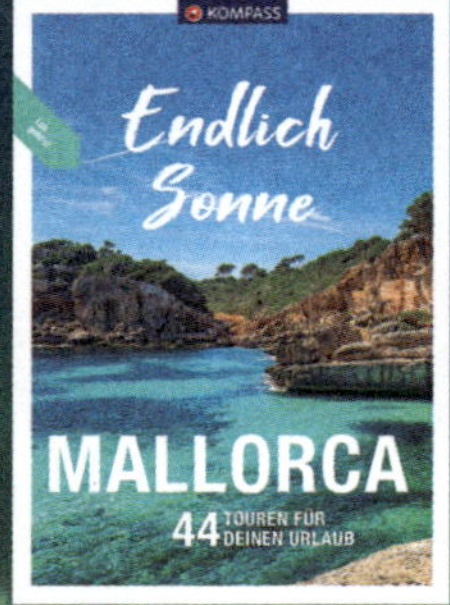

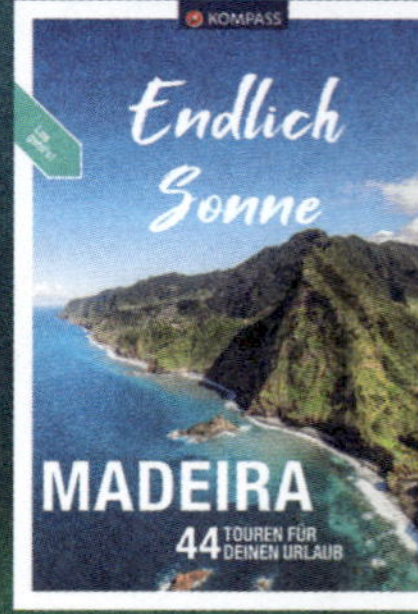

Tourenübersicht

TOUREN 1–11

TOUREN 12–22

Tourenübersicht

TOUREN 23–33

TOUREN 34–44

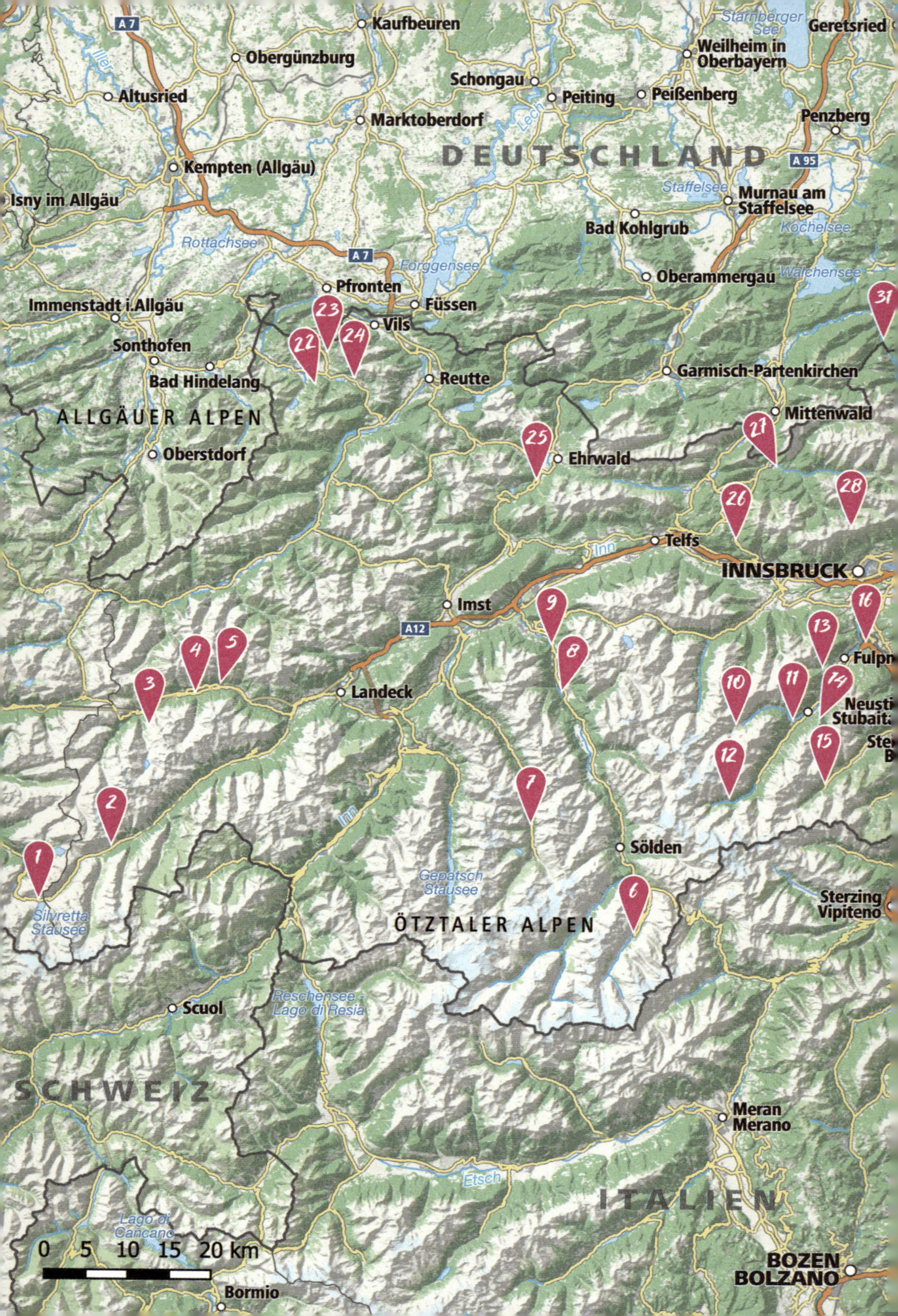

Kaufbeuren
Obergünzburg
Altusried
Marktoberdorf
Schongau
Peiting
Peißenberg
Weilheim in Oberbayern
Geretsried
Starnberger See
Penzberg
DEUTSCHLAND
Kempten (Allgäu)
Isny im Allgäu
Staffelsee
Murnau am Staffelsee
Bad Kohlgrub
Kochelsee
Rottachsee
Forggensee
Oberammergau
Walchensee
Pfronten
Füssen
Vils
Immenstadt i. Allgäu
Sonthofen
Bad Hindelang
Reutte
Garmisch-Partenkirchen
ALLGÄUER ALPEN
Mittenwald
Oberstdorf
Ehrwald
Telfs
INNSBRUCK
Imst
Landeck
Sölden
Gepatsch Stausee
ÖTZTALER ALPEN
Silvretta Stausee
Sterzing Vipiteno
Scuol
Reschensee - Lago di Resia
SCHWEIZ
Meran Merano
Etsch
ITALIEN
Lago di Cancano
0 5 10 15 20 km
Bormio
BOZEN BOLZANO

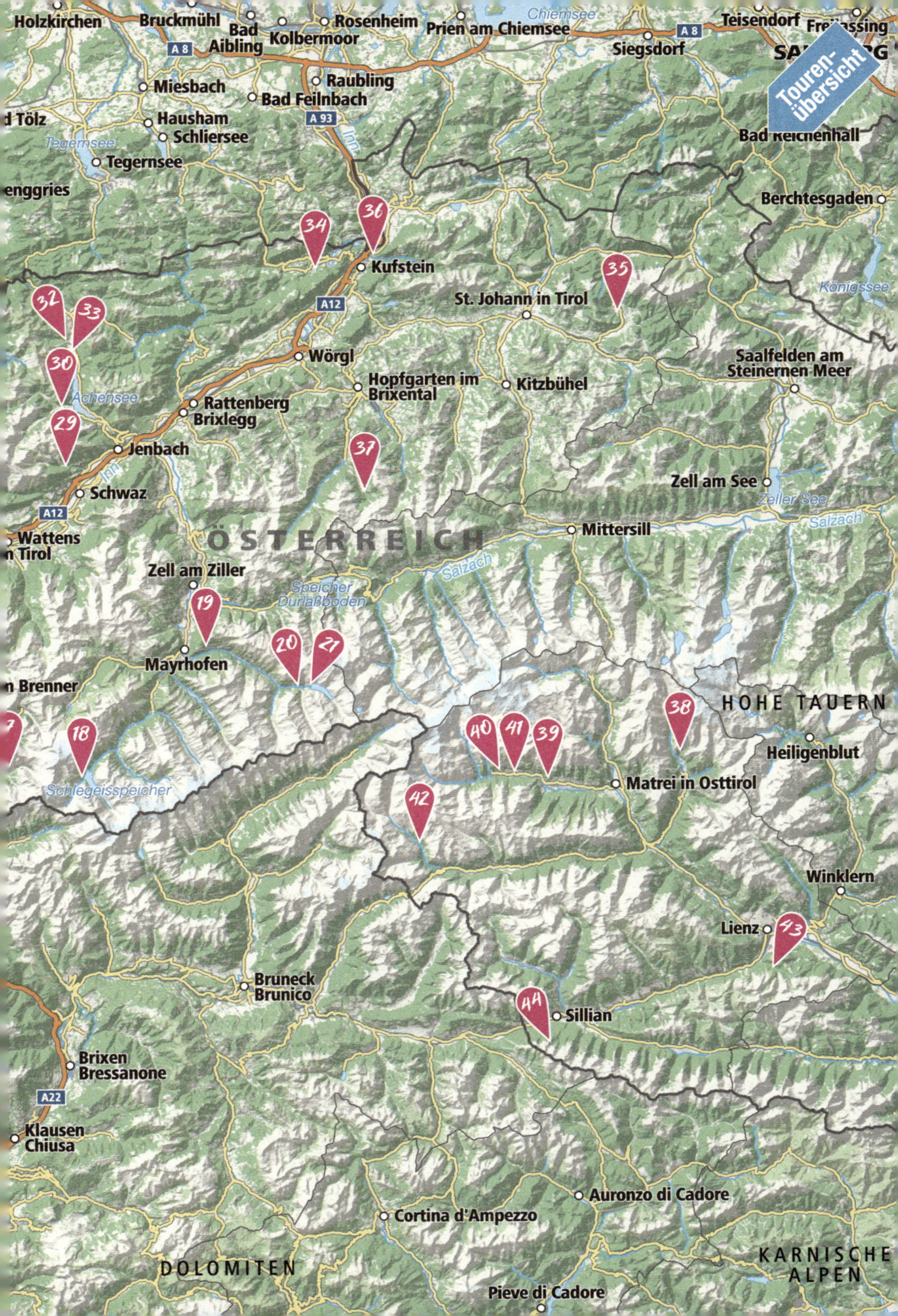
Touren-übersicht
Holzkirchen
Bruckmühl
Bad Aibling
Kolbermoor
Rosenheim
Chiemsee
Prien am Chiemsee
Teisendorf
Siegsdorf
A 8
Miesbach
Raubling
Bad Feilnbach
Hausham
Schliersee
A 93
Inn
Tegernsee
Bad Reichenhall
Berchtesgaden
Kufstein
A12
St. Johann in Tirol
Königssee
Wörgl
Saalfelden am Steinernen Meer
Hopfgarten im Brixental
Kitzbühel
Achensee
Rattenberg
Brixlegg
Jenbach
Schwaz
Zell am See
Zeller See
Salzach
Wattens
Mittersill
ÖSTERREICH
Zell am Ziller
Speicher Durlaßboden
Mayrhofen
HOHE TAUERN
Heiligenblut
Schlegeisspeicher
Matrei in Osttirol
Winklern
Lienz
Bruneck
Brunico
Sillian
Brixen
Bressanone
A22
Klausen
Chiusa
Auronzo di Cadore
Cortina d'Ampezzo
DOLOMITEN
KARNISCHE ALPEN
Pieve di Cadore
32
33
30
29
34
36
35
37
19
20
21
18
40
41
39
38
42
43
44

Endlich …

geht es los!

44 HÜTTENTOUREN FÜR DICH

Was könnte schöner sein als endlich Hüttenzeit? Jetzt heißt es raus aus dem Alltag und rein in die Wanderklamotten! Wir haben die schönsten Touren zusammengestellt und zeigen dir die faszinierendsten Hütten in Tirol. Wir nehmen dich mit zu Schlutzkrapfen und Heißer Schokolade, Kaminfeuer und spannenden Berggeschichten. Denn Hüttenzeit heißt Wohlfühlzeit am Berg, ohne Stress und Hektik.

Tirol liegt im Herzen der Alpen und stellt eine der vielfältigsten und interessantesten Landschaften im Ostalpenraum dar. Das österreichische Bundesland grenzt im Westen an Vorarlberg, im Norden an Bayern, im Osten an Salzburg und Kärnten und im Süden an Südtirol. Die Landschaft ist geprägt von unzähligen Bergketten und Tälern. Der höchste Berg Tirols und gleichzeitig der höchste Berg Österreichs ist der Großglockner, mit einer Höhe von 3798 m ü.N.N. Das urbane Zentrum Tirols befindet sich in Innsbruck, mit knapp über 130 000 Einwohnern. Beschauliche Dorfidylle findet sich abseits des Inntals und der touristischen Hotspots. Berge, Natur, Seen, Flüsse und gutes Essen runden deinen Aufenthalt ab.

Endlich Hüttenzeit Tirol wartet mit einer beeindruckenden Reihe an Hütten auf, die sich wunderbar im Rahmen von idyllischen Tageswanderungen verschiedenster Schwierigkeitsgrade entdecken lassen. Ob eine kurze Familienwanderung zum Gleinserhof, eine aussichtsreiche aber fordernde Tour zur Neuen Bamberger Hütte oder eine Tour mit anschließender Abkühlung an der Berger-See-Hütte – wir haben die schönsten Hüttentouren in Tirol zusammengetragen und wünschen dir viele unvergessliche Wandererlebnisse!

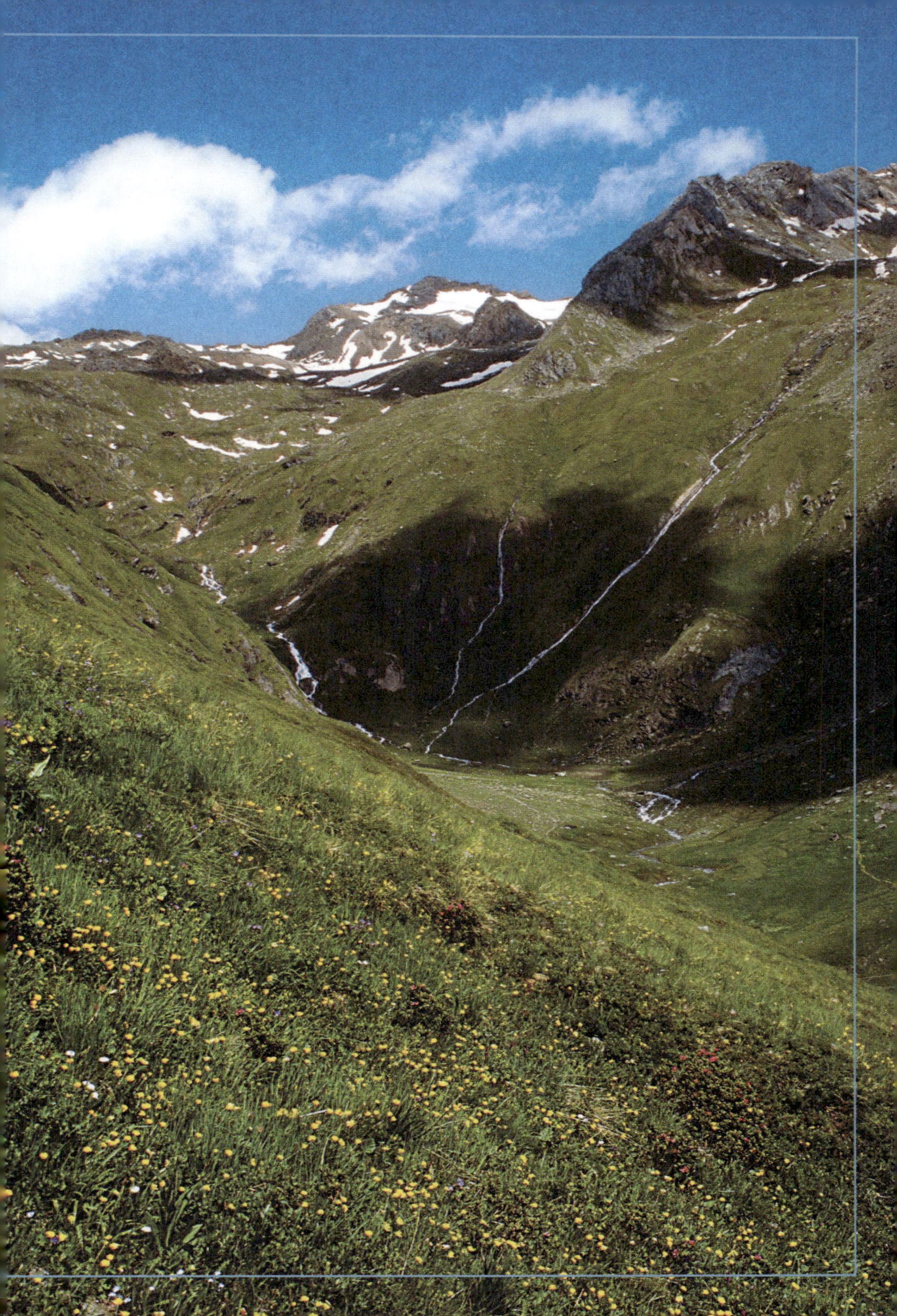

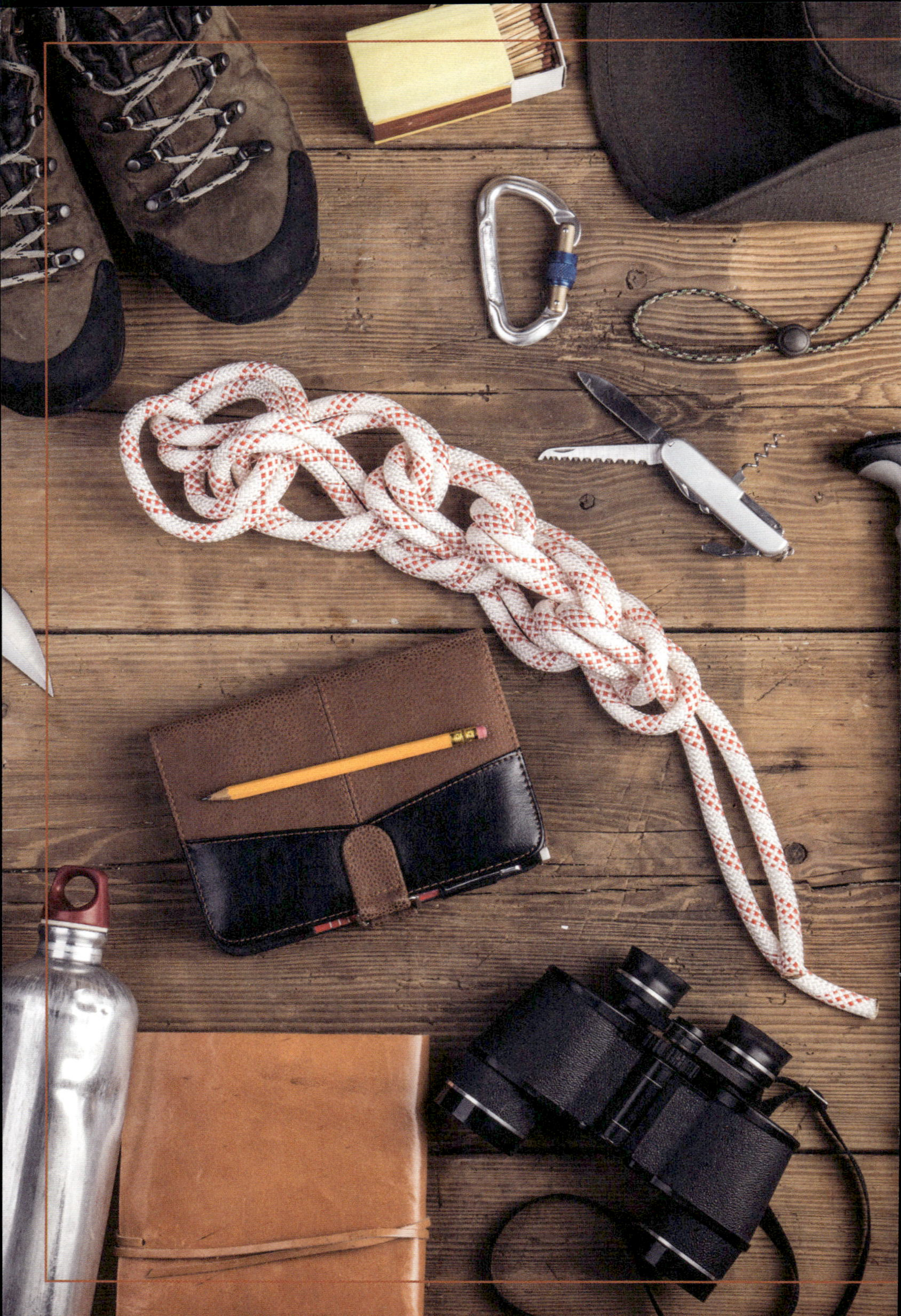

Endlich alle 7 Sachen zusammen

Pack-tipps

Deine Packliste

MATERIALCHECK

Die Hüttentouren sind zum Teil sehr fordernde Bergtouren. Daher sollte der Rucksack gefüllt sein mit dem richtigen Material. Damit ihr nichts Wichtiges vergesst, haben wir eine Packliste für euch zusammengestellt, die euch wohlbehalten zu eurem Ziel bringt:

- ○ Wanderschuhe
- ○ Wetterfeste Bekleidung
- ○ Wasser (mind. 1,5 Liter!)
- ○ Erste-Hilfe-Set
- ○ Handy (für den Notruf)
- ○ Wechselkleidung
- ○ Proviant
- ○ Kompass und Wanderkarte

Neben der Standardausrüstung zum Wandern sind für die Hüttentouren und die damit verbundene Übernachtung noch folgende Dinge sehr wichtig:

- ○ Hüttenschlafsack
- ○ Ohrstöpsel
- ○ Ausweis und Bargeld
- ○ Hüttenschuhe und trockene Socken

Endlich gern gesehen

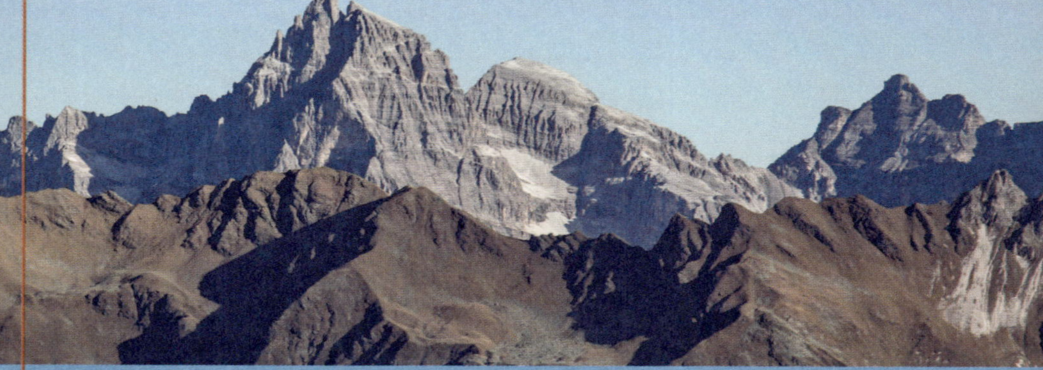

Verhaltenskodex

BEIM WANDERN

Wandern liegt voll im Trend! Immer mehr Menschen lassen sich von der Faszination des Bergsports in den Bann ziehen, kehren dem Städtealltag den Rücken zu und suchen fernab von Stress und Hektik mehr Ruhe, Ausgleich und Bewegung in den Bergen. Doch je mehr wir in der Natur unterwegs sind, desto mehr Schaden trägt sie davon – außer wir gehen sanft mit der sensiblen Umgebung um und versuchen, möglichst viele Aspekte rund um eine Wandertour nachhaltig zu gestalten. Um im Einklang mit der Umgebung unterwegs zu sein, haben wir wichtige Tipps und einfache Grundregeln zusammengefasst. „Take nothing but pictures, leave nothing but footprints" – beherzige dieses Motto, dann steht deinem umweltschonenden Naturerlebnis nichts mehr im Weg!

Und das kannst du machen ...

Dos & Don'ts

01 Befolge Bestimmungen: Informiere dich über Regelungen in Nationalparks und Schutzgebieten und halte dich an die Hinweise auf Informationstafeln.

02 Bewege dich auf sichtbaren Wegspuren: Durchquere keine Gebiete auf eigene Faust, sondern bleibe auf den festgelegten Routen. Respektiere Privatgrund und schließe Weidegatter.

03 Respektvoller Umgang untereinander: Begegne anderen Wanderern und Forstpersonal sowie Jägern und Landwirten stets freundlich und respektvoll, schließlich bist du Gast in dieser schönen Gegend.

04 Vermeide unnötigen Lärm: Achte auf Ruhezonen und bewege dich möglichst leise in der freien Natur.

05 Respektiere den Lebensraum der Tiere: Weiche Tieren unaufgeregt aus und halte Distanz bei Begegnungen.

06 Halte die Umwelt sauber: Hinterlasse keinen Abfall. Versuche dich bei Notdurft von Gewässern fernzuhalten und nimm Klopapier wieder mit ins Tal.

07 Pflücke und sammle keine Pflanzen: Achte darauf, Pflanzen möglichst unberührt zu lassen.

08 Mache kein offenes Feuer und campiere richtig: Nutze nur ausgewiesene Feuerstellen und beachte die aktuelle Waldbrandgefahr. Wenn du im Freien übernachtest, tu das nur an Plätzen, wo dies erlaubt ist.

Grundwissen

Wandern & Hütten

SICHERHEIT UND BASICS

Wandern ist ein ideales Mittel, um einfach mal auszuspannen und den Alltag hinter sich zu lassen. Nur der eigenen Bewegung folgen, sich auf seine Schritte und den eigenen Rhythmus konzentrieren. Die Natur und ihre Schönheit genießen. Gerade bei Mehrtagestouren kannst du richtig abschalten und das Hüttenleben genießen. Trotzdem gilt es einiges zu beachten, damit durch unvorhergesehene Ereignisse der Spaß nicht auf der Strecke bleibt.

Wettercheck: Gerade im Gebirge ist stabiles Wetter sehr wichtig. Sich bereits zwei bis drei Tage vorher zu informieren und am Abend vor der Tour oder bei Unsicherheit sogar morgens nochmal das Wetter abzuklären, kann oft böse Überraschungen vermeiden. Am besten informierst du dich beim österreichischen Wetterdienst (ZAMG) oder über das Bergwetter des österreichischen Alpenvereins. Bei unsicheren Verhältnissen lieber die Tour absagen und auf einen anderen Tag verschieben.

Hüttenübernachtung: Plane deine Hüttenübernachtung schon im Voraus und reserviere dir einen Schlafplatz über die Hüttenwebseite, per Mail oder direkt am Telefon beim Hüttenwirt. Denke auch daran, Bargeld für die Verpflegung und die Übernachtung mitzunehmen. Die anderen Gäste und der Hüttenwirt danken es dir, wenn du dich an die geltenden Regelungen hältst und auch die Essenszeiten sowie die Nachtruhe beachtest.

Notruf bei Unfällen: Bei einem Unfall haben Ruhe bewahren und überlegtes Handeln oberste Priorität. Erst einen Überblick über die Situation verschaffen, dann wird mit der europaweit gültigen Notrufnummer 112 ein Notruf abgesetzt. Funklöcher oder kein Handy erfordern das alpine Notsignal mittels Rufen, Pfiffen oder Licht: Alle zehn Sekunden eine Minute lang ein Signal, dann eine Minute Pause, dann wieder alle zehn Sekunden eine Minute lang ein Signal geben. Auch Erste-Hilfe-Maßnahmen sollten durchgeführt werden.

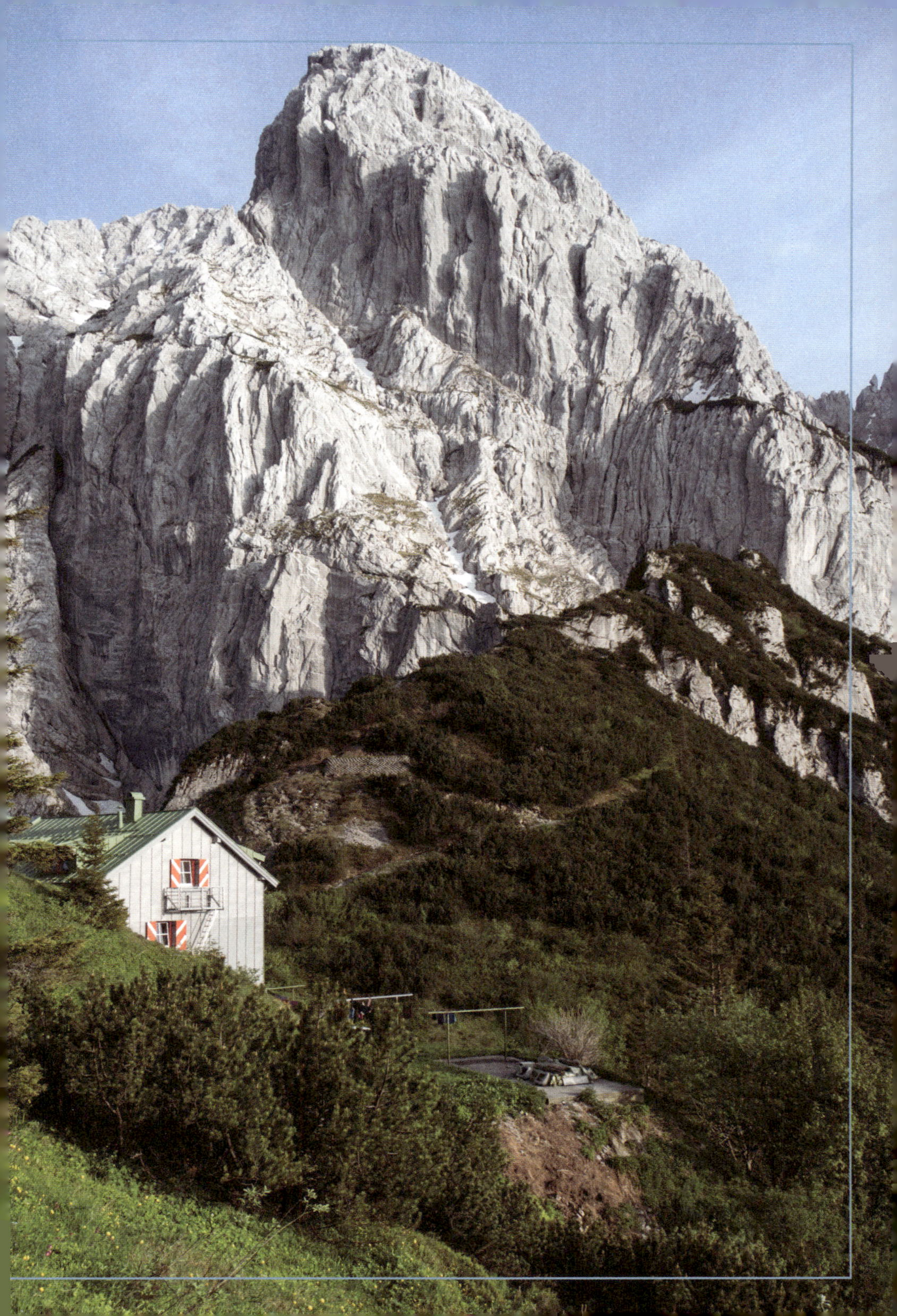

Grundwissen

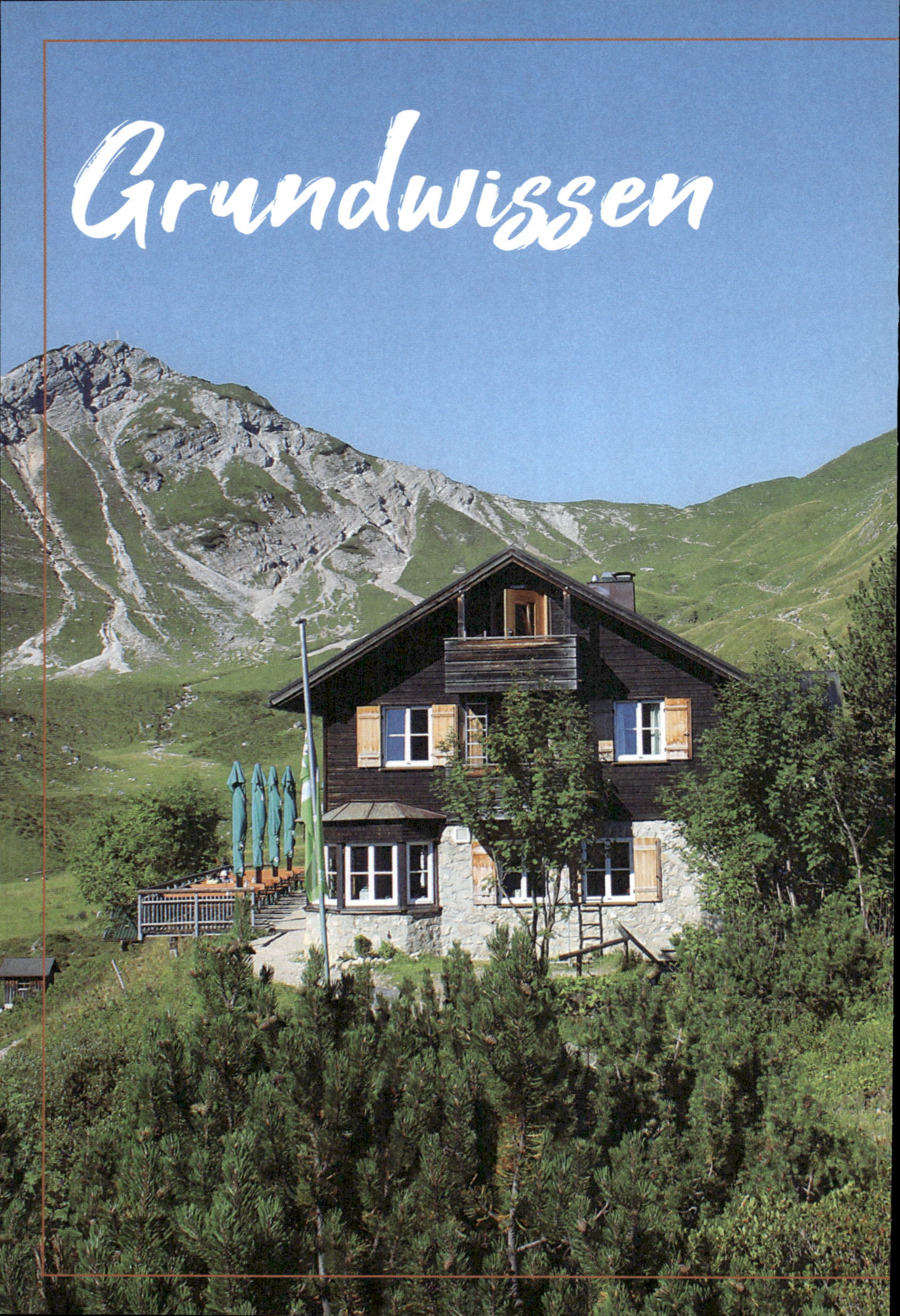

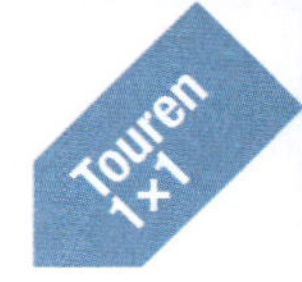

Wandern

TOUREN-1×1 & LEXIKON

Die Klassifizierung der Touren ist als Richtwert zu verstehen. Schätze dein Können und deine Kräfte realistisch ein und richte deine Tourenauswahl danach aus.

LEICHT: Meist gut markierte, breite Wanderwege ohne Gefahrenstellen, die stellenweise auch etwas steilere, wurzelige und felsige Passagen aufweisen können. Die Routen sind für Anfänger, Kinder sowie fitte, ältere Personen geeignet und setzen keine großartige Bergerfahrung voraus.

MITTEL: Anspruchsvollere Wege und Pfade mit teils unwegsamem Untergrund (steinig, wurzelig, verwachsen, rutschig), die meist gut markiert sind und phasenweise leicht ausgesetzte Abschnitte beinhalten können. Die Routen sind überwiegend länger und setzen Bergerfahrung und eine gute Grundkondition voraus.

SCHWER: Herausfordernde Touren, meist auf schmalen und steilen Steigen in alpinem Gelände. Stellenweise können kurze (durch Drahtseile versicherte) Kletter- und Kraxelpassagen vorkommen, bei denen die Hände zu Hilfe genommen werden müssen. Es ist mit längeren An- und Abstiegen zu rechnen. Langjährige Bergerfahrung, Trittsicherheit und Schwindelfreiheit sowie ausgezeichnete Kondition sind Grundvoraussetzung!

Gehzeiten: Die angeführten Zeitangaben verstehen sich als Richtwerte für die reine Gehzeit ohne Pausen und basieren auf folgenden Erfahrungswerten pro Stunde: Aufstieg 400 Höhenmeter, Abstieg 600 Höhenmeter, 4 km auf flacher Strecke.

Bergsaison: Grundsätzlich kannst du im Alpenraum von Mai bis Oktober wandern und im Hochgebirge von Juni bis September. Jede Jahreszeit hat ihren ganz besonderen Reiz: Während du in den niederen Regionen um den Mai herum liebliche Bergwanderungen inmitten blühender Bergwiesen unternehmen darfst, hält sich der Schnee in höheren Lagen oft bis in den Hochsommer hinein. Du kannst die Höhe deiner Wanderziele deshalb im Laufe des Sommers der Schneegrenze folgend steigern. Je nach Schneelage solltest du Touren in der grauen Felszone erst ab Mitte Juni in Angriff nehmen und Hochgebirgstouren im Bereich der Gletscherzone über 3000 Meter ab Mitte Juli. Vor den ersten Niederschlägen im Oktober lassen sich die anspruchsvollsten Bergtouren unternehmen, mit meist trockenen Bedingungen, sicherem Wetter mit kristallklarem Himmel und weitem Gipfelpanorama. Informiere dich am besten in der Region über die aktuelle Begehbarkeit der Wege und die Öffnungszeiten der Berghütten.

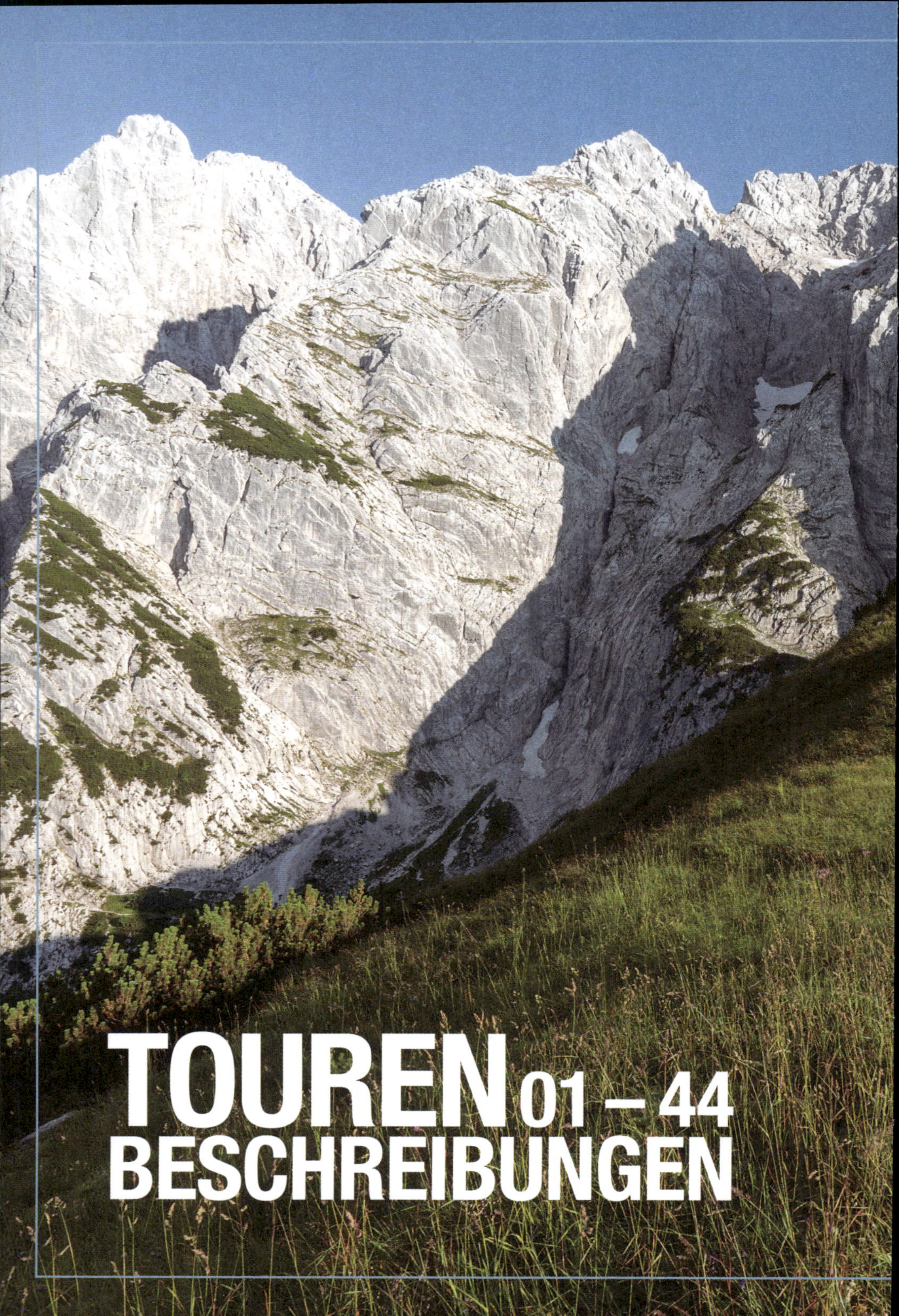

TOUREN 01 – 44
BESCHREIBUNGEN

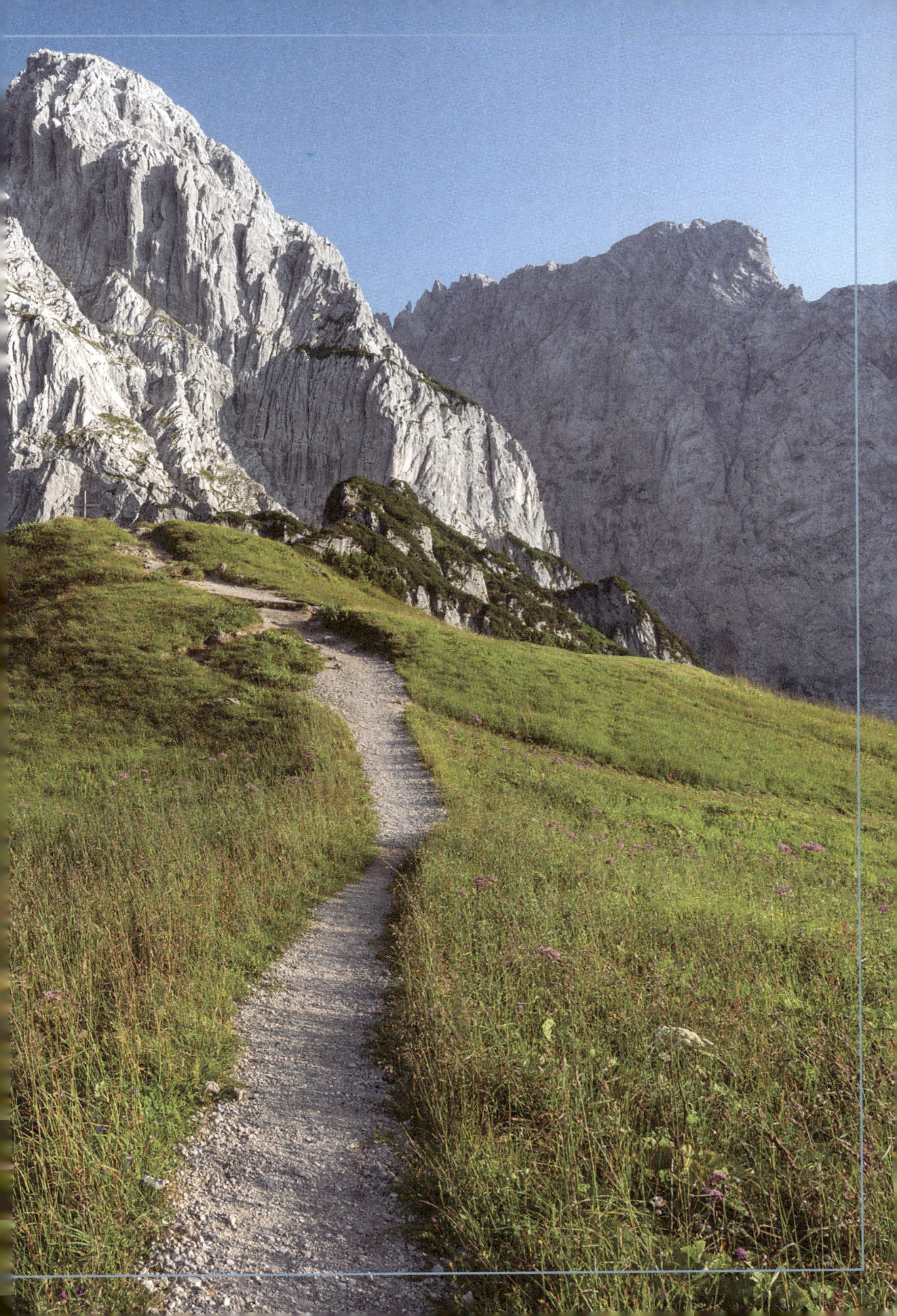

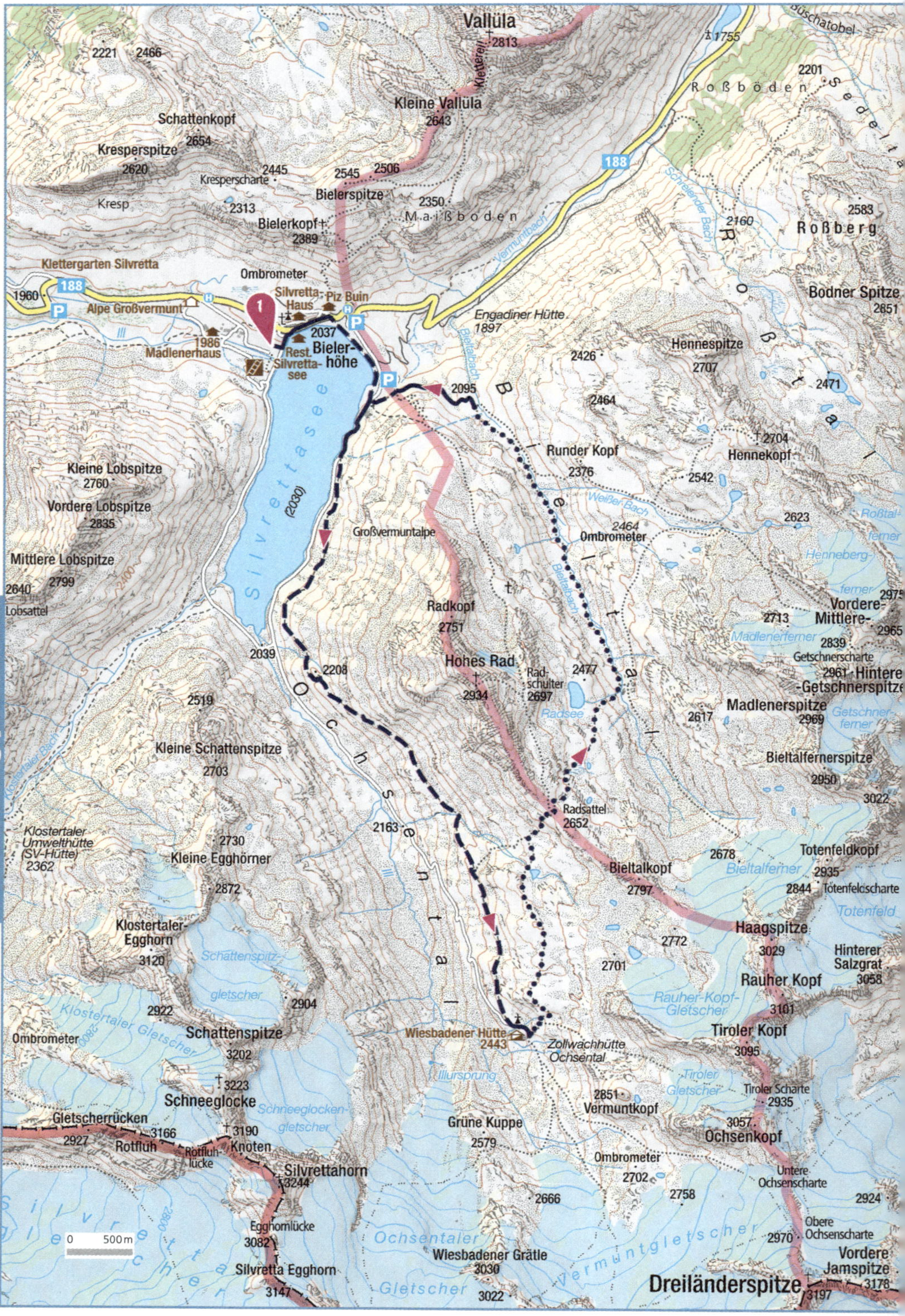

Vallüla
2813
Kletterei
Kleine Vallüla
2643
2221
2466
Schattenkopf
2654
Kresperspitze
2620
2445
Kresperscharte
Kresp
2313
Bielerkopf
2389
2545
2506
Bielerspitze
2350
Maißboden
1755
Buschatobel
2201
Roßböden
Sedeltal
188
Schnellender Bach
2160
Roßberg
2583
Roßtal
Vermuntbach
Klettergarten Silvretta
Ombrometer
1960
188
Alpe Großvermunt
Silvretta-Haus
Piz Buin
1
2037
Bieler-höhe
Engadiner Hütte
1897
Bodner Spitze
2851
1986
Madlenerhaus
Rest. Silvretta-see
Hennespitze
2707
2426
2095
Bieltalbach
2464
2471
Silvrettasee
(2030)
Bieltal
Kleine Lobspitze
2760
Vordere Lobspitze
2835
Mittlere Lobspitze
2799
2640
Lobsattel
2400
Runder Kopf
2376
2704
Hennekopf
2542
Weißer Bach
2623
Roßtalferner
Großvermuntalpe
2464
Ombrometer
Henneberg-ferner
Vordere-
Mittlere-
2975
2965
Radkopf
2751
2713
Madlenerferner
2839
Getschnerscharte
2961
Hintere
Getschnerspitze
2039
2208
Hohes Rad
2934
Rad-schulter
2697
2477
Radsee
2519
2617
Madlenerspitze
2969
Getschnerferner
Kleine Schattenspitze
2703
Ochsental
Bieltalfernerspitze
2950
3022
Radsattel
2652
Klostertaler Bach
Klostertaler Umwelthütte (SV-Hütte)
2362
2730
Kleine Egghörner
2163
2678
Totenfeldkopf
2935
Bieltalkopf
2797
Bieltalferner
2844
Totenfeldscharte
Totenfeld
2872
Klostertaler-Egghorn
3120
Schattenspitzgletscher
2772
Haagspitze
3029
Hinterer Salzgrat
3058
2701
Rauher Kopf
3101
Rauher-Kopf-Gletscher
2922
2904
Klostertaler Gletscher
Ombrometer
2980
Schattenspitze
3202
Wiesbadener Hütte
2443
Zollwachhütte Ochsental
Tiroler Kopf
3095
Illursprung
3223
Schneeglocke
Schneeglockengletscher
Tiroler Gletscher
Tiroler Scharte
2935
2851
Vermuntkopf
3057
Ochsenkopf
Gletscherrücken
3166
2927
Rotfluh
3190
Rotfluhlücke
Knoten
Grüne Kuppe
2579
Silvrettahorn
3244
Ombrometer
2702
2758
Untere Ochsenscharte
2666
2924
2800
Silvrettagletscher
Egghornlücke
3082
0 500 m
Ochsentaler Gletscher
Wiesbadener Grätle
3030
Vermuntgletscher
Obere Ochsenscharte
2970
Vordere Jamspitze
3178
Silvretta Egghorn
3147
3022
Dreiländerspitze
3197
01

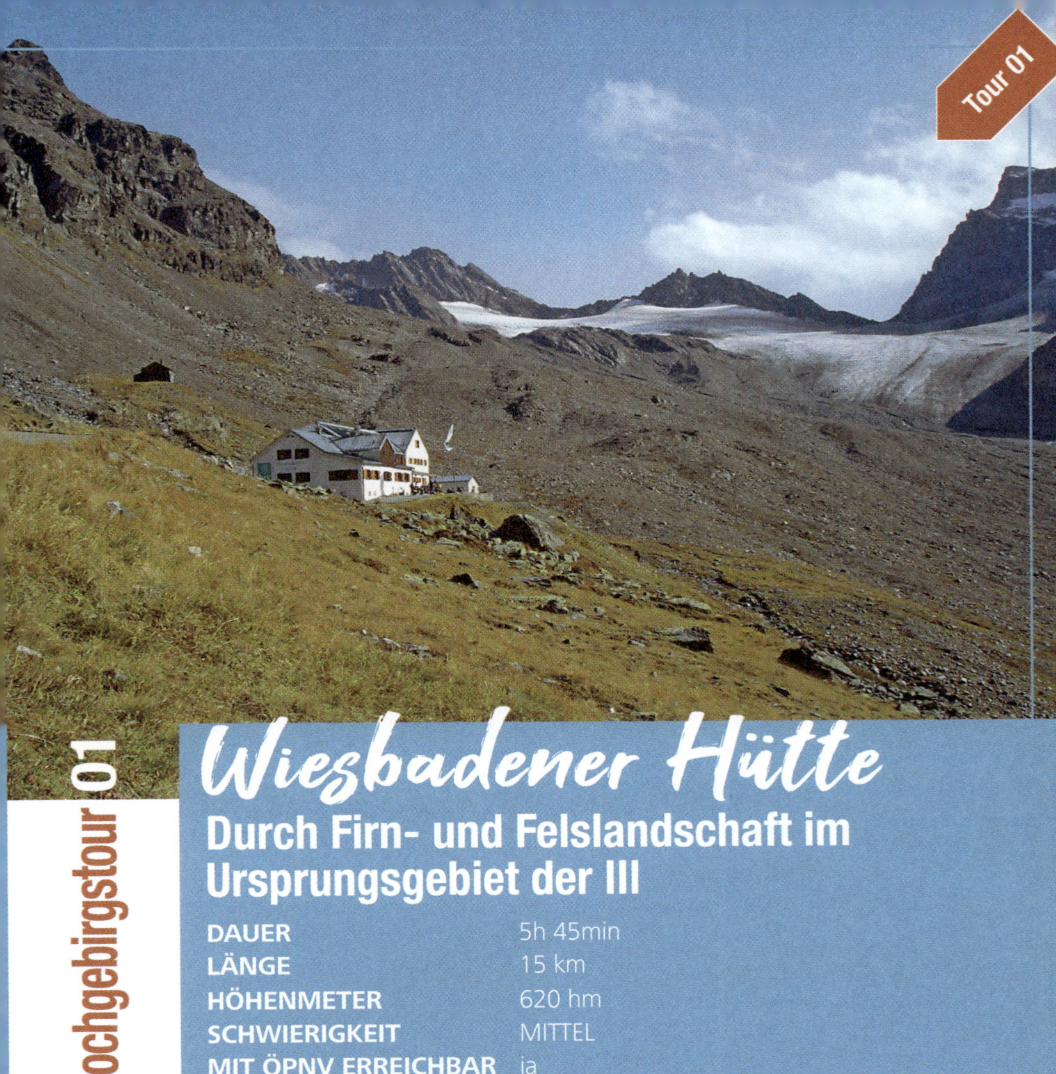

Wiesbadener Hütte

Durch Firn- und Felslandschaft im Ursprungsgebiet der Ill

DAUER	5h 45min
LÄNGE	15 km
HÖHENMETER	620 hm
SCHWIERIGKEIT	MITTEL
MIT ÖPNV ERREICHBAR	ja

Das erwartet dich ...

Diese Hochgebirgswanderung ist besonders für geübte Bergwanderer kein großes Problem, obwohl sich das Montafon von seiner rauen Seite zeigt. Die Tour bewegt sich zum Großteil auf schmalen, unschwierigen Bergwegen. Vorsicht ist im Bereich des Radsattels geboten, hier ist es steil und steinig. Die Runde ist durchgehend gut markiert.

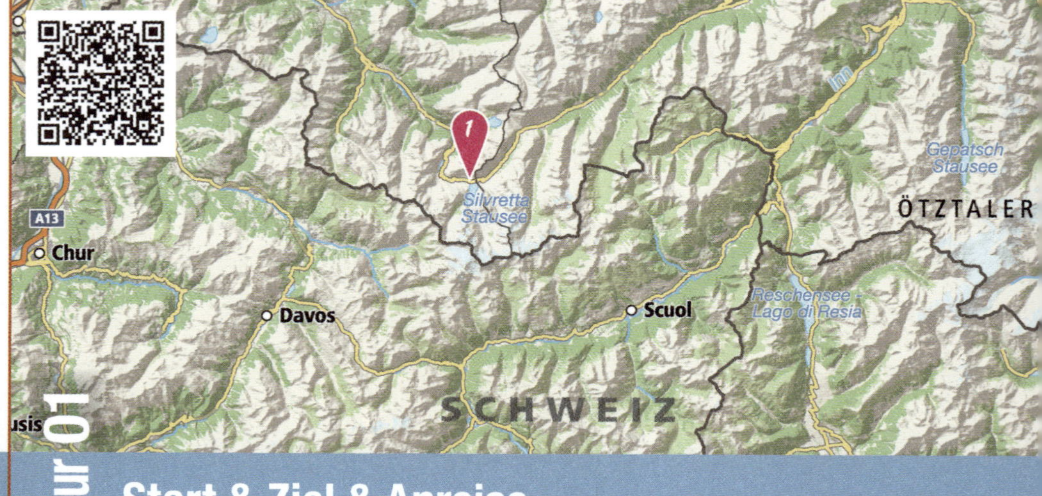

Hochgebirgstour 01

Start & Ziel & Anreise

Los geht's auf der Bielerhöhe auf 2037 m Höhe. Von der Schnellzugstation in Bludenz fährt die Montafonerbahn ca. 20 Minuten nach Schruns. Von hier aus geht es weiter mit dem Bus bis nach Partenen oder bis zur Bielerhöhe.
Mit dem PKW fahren wir über die A 14 bis Bludenz, dann weiter auf der B 188 bis zur Bielerhöhe.

Tourenbeschreibung

Die heutige Wanderung führt uns ins Ursprungsgebiet der Ill, wobei wir zuerst den östlichen Damm des Silvretta Stausees passieren. Die Passhöhe der Silvretta-Hochalpenstraße, die hier direkt vorbeiführt, bildet die Landesgrenze zwischen Vorarlberg und Tirol und ist zugleich Wasserscheide zwischen Rhein und Donau. Der Seeweg begleitet uns das erste Stück, bis die Markierung nach links hinauf zum sogenannten „Sommerweg" weist. Er ermöglicht uns die lohnende Variante zum breiten Hüttenversorgungsweg. Als schmaler Bergpfad erhebt er sich schnell und zieht oberhalb des Ochsentals an den Ausläufern des Hohen Rads stetig bergan. Eine Etage tiefer fließt die junge Ill dem Silvretta-Stausee entgegen. Das milchigweiße Wasser, das seine Farbe durch den Abrieb von feinstem Gesteinsmehl erhält, nennt man Gletschermilch.

Über die Bergwiesen und steilen Grasflanken nähern wir uns dem spektakulären Talschluss. Dabei ignorieren wir die Abzweigung zum Radsattel und bleiben stets auf unserer Route, bis wir kurz vor einer kleinen Kapelle auf den Hüttenversorgungsweg stoßen. Gleich darauf haben wir das Tagesziel erreicht: Die stark frequentierte und auch als Stützpunkt für die Besteigung des Piz Buin gerne besuchte Wiesbadener Hütte. Die Hütte verfügt über eine gemütliche Stube und eine große Terrasse mit Panoramablick auf die umliegenden Gipfel und den nahen Gletscher des Piz Buin (3312 m). Serviert werden regionale und gutbürgerliche Speisen.

Direkt hinter der Hütte folgen wir dem weiß-rot-weiß markiertem Pfad, der uns als Edmund-Lorenz-Weg steil zu einer Hochfläche emporführt. Wir überqueren sie in kurzweiligem Auf und Ab und erreichen schließlich in einem letzten Steilaufschwung den Radsattel. Ein Weilchen genießen wir den grandiosen Ausblick, dann wenden wir uns zum Abstieg. Gleich am Anfang überwinden wir einen Großteil der Höhenmeter in steinigem Gelände. Bevor rechts kleine Seen und Feuchtgebiete liegen, durchqueren wir das Geröllfeld. Auf einer Anhöhe liegt zu unserer Linken der Radsee, eingebettet in grüne Wiesen. Mit dem munteren Bieltalbach wandern wir talwärts und folgen der Markierung zum Staudamm des Silvrettasees hinab, auf dem es zum Ausgangspunkt zurückgeht.

Auf dem Staudamm des Silvrettasees

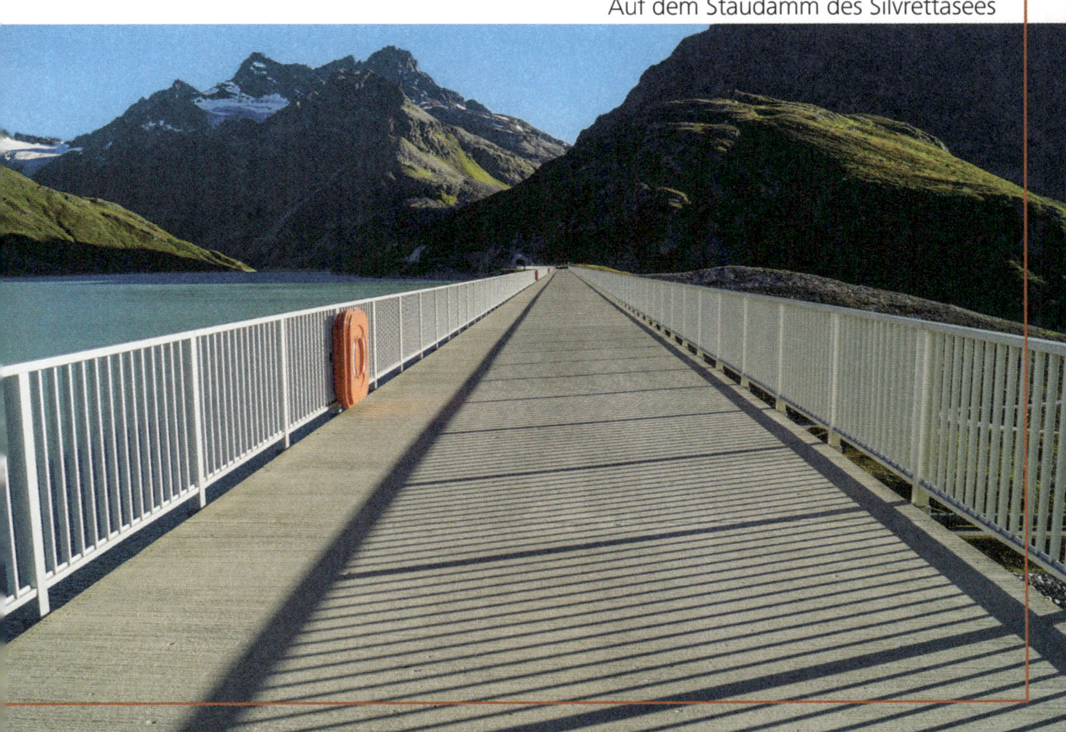

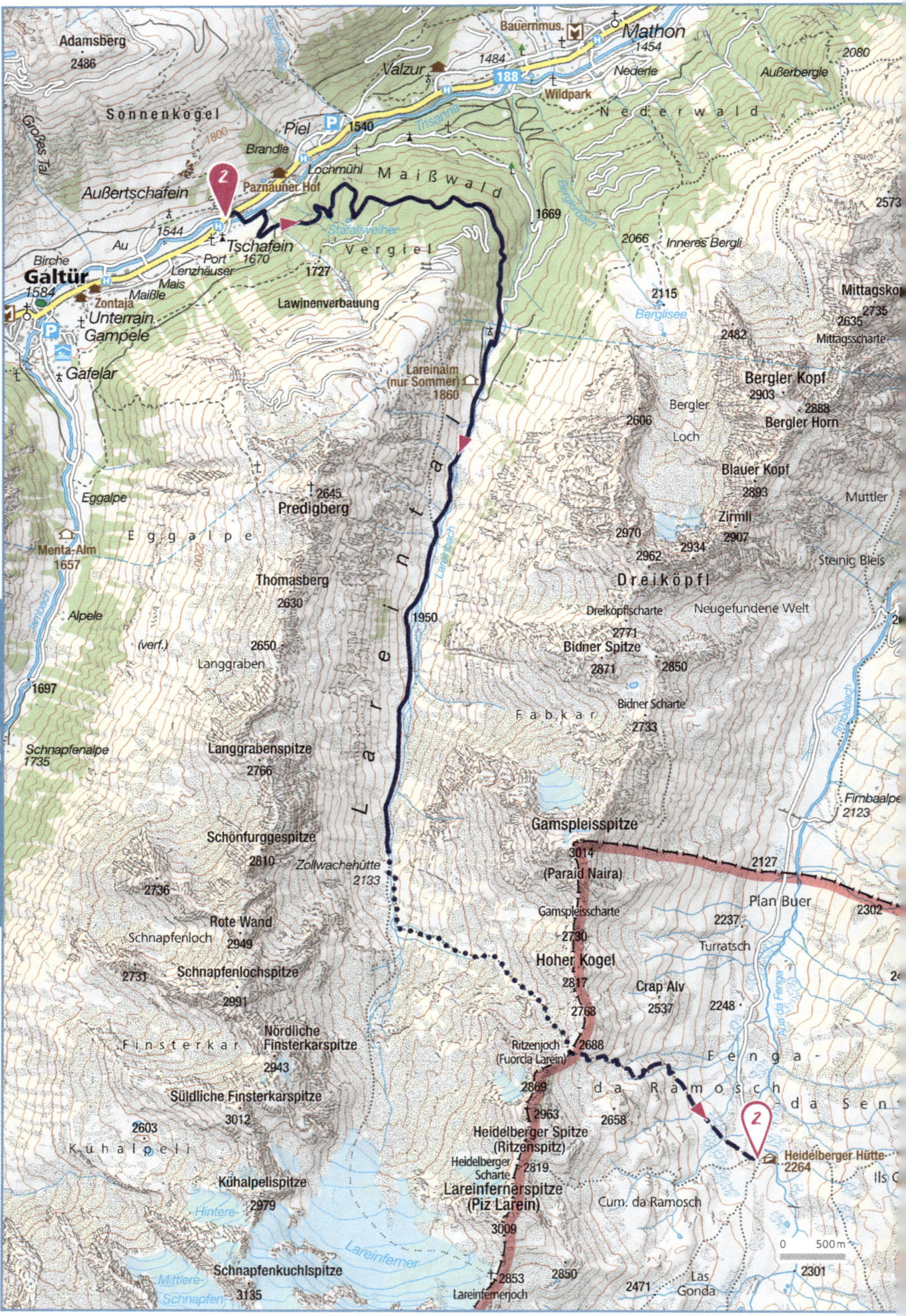

02

Adamsberg
2486
Sonnenkogel
Großes Tal
Außertschafein
Brandle
Piel
1540
Paznauner Hof
Lochmühl
Maißwald
Valzur
1484
188
Bauernmus.
Mathon
1454
Nederle
Wildpark
Nederwald
Trisanna
Außerbergle
2080
2573
1669
Bergleralbach
Stafallweiher
Vergiel
Tschafein
1670
1544
Au
Birche
Galtür
1584
Port
Lenzhäuser
Mais
Maißle
1727
Zontaja
Unterrain
Gampele
Lawinenverbauung
Gafelar
2066
Inneres Bergli
2115
Berglisee
Mittagskopf
2735
2635
Mittagsscharte
2482
Lareinalm
(nur Sommer)
1860
Bergler Kopf
2903
2888
Bergler Horn
Bergler
Loch
2606
Blauer Kopf
2893
Muttler
Zirmli
2907
2970
2934
2962
Steinig Bleis
Dreiköpfl
Dreiköpflscharte
Neugefundene Welt
2771
Bidner Spitze
2871
2850
Bidner Scharte
2733
Fabkar
Eggalpe
Eggalpe
Menta-Alm
1657
2645
Predigberg
Thomasberg
2630
Alpele
(verf.)
2650
Langgraben
1950
Lareintal
Lareinbach
Jambach
1697
Schnapfenalpe
1735
Langgrabenspitze
2766
Schönfurggespitze
2810
Zollwachehütte
2133
Gamspleisspitze
3014
(Paraid Naira)
2127
Plan Buer
2302
Fimbaalpe
2123
Fimbabach
2736
Rote Wand
Schnapfenloch
2949
2731
Schnapfenlochspitze
2991
Gamspleisscharte
2730
Hoher Kogel
2817
2763
2237
Turratsch
Crap Alv
2537
2248
Aua da Fenga
Finsterkar
Nördliche
Finsterkarspitze
2943
Ritzenjoch
(Fuorcla Larein)
2688
Fenga-da Ramosch
da Sen
2869
2963
Südliche Finsterkarspitze
3012
2603
Kühalpeli
2658
Heidelberger Spitze
(Ritzenspitz)
Heidelberger
Scharte
2819
Heidelberger Hütte
2264
Lareinfernerspitze
(Piz Larein)
3009
Kühalpelispitze
2979
Hintere-
Cum. da Ramosch
Lareinferner
0 500 m
Schnapfenkuchlspitze
Mittlere-
Schnapfen-
3135
2853
2850
Lareinfernerjoch
2471
Las
Gonda
2301

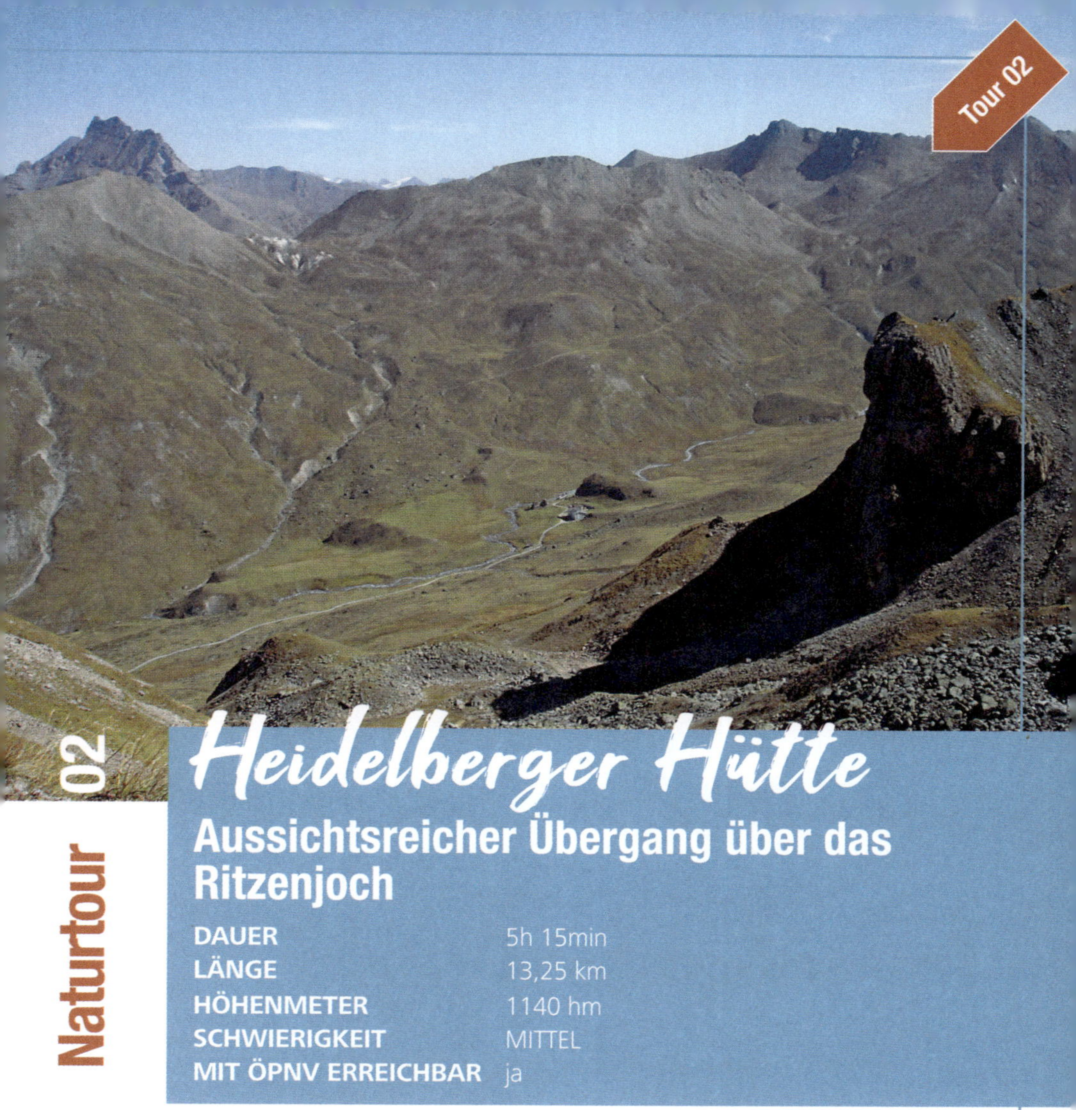

Tour 02

Naturtour 02

Heidelberger Hütte

Aussichtsreicher Übergang über das Ritzenjoch

DAUER	5h 15min
LÄNGE	13,25 km
HÖHENMETER	1140 hm
SCHWIERIGKEIT	MITTEL
MIT ÖPNV ERREICHBAR	ja

Das erwartet dich ...

Die Wanderung ist relativ weit, dafür jedoch nicht besonders schwierig. Der Weg bringt uns durch ein ursprüngliches Hochtal und über ein alpines Joch. Im oberen Teil des Anstiegs wird es steinig. Vom Joch geht's dann über die Wiesen hinab. Die Tour ist insgesamt gut markiert, sollte jedoch nur bei stabiler Wetterlage begangen werden. Da eine Grenze überschritten wird empfiehlt es sich, den Ausweis mitzunehmen.

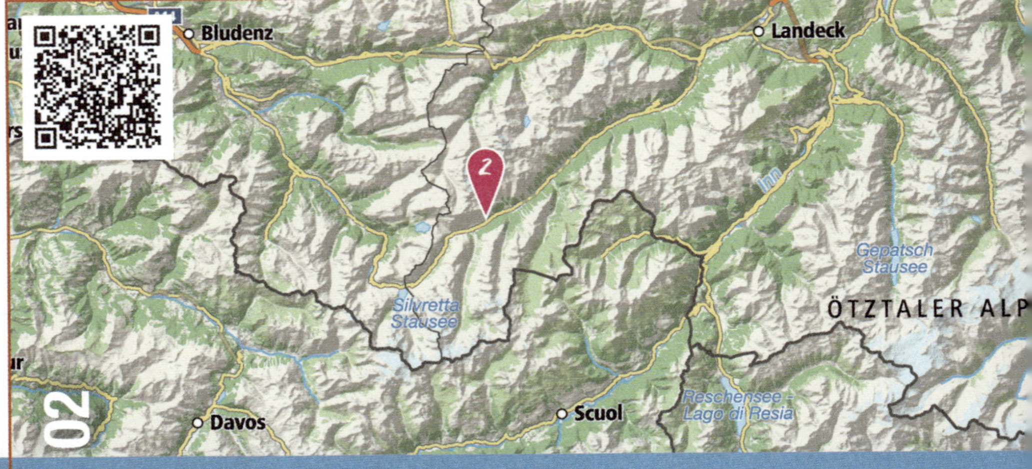

Naturtour 02

Start & Ziel & Anreise

Wir starten in Tschaffein, bei der Bushaltestelle an der Durchgangsstraße. Der Parkplatz bei Pkw Anreise befindet sich auf der gegenüberliegenden Seite der Trisanna auf 1544 m.

Der Rückweg ist mit dem Hüttentaxi möglich. Info und Anmeldung unter Tel. +43 (0) 664 4253070, anschließend fahren wir mit dem Postbus nach Tschaffein zurück.

Tourenbeschreibung

Natürlich und wild geht es zu im urromantischen Lareintal und am hochalpinen Übergang zur Heidelberger Hütte. Über Tschaffein steigen wir am südlichen Ufer der Trisanna dem Lareintal zu.

Wir wandern anfangs auf einem Almsträßchen sanft bergan, dabei durchstreifen wir einen moosbewachsenen Maißwald. Wir passieren den nahe gelegenen Fischteich Stafali, der uns mit komfortablen Grillplätzen zu einer ersten Verschnaufpause einlädt. Nach einer guten Stunde lenkt uns der Wegweiser bei einer Verzweigung Richtung Süden ins Lareintal. Kurz bevor wir die Lareinalm erreichen, streifen wir die Ruine eines mittelalterlichen Kalkofens. Im Jahr 1359 wurde der hier gebrannte Kalk für den Bau der Galtürer Kirche verwendet. Von der Lareinalm führt ein breiter Karrenweg in der Talsohle des Lareinbachs weiter. Er plätschert uns zu unserer Linken entgegen. Die während der Sommermonate geöffnete Lareinalm bietet einen imposanten Blick auf die umliegenden Berge. Auf unserem Weg um die Alm herum genießen wir die weitläufigen Weidegebiete, Alpenrosenhänge, den munteren Bergbach und zunächst auch noch die Lärchenbestände – alles zusammen zeichnet ein zauberhaftes Landschaftsbild.

Wilde Felsgestalten säumen rechts und links des Weges das Lareintal, den krönenden Abschluss bilden das mächtige Fluchthorn und der ausgedehnte Lareinferner. In der Nähe der kleinen Zollwachehütte queren wir den Lareinbach. Der Pfad wird schmäler und zieht sich in angenehmen Serpentinen nach und nach in die Urlandschaft empor. Nachdem er sich Richtung Südosten gewendet hat, erreichen wir das Ritzenjoch über ein großes Geröllkar. Bei guter Fernsicht schweift unser Blick nach Osten bis zu den Ötztaler Alpen. Das Ritzenjoch wird im Rätoromanischen auch als „Fuorcla Larein" bezeichnet: Es stellt die Grenze zur Schweiz dar.

Über einen zackigen Steig wandern wir zur Heidelberger Hütte hinab und betreten mit ihr schweizerischen Boden. Die stattliche Alpenvereinshütte ist ideal für unzählige Wanderungen, aber auch Skitouren im Winter geeignet. Sie wurde 1889 auf dem flachen Talboden des Fimbabaches errichtet und dient heute als wichtiger Stützpunkt bei Gipfeltouren und Weitwanderungen in alle Richtungen. Ihre Lage ist phänomenal: Umgeben von imposanten Dreitausendern wie Lareinfernerspitze, den Fluchthörnern, Breiter Krone und Piz Tasna befindet sie sich in äußerst attraktiver Lage.

In unmittelbarer Nähe umgeben drei imposante Kletterfelsen die Heidelberger Hütte und bieten zahlreiche Möglichkeiten für's Klettern im Freien.

Das Tal zieht sich für unseren Rückweg endlos lang hinaus nach Ischgl. So entscheiden wir uns für die bequeme Variante mit dem Hüttentaxi und anschließend mit dem Postbus. Damit erreichen wir problemlos den Ausgangspunkt in Tschaffein.

Autoren Tipp

Wer sich zwischen Juli und September im Paznaun auf „Genusswandertour" begeben möchte, braucht keine Verpflegung einzupacken: Anfang Juli findet hier der Kulinarische Jakobsweg statt. Sechs Hütten im Paznaun setzen ihren Gästen ein eigens für die Hütte kreiertes Spezialgericht auf Ihre Sommerkarte.

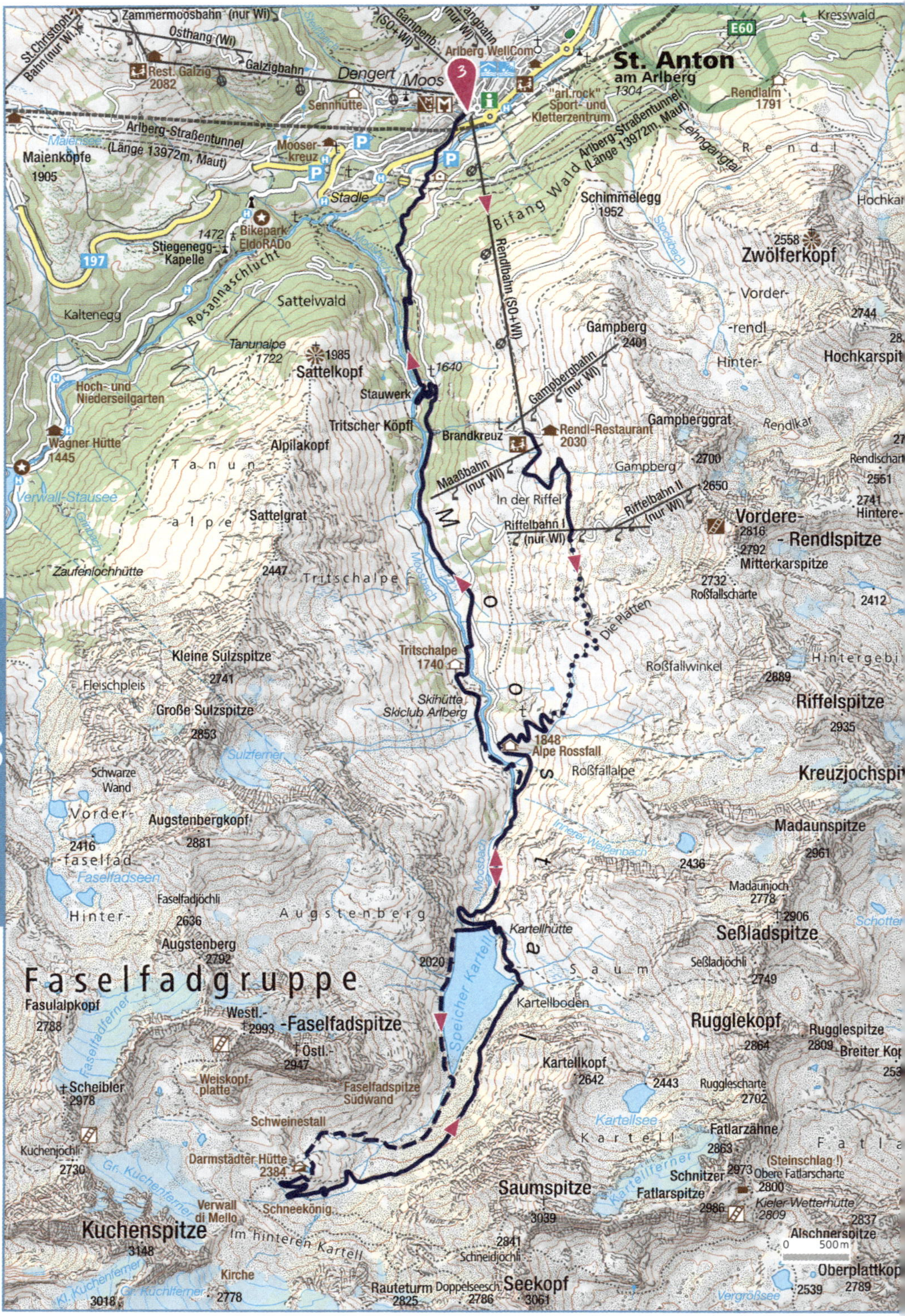

St. Anton
am Arlberg
1304
Arlberg WellCom
"arl.rock" Sport- und Kletterzentrum
E60
Kresswald
Rendlalm
1791
Rendl
Lehnganglbahn
Gampenbahn (SO+Wi)
Zammermoosbahn (nur Wi)
Osthang (Wi)
St. Christoph-Bahn (nur Wi)
Galzigbahn
Rest. Galzig
2082
Dengert
Moos
Sennhütte
Arlberg-Straßentunnel
(Länge 13972m, Maut)
Maiensee
Maienköpfe
1905
Mooserkreuz
Stadle
197
1472
Stiegenegg-Kapelle
Bikepark EldoRADo
Rosannaschlucht
Sattelwald
Kaltenegg
Bifang Wald
Rendlbahn (SO+Wi)
Schimmelegg
1952
Zwölferkopf
2558
Vorder-rendl
Hinter-
2744
Hochkarspitze
Hochkar
Gampberg
2401
Gampbergbahn (nur Wi)
Gampberggrat
Rendlkar
Rendlscharte
2551
2741
Hintere-
Tanunalpe
1722
1985
Sattelkopf
+1640
Stauwerk
Tritscher Köpfl
Alpilakopf
Brandkreuz
Rendl-Restaurant
2030
Gampberg
2700
2650
Riffelbahn II (nur Wi)
Vordere-
2816
- Rendlspitze
2792
Mitterkarspitze
Maßbahn (nur Wi)
In der Riffel
Riffelbahn I (nur Wi)
Hoch- und Niederseilgarten
Wagner Hütte
1445
Verwall-Stausee
Tanunalpe
Sattelgrat
Zaufenlochhütte
2447
Tritschalpe
Moosbach
2732
Roßfallscharte
2412
Die Platten
Roßfallwinkel
Hintergebirge
2889
Riffelspitze
2935
Kleine Sulzspitze
2741
Fleischpleis
Tritschalpe
1740
Skihütte Skiclub Arlberg
Große Sulzspitze
2853
Sulzferner
1848
Alpe Rossfall
Roßfallalpe
Kreuzjochspitze
Schwarze Wand
Vorder-faselfad
2416
Augstenbergkopf
2881
Faselfadseen
Innerer Weißenbach
Madaunspitze
2961
2436
Madaunjoch
2778
Faselfadjöchli
Hinter-
2636
Augstenberg
Augstenberg
2792
Kartellhütte
2906
Seßladspitze
Schottensee
2020
Speicher Kartell
Saum
Seßladjöchli
2749
Faselfadgruppe
Fasulalpkopf
2788
Westl.-
2993
-Faselfadspitze
Östl.-
2947
Kartellboden
Rugglekopf
2864
Rugglespitze
2809
Breiter Kopf
253
Faselfadferner
Scheibler
2978
Weiskopfplatte
Faselfadspitze Südwand
Kartellkopf
2642
2443
Rugglescharte
2702
Schweinestall
Kartellsee
Kartell
Fatlarzähne
2863
Fatla
Kuchenjöchl
2730
Gr. Kuchenferner
Darmstädter Hütte
2384
Kartellferner
Schnitzer
2973
(Steinschlag!)
Obere Fatlarscharte
2800
Saumspitze
Fatlarspitze
2986
Kieler Wetterhütte
2809
Verwall di Mello
Schneekönig
3039
2837
Kuchenspitze
3148
Im hinteren Kartell
2841
Schneidjöchl
Alschnerspitze
0 500 m
Kl. Küchenferner
3018
Gr. Küchlferner
Kirche
2778
Rauteturm
2825
Doppelseesch.
2786
Seekopf
3061
Vergrößsee
2539
Oberplattkopf
2789

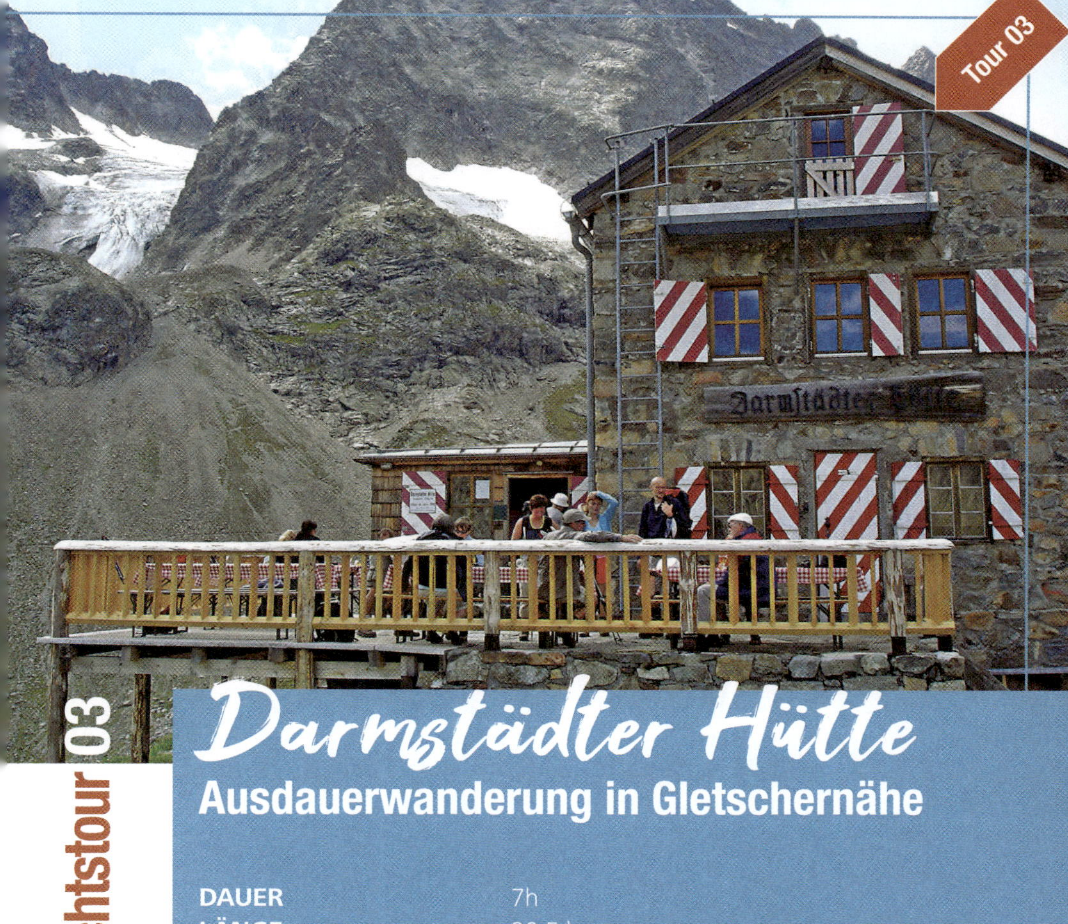

Darmstädter Hütte

Ausdauerwanderung in Gletschernähe

DAUER	7h
LÄNGE	20,5 km
HÖHENMETER	770 hm, 1500 hm
SCHWIERIGKEIT	SCHWER
MIT ÖPNV ERREICHBAR	ja

Das erwartet dich ...

Die Wanderung ist nicht schwer, erfordert jedoch auf Grund ihrer Länge und der enormen Höhenmeter im Abstieg ein gewisses Maß an Ausdauer. Bei diesem Tourenvorschlag wurde besonders darauf Wert gelegt, die Fahrstraße überwiegend auf Wanderwegen zu umgehen. Der Fahrweg durch das Moostal bis zur Darmstädter Hütte ist auch für Mountainbiker geeignet.

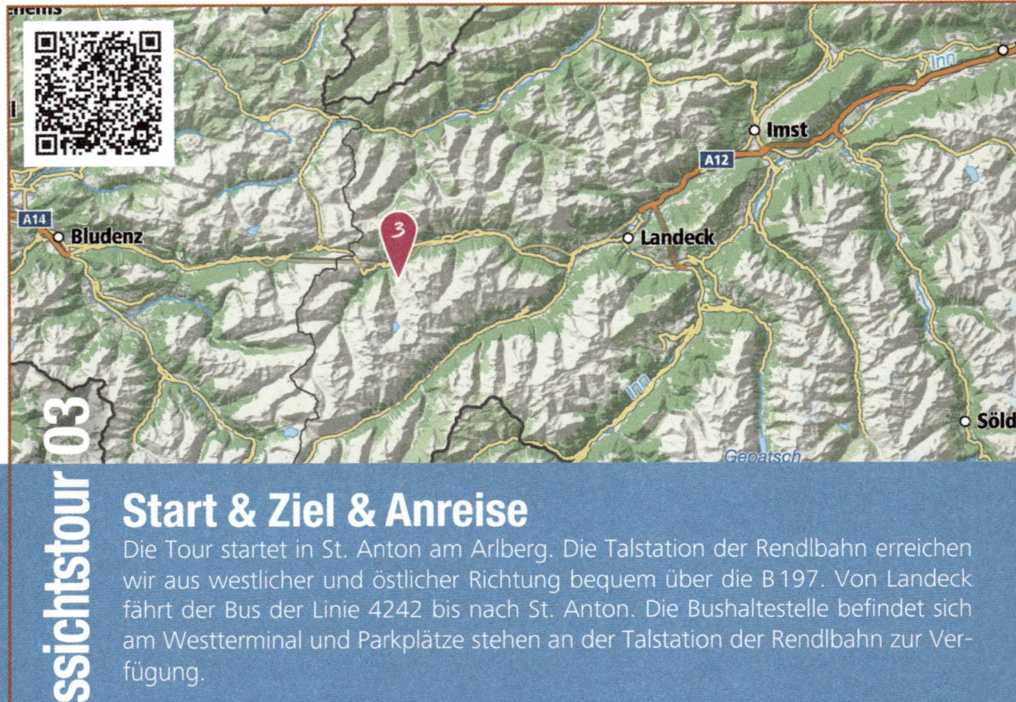

Aussichtstour 03

Start & Ziel & Anreise

Die Tour startet in St. Anton am Arlberg. Die Talstation der Rendlbahn erreichen wir aus westlicher und östlicher Richtung bequem über die B 197. Von Landeck fährt der Bus der Linie 4242 bis nach St. Anton. Die Bushaltestelle befindet sich am Westterminal und Parkplätze stehen an der Talstation der Rendlbahn zur Verfügung.

Tourenbeschreibung

Heute haben wir uns ein hohes Ziel gesteckt, und der Weg dorthin wird lang – aber nie langweilig. Der im Jahre 2007 angelegte Riffl-Höhenweg sorgt dabei für entsprechende Abwechslung. Um ihn zu beschreiten, müssen wir allerdings zusätzliche Höhenmeter in Kauf nehmen. Die Rendlbahn unterstützt uns beim ersten Aufstieg und lässt uns noch ein wenig durchschnaufen. Ab der Bergstation erreichen wir nach einem kurzzeitigen Anstieg auf dem Gütersträßchen den markierten Riffl-Höhenweg.

Fürs Erste wandern wir hoch über dem Moostal weiter leicht bergan. Verheißungsvolle Ausblicke in die Verwallgruppe begleiten uns dabei. Der Weg verläuft kurz eben, verliert jedoch dann schnell an Höhe und mündet bei der Rossfallalpe in die Fahrstraße. Ihr folgen wir bis zur behutsam in die Natur eingefügten Staumauer. Beim Stausee Kartell halten wir uns rechts und folgen dem Wanderweg

Nr. 513 zunächst über die Staumauer und anschließend auf gesichertem Steig unmittelbar am Stausee entlang. Das Wasser des Sees schimmert uns in allen Schattierungen von Blau bis Grün entgegen; die vielen Fische im Stausee schlagen immer wieder kleine Wellen. Am Ende des Sees überqueren wir den Moosbach mittels einer Holzbrücke.

Das Ambiente wird nun stetig alpiner, während wir am rauschenden Gletscherwasser entlangwandern, seinem Ursprung entgegen. Wir queren ein zweites Mal den jungen Bergbach, dann weisen uns ein Holzsteg und die rot-weiß-rote Markierung zum anderen Ufer und weiter bergan. Unterhalb der Faselfadespitzen zieht der Weg in einer langen Etappe hinüber zur Darmstädter Hütte. In einem Halbrund umgeben von Saumspitze, Seeköpfe, Küchelspitze, Kuchenspitze und Faselfadspitzen ist die Lage äußerst attraktiv. Daneben glänzen Kuchenferner und Küchlferner.

Die Darmstädter Hütte ist ein wichtiger alpiner Stützpunkt. Sie liegt eingebettet zwischen Stanzer Tal und Paznaun und wird von Alpinwanderern auf dem Hoppe-Seyler-Weg, dem Advokatenweg sowie dem Ludwig-Dürr-Weg und dem Apothekerweg genutzt. Neben insgesamt 77 Übernachtungsmöglichkeiten im Sommer bietet die Hütte im Winter einen beheizten Trockenraum und für Kurse steht ein eigener Seminarraum zur Verfügung. 7 Klettergärten mit 69 Routen befinden sich im direkten Umfeld der Hütte, zudem gibt es ein markiertes Bouldergebiet. Ein Crashpad kann auf der Hütte geliehen werden.

Für den Rückweg wählen wir die Hüttenversorgungsstraße bis kurz vor der Rossalpe. Ein Wegschild weist zur Tritschalpe, die wir parallel zum Fahrweg über die Wiesen erreichen. Unterhalb der Alpe queren wir den Moosbach, dann laufen wir ein Stück die Fahrstraße entlang. Schließlich folgen wir nach links der „Moostalwanderung St. Anton" auf dem Pfad Nr. 28a. Der bequeme Weg bringt uns durch den Wald und zuletzt über eine Fußgängerbrücke zur Talstation der Rendlbahn zurück.

Autoren Tipp

Die Rendlbahn bringt uns in einer 8er Gondelbahn mit Sitzheizung bequem in knapp sieben Minuten zur Bergstation auf 2031 m. Dabei überwindet sie 721 Höhenmeter. Sie ist mittwochs und donnerstags von 8:15-16:15 Uhr in Betrieb. Bei schönem Wetter ist der Fahrbetrieb durchgehend, bei Schlechtwetter im 30-Minuten-Takt.
www.arlbergerbergbahnen.com

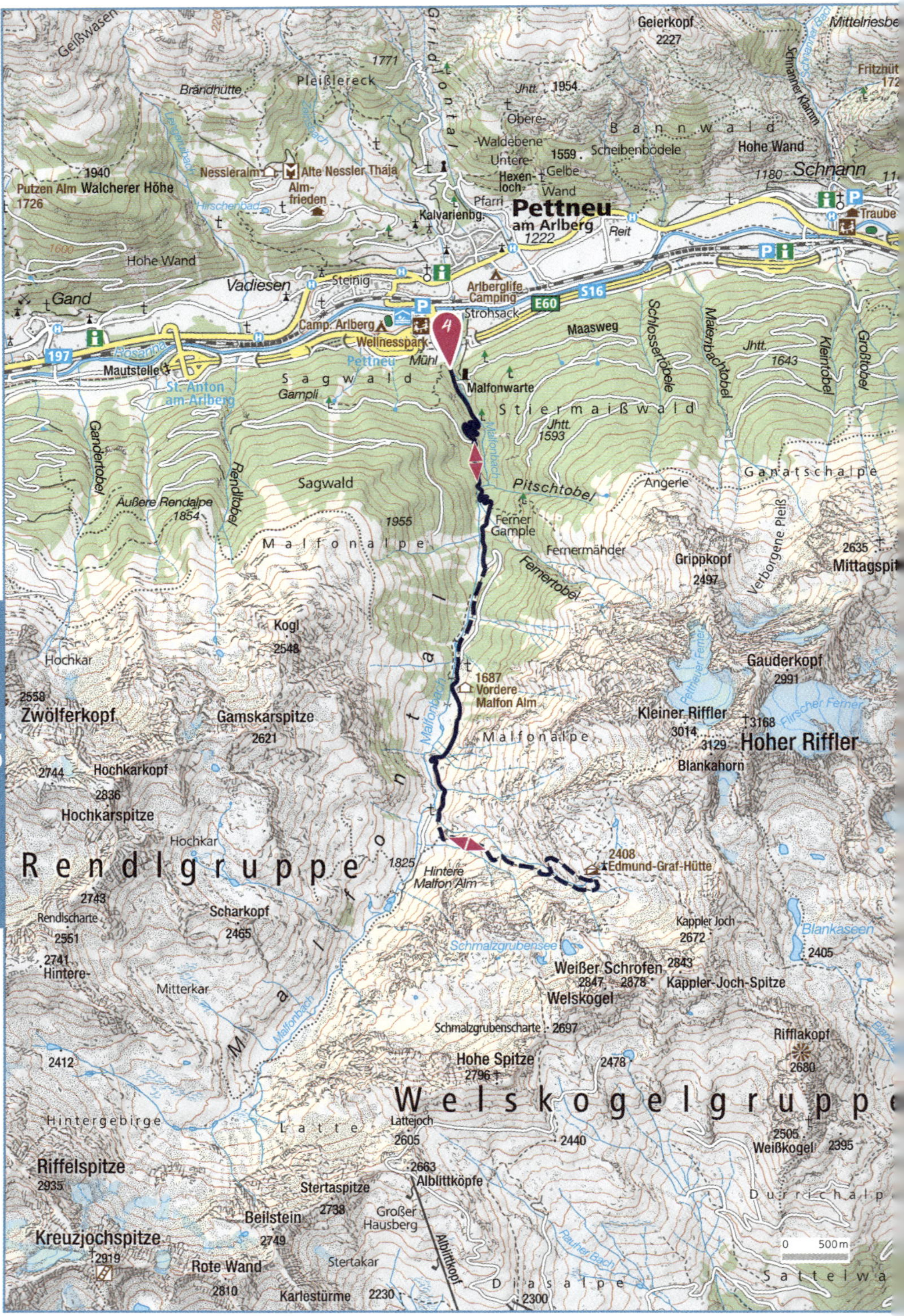

04

Pettneu
am Arlberg
1222
Schnann
Vadiesen
Gand
Strohsack
Camp. Arlberg
Wellnesspark
Arlberglife Camping
Malfonwarte
Stiermaißwald
Sagwald
Malfonalpe
Malfontal
Ferner Gample
Fernermähder
Pitschtobel
Angerle
1687 Vordere Malfon Alm
1825 Hintere Malfon Alm
2408 Edmund-Graf-Hütte
Kogl 2548
Gamskarspitze 2621
Zwölferkopf
Hochkarkopf
Hochkarspitze
Rendlgruppe
Scharkopf 2465
Kleiner Riffler 3014
Hoher Riffler 3168
Blankahorn 3129
Gauderkopf 2991
Grippkopf 2497
Mittagspitze 2635
Kappler Joch 2672
Kappler-Joch-Spitze 2843
Weißer Schrofen 2847
Welskogel 2878
Schmalzgrubensee
Schmalzgrubenscharte 2697
Hohe Spitze 2796
Welskogelgruppe
Lattejoch 2605
Alblittköpfe 2663
Stertaspitze 2738
Beilstein 2749
Riffelspitze 2935
Kreuzjochspitze 2919
Rote Wand 2810
Karlestürme 2230
Rifflakopf 2680
Weißkogel 2505
Blankaseen 2405
0 500 m

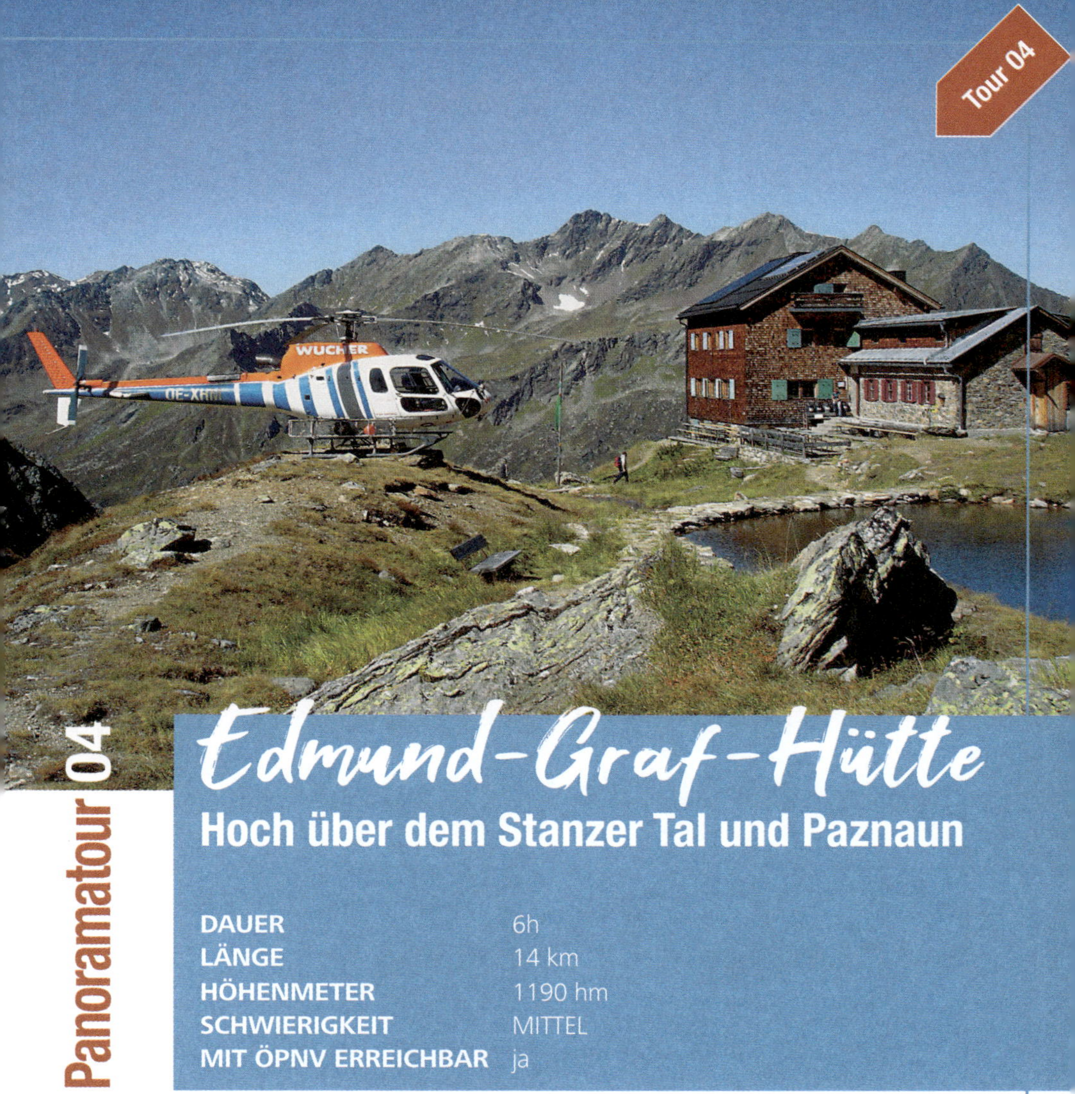

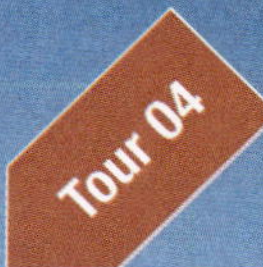

Panoramatour 04

Edmund-Graf-Hütte

Hoch über dem Stanzer Tal und Paznaun

DAUER	6h
LÄNGE	14 km
HÖHENMETER	1190 hm
SCHWIERIGKEIT	MITTEL
MIT ÖPNV ERREICHBAR	ja

Das erwartet dich ...

Heute steigen wir zu einem Alpenvereinsstützpunkt inmitten der Rifflergruppe auf. Die Wanderung führt in der ersten Etappe über breite Almwege. Danach geht's naturnah weiter über Pfade. Der letzte Anstieg bringt uns einfach über die Felsplatten empor. Der Weg ins Malfontal bis zur Hinteren Malfon Alm ist MTB-geeignet.

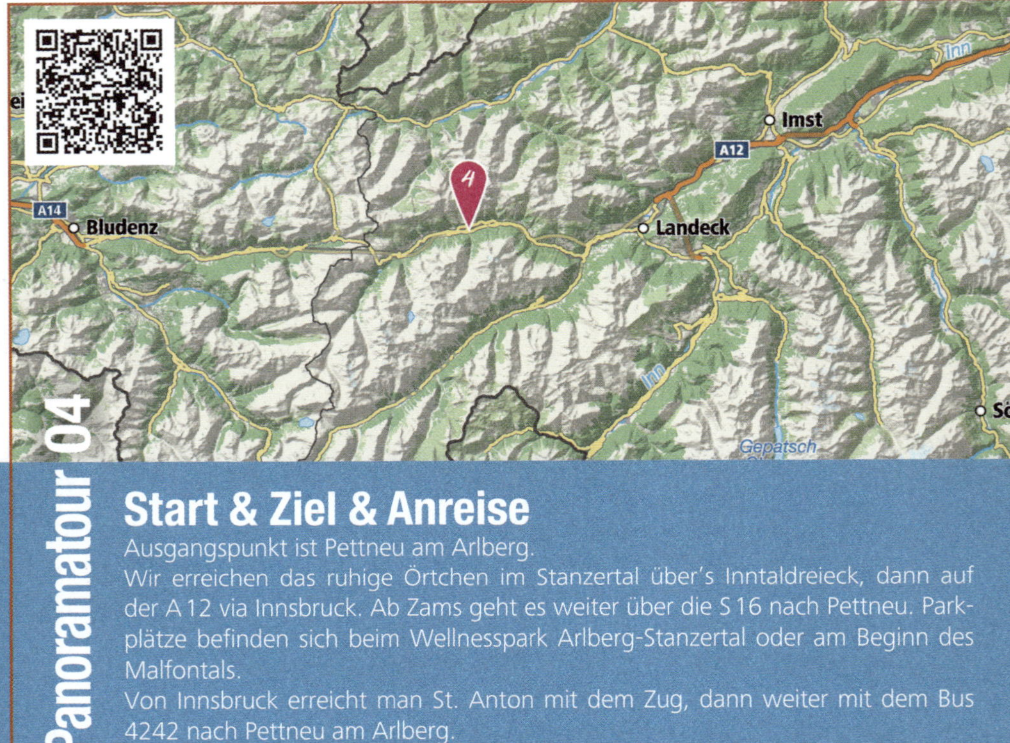

Panoramatour 04

Start & Ziel & Anreise

Ausgangspunkt ist Pettneu am Arlberg.
Wir erreichen das ruhige Örtchen im Stanzertal über's Inntaldreieck, dann auf der A 12 via Innsbruck. Ab Zams geht es weiter über die S 16 nach Pettneu. Parkplätze befinden sich beim Wellnesspark Arlberg-Stanzertal oder am Beginn des Malfontals.
Von Innsbruck erreicht man St. Anton mit dem Zug, dann weiter mit dem Bus 4242 nach Pettneu am Arlberg.

Tourenbeschreibung

Wir beginnen die Tour am günstigsten Ausgangspunkt, dem ausgeschilderten Parkplatz am Beginn des Malfontals. Die Wanderung ist lang und führt uns auf einen wichtigen Stützpunkt in der Rifflergruppe, der vor allem als Ausgangspunkt zur Besteigung des Hohen Riffler (3168 m) dient – dem höchsten Verwallgipfel.

Beim ersten, sanften Anstieg werden wir vom wilden Rauschen des Malfonbaches begleitet, der neben dem breiten Almweg dahinplätschert. Angenehm steigen wir durch Fichtenwald an, zwischendurch folgen wir der Markierung über einen Wiesenweg und bleiben so dem schäumenden Gebirgsbach ganz nah. An der Vorderen Malfon Alm bringt uns der breite Almweg immer weiter ins Malfontal hinein. Bevor wir die Alm jedoch erreichen, verlassen wir den Talgrund des rauschenden Malfonbaches; ein schmaler Pfad zweigt linker Hand ab und steigt

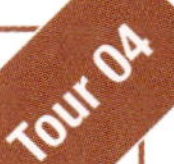

steil den Berg hinauf. Wir wandern über einen mit Zwergsträuchern und Alpenrosenbüschen bewachsenen Bergrücken und steigen immer weiter empor.

Schließlich erreichen wir den Talabschluss des Malfontals, der von den einsamen Bergen der mächtigen Verwallgruppe umrahmt wird. Unter der Materialbahn der Hütte wendet sich der Steig nach links. Dann überqueren wir ein paar Bachläufe und steigen steil einen Hang hinauf, über den sich der Pfad in Serpentinen emporwindet. Über ein paar Felsbänder gelangen wir schließlich zur einladenden Edmund-Graf-Hütte. Die Hütte liegt auf dem oberen Kapplerboden in der Verwallgruppe und wurde 1884 errichtet. Zudem ist sie Teil der Verwallrunde, die quer durchs Verwall von Hütte zu Hütte führt. Benannt ist die Hütte nach dem Bergsteiger Edmund Graf, der in der Sektion Touristenklub Innsbruck den Posten des Vizepräsidenten bekleidete.

Neben der Besteigung von Hohem Riffler und Blankahorn sind von hier auch zwei Übergänge ins Paznaun möglich. Entweder über den Rifflerweg oder über das Kappler Joch, einem alten Handelsweg, der umgekehrt aus dem Paznaun kommend weiter über das Kaiserjoch ins Lechtal führte. Für die Tagesgäste der Alpenvereinshütte ist der Rückweg zum Ausgangspunkt identisch mit dem Aufstiegsweg. Allenfalls zu Beginn des Abstieges ist eine kleine Variante möglich: Falls wir uns dafür entscheiden, steigen wir kurz unterhalb der Edmund-Graf-Hütte am linken Ufer des Gebirgsbaches entlang ab. Über diesen Weg stoßen wir schnell auf den vom Hinweg bekannten Pfad.

Unser Abstieg nach Pettneu bietet uns herrliche Ausblicke in die Lechtaler Alpen mit dem hoch gelegenen Kaiserjochhaus und der eindrucksvollen Vorderseespitze. Eine weitere angenehme Begleitung bietet – wie auch schon auf dem Aufstieg – der Malfonbach. Eine Einkehr bei der gemütlichen Vorderen Malfonalm rundet den schönen Tag ab.

Autoren Tipp

Im Stanzertal können wir ein uraltes und heute selten gewordenes Handwerk kennen lernen: Das so genannte Schellenschmieden. Dabei werden in mühevoller Handarbeit Kuhglocken mit besonderem Klang hergestellt. Das Schmieden der Schellen ist schweißtreibende Knochenarbeit und erfordert ein hohes Maß an Feingefühl.

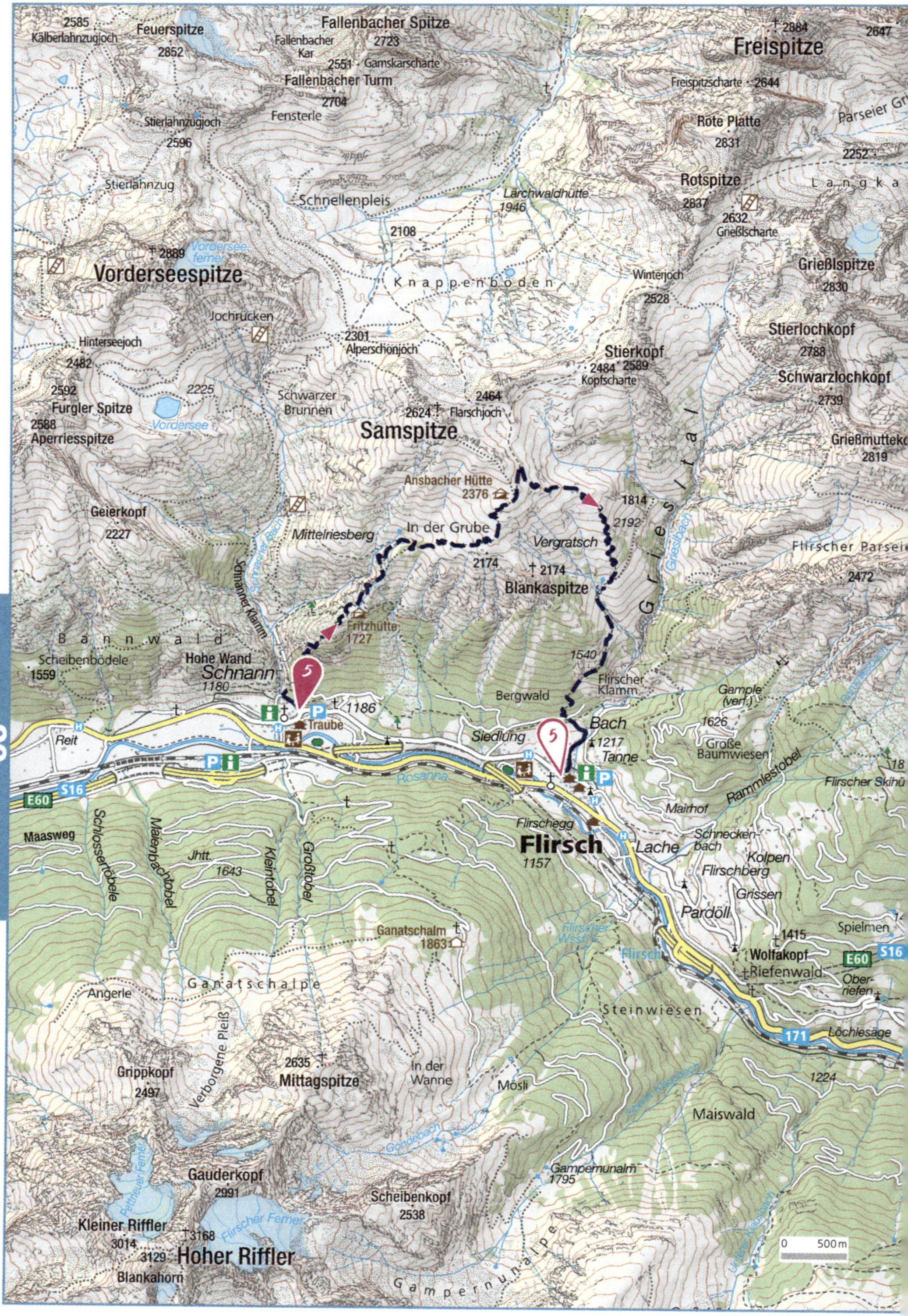

2585 Kälberlahnzugjoch
Feuerspitze 2852
Fallenbacher Spitze 2723
Fallenbacher Kar
2551 Gamskarscharte
Fallenbacher Turm 2704
Fensterle
2884
Freispitze
2647
Freispitzscharte 2644
Rote Platte 2831
Parseier Gr
2252
Stierlahnzugjoch 2596
Stierlahnzug
Schnellenpleis
Lärchwaldhütte 1946
Rotspitze 2837
2632 Grießlscharte
Langka
2108
2889
Vorderseeferner
Vorderseespitze
Knappenböden
Winterjoch 2528
Grießlspitze 2830
Jochrücken
Hinterseejoch 2482
2301 Alperschönjoch
Stierlochkopf 2788
Stierkopf 2484 2589 Kopfscharte
Schwarzlochkopf 2739
2592 Furgler Spitze
2225
Vordersee
2588 Aperriesspitze
Schwarzer Brunnen
2464
2624 Flarschjoch
Samspitze
Grießmuttekopf 2819
Ansbacher Hütte 2376
1814
2192
Geierkopf 2227
Mittelriesberg
In der Grube
Vergratsch
Griesltal
Griesbach
Flirscher Parseier
2174
2174 Blankaspitze
2472
Schnanner Bach
Schnanner Klamm
Fritzhütte 1727
Bannwald
1540
Scheibenbödele 1559
Hohe Wand
Schnann 1180
5
1186
Bergwald
Flirscher Klamm
Gample (verf.)
1626
Traube
Reit
Siedlung
5
Bach
1217
Tanne
Große Baumwiesen
Rammlestobel
Rosanna
Flirscher Skihü
E60 S16
Schlossertobele
Matenbachtobel
Kleintobel
Großtobel
Maasweg
Jhtt. 1643
Flirschegg
Flirsch 1157
Lache
Mairhof
Schneckenbach
Kolpen
Flirschberg
Grissen
Pardöll
Spielmen
Ganatschalm 1863
Flirscher Wssf.
Flirsch
1415
Wolfakopf
Riefenwald
E60 S16
Oberriefen
Angerle
Ganatschalpe
Steinwiesen
171
Löchlesäge
Verborgene Pleiß
2635
Mittagspitze
In der Wanne
Mösli
1224
Grippkopf 2497
Maiswald
Gongebach
Gauderkopf 2991
Gampernunalm 1795
Scheibenkopf 2538
Flirscher Ferner
Kleiner Riffler 3014
3168
3129 Hoher Riffler
Blankahorn
Gampernunalpe
0 500 m

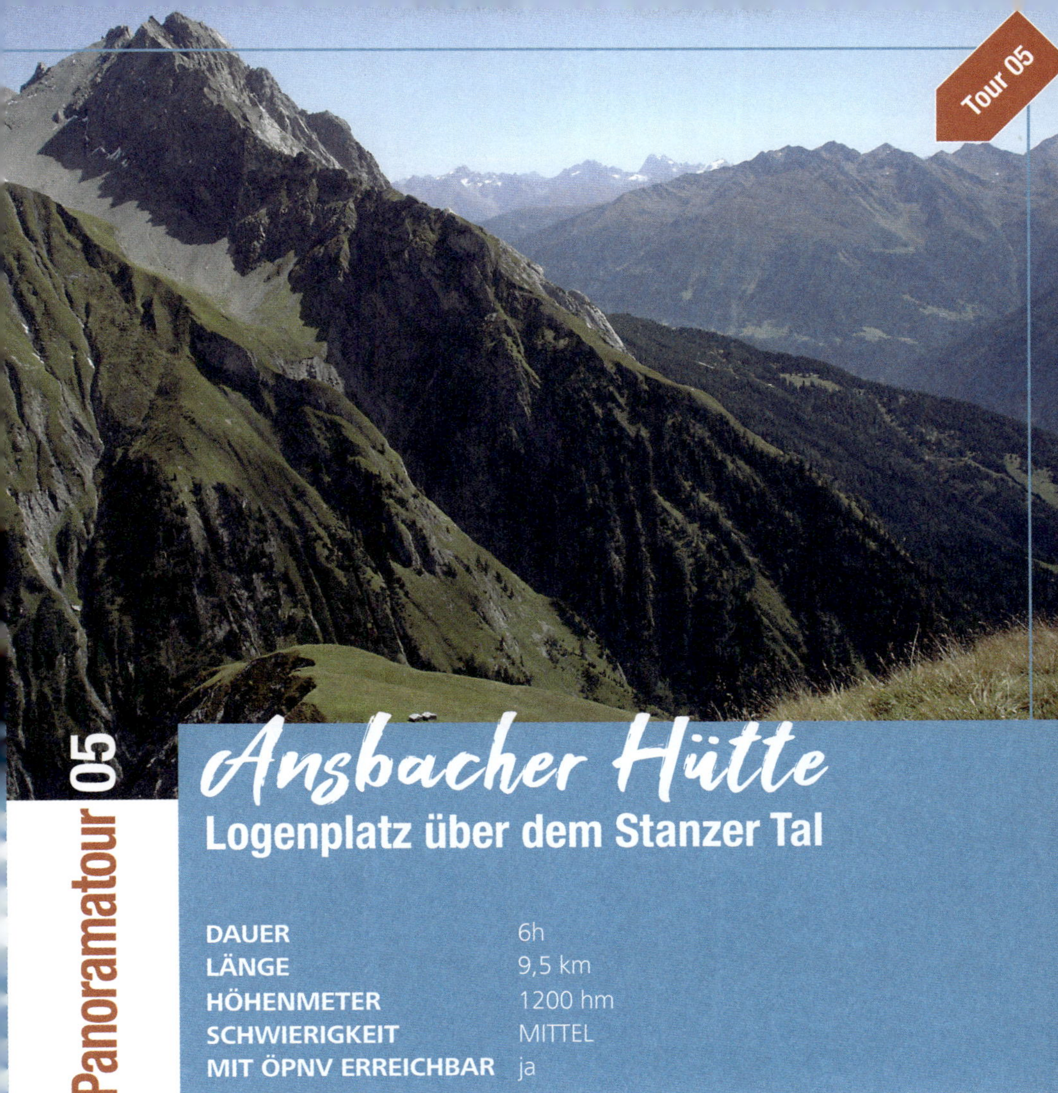

Panoramatour 05

Ansbacher Hütte

Logenplatz über dem Stanzer Tal

DAUER	6h
LÄNGE	9,5 km
HÖHENMETER	1200 hm
SCHWIERIGKEIT	MITTEL
MIT ÖPNV ERREICHBAR	ja

Das erwartet dich …

Die Tour ist nicht schwer, auf Grund der vielen Höhenmeter verlangt sie jedoch ein hohes Maß an Kondition: 1200 Höhenmeter sowohl im Auf- als auch im Abstiegt das ist schon eine Herausforderung. Landschaftlich hat sie einiges zu bieten und bringt uns naturnah ausschließlich über schmale Bergpfade empor. Ab und an kann's auch mal sehr steil werden. Die Route ist ausreichend markiert.

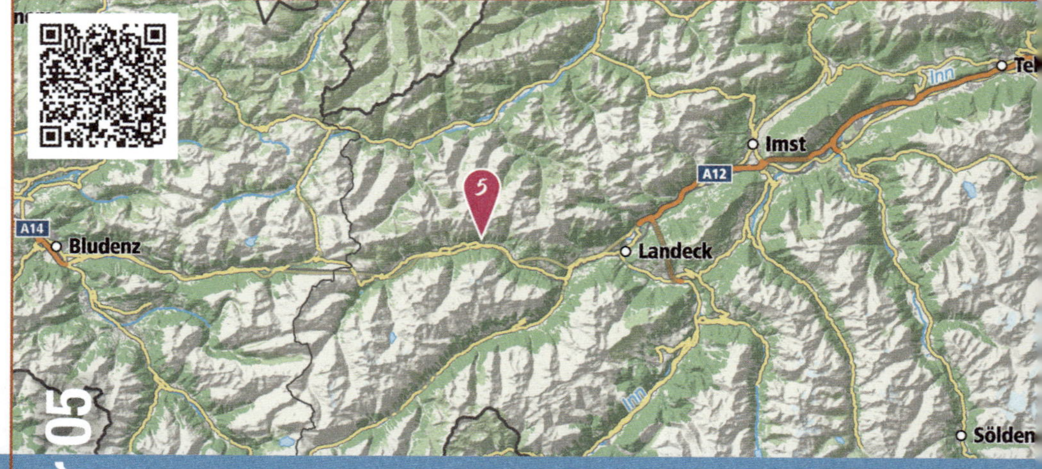

Panoramatour 05

Start & Ziel & Anreise

Unser Ausgangspunkt ist Schnann.
Wir erreichen den Ort über's Inntaldreieck, dann auf der A 12 via Innsbruck. Ab Zams geht es weiter über die S 16 nach Schnann. Parkmöglichkeiten befinden sich im Ort.
Von Innsbruck erreicht man St. Anton am Arlberg mit dem Zug, dann weiter mit dem Bus 4242 nach Schnann.

Tourenbeschreibung

Wir beginnen unsere Tour oberhalb der Kirche von Schnann. Von hier aus queren wir zunächst eine Brücke über den Schnanner Bach. Gleich darauf begeben wir uns auf den gut angelegten Steig Nr. 633 rechts der Klamm, der in zahlreichen Serpentinen durch den Nadelwald hinauf zur Fritzhütte führt. Unermüdlich steigen wir weiter steil bergan, durch Latschen und Grünerlen, bis wir auf einen fast ebenen Boden mit der Bezeichnung „In der Grube" gelangen. Der Weg schwenkt nun nach rechts. Zu guter Letzt schlängelt er sich über alpine Matten auf die Materialseilbahn der Ansbacher Hütte zu. Nach einem letzten steilen Aufschwung erreichen wir die beliebte Alpenvereinshütte.

Die Ansbacher Hütte ist der höchstgelegene DAV-Stützpunkt der Lechtaler Alpen. Sie liegt am Südosthang der Samspitze in den Lechtaler Alpen mit einem fabelhaften Ausblick auf das Stanzer Tal und die Verwallgruppe. 1906 wurde die damals rund 9x8 m große Ansbacher Hütte eingeweiht. 2008 erhielt sie ein neues Energiekonzept. Das Herzstück bildet dabei ein modernes, umweltgerechtes Blockheizkraftwerk, das mit Pflanzenöl betrieben wird. Eine Photovoltaikanlage trägt zur Minimierung der Energiekosten bei. Die Alpenvereinshütte liegt auf dem E4, dem anspruchsvollen Augsburger Höhenweg und dem relativ jungen Adlerweg.

Falls wir noch genügend Kräfte haben, so können wir unschwer in gut 45 Minuten die Samspitze erreichen. Bei guter Fernsicht reicht der Blick von den Ötztaler Alpen bis zur Schesaplana im Montafon. Absoluter Beherrscher des Blickfeldes ist der Hohe Riffler, flankiert von Flirscher und Pettneuer Ferner. Nach einer feinen Brotzeit und der grandiosen Aussicht von der Hüttenterrasse machen wir uns wieder an den Abstieg. Ein paar Schritte geht's nun nach Norden auf dem Weitwanderweg, dann folgen wir einem Pfad nach rechts Richtung Flirsch. Über einen steilen, begrünten Kamm wandern wir zu den Weideböden und weiter steil über blühende Grashänge stetig bergab. Wir queren ein paar Bäche, dann tauchen wir mit Richtung zum Stanzer Tal in den Nadelwald ein. Die letzte Etappe bringt uns steil im Zickzack nach Flirsch und entlang des Grieselbaches ins Dorfzentrum. Von hier aus fahren wir mit dem Landbus zurück nach Schnann.

Ansbacher Hütte vor Hohem Riffler

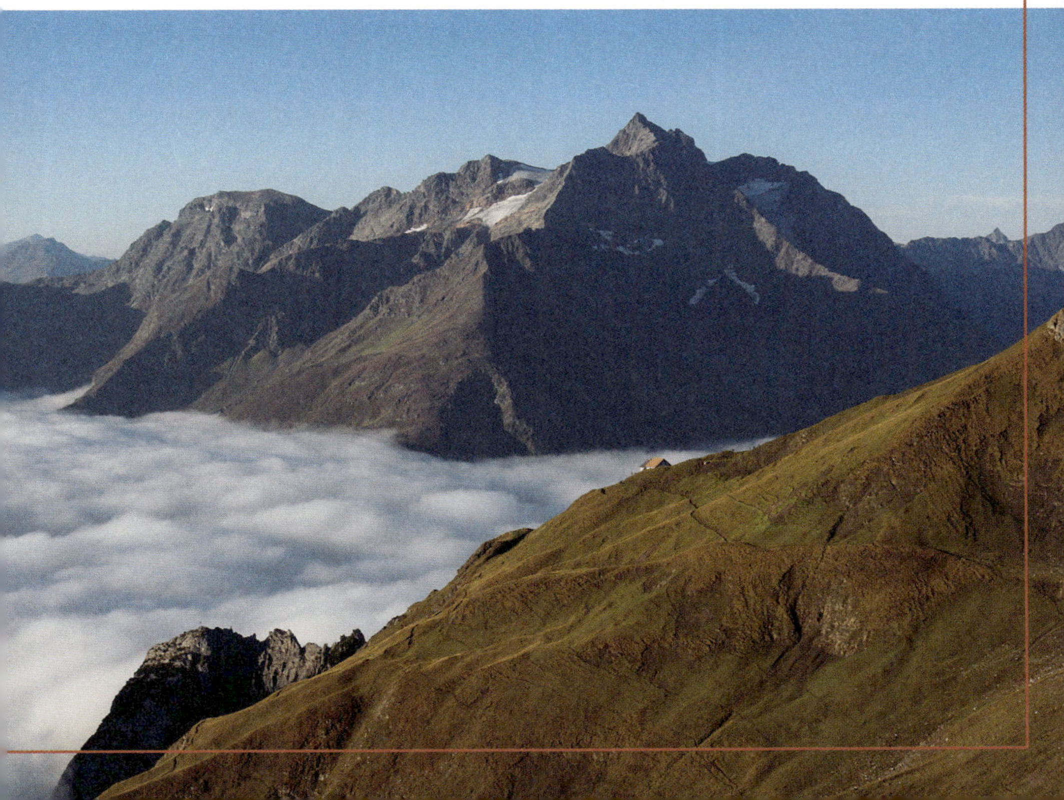

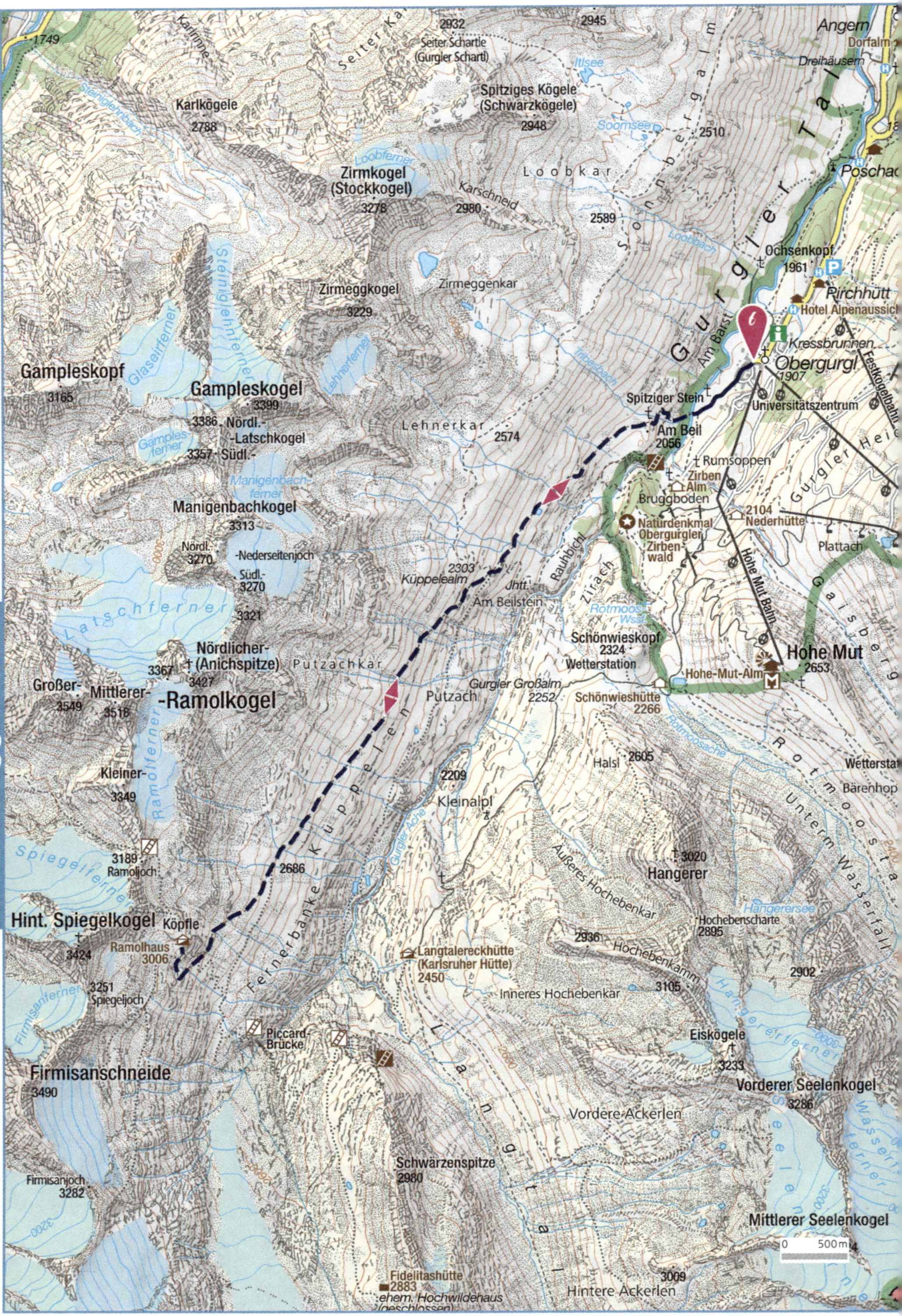

06

1749
Karlrinne
Seiter Kar
2932
Seiter Schartle (Gurgler Schartl)
2945
Angern
Dorfalm
Dreihäusern
Karlkögele
2788
Steinglenbach
Spitziges Kögele (Schwarzkögele)
2948
Itlsee
Soomsee
2510
Loobferner
Zirmkogel (Stockkogel)
3278
Loobkar
Karschneid
2980
Poschach
2589
Sonnbergalm
Loobbach
Gurgler Tal
Ochsenkopf
1961
Pirchhütt
Hotel Alpenaussicht
Steinglehnferner
Zirmeggkogel
3229
Zirmeggenkar
Kressbrunnen
Obergurgl
1907
Festkogelbahn
Am Barst
Glaserferner
Lehnerferner
Gampleskopf
3165
Gampleskogel
3399
3386 Nördl.-
-Latschkogel
3357 Südl.-
Gamplesferner
Trübesbach
Spitziger Stein
Universitätszentrum
Lehnerkar
2574
Am Beil
2056
Rumsoppen
Zirben Alm
Manigenbachferner
Gurgler Heide
Bruggboden
Manigenbachkogel
3313
2104
Nederhütte
Naturdenkmal Obergurgler Zirbenwald
Nördl.-
3270
-Nederseitenjoch
Südl.-
3270
Plattach
2303
Küppelealm
Jhtt.
Am Beilstein
Rauhbichl
Hohe Mut Bahn
Latschferner
3321
Zirach
Rotmoos-Wssf.
Gaisberg
Nördlicher-
(Anichspitze)
3367
3427
Putzachkar
Schönwieskopf
2324
Wetterstation
Hohe Mut
2653
Hohe-Mut-Alm
Großer-
3549
Mittlerer-
3518
-Ramolkogel
Putzach
Gurgler Großalm
2252
Schönwieshütte
2266
Rotmoosache
Ramolferner
Küppelen
Kleiner-
3349
Halsl
2605
Rotmoostal
Wetterstation
Bärenhopf
2209
Kleinalpl
Unterm Wasserfall
Spiegelferner
3189
Ramoljoch
2686
Gurgler Ache
3020
Hangerer
Äußeres Hochebenkar
Hangerersee
Hint. Spiegelkogel
3424
Köpfle
Ramolhaus
3006
Fernerbänke
Hochebenscharte
2895
2936
Hochebenkamm
2902
Langtalereckhütte (Karlsruher Hütte)
2450
3251
Spiegeljoch
Firmisanferner
Inneres Hochebenkar
3105
Hangererferner
Piccard-Brücke
Langtal
Eiskögele
3233
Firmisanschneide
3490
Vorderer Seelenkogel
3286
Vordere Ackerlen
Seelenferner
Wasserferner
Schwärzenspitze
2980
Firmisanjoch
3282
Mittlerer Seelenkogel
0 500 m
Fidelitashütte
2883
ehem. Hochwildehaus (geschlossen)
3069
Hintere Ackerlen

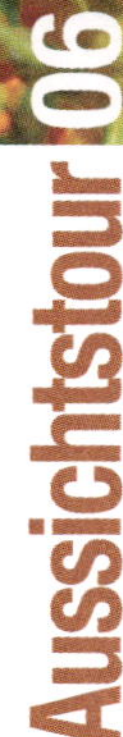

Ramolhaus

Gletscherblicke aus erster Reihe

DAUER	6h 45min
LÄNGE	14,8 km
HÖHENMETER	1100 hm
SCHWIERIGKEIT	MITTEL
MIT ÖPNV ERREICHBAR	ja

Das erwartet dich ...

Der Aufstieg erfolgt über den gut ausgebauten und markierten Ramolweg. Auf Grund seiner Länge und der vielen Höhenmeter ist er jedoch recht anstrengend. Vor allem im Schlussanstieg, da wird's steil und felsig. Belohnt wird man durch die spektakuläre Aussicht auf die vielen Gletscher, die die Hütte umgeben.

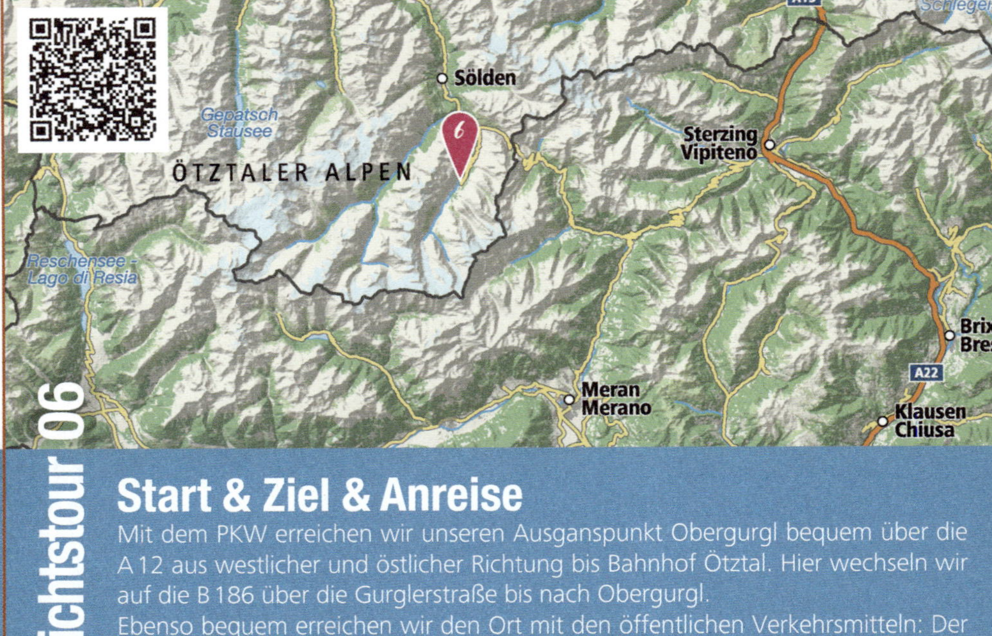

Start & Ziel & Anreise

Mit dem PKW erreichen wir unseren Ausganspunkt Obergurgl bequem über die A 12 aus westlicher und östlicher Richtung bis Bahnhof Ötztal. Hier wechseln wir auf die B 186 über die Gurglerstraße bis nach Obergurgl.
Ebenso bequem erreichen wir den Ort mit den öffentlichen Verkehrsmitteln: Der Bus Nr. 4194 bringt uns von Ötztal Bahnhof Richtung Obergurgl Zentrum bis nach Obergurgl.

Tourenbeschreibung

Von der Bushaltestelle an der Kirche in Obergurgl richten wir uns nach der Beschilderung, die uns über den Ramolweg hinab zur Brücke über die Gurgler Ache leitet. In Kehren geht's steil eine Geländestufe hinauf. Oben am Aussichtspunkt „Beil" haben wir einen herrlichen Blick auf Obergurgl. Wir steigen steile Wiesen empor, teilweise mit Weidevieh, und queren den einen oder anderen Gletscherbach, dann stehen wir an der aufgelassenen Schäferhütte der Küppelealm. Hier erwarten uns tolle Blicke ins Rotmoostal und hinüber zu den Fernern. Mit Blick auf die Nordostflanke des Schalfkogels, die imposanten Gipfel von Seelenkögel, Eiskögele und Hochwilde führt der Bergweg immer weiter geradeaus ins Tal hinein. Nach der Querung der südöstlichen Hänge des Ramkogels erreichen wir den Abzweig zur Piccard-Hängebrücke und den Nachbarhütten Langtalereckhütte und Hochwildehaus.

Die über uns thronende Hütte im Blick beschreibt der Weg zunächst einen Rechtsbogen an der Hütte vorbei. Dann steigen wir steiler in Kehren zum Ramolhaus hinauf. Das Ramolhaus zählt mit seiner exponierten Lage oberhalb des Gurgler Ferners sicher zu den spektakulärsten Schutzhütten der Ostalpen. Die 1881 erbaute Hütte der Sektion Hamburg wird heute in vierter Generation von der Familie Scheiber bewirtschaftet. Der Aufstieg ist zwar anstrengend, aber ein lohnendes Tagesziel. Von der Hüttenterrasse blickt man auf sage und schreibe 22 Gletscher. Noch schöner ist es allerdings, oben zu übernachten und einen traumhaften Sonnenaufgang zu erleben.

Für den Rückweg können wir wählen: Entweder auf dem Hinweg, oder alternativ sehr reizvoll weiter nach Vent. Für die letztere Möglichkeit wenden wir uns zunächst Richtung Ramkogel. Wir folgen dem Weg gen Norden und biegen vor dem Ramolferner nach Westen ab. Bei einem seilversicherten Steig zeigen wir unserer Kletterkünste durch Felsgelände hinauf zum Ramoljoch, das imposant zwischen Ramolkogel und Hinteren Siegelkogel liegt. Wir halten uns rechts vom Spiegelferner abwärts durch die Geröllhänge bis zur Ramolalm und weiter hinab nach Vent. Der abwechslungsreiche Weg nimmt etwa 4h in Anspruch. Anschließend geht's mit dem Bus via Zwieselstein zurück nach Obergurgl.

Schutzhütte Ramolhaus

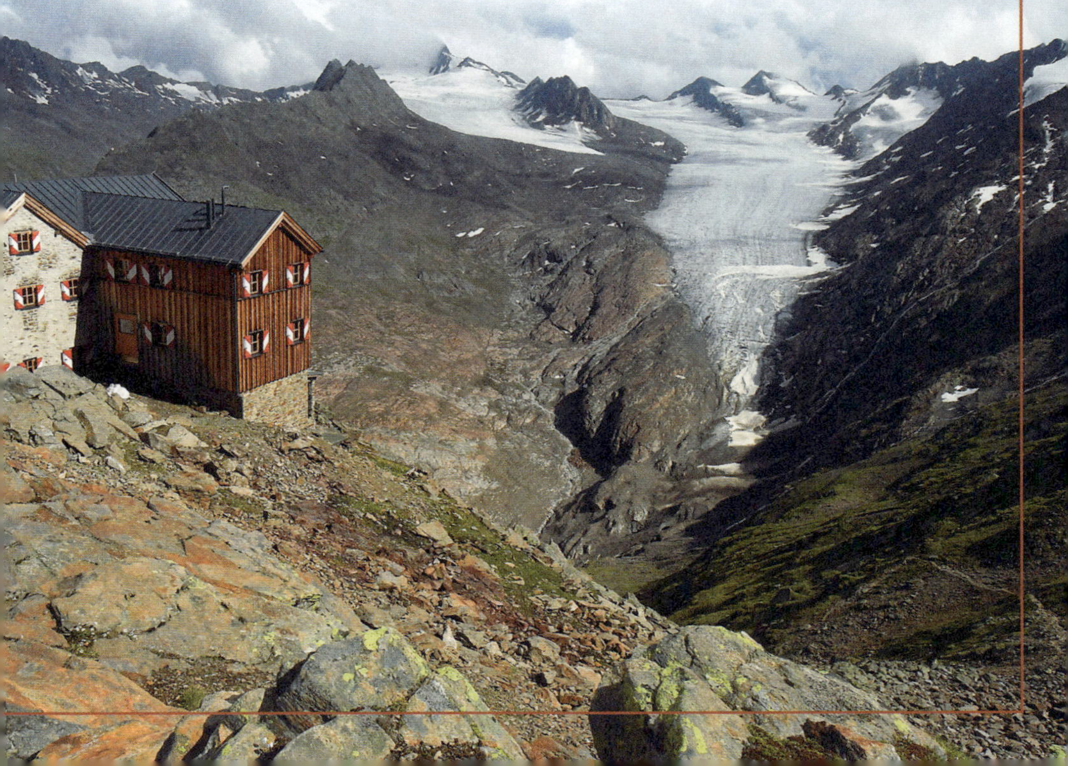

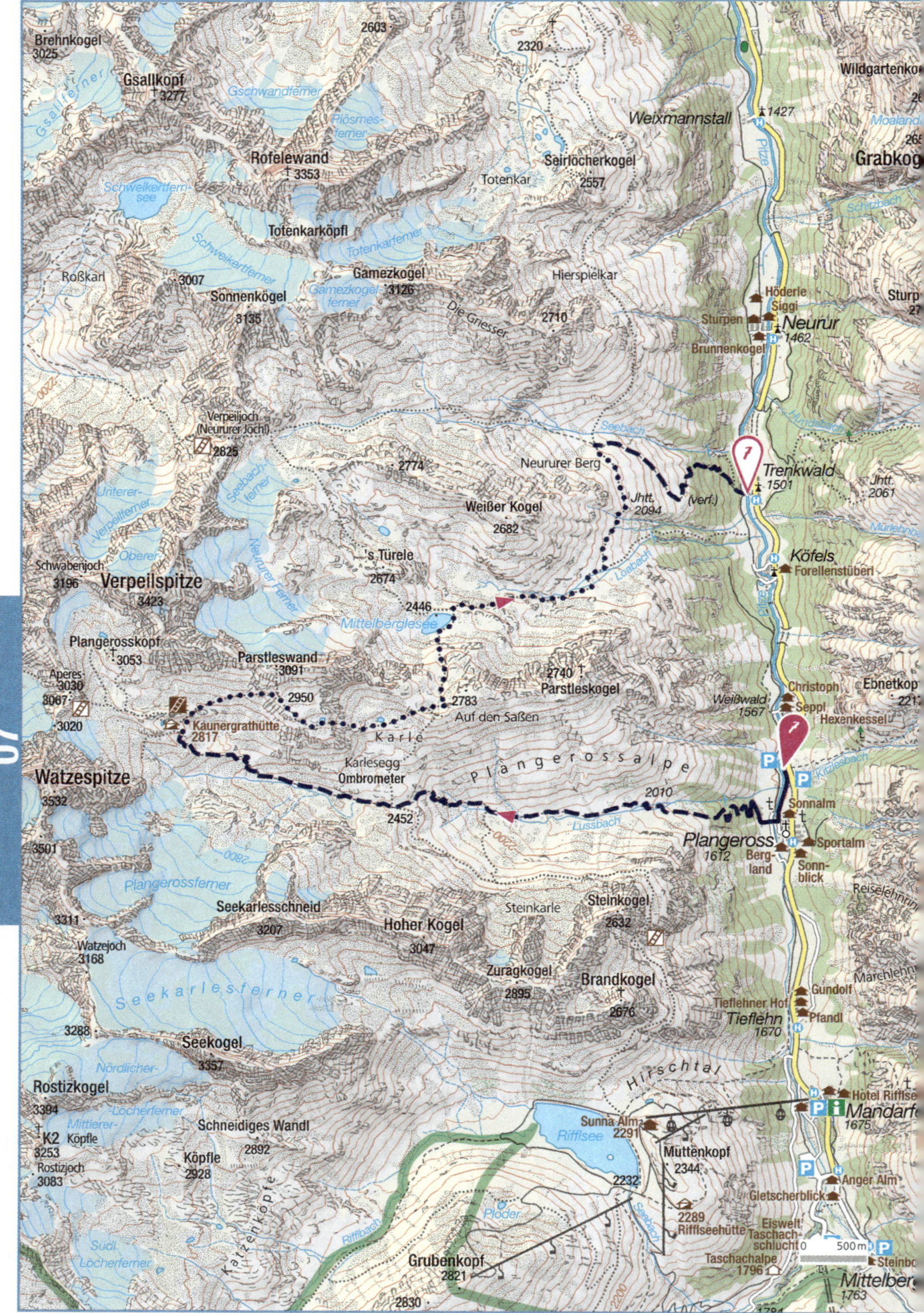
Brehnkogel
3025
Gsallkopf
3277
Gsallferner
Gschwandferner
2603
2320
Plösmesferner
Wildgartenko
1427
Weixmannstall
Rofelewand
3353
Seirlöcherkogel
2557
Totenkar
Grabkog
Schweikertfernsee
Totenkarköpfl
Totenkarferner
Schweikertferner
Roßkarl
3007
Sonnenkögel
3135
Gamezkogel
3126
Gamezkogelferner
Hierspielkar
Die Griesser
2710
Höderle
Siggi
Sturpen
Neurur
1462
Brunnenkogel
Verpeiljoch (Neururer Jöchl)
2825
Seebach
2774
Neururer Berg
Trenkwald
1501
Jhtt. 2061
Unterer Verpeilferner
Seebachferner
Jhtt. 2094
(verf.)
Weißer Kogel
2682
Oberer
Neururer Ferner
Schwabenjoch
3196
Verpeilspitze
3423
's Türele
2674
Köfels
Forellenstüberl
Loabach
2446
Mittelbergleseе
Plangerosskopf
3053
Parstleswand
3091
2740
Parstleskogel
Aperes
3030
3067
3020
2950
2783
Weißwald
1567
Christoph
Seppl
Hexenkessel
Ebnetkop
Kaunergrathütte
2817
Auf den Saßen
Karle
Watzespitze
3532
Karlesegg
Ombrometer
Plangerossalpe
2010
Kitzlesbach
Sonnalm
2452
Lussbach
Plangeross
1612
Bergland
Sportalm
Sonnblick
3501
Plangerossferner
Seekarlesschneid
3207
Steinkarle
Steinkogel
2632
Reiselehnrin
3311
Watzejoch
3168
Hoher Kogel
3047
Zuragkogel
2895
Brandkogel
2676
Seekarlesferner
Marchlehn
Gundolf
Tieflehner Hof
Tieflehn
1670
Pfandl
3288
Seekogel
3357
Hirschtal
Nördlicher
Rostizkogel
3394
Locherferner
Hotel Riffls
Mandarfe
1675
Mittlerer
K2
3253
Köpfle
Rostizjoch
3083
Schneidiges Wandl
2892
Sunna Alm
2291
Rifflsee
Köpfle
2928
Muttenkopf
2344
2232
Anger Alm
Gletscherblick
Plodersee
2289
Rifflseehütte
Eiswelt
Taschachschlucht
Südl. Löcherferner
Katzenköpfe
Rifflbach
Grubenkopf
2821
Taschachalpe
1796
0
500 m
Steinbo
Mittelber
1763
2830

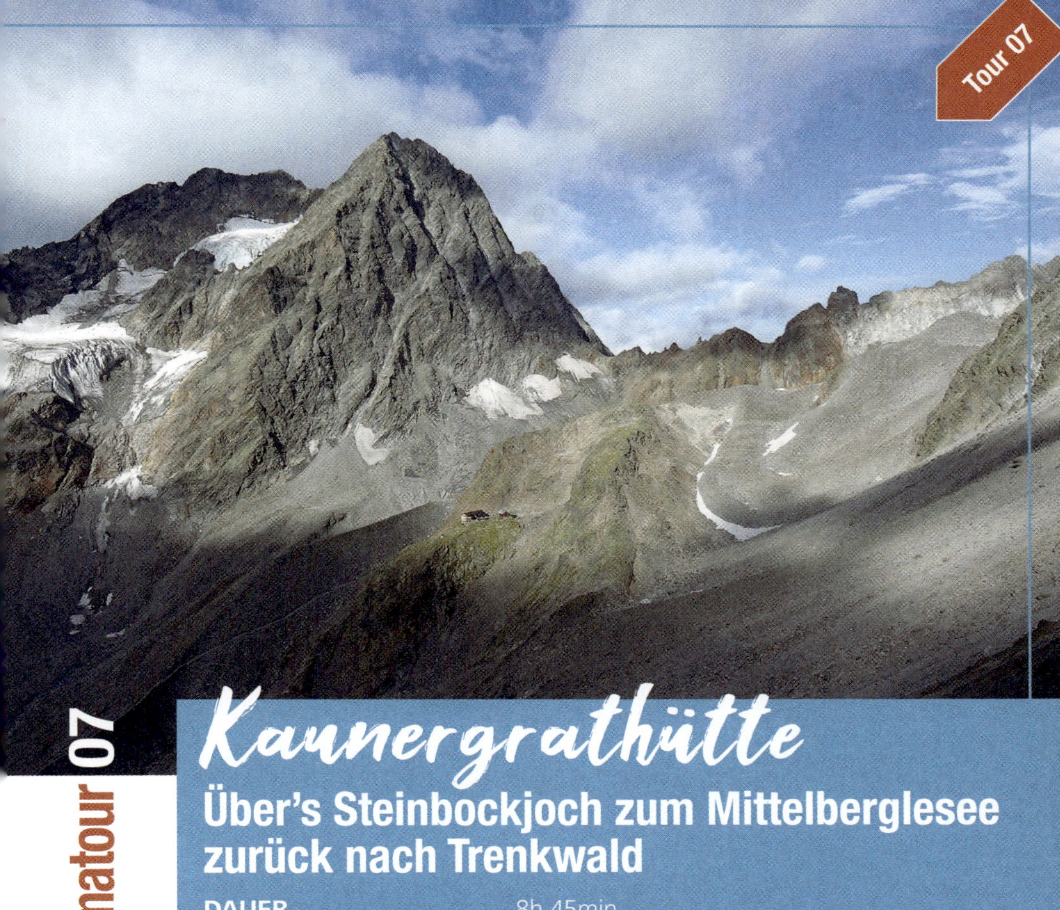

Kaunergrathütte

Über's Steinbockjoch zum Mittelberglesee zurück nach Trenkwald

DAUER	8h 45min
LÄNGE	13,7 km
HÖHENMETER	1386 hm
SCHWIERIGKEIT	SCHWER
MIT ÖPNV ERREICHBAR	ja

Das erwartet dich ...

Der technisch einfache, aber lange Normalweg zur Hütte erfreut uns durch seine landschaftliche Vielfalt. Beim Abstieg vom Steinbockjoch zu den Karle-Seen ist Trittsicherheit erforderlich. Die Länge des Weges belohnt uns jedoch mit herrlichen Natureindrücken und Naturschauspielen. Insgesamt bestreiten wir eine anstrengende Tour, die mit einer Hüttenübernachtung zu einer entspannten 2-Tages-Tour wird.

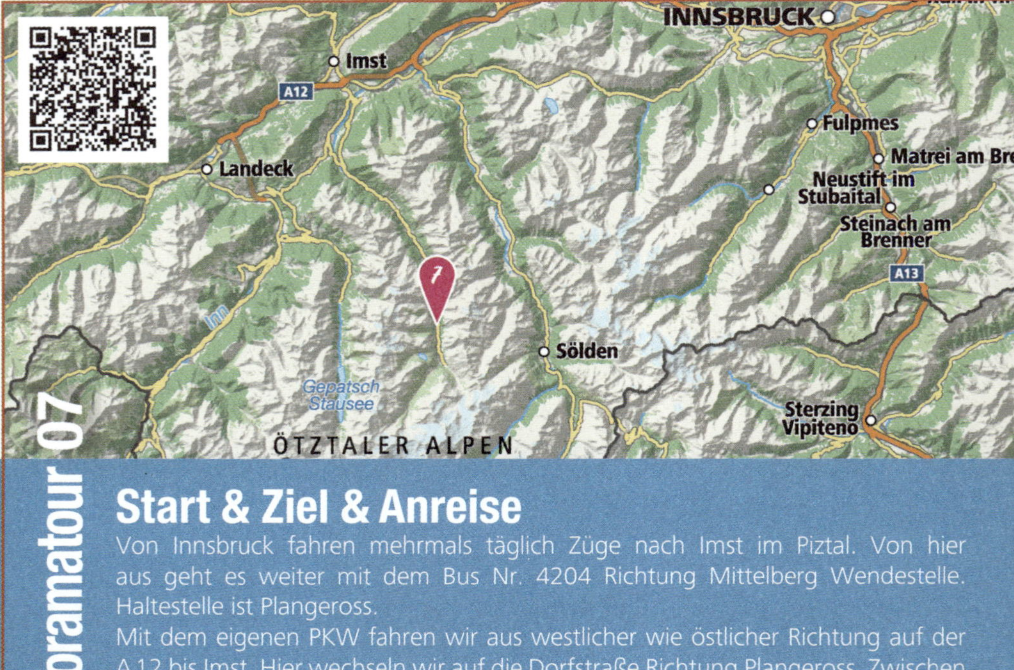

Panoramatour 07

Start & Ziel & Anreise

Von Innsbruck fahren mehrmals täglich Züge nach Imst im Piztal. Von hier aus geht es weiter mit dem Bus Nr. 4204 Richtung Mittelberg Wendestelle. Haltestelle ist Plangeross.
Mit dem eigenen PKW fahren wir aus westlicher wie östlicher Richtung auf der A 12 bis Imst. Hier wechseln wir auf die Dorfstraße Richtung Plangeross. Zwischen Weißwald und Plangeross befindet sich ein großer Wanderparkplatz.

Tourenbeschreibung

Drei verschiedene Wege führen zur Kaunergrathütte. Auf unserer heutigen Wanderung werden wir zwei von ihnen miteinander verbinden. Wir steigen über den Normalweg an; der Rückweg bringt uns dann über den längsten Aufstiegsweg über das Steinbockjoch und den Mittelberglesee. Dabei durchstreifen wir eine traumhafte Hochgebirgslandschaft mit weiß leuchtenden Gletschern, steilen Gipfeln, Bergseen, rauschenden Bächen, Blumenwiesen und mit Glück sogar Steinböcken, Gämsen und Murmeltieren.

Wir steigen zunächst vom Wanderparkplatz zum Bach hinab, wechseln links mit der Brücke über den Bach und richten uns nach den Schildern über eine Forststraße. Schon bald bringt uns ein steiler Steig in vielen Kehren über eine 300 m hohe Steilstufe. Hinter den letzten Bäumen wandern wir dann flacher zum Lussbach, überqueren ihn und passieren dann die beweidete Plangerossalpe. Am Lussbach geht's ab hier weiter ins Tal hinein und dann über ein paar Kehren steiler bergauf zum Karlesegg. Wir passieren eine Engstelle und laufen an einer sandigen Senke vorbei ins Kar. Hier achten wir genau auf die Markierung: Der Weg wird oft verlegt und jedes Jahr neu markiert. Der Weg zieht nun steiler hinauf und führt schließlich über eine Moräne bis unterhalb der Hütte. Hier queren wir nach rechts und steigen über Felsen auf einen Felsrücken empor, auf dem uns bereits die Kaunergrathütte und eine Kapelle erwarten. Die Hütte wurde 1903 von der akademischen Sektion Graz errichtet und seither mehrmals umgebaut und erweitert. Seit 2003 gehört sie der Sektion Mainz. Die Hütte ist einfach, aber gemütlich ausgestattet. Ihr Herzstück ist die Gaststube, in der Bilder des Grazer Holzschneiders, Zeichners und Erzählers Ernst von Dombrowski hängen. Von der herrlichen Sonnenterrasse genießt man die Aussicht auf Watzespitze, Seekarlesschneid und den Geigenkamm.

Hinter der Hütte geht's durch die Schutthänge des Ostgrats der Verpeilspitze weiter hinauf zum Steinbockjoch. Neben dem dort wartenden Blechsteinbock begeistert uns zudem der Blick zurück in den Talschluss. Unterhalb der Parstleswand wandern wir einen Wiesenrücken hinab zu einem Felsabsatz. Steil und rutschig hangeln wir uns an Ketten hinunter. Unser Ziel ist der kleine See im Karle, von dem aus nochmals ein kleiner Gegenanstieg auf einen Rücken führt. Am Wegweiser halten wir uns talwärts über einen steilen Weg hinab zum türkisfarbenen Mittelberglesee. Er liegt in einer eindrucksvollen Bergkulisse – links ragen die steilen Wände der Parstleswand auf, die Verpeilspitze und etwas rechts das Verpeiljoch.

Der Abstieg führt uns entlang der rechten Hangseite und fällt zum wunderschön mäandrierenden Loabach ab. Bei jedem Meter abwärts wird es nun grüner. Vis-à-vis begeistert der Geigenkamm mit der namensgebenden Hohen Geige. Wir passieren flache Felsen mit schönem Gletscherschliff, dann erreichen wir den Bach. Wir steigen über schöne Bergwiesen weiter hinab, dann erreichen wir einen Abzweig. Hier haben wir die Wahl: Soll es der direkte Abstieg werden oder nehmen wir einen kleinen Umweg über das Neururer Tal? Wir entscheiden uns für die zweite Möglichkeit und wandern entlang der Osthänge des Weißen Kogels zu einer Jagdhütte, von der aus wir nochmals den Blick zur Hohen Geige, zum Lehnerjoch und zum Luibiskogel genießen.

Vorerst fällt der Weg recht angenehm bis an eine Weggabelung oberhalb des Seebachs ab. Dann machen wir uns an den steilen Abstieg ins Pitztal. Er führt uns zunächst weit nach Süden, dann in einem Linksbogen in den Bergwald und weiter über einige Kehren zur Talsohle. 450 hm steigen wir von der letzten Abzweigung bis Trenkwald hinab. Von dort fahren Linienbusse zurück nach Weißwald. Von hier aus müssen wir leider noch ein Stück zu Fuß zum Parkplatz an der Talstraße laufen.

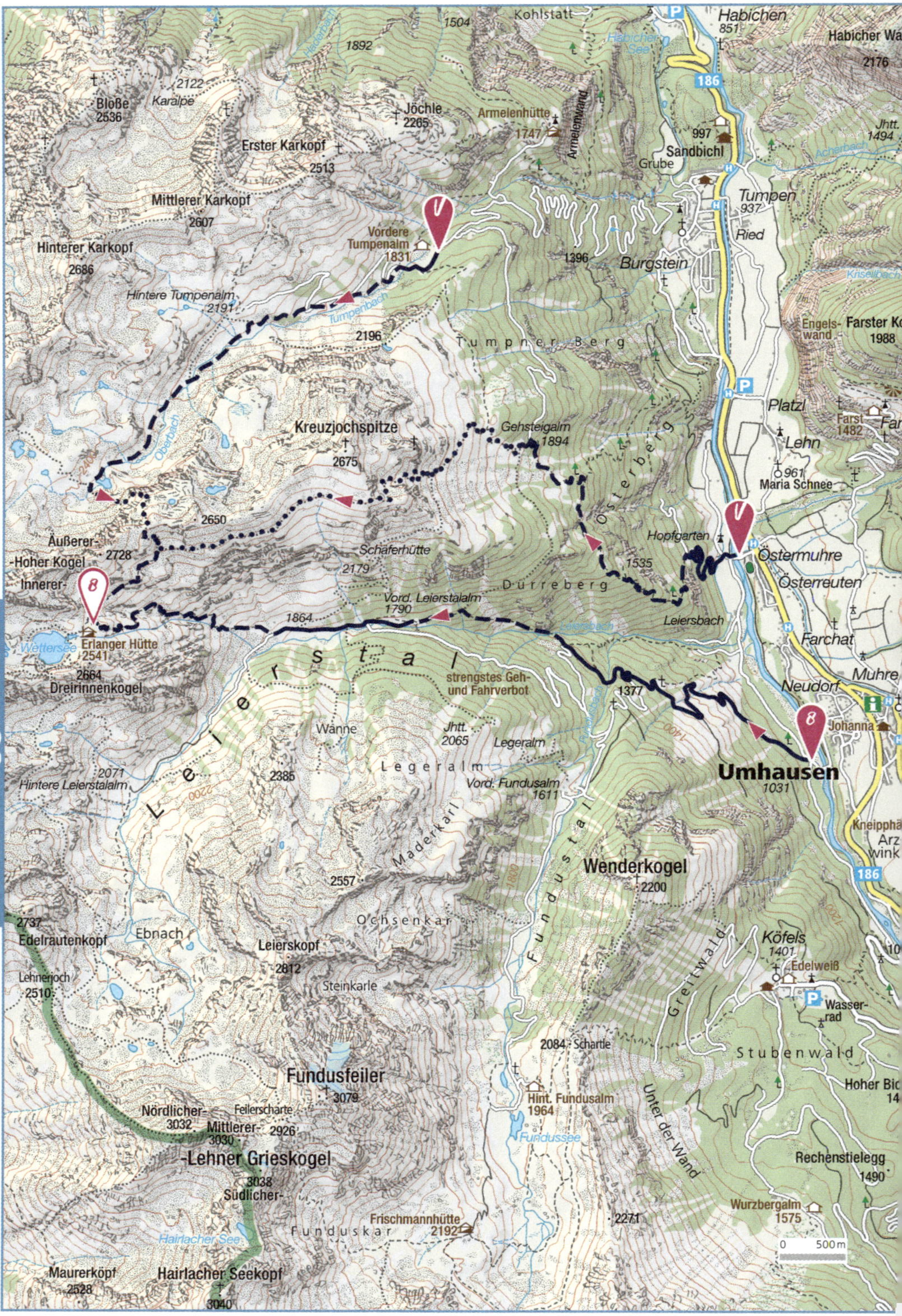

Kohlstatt
1504
1892
Habichen
851
Habicher Wa
2176
Habicher See
186
2122
Karalpe
Bloße
2536
Jöchle
2265
Armelenhütte
1747
Armelenwand
997
Sandbichl
Grube
Jhtt.
1494
Acherbach
Erster Karkopf
2513
Mittlerer Karkopf
2607
Tumpen
937
Ried
Vordere Tumpenalm
1831
Hinterer Karkopf
2686
1396
Burgstein
Kriselbach
Hintere Tumpenalm
2191
Tumpenbach
2196
Tumpner Berg
Engelswand
Farster Ko
1988
Platzl
Farst
1482
Oberbach
Kreuzjochspitze
2675
Gehsteigalm
1894
Lehn
961
Maria Schnee
Österberg
2650
Äußerer-
2728
-Hoher Kogel
Innerer-
Schäferhütte
2179
Hopfgarten
1535
Östermuhre
Österreuten
Dürreberg
Vord. Leierstalalm
1790
1864
Leiersbach
Wettersee
Erlanger Hütte
2541
Farchat
2664
Dreirinnenkogel
Leierstal
strengstes Geh- und Fahrverbot
1377
Neudorf
Muhre
Johanna
Wanne
Jhtt.
2065
Legeralm
Umhausen
1031
2071
Hintere Leierstalalm
2385
Legeralm
Vord. Fundusalm
1611
2200
Maderkarl
Fundustal
Wenderkogel
2200
Kneipphä
Arz
wink
186
2557
Ochsenkar
2737
Edelrautenkopf
Ebnach
Leierskopf
2812
Greitwald
Köfels
1401
Edelweiß
Lehnerjoch
2510
Steinkarle
Wasserrad
2084 Schartle
Stubenwald
Fundusfeiler
3079
Hint. Fundusalm
1964
Hoher Bic
Nördlicher-
3032
Feilerscharte
Mittlerer-
2926
3030
Fundussee
Unter der Wand
-Lehner Grieskogel
3038
Südlicher-
Rechenstielegg
1490
Frischmannhütte
2192
Funduskar
2271
Wurzbergalm
1575
Hairlacher See
0
500 m
Maurerköpf
2528
Hairlacher Seekopf
3040

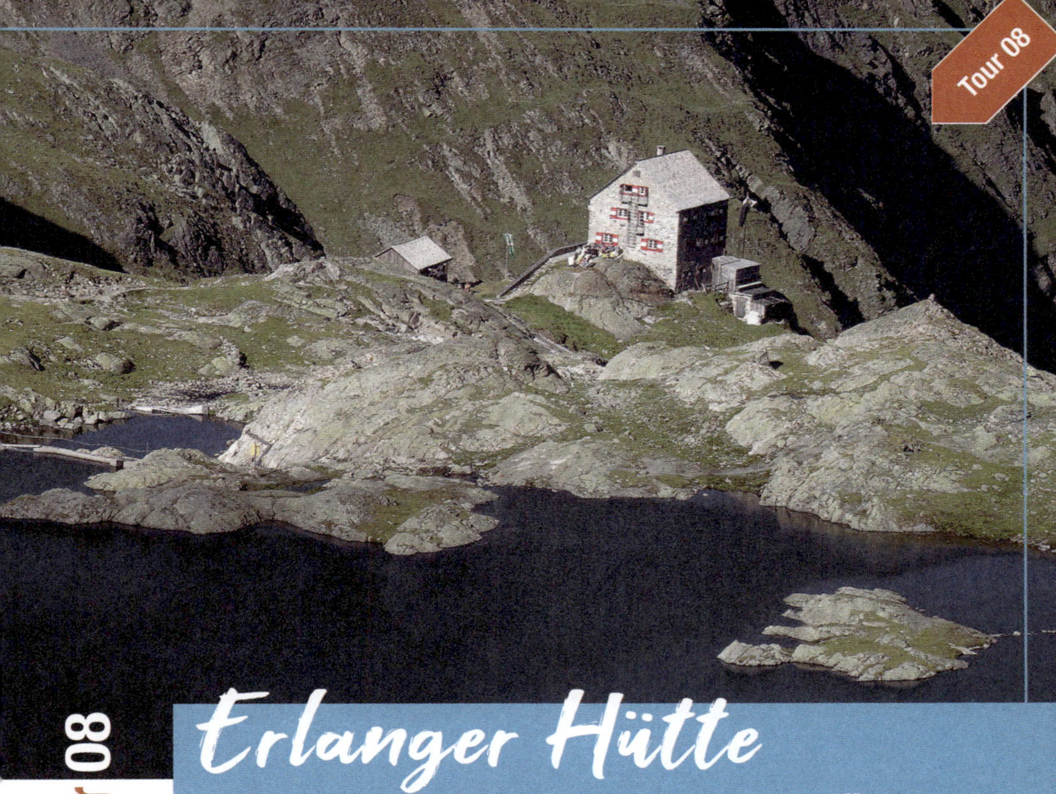

Hochgebirgstour 08

Erlanger Hütte

Auf dreierlei Wegen zur spektakulär liegenden Alpenvereinshütte

DAUER	4h 50min
LÄNGE	8,5 km
HÖHENMETER	1621 hm
SCHWIERIGKEIT	SCHWER
MIT ÖPNV ERREICHBAR	ja

Das erwartet dich ...

Heute erwartet uns ein enormes Maß an Höhenmetern; das macht die Wanderung auch zu einem langen und anstrengenden Unterfangen. Die Route führt größtenteils über Wirtschaftswege und Steige. Wegen eines Bergsturzes 2010 fährt das Hüttentaxi nur noch bis zur ersten Kehre hinter dem Abzweig ins Fundustal, ab da wandert man auf einem neu angelegten markierten Steig zur Vorderen Leierstalalm.

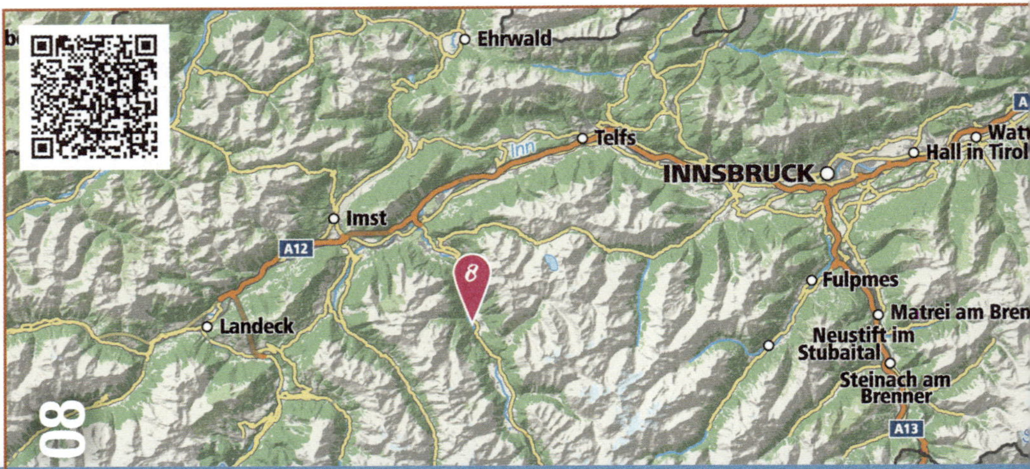

Hochgebirgstour 08

Start & Ziel & Anreise

Ausgangspunkt ist Umhausen-Neudorf.
Von Innsbruck aus fahren mehrmals täglich Züge ins Ötztal. Vom Bahnhof Ötztal geht's dann weiter mit dem Bus Nr. 8352 Richtung Obergurgl Zentrum. Haltestelle ist Umhausen-Neudorf.
Von Westen und auch von Osten bringt uns die A 12 nach Ötztal Bahnhof. Hier wechseln wir auf die B 186 nach Umhausen-Neudorf.

Tourenbeschreibung

Die Erlanger Hütte befindet sich in herrlicher Lange am Wettersee und zählt sicherlich zu den schönsten Übernachtungsmöglichkeiten entlang des Geigenkamms. Sie ist auf drei Zustiegswegen vom Ötztal aus zu erreichen; dank des Hüttentaxis kann man der Hütte auch nur für einen Tag einen Besuch abstatten. Der Aufstieg vom Tal aus erfordert allerdings – je nach Kondition – bis zu zwei zusätzliche Stunden und eine Hüttenübernachtung.

Vom Wanderparkplatz in Umhausen-Neudorf folgen wir über eine Forststraße zunächst der Beschilderung Leierstalalm und Fundusalm. Am Abzweig ins Fundustal steigen wir zur Brücke hinab, queren den Fundusbach und folgen wenige hundert Meter danach in einer Linkskehre vor einer Straßensperre dem Wanderweg. Den neuen Weg zur Vorderen Leierstalalm gibt es seit 2013. 1300 Arbeitsstunden waren nötig, um den neuen, 600 m langen Zugang dorthin zu bauen. Er zweigt rechts in der Kehre in den Wald hinein ab und zieht sich einen steilen Hang entlang, gesichert durch einfache Holzzäune. Dann fällt er gut 60 m zum Leiersbach, den wir über eine ebenfalls recht neue Brücke überqueren, ab. Kurz darauf wandern wir rechts des Baches steil hinan ins Weidegebiet der Vorderen Leierstalalm. Dort treffen wir auf einen Wanderweg, der unterhalb der Jausenstation, der Gehsteigalm, vorbeiführt.

Wir wandern ca. 20 Minuten auf dem Almweg zur Materialseilbahn, hinter der rechts der Weg 913 zur Hütte abgeht. Dann steigen wir Kehre für Kehre stets hinauf, zuerst zwischen Alpenrosen, Wacholder und Wiesen hindurch, dann durch Fels. Dabei bleiben wir immer rechts des Baches. Das letzte Stück zieht sich ein wenig. Dafür empfängt uns die Erlanger Hütte mit sehr guter Küche und herrlicher Aussicht. Der hochalpine Alpenvereinsstützpunkt wurde mit dem Tiroler Umweltsiegel „Wirtschaften mit der Natur" (seit 1996) und dem Umwelt-Gütesiegel der Alpenvereine (seit 2000) ausgezeichnet. Die herrliche Sonnenterrasse und gemütliche Gaststube laden zum Verweilen ein.

Der Zustieg über das Tumpental ist eine weitere Möglichkeit, die Hütte zu erreichen: Mit dem Hüttentaxi geht's zuerst zur Vorderen Tumpenalm. Hier folgen wir mit dem Tumpenbach der Almstraße, biegen aber vor der Hinteren Tumpenalm in einer Rechtskehre auf einen Wanderweg ab. Wir wandern stetig ansteigend durch das Tumpental, bis wir auf den Forcheimer Höhenweg Nr. 911 treffen. Nach links geht's hinauf zu einer Scharte (2594 m). Auf der anderen Seite steigen wir zum Weg Nr. 912 hinunter. Er bringt uns nach rechts höhenparallel zur Hütte. Noch eine versicherte, aber leichte Passage über einen Felsrücken genommen, und wir stehen an der Erlanger Hütte.

Eine letzte Möglichkeit ist der Zustieg über die Gehsteigalm. Zu Fuß erreichen wir sie in gut zweieinhalb Stunden. Oder wir fahren auch hier mit dem Hüttentaxi bis zur Alm. Von dort wandern wir hoch zum Weg Nr. 912, der von der Vorderen Tumpenalm kommt (ab Alm ca. 45 Min.). Dann führt der Weg mäßig steil hinauf zum Felsrücken unterhalb der Kreuzjochspitze. Ab hier dauert es noch eine Stunde, die durch herrliche Ausblicke versüßt wird, höhenparallel am Hang unterhalb der Kreuzjochspitze bis zur Erlanger Hütte (2:30–3h). Ein Höhenweg, der einfach nur mit traumhaft beschrieben werden kann.

Knapp unterhalb der Hütte liegt der Wettersee. Er ist ein beliebtes Fotomotiv und wurde schon unzählige Male in Bergbüchern und Bergkalendern abgebildet. Der hübsche Kratersee bildet ein schönes Ziel für einen Tagesausflug, wenn man mit dem Hüttentaxi zu einer der drei Almen auffährt und so die Aufstiegszeit um rund zwei Stunden verkürzt. Von der Hütte aus steigt man in 5 Min. zum See hinab. Über Blockgelände und feuchtes Moosgebiet kann er auch umrundet werden.

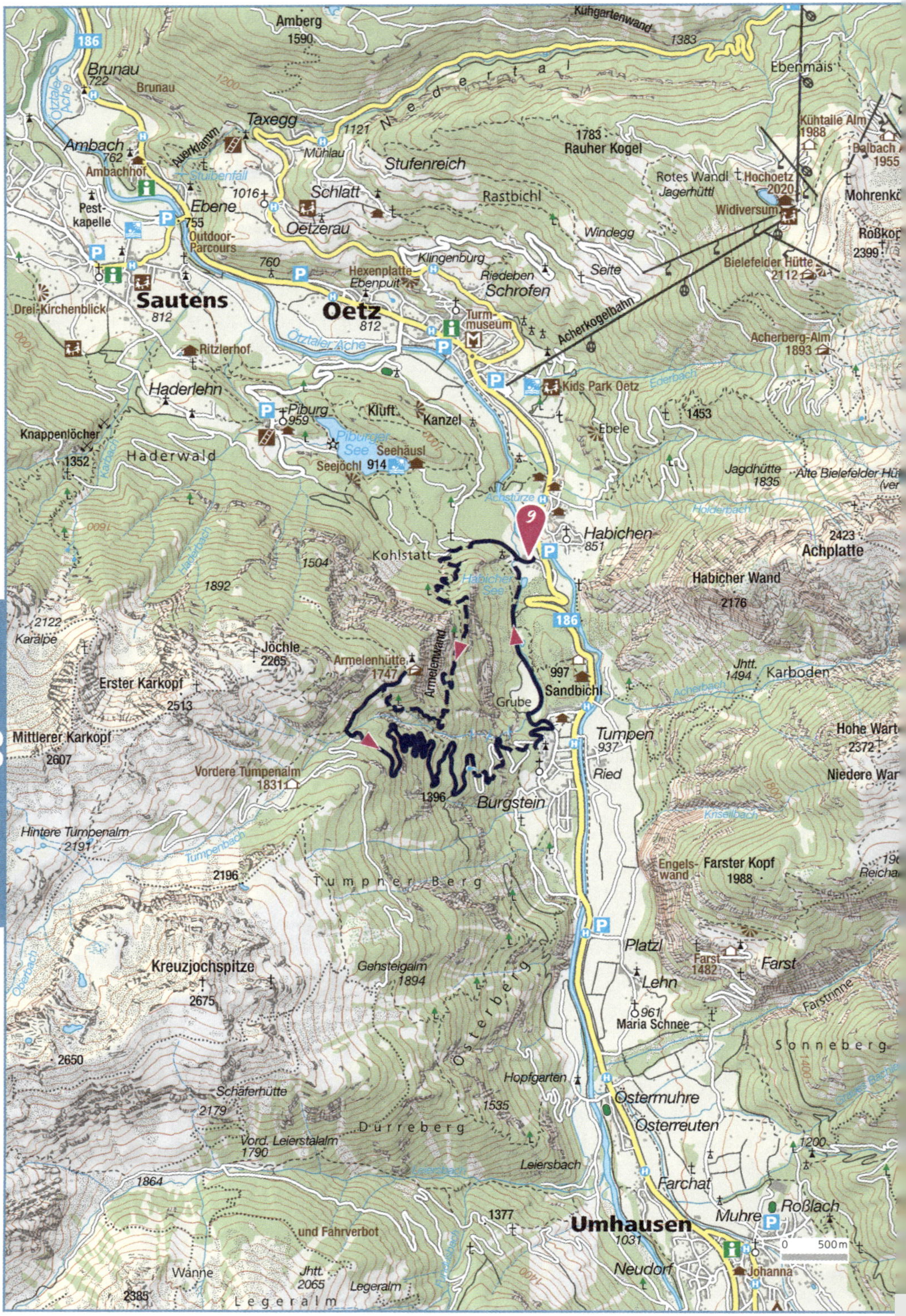

Amberg
1590
Kuhgartenwand
1383
186
Brunau
722
Brunau
Ötztaler Ache
Ebenmais
Taxegg
Niedertal
1121
Mühlau
Kühtaile Alm
1988
Balbach
1955
Ambach
762
Ambachhof
Auerklamm
Stuibenfall
Stufenreich
1783
Rauher Kogel
Rotes Wandl
Jagerhüttl
Hochoetz
2020
Mohrenkö
Pest-kapelle
Ebene
755
1016
Schlatt
Oetzerau
Rastbichl
Widiversum
Outdoor-Parcours
Windegg
Roßkop
2399
760
Klingenburg
Hexenplatte
Ebenpuit
Riedeben
Seite
Bielefelder Hütte
2112
Schrofen
Drei-Kirchenblick
Sautens
812
Oetz
812
Turm-museum
Acherkogelbahn
Ötztaler Ache
Ritzlerhof
Acherberg-Alm
1893
Kids Park Oetz
Haderlehn
Piburg
959
Kluft
Kanzel
1453
Ebele
Knappenlöcher
1352
Haderwald
Piburger See
Seehäusl
Seejöchl
914
Jagdhütte
1835
Alte Bielefelder Hü
Achstürze
Habichen
851
2423
Achplatte
Kohlstatt
1504
Habicher See
Habicher Wand
2176
1892
186
2122
Karalpe
Jöchle
2265
Armelenhütte
1747
Armelenwand
997
Sandbichl
Jhtt.
1494
Karboden
Erster Karkopf
2513
Grube
Tumpen
937
Hohe Wart
2372
Mittlerer Karkopf
2607
Ried
Vordere Tumpenalm
1831
Niedere War
1396
Burgstein
Hintere Tumpenalm
2191
Tumpenbach
Kriselbach
Engels-wand
Farster Kopf
1988
2196
Tumpner Berg
Platzl
Farst
1482
Farst
Kreuzjochspitze
2675
Gehsteigalm
1894
Lehn
961
Maria Schnee
Östersberg
Sonneberg
2650
Hopfgarten
Östermuhre
Schäferhütte
2179
1535
Österreuten
Dürreberg
Vord. Leierstalalm
1790
1200
Leiersbach
Farchat
1864
Roßlach
Muhre
1377
Umhausen
1031
und Fahrverbot
0
500 m
Neudorf
Johanna
Wanne
Jhtt.
2065
Legeralm
2385
Legeralm

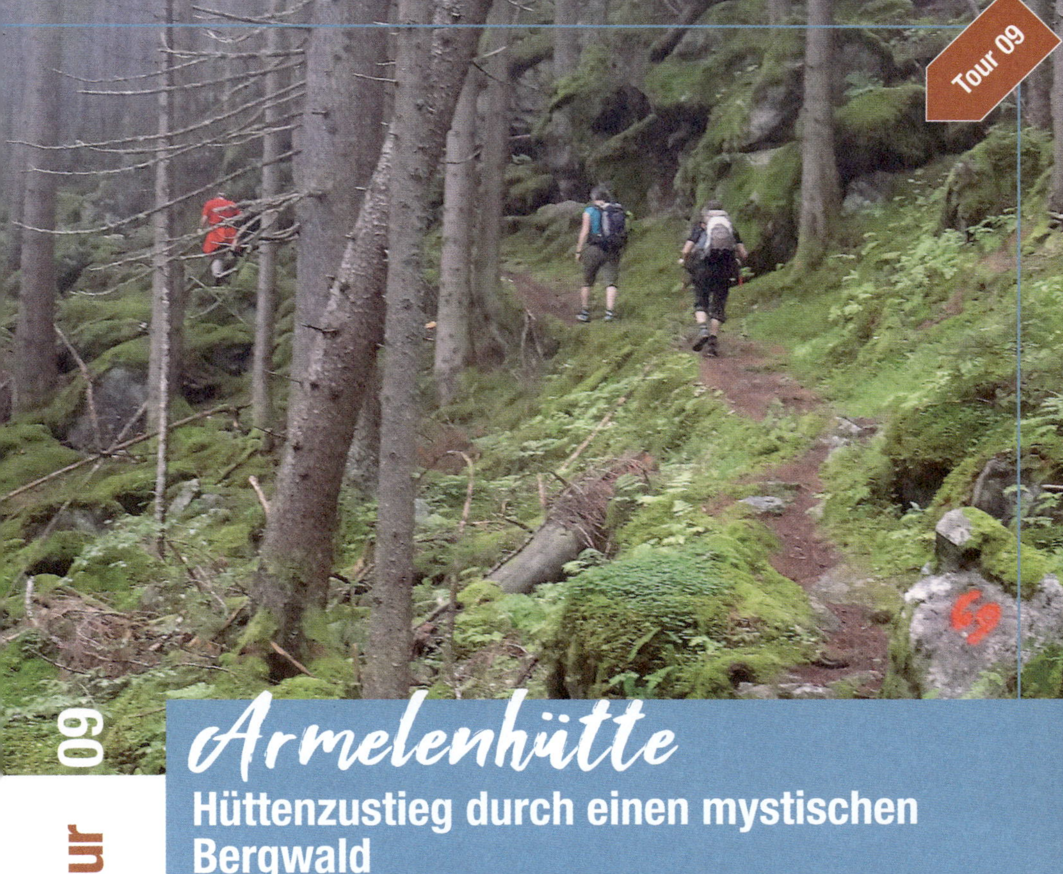

09 Waldtour

Armelenhütte

Hüttenzustieg durch einen mystischen Bergwald

DAUER	5h 30min
LÄNGE	12,7 km
HÖHENMETER	900 hm
SCHWIERIGKEIT	MITTEL
MIT ÖPNV ERREICHBAR	ja

Das erwartet dich ...

Der Aufstieg erfolgt über einen teilweise versicherten und schmalen Steig unterhalb der Armelenwand. Die Rutschgefahr ist hier enorm groß, daher sollte er bergab nur bei trockenen Verhältnissen begangen werden. Auf dem Weg erwartet uns ein faszinierender Bergwald und ein eindrucksvolles Felssturzgelände.

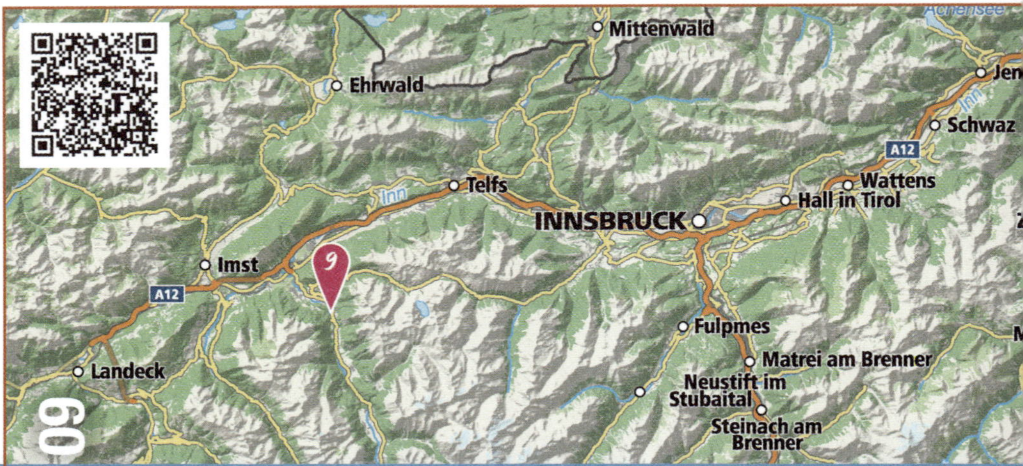

09 Waldtour

Start & Ziel & Anreise

Ausgangspunkt ist Habichen.
Von Innsbruck aus fahren mehrmals täglich Züge ins Ötztal. Vom Bahnhof Ötztal geht's dann weiter mit dem Bus Nr. 8352 Richtung Obergurgl Zentrum. Haltestelle ist Habichen.
Von Westen und auch von Osten bringt uns die A 12 nach Ötztal Bahnhof. Hier wechseln wir auf die B 186 nach Habichen. Parkplätze gibt es unterhalb der Bundesstraße bei der Holzbrücke über die Ötztaler Ache auf 850 m.

Tourenbeschreibung

Die Route auf die Armelenhütte bringt uns durch einen faszinierenden Bergwald und ein eindrucksvolles Felssturzgelände. Der mühsame Aufstieg wird am Ende mit der Armelenhütte belohnt, die sowohl innen als auch außen mehr als urig ist und schöne Blicke ins Tal und auf die andere Talseite ermöglicht. Aber auch der Rückweg birgt Überraschungen: Neben dem tosenden Tumpener Wasserfall erwartet uns der idyllische Habicher See, der an heißen Tagen mit einem Sprung ins kühle Nass lockt. Zuletzt streifen wir noch den Habicher Eiskeller.

Vom Inntal kommend verlassen wir an der Talstraße beim Hinweisschild zum Habicher Hof die Hauptstraße und halten uns taleinwärts, bis wir rechts die Talstraße unterqueren können. Dann fahren wir parallel zur Talstraße zum Parkplatz an der Holzbrücke. Wir queren die Brücke und passieren drei Häuser in Richtung Süden, bis uns ein Wegweiser zum Piburger See und zur Wellerbrücke nach rechts schickt. Wir folgen dem Weg. Bald zweigt schräg nach links ein Steig zur Armelenhütte ab.

Der schmale und durchaus anspruchsvolle Steig bringt uns durch dichten, dann wieder lichteren Bergwald. Manche Passagen sind teils durch einfache Holzgeländer gesichert. Der Weg führt durch Felssturzgelände. Hin und wieder taucht eine Bank auf, auf der wir ein wenig rasten können. Das kann man angesichts des steilen Weges auch durchaus gebrauchen. Die bis zu 400 m hohe Armelenwand ist teilweise bewachsen, aber dennoch eindrucksvoll. An einer Gabelung bleiben wir geradeaus, bis sich der Wald lichtet und den Weg ins Tumpenbachtal freigibt. Ein schöner Blick eröffnet sich Richtung Süden und in das untere Tumpental.

Wir laufen noch ein paar Minuten steil hinauf. An einer weiteren Verzweigung halten wir uns halb rechts zur Almstraße und gelangen so wieder rechts in wenigen Minuten zur Armelenhütte. Die familiengeführte Hütte zählt wohl zu den schönsten Aussichtsplätzen des Ötztals, mit Blick zur Miemingerkette sowie zu den Lechtaler-, Ötztaler- und Stubaier Alpen. Die Wirtsleute kochen mit den eigenen Produkten vom Armelenhof: Tiroler Jahrling, Turopolje Schweine, Eier von den eigenen Hühnern, Hauswurst von eigenen Ziegen. Neben der Hütte befindet sich eine kleine Hauskapelle.

Für den Abstieg gibt es zwei Varianten: Wir können auf dem Aufstiegsweg nach Habichen zurückkehren, oder (bei schlechtem Wetter eher zu empfehlen) über die Fahrstraße ins Tal zurückwandern. Dabei können einzelne Kehren abgekürzt werden. Höhepunkt des Rückwegs ist die Plattform beim Tumpener Wasserfall. Im Tal biegen wir dann beim ersten Haus nach links ab und laufen westlich am Sandbichl vorbei dem Bach folgend zum Habicher See. Zu ihm zweigt ein steiler Pfad rechts hinunter ab, parallel zum Bach und teils mit Zäunen gesichert. Am Habicher See führt ein Weg links von einem Weidezaun am Eiskeller vorbei zum bekannten Wegweiser.

Autoren Tipp

Der Eiskeller Habicher See war jahrhundertelang ein natürlicher Kühlschrank. Im Sommer wurden die im Winter geschlagenen Eisblöcke gelagert, da die Temperatur hier ganzjährig um den Gefrierpunkt liegt. Die kalte Luft rührt von den unterirdischen Gangsystemen, durch die sie aus den Höhen talwärts strömt. Viele der Felsspalten haben nasse Wände, so dass Verdunstungskälte die Temperatur der Fallwinde zusätzlich senkt. Eine Mauer vor dem Felsloch hält die kalte Luft in der Felsspalte.

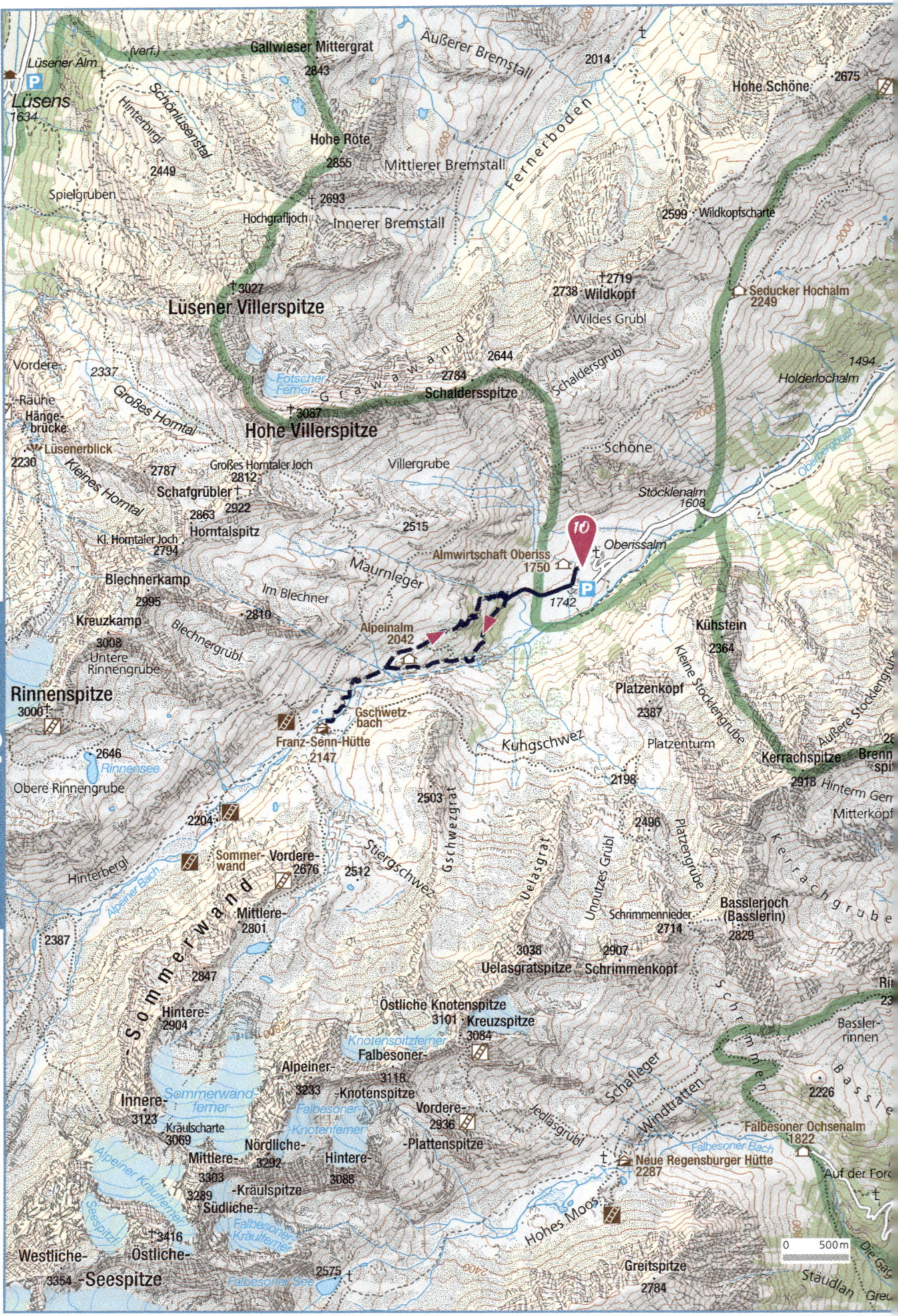

10

Lüsener Alm
Lüsens
1634
(verf.)
Gallwieser Mittergrat
2843
Äußerer Bremstall
2014
Hohe Schöne
2675
Schönlüsenstal
Hinterbirgl
Hohe Röte
2855
Mittlerer Bremstall
Fernerboden
2449
Spielgruben
2693
Hochgrafljoch
Innerer Bremstall
2599
Wildkopfscharte
3027
Lüsener Villerspitze
2719
2738
Wildkopf
Seducker Hochalm
2249
Wildes Grübl
Grawawand
2644
1494
Holderlochalm
Vordere
2337
Fotscher Ferner
2784
Schalderspitze
Schaldersgrubl
Rauhe Hängebrücke
Großes Horntal
3087
Hohe Villerspitze
Lüsenerblick
2230
2787
Großes Horntaler Joch
2812
Villergrube
Schöne
Oberbergbach
Kleines Horntal
Schafgrübler
2922
2863
Horntalspitz
Stöcklenalm
1608
Kl. Horntaler Joch
2794
2515
Oberissalm
Almwirtschaft Oberiss
1750
Maurnleger
Blechnerkamp
2995
Im Blechner
1742
Kreuzkamp
2810
Kühstein
2364
Blechnergrübl
Alpeinalm
2042
3008
Untere Rinnengrube
Kleine Stöcklengrube
Platzenkopf
2387
Rinnenspitze
3000
Gschwetzbach
Franz-Senn-Hütte
2147
Platzenturm
Äußere Stöcklengrube
Kuhgschwez
2646
Rinnensee
Kerrachspitze
2918
Hinterm Gen
Obere Rinnengrube
2198
Mitterkopf
2503
2204
Gschwezgrat
2496
Platzengrube
Stiergschwez
Kerrachgrube
Sommerwand
Vordere-
2676
2512
Uelasgrat
Unnützes Grübl
Hinterbergl
Alpeiner Bach
Mittlere-
2801
Schrimmennieder
2714
Basslerjoch (Basslerin)
2829
2387
Sommerwand
3038
2907
2847
Uelasgratspitze
Schrimmenkopf
Schrimmen
Hintere-
2904
Östliche Knotenspitze
3101
Kreuzspitze
3084
Bassler-rinnen
Knotenspitzferner
Falbesoner-
Alpeiner-
3118
Bassler
Sommerwandferner
3233
-Knotenspitze
Schaflegger
2226
Innere-
3123
Falbesoner-Knotenferner
Vordere-
2936
Windtratten
Kräulscharte
3069
-Plattenspitze
Jedlasgrübl
Falbesoner Ochsenalm
1822
Nördliche-
3292
Hintere-
3088
Falbesoner Bach
Mittlere-
3303
Neue Regensburger Hütte
2287
Alpeiner Kräulferner
-Kräulspitze
3289
Südliche-
Auf der Ford
Seespitzl
Falbesoner Kräulferner
Hohes Moos
3416
Westliche-
Östliche-
0 500 m
3354
-Seespitze
2575
Falbesoner See
Greitspitze
2784
Staudlan
Die Gag

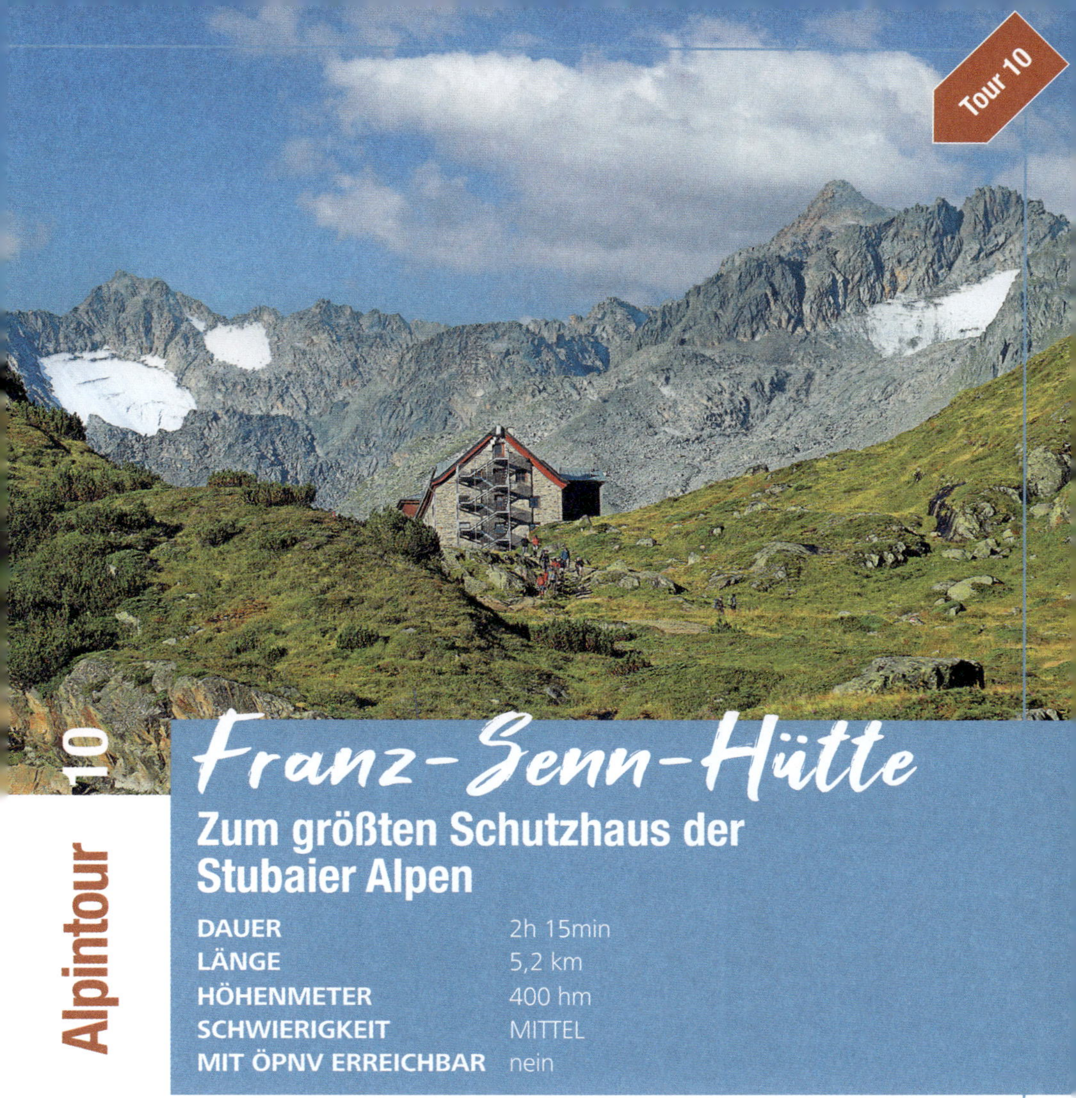

Tour 10

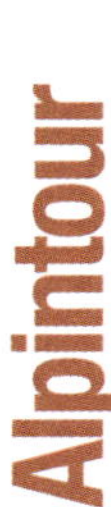

Franz-Senn-Hütte

Zum größten Schutzhaus der Stubaier Alpen

DAUER	2h 15min
LÄNGE	5,2 km
HÖHENMETER	400 hm
SCHWIERIGKEIT	MITTEL
MIT ÖPNV ERREICHBAR	nein

Das erwartet dich ...

Heute erwartet uns eine einfache Bergwanderung auf bequemen Pfaden. Der „Winterweg" führt stellenweise über glatte Steinplatten und durch sumpfiges Gelände, er erfordert Trittsicherheit. Ein besonderer Zauber bietet sich uns durch die herrliche hochalpine Landschaft, in der die Franz-Senn-Hütte eingebettet ist.

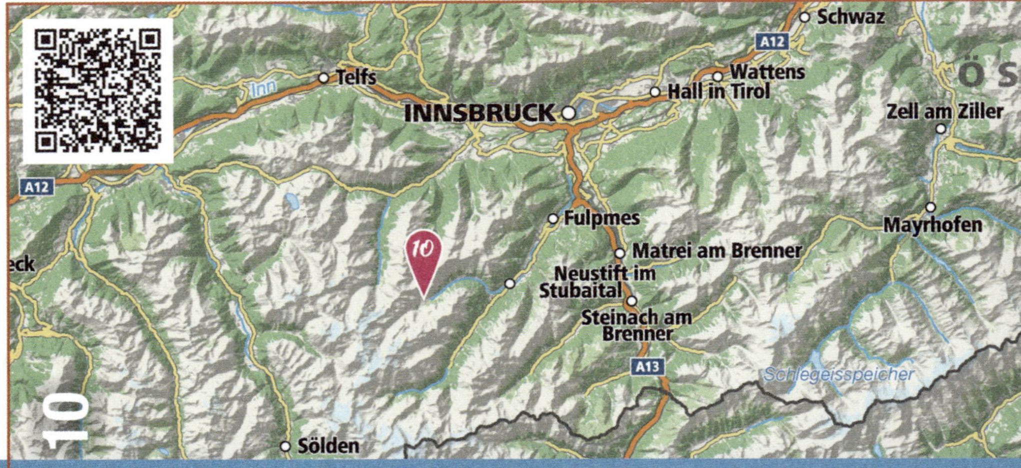

Alpintour 10

Start & Ziel & Anreise

Ausgangspunkt ist die Oberissalm.
Über die A 12/A 13 Inntal/Brennerautobahn fahren wir bis zur Ausfahrt Schönberg/Stubaital und durch das Stubaital über Neustift nach Milders. Dort rechts geht's auf gut ausgebauter Almstraße in das Oberbergtal zum Hüttenparkplatz der Franz-Senn-Hütte unterhalb der Oberissalm (gebührenpflichtig). Alternativ bringt uns auch das Almtaxi hinauf. Tel. +43(0)5226/3333, +43(0)5226/3500, +43(0)664/2877000.

Tourenbeschreibung

Wir starten unsere hochalpine Tour vom Parkplatz der Oberissalm, nahe der Almwirtschat Oberiss (1750 m). Der Wegweiser „Franz-Senn-Hütte" leitet uns von der Almwirtschaft über einen breiten Weg mit der Nr. 131 taleinwärts. Nach ca. 500 m biegt der beschilderte Hüttenweg nach rechts ab, wir bleiben jedoch auf der unteren Trasse. Wir befinden uns auf dem „Winterweg", der an manchen Stellen aus groben Steinen aufgeschichtet wurde. Er führt durch Felsen und steile Hänge bergan. Auf seinem Weg passieren wir die Materialseilbahn und steigen über abgeschliffenes Gestein stetig höher. Zwischendurch ist das Gelände sogar ein wenig sumpfig.

Unterhalb der Alpeinalm auf 2042 m werden die Wiesen wieder flacher. Links unten im Bachbett erblicken wir die Ableitungsfassung des Alpeiner Baches. An der Einmündung des Sommerweges steigen wir über eine letzte Geländestufe zur längst sichtbaren Franz-Senn-Hütte an. Sie liegt auf 2147 m in hochalpiner Landschaft. Sie wurde 1885 eröffnet. Damals wie heute war und ist sie ein beliebtes Ziel. Ende des 19. Jahrhunderts konnte man aus seinen Fenstern noch den Alpeiner Ferner sehen. Heute ist der Gletscher zurückgeschmolzen. Die Franz-Senn-Hütte ist mit ca. 170 Schlafplätzen die größte Hütte der Sektion Innsbruck des österreichischen Alpenvereins. Ausgestattet mit einer teilbiologischen Kläranlage ist sie wohl auch eine der komfortabelsten und modernsten Hütten im gesamten Alpenraum. Zudem bildet sie ein alpines Ausbildungszentrum.

Der Abstieg erfolgt zunächst über die Aufstiegsroute. Vor der kleinen Hütte der Alpinalm bleiben wir jedoch links auf dem beschilderten Weg. Er leitet uns durch die grünen Böden oberhalb der Alm und ein Stückchen weiter nach oben über dem Alpeiner Tal bis zu den obersten Zirben. In zahlreichen Kehren windet er sich schließlich einen steilen, bewaldeten Hang ins Tal hinunter. So erreichen wir die Einmündung des Winterweges, über den wir links zur nahen Almwirtschaft Oberiss zurückkehren.

Auf dem Weg zur Franz-Senn-Hütte

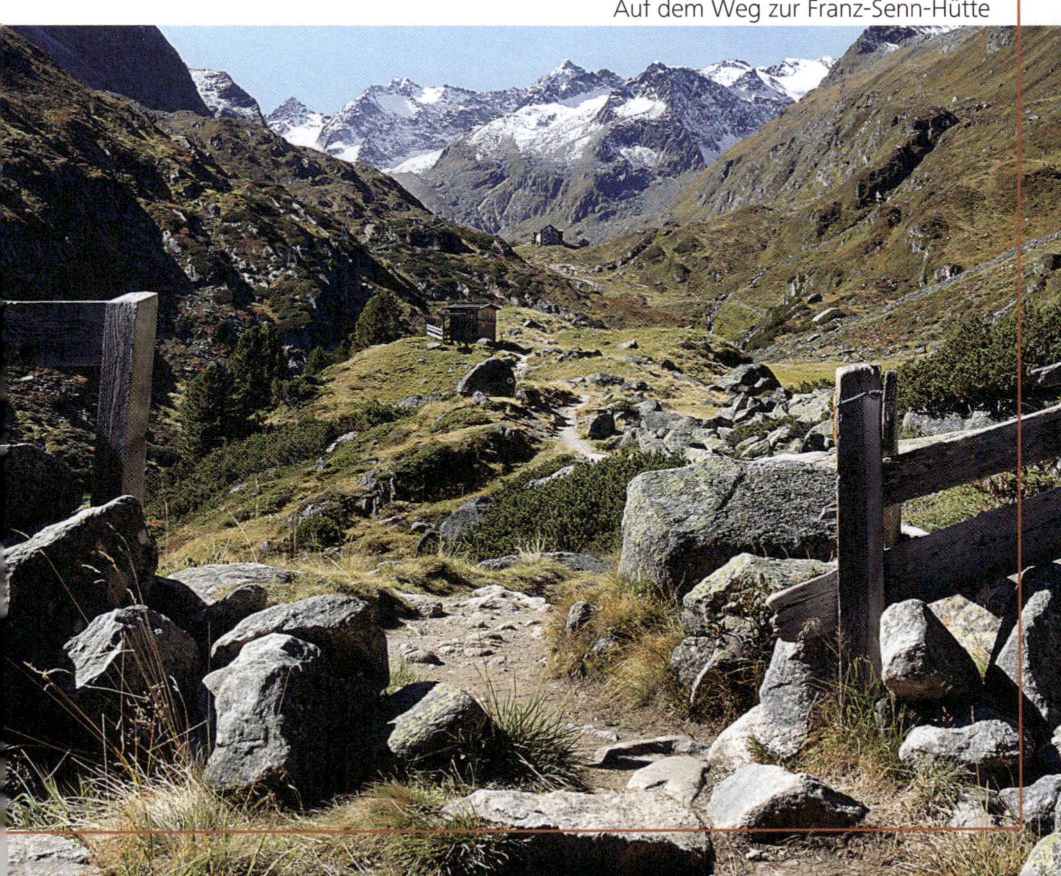

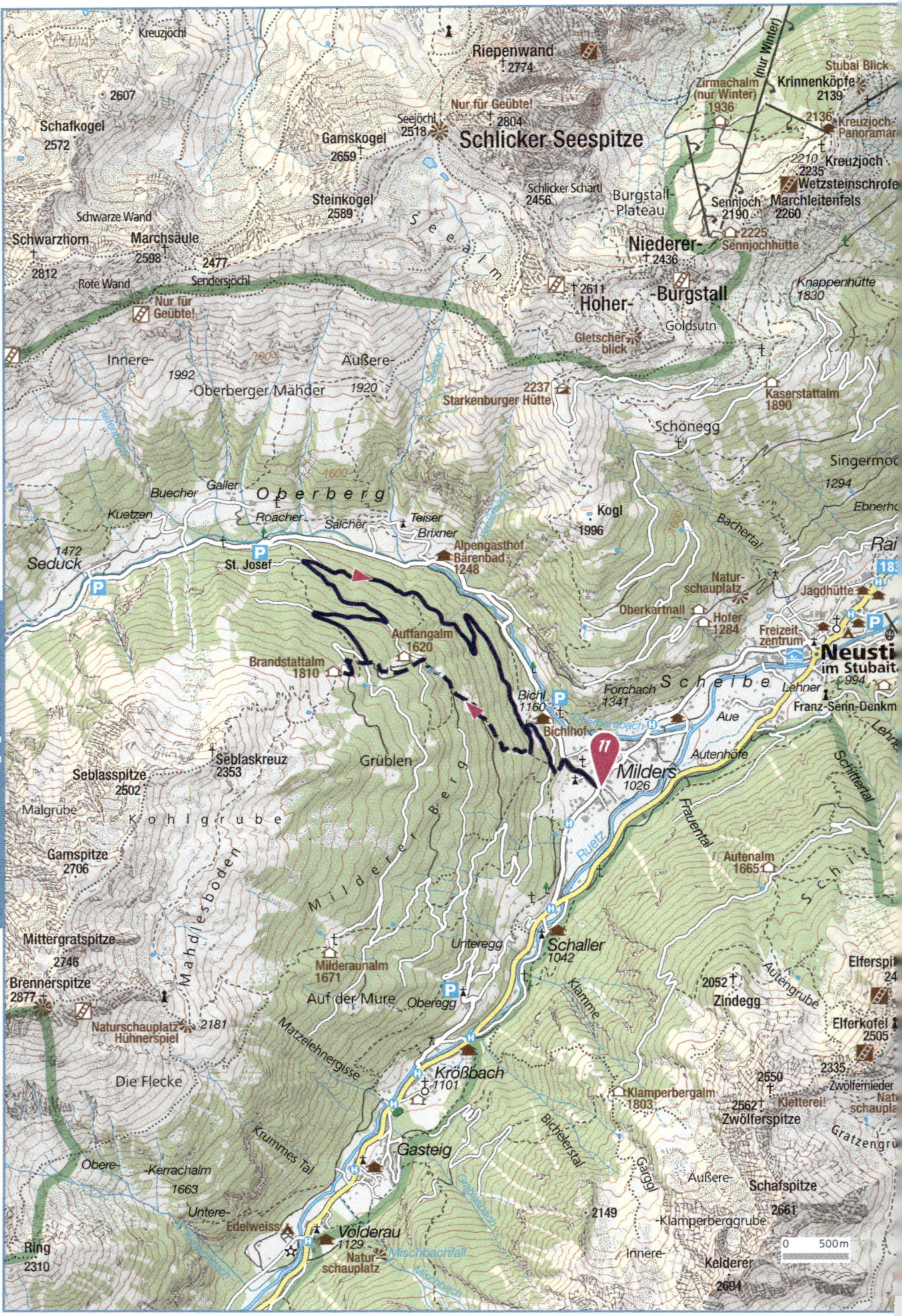

11

Kreuzjöchl
Riepenwand
2774
Stubai Blick
(nur Winter)
Zirmachalm (nur Winter) 1936
Krinnenköpfe 2139
2607
Nur für Geübte!
Seejöchl 2518
2804
Schafkogel 2572
Gamskogel 2659
Schlicker Seespitze
2136
Kreuzjoch-Panoramar
2210
Kreuzjoch 2235
Wetzsteinschrofe
Steinkogel 2589
Schlicker Scharte 2456
Burgstall-Plateau
Sennjoch 2190
Marchleitenfels 2260
Schwarze Wand
Seealm
2225 Sennjochhütte
Schwarzhorn 2812
Marchsäule 2598
2477
Niederer-
2436
Rote Wand
Sendersjöchl
2611
Hoher-
-Burgstall
Knappenhütte 1830
Nur für Geübte!
Goldsutn
Gletscherblick
Innere-
Außere-
1992
-Oberberger Mähder
1920
2237
Starkenburger Hütte
Kaserstattalm 1890
Schönegg
Singermo
1600
1294
Buecher
Galler
Oberberg
Kogl
Ebnerh
Kuetzen
Roacher
Salcher
Teiser
Brixner
1996
Bachertal
Rai
1472
Seduck
St. Josef
Alpengasthof Bärenbad 1248
183
Natur-schauplatz
Jagdhütte
Oberkartnall
Hofer 1284
Freizeit-zentrum
Neusti
im Stubait
994
Auffangalm 1620
Brandstattalm 1810
Forchach 1341
Scheibe
Lehner
Franz-Senn-Denkm
Bichl 1160
Oberbergbach
Aue
Bichlhof
11
Lehne
Seblaskreuz 2353
Milders 1026
Autenhöfe
Grüblen
Seblasspitze 2502
Schlitterta
Malgrube
Frauental
Kohlgrube
Ruetz
Gamspitze 2706
Autenalm 1665
Milderer Berg
Mahdlesboden
Schi
Mittergratspitze 2746
Unteregg
Schaller 1042
Elferspi 24
Milderaunalm 1671
Autengrube
2052
Brennerspitze 2877
Zindegg
Auf der Mure
Oberegg
Klamme
Naturschauplatz Hühnerspiel
2181
Elferkofel 2505
Matzelehnergisse
2335
Kröẞbach 1101
Zwölfernieder
2550
Klamperbergalm 1803
2562
Kletterei!
Natu schaupla
Die Flecke
Zwölferspitze
Gratzengru
Bichelerstal
Gasteig
Krummes Tal
Galggl
Obere-
Außere-
-Kerrachalm 1663
Schafspitze 2661
2149
Untere-
-Klamperberggrube
Edelweiss
Volderau 1129
Ring 2310
Innere-
0 500m
Natur-schauplatz
Mischbachfall
Mischbach
Kelderer 2694

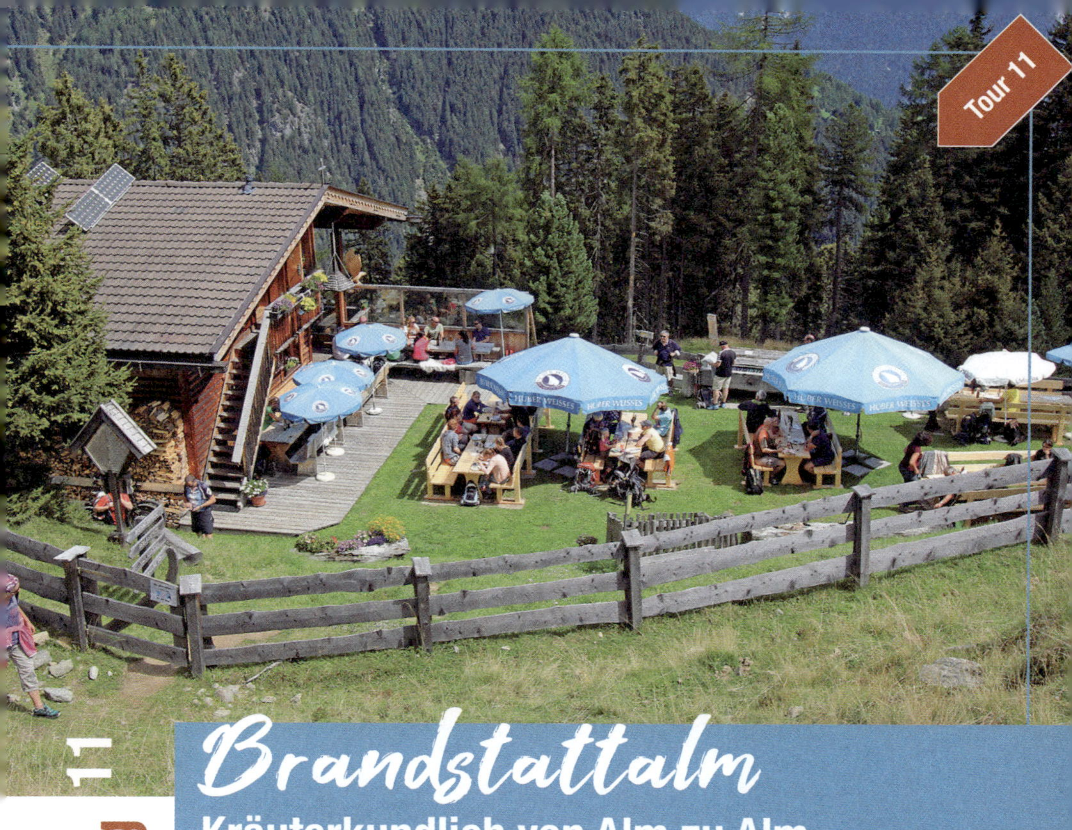

11

Kräuter-
wanderung

Brandstattalm

Kräuterkundlich von Alm zu Alm

DAUER	4h 30min
LÄNGE	10 km
HÖHENMETER	790 hm
SCHWIERIGKEIT	MITTEL
MIT ÖPNV ERREICHBAR	ja

Das erwartet dich ...

Diese Tour beschert uns eine herrliche Runde durch Wälder und über Almen zu zwei sehr empfehlenswerten Einkehrstationen. Dabei wandern wir vornehmlich auf Forststraßen und schmalen, stellenweise recht steilen Pfaden. Auf den Bergwiesen zwischen Milders und der Seblasspitze erfreuen wir uns über die herrlich blühenden Alpenkräuterwiesen.

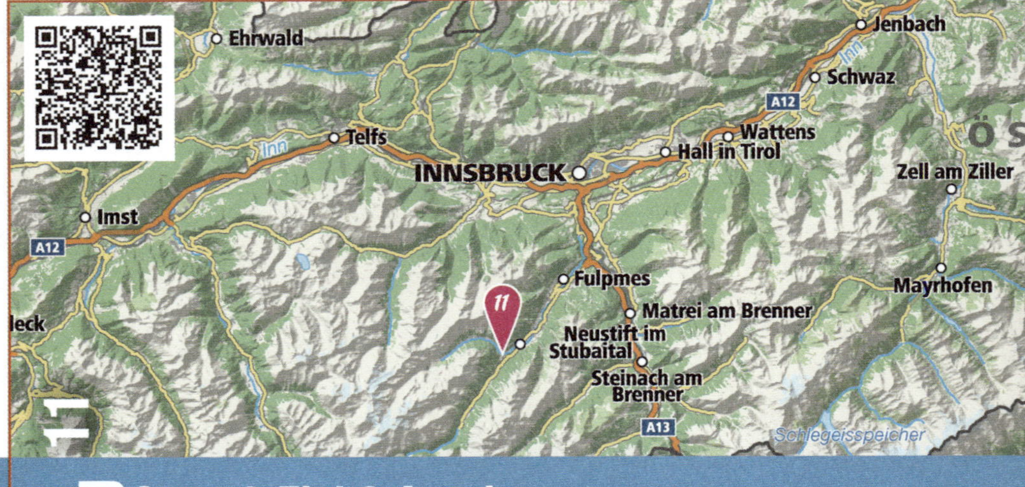

11 Kräuter-wanderung

Start & Ziel & Anreise

Los geht's in Milders (1026 m) südwestlich von Neustift. Über die A 12/A 13 Inntal/Brennerautobahn fahren wir bis zur Ausfahrt Schönberg/Stubaital und durch das Stubaital über Neustift nach Milders. Der Parkplatz befindet sich an der Straße ins Oberbergtal, nach 1 km beim kleinen Kraftwerk.
Von Innsbruck fährt die Regio-Linie 590 Richtung Stubaier Gletscher über Fulpmes nach Neustift und Milders.

Tourenbeschreibung

Auf den Bergwiesen zwischen Milders und der Seblasspitze erblüht im Sommer eine Vielfalt an Alpenkräutern wie Augentrost und Arnika, Spitzwegerich und Katzenpfötchen und vielen mehr. Sie schmecken nicht nur den Kühen und Schafen, sondern verheißen auch für uns Menschen Genuss und Gesundheit. Man sollte nur wissen, wie sie verwendet werden. Sandra, die „Kräuterfee" von der Auffangalm kennt sich gut mit Kräutern aus und gibt dieses Wissen in Kräuterseminaren weiter. Dort werden auch heilsame Salben und Tinkturen aus der „Apotheke Gottes" hergestellt. Doch auch in der Küche finden diese Schätze der Natur Verwendung.

Wir starten die Almkräuterwanderung zur Auffangalm im Oberbertal beim Parkplatz „Josef". Von dort spazieren wir auf einer kinderwagentauglichen Forststraße in einer guten dreiviertel Stunde hinauf. Zwar doppelt so lang und wesentlich steiler, dafür aber landschaftlich reizvoller ist der alte Almweg von Milders über die Jausenstation Bichlhof. Ein Stamperl Englwurzlikör bringt die müden Beine wieder in Schwung, so dass sich die 200 hm bis zur nächst höher gelegenen Brandstattalm auch noch ausgehen.

Los geht's an der Bushaltestelle im Dorfzentrum von Milders. Die Franz-Senn-Straße führt uns ca. 300 m mit der Beschilderung „Oberbergtal" zum oberen Ortsrand. Gegenüber dem Hotel Almhof schicken uns die Wegschilder Richtung „Milderaunalm, Brandstattalm, Auffangalm" nach links. Der Weg steigt über ein paar Stufen an, führt hinter einem Haus in den Wald und schlängelt sich dann in Serpentinen zu einer Gabelung. Nach rechts erreichen wir die Kurve der asphaltierten Straße. Sie zieht vom Parkplatz beim Öko-Wasserkraftwerk im Oberbergtal herauf. Hier erwartet uns bereits ein erster von zahlreichen Wegweisern „Tiroler Genussroute, Almkräuterwanderung, Auffangalm". Er weist uns in sanftem Anstieg zur nahen Jausenstation Bichlhof auf 1160 m. Auf der Forststraße geht's weiter zum Waldrand. An der Abzweigung gehen wir weiter, kurz darauf folgen wir einem schmalen Pfad und dem Schild „Tiroler Genussroute" nach rechts. Er windet sich durch den steilen Waldhang aufwärts zu einem beschilderten Fahrweg. Ihm folgen wir nach rechts zu einer stark geneigten Wiese mit Ausblick zum Serleskamm. Nach der S-Kurve steigen wir links über einen Pfad im Wald empor, bis ein breiterer Weg zur nächsten Lichtung führt. Das Wegschild „Brandstattalm" schickt uns über einen Waldpfad zur Auffangalm auf 1620 m hinauf.

Nach einer Rast verlassen wir die Terrasse am Kräutergarten vorbei und halten uns auf einem Fahrweg, der im Winter gerne als Rodelbahn genutzt wird. Er bringt uns in Kehren durch den lichten Wald aufwärts. Nachdem wir eine kleine Holzhütte passiert haben, stoßen wir auf eine weitere Forststraße, der wir scharf nach links zu einer nahen Gabelung (Kehre 3) folgen. Nach der Beschilderung geht's rechts. Alternativ geht's auch über den steilen Abkürzungspfad, der die Fahrbahn quert, zur Brandstattalm auf 1810 m. Jetzt bringen wir ordentlich Appetit mit, denn die Hüttenwirtin ist für Tiroler Hausmannskost wie Kaspress- oder Speckknödelsuppe und ihre Almspezialitäten und Mehlspeisen weitum berühmt.

Der Abstieg von der Alm erfolgt auf der Forststraße, wobei wir bei den Abzweigungen zur Milderaun- bzw. zur Auffangalm jeweils links bleiben. An der dritten Rechtsabzweigung bei Kehre 7 richten wir uns nach dem Wegweiser „Bichlhof, Milders". Wir verlassen die Forststraße nach rechts und wandern über einen etwas schmäleren Forstweg gut 2 km durch die Waldhänge hinunter zum Bichlhof. Auf Zugangsweg geht's zurück nach Milders.

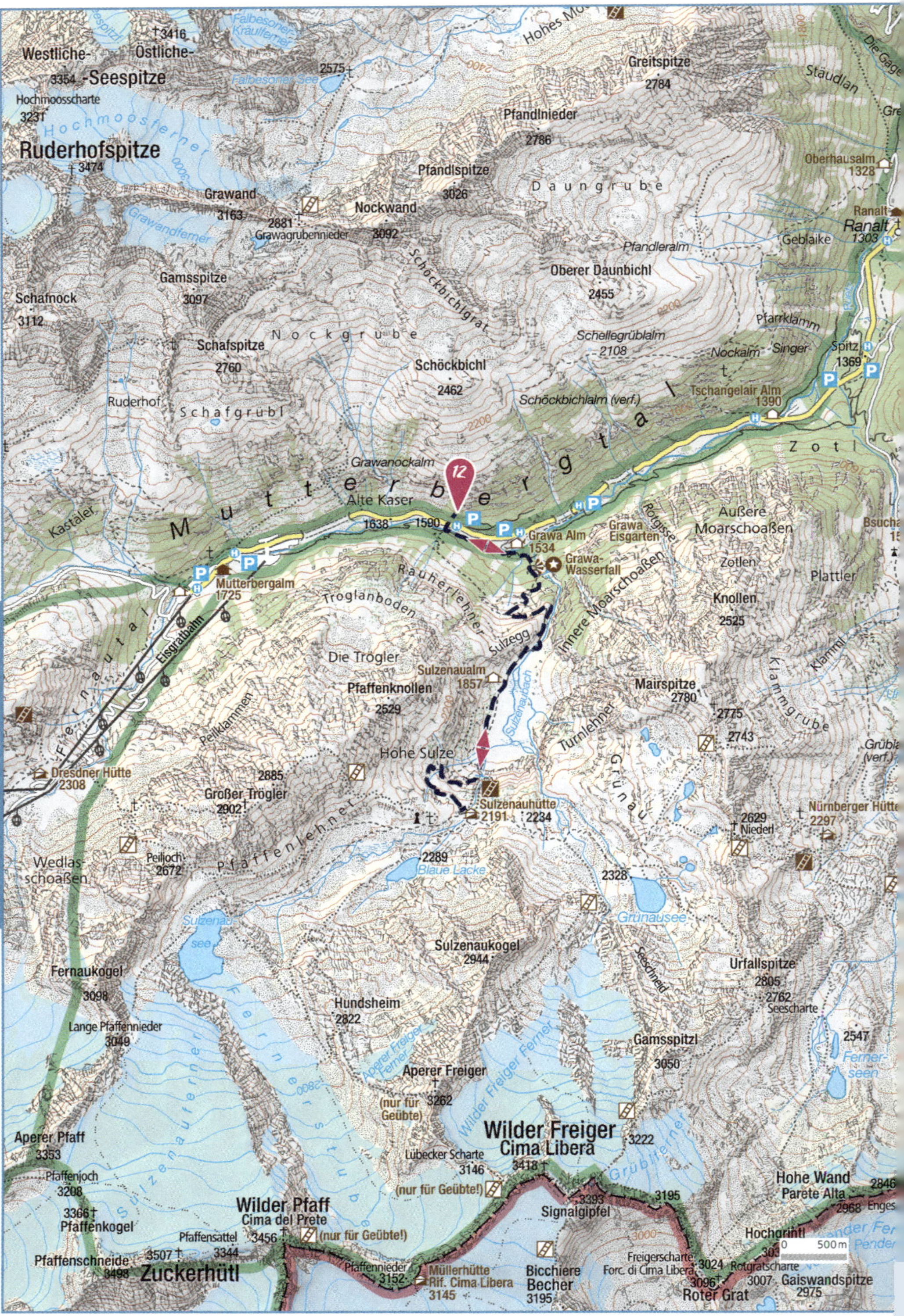

12

Westliche- Östliche- Seespitze 3416 3354
Hochmoosscharte 3231
Hochmoosferner
Falbesoner Kräulferner
Falbesoner See
2575
Ruderhofspitze 3474
Grawand 3163
Grawandferner
2881 Grawagrubennieder
Nockwand 3092
Pfandlspitze 3026
Pfandlnieder 2786
Greitspitze 2784
Hohes Moos
Daungrube
Städlan
Die Gagers
Oberhausalm 1328
Ranalt 1303
Geblaike
Pfandleralm
Oberer Daunbichl 2455
Schöckbichlgrat
Gamsspitze 3097
Schafnock 3112
Nockgrube
Schafspitze 2760
Schöckbichl 2462
Schellegrüblalm 2108
Pfarrklamm
Nockalm
Singer
Spitz 1369
Tschangelair Alm 1390
Schöckbichlalm (verf.)
Ruderhof
Schafgrubl
Mutterbergtal
Zotl
Grawanockalm
12
Alte Kaser
1638
1590
Grawa Alm 1534
Grawa Eisgarten
Grawa-Wasserfall
Rorgisse
Äußere Moarschoaßen
Innere Moarschoaßen
Zotlen
Plattler
Knollen 2525
Bsuchalm
Kastaler
Mutterbergalm 1725
Rauherlehner
Troglanboden
Sulzegg
Eisgratbalm
Fernautal
Die Trögler
Sulzenaualm 1857
Pfaffenknollen 2529
Sulzenaubach
Mairspitze 2780
2775
2743
Klammgrube
Klammil
Turnlehner
Grübl (verf.)
Pfaffenknollen
Peilklammen
Hohe Sulze
Dresdner Hütte 2308
2885
Großer Trögler 2902
Pfaffenlehner
Sulzenauhütte 2191
2234
Grünau
2629 Niederl
Nürnberger Hütte 2297
Wedlasschoaßen
Peiljoch 2672
2289
Blaue Lacke
2328
Grünausee
Sulzenausee
Seeschneid
Fernaukogel 3098
Sulzenaukogel 2944
Urfallspitze 2805
2762 Seescharte
Hundsheim 2822
Lange Pfaffennieder 3049
Fernerstube
Aperer Freiger Ferner
Wilder Freiger Ferner
Gamsspitzl 3050
2547
Fernerseen
Aperer Freiger (nur für Geübte) 3262
Aperer Pfaff 3353
Sulzenauferner
Wilder Freiger Cima Libera
3222
Grübl ferner
Lübecker Scharte 3146
3418
Pfaffenjoch 3208
(nur für Geübte!)
Signalgipfel
3393
3195
Hohe Wand Parete Alta
2846
2968 Engesferner
3366 Pfaffenkogel
Wilder Pfaff Cima del Prete
Pfaffensattel 3456
(nur für Geübte!)
Hochgrintl
Pfaffenschneide 3498
3507
3344
Zuckerhütl
Pfaffennieder 3152
Müllerhütte Rif. Cima Libera 3145
Bicchiere Becher 3195
Freigerscharte Forc. di Cima Libera
3024
Rotgratscharte
3096
3007
Roter Grat
Gaiswandspitze 2975
Pfaffenferner
0 500 m

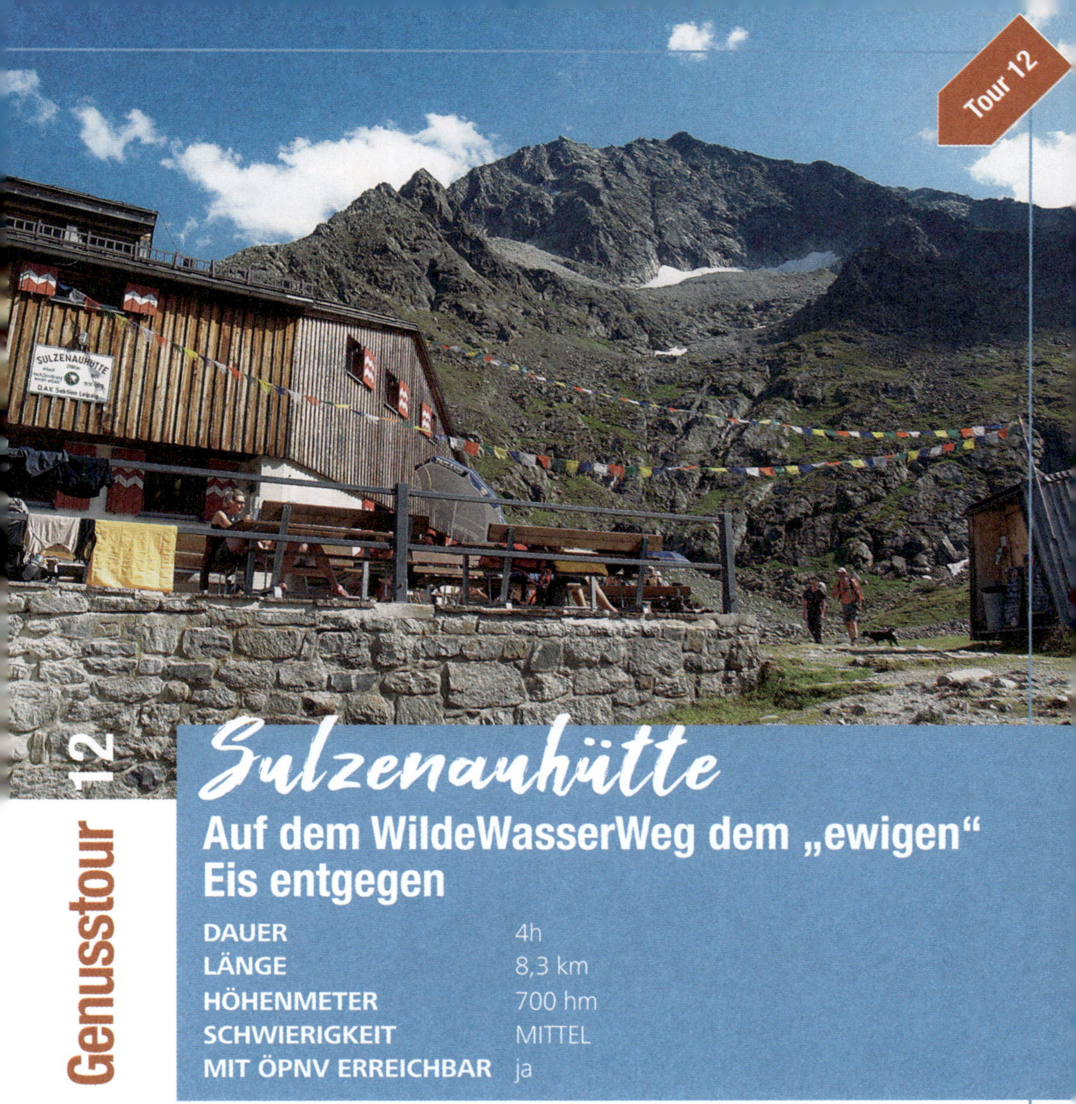

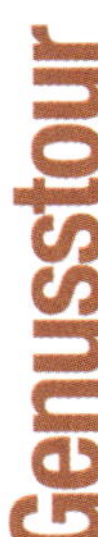

12

Sulzenauhütte

Auf dem WildeWasserWeg dem „ewigen“ Eis entgegen

DAUER	4h
LÄNGE	8,3 km
HÖHENMETER	700 hm
SCHWIERIGKEIT	MITTEL
MIT ÖPNV ERREICHBAR	ja

Das erwartet dich ...

Heute bestreiten wir eine erlebnisreiche Hüttenwanderung in alpiner Umgebung. Dabei wandern wir auf gut angelegten Pfaden. Auf dem WildeWasserWeg können wir alle verschiedenen Erscheinungsformen von Wasser erleben: Auf dem ca. 9 km langen Wanderweg, von dem wir die zweite Etappe laufen, sieht man Gletscherfelder, Gebirgsseen, Wasserfälle und Schwemmland.

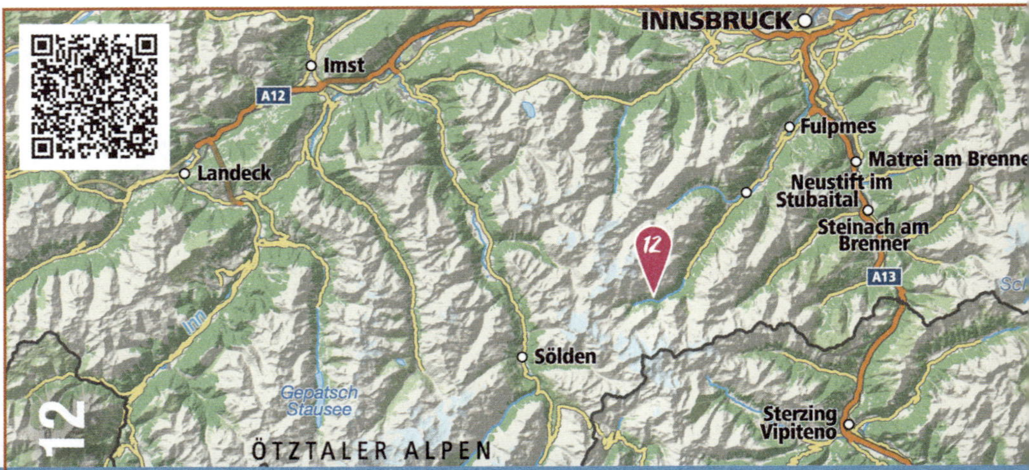

Genusstour 12

Start & Ziel & Anreise

Wir nehmen die A 13 von Innsbruck Richtung Brenner bis zur Ausfahrt Stubaital in Schönberg (Maut € 2.50). Dann folgen wir der Stubaitalstraße B 183 fast bis zum Talschluss für ca. 24 km. Für Besucher der Sulzenauhütte gibt es hier einen Parkplatz – auf 1590 m, von der Grawa Alm noch 400 m taleinwärts.
Vom Bahnhof Innsbruck fährt die Linie ST (Sulzenauhütte). Der Bus hält am Wanderparkplatz.

Tourenbeschreibung

Heute begeben wir uns auf den zweiten Abschnitt des WildeWasserWeges; er führt uns hinauf in die „Kinderstube" des Sulzenaubaches. Einer der eindrucksvollsten Talkessel der Alpen erwartet uns oberhalb des beeindruckenden Grawa-Wasserfalls. Der ebene, von 300 m hohen Felsabstürzen eingekreiste Grasboden der Sulzenaualm lässt uns fast an einen der berühmten Cirques der Pyrenäen denken. Zwei hohe Wasserfälle verleihen der ganzen Szenerie Schwung. Einer ihrer Kaskaden nähern wir uns über die Themenroute fast bis auf Wasserstaubfühlung. Dann trifft sie wieder auf direktem Weg auf die Sulzenauhütte. Von diesem vielbesuchten und gerade erst gut ausgebauten Bergsteigerstützpunkt sieht man schon ein wenig vom Gletschereis, aus dem die Unmengen an Wasser stammen.

Wir starten am Parkplatz und überqueren die Brücke über den Bach zum Talweg. Es gibt auch die Möglichkeit, auf direktem Weg – dem Zugangsweg Nr. 136 –

hinaufzuwandern. Dafür halten wir uns einige Schritte nach rechts und zweigen dann links ab. Der alte Hüttenweg führt in Kehren durch den Waldhang hinauf und steigt dann schräg zum Sulzegg an. Die interessantere Route führt jedoch über den Talweg links in zehn Minuten zum Grawa-Wasserfall hinab. Kurz zuvor weist ein Wegschild des WildeWasserWeges nach rechts (Wegweiser „Aussichtsplattform I, II, Sulzenauhütte, Sulzenaualm"). Der Weg schlängelt sich durch den steilen Waldhang neben dem Wasserfall bergauf. Zehn Minuten später stehen wir an der unteren, mit Geländern gesicherten Aussichtsplattform neben dem Wasserfall. Nochmal zehn Minuten später erreichen wir nach links die obere Plattform, die einen noch eindrucksvolleren Blick direkt an der Oberkante der Kaskade bietet.

Wir steigen weiter durch den teils recht moorigen Wald empor zum alten Hüttenweg, dem wir nach links folgen. Hinter der Felskuppe am Sulzegg wandern wir auf einem breiteren Weg durch eine Engstelle und gelangen so in den überraschend großen, tief eingeschnittenen Kessel der Sulzenaualm. Für den Weiterweg zur Sulzenauhütte nehmen wir den Pfad Nr. 136; er leitet uns über den Talboden nach rechts zu den Gras- und Schutthängen. Darüber erblicken wir die bereits sichtbare Hütte. Vorher folgen wir dem Wegschild des WildeWasserWeges nach links und wandern neben dem Bach zum Wasserfall des Sulzenaubaches. Er stürzt imposant aus einer felsigen Schlucht herab. Weiter oben gelangen wir in einem Rechtsbogen zum alten Aufstiegsweg zurück. Er führt uns links hinauf zum oberen Karboden, auf dem die stattliche Sulzenauhütte thront. Die Hütte wurde erstmal 1926 inmitten von Latschenfeldern und Bergwiesen errichtet. Die Sulzenauhütte wird in vierter Generation von derselben Pächterfamilie bewirtschaftet und wurde als „Stubaier Genussbetrieb" mit dem Emblem „Stubaier Kostbarkeiten" ausgezeichnet. Abstieg auf dem Aufstiegsweg.

Autoren Tipp

Die blaue Lacke ist ein 280 m langes und bis zu 170 m breites Landschaftsjuwel. Ein Abstecher erfolgt über den dritten Abschnitt des WildeWasserWeges, der mit der Beschilderung „Peiljoch, Dresdner Hütte" taleinwärts führt. Wir passieren den Abzweig zum Großen Trögler und halten uns an der nächsten Gabel links auf dem Weg Nr. 136. Über den Steg über den Gletscherbach bis kurz hinter den Moränenwall, hinter dem die Blaue Lacke hervorglitzert. Insgesamt 45 Minuten hin und retour.

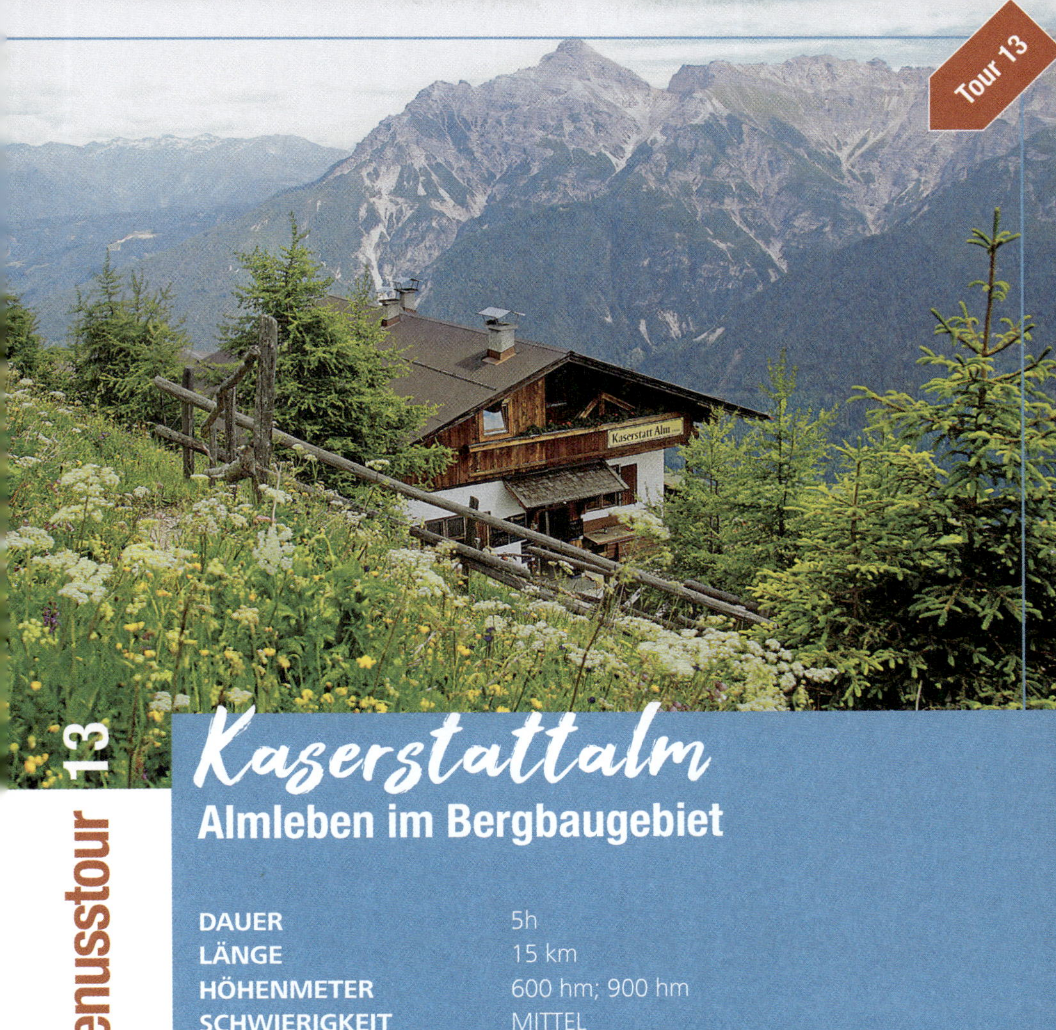

Genusstour 13

Kaserstattalm

Almleben im Bergbaugebiet

DAUER	5h
LÄNGE	15 km
HÖHENMETER	600 hm; 900 hm
SCHWIERIGKEIT	MITTEL
MIT ÖPNV ERREICHBAR	ja

Das erwartet dich …

Die lange, aber sehr schöne Wald- und Almwanderung führt uns auf Forststraßen, breiten Wegen und schmalen Pfaden zur Kaserstattalm. Dabei durchstreifen wir ein ehemaliges Bergbaugebiet, an das heute nur noch ein paar überwachsene Auswurfhalden neben der Knappenhütte im Omisberggraben erinnern. Unterwegs erwarten uns mehrere, teils sehr schöne Einkehrmöglichkeiten.

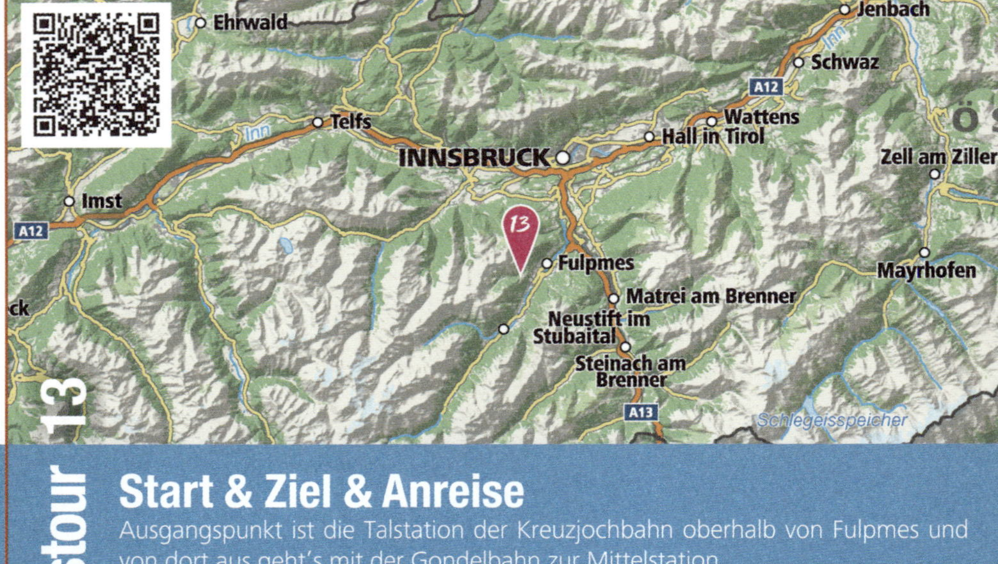

Genusstour 13

Start & Ziel & Anreise

Ausgangspunkt ist die Talstation der Kreuzjochbahn oberhalb von Fulpmes und von dort aus geht's mit der Gondelbahn zur Mittelstation.
Wir erreichen den Ort von Innsbruck aus über die Brennerautobahn A 13. Von der Ausfahrt Stubaital nehmen wir die B 183 nach Fulpmes.
Vom Innsbrucker Hauptbahnhof fährt die Regio-Linie 590 zu allen Orten im Stubaital sowie zu allen vier Bergbahnen des Tales.

Tourenbeschreibung

Die Rundwanderung zur Kaserstattalm beginnt an der Mittelstation Froneben der Kreuzjochbahn bei der Bruggeralm. Wir folgen dem Fahrweg mit der Nr. 116/02 A nach links, dann in zwei Kehren neben dem Skilift bergan und kurz durch den Wald bis zur Galtalm (1634 m). Von hier auf dem 1938 angelegten Bergwerksweg, der in moderater Steigung durch die Wald- und Latschenhänge zwischen den Gschmitzmähdern und dem Kreuzjoch führt. Er leitet uns unter der Knappenhütte (1830 m) vorbei. Dann queren wir den Omisberger Graben und schließlich mündet der Weg in die Forststraße, die von Pfurtschell heraufkommt. Ihr folgen wir – rechts bleibend – um einen Rücken herum zur nahen Kaserstattalm (1890 m).

Eine zweite Möglichkeit bietet der markierte Pfad, der von der Knappenhütte Richtung Sennjochhütte emporzieht – von diesem zweigt links ein Querweg ab, der ebenfalls zur Kaserstatt hinüberführt. Die Alm erwartet uns mit herrlicher Sonnenterrasse und tollem Rundblick. Die Gerichte sind bodenständig, die Zutaten stammen aus der heimischen Landwirtschaft.

Der Abstieg erfolgt von der Kreuzung an der Forststraße gleich oberhalb der Hütte. Das Wegschild „Neustift, Milders" schickt uns hier ca. 800 m bergab. Dann biegen wir links auf den Pfad Nr. 115 Richtung „Neustift" zu den Hütten am Mahderberg ab. Wir folgen dem Traktorweg nach links Richtung „Pfurtschell-Höfe" und erreichen in Kehren die Forststraße. Nach rechts geht's zur Pfurtschellalm und dem benachbarten Außerpfurtschellhof (1297 m).

Für den Weg nach Fulpmes folgen wir der asphaltierten Zufahrtsstraße gut 500 m abwärts. Dann weist ein beschilderter Wanderweg „Vergör, Froneben" nach links. Auf und Ab geht's durch den Omisberger Graben und en Lärchenwald Gschmitzmähder. Hier können wir einen 10-minütigen Abstecher links zum Naturschauplatz einlegen. Wir queren den Seebachgraben und erreichen den Alpengasthof Vergör (1266 m). Entweder wandern wir nun die Zufahrtsstraße hinab bis zur Talstation oder halten uns gleich nach dem Wald rechts , wobei der beschilderte Weg einige Kehren aufweist. In diesem Fall stoßen wir kurz vor dem Gasthof Gröbenhof auf eine Asphaltstraße. Sie führt nach links Richtung Fulpmes. Vor dem nächsten Haus bringt uns der Schotterweg links zur Seilbahnstation.

Im Herbst sind die Lärchenmähder über Neustift ein Traum in Gold
Für Gletscherkontrast sorgen Wilder Freiger, Wilder Pfaff und Zuckerhütl

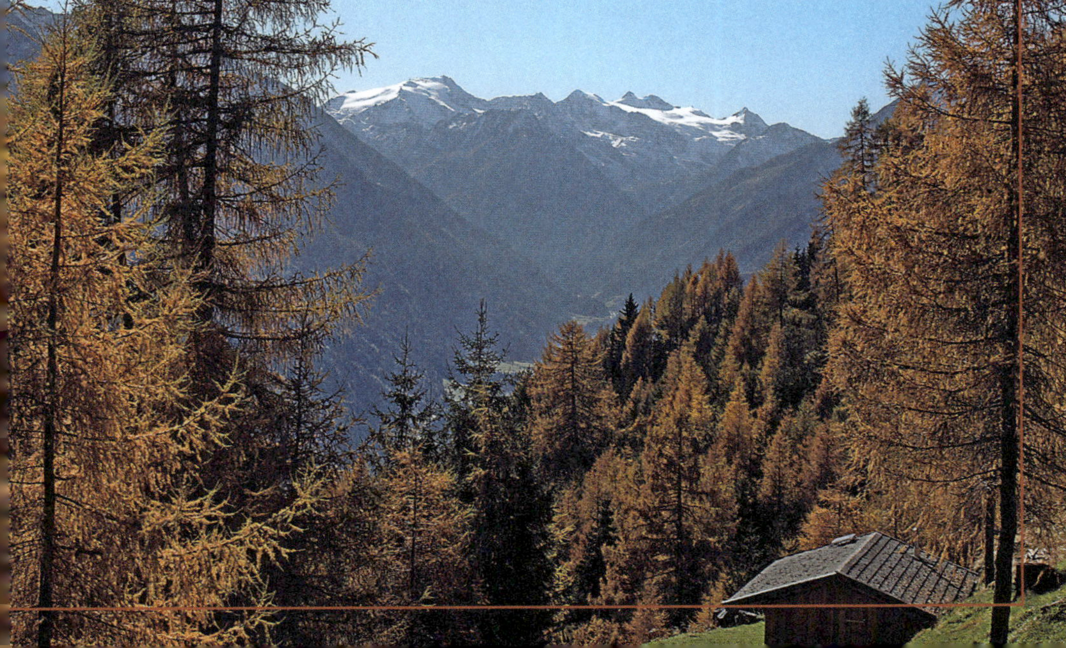

14

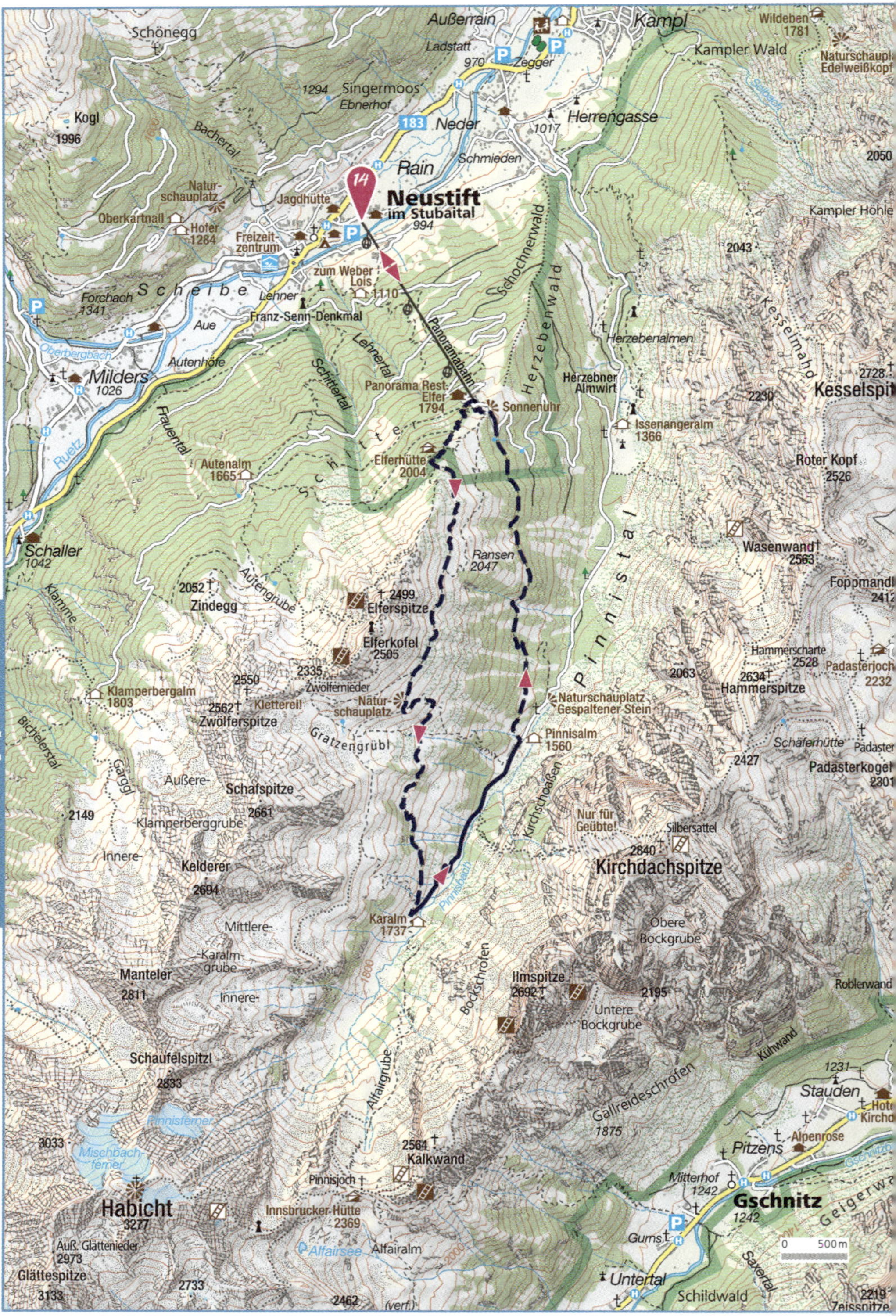

Schönegg
Außerrain
Kampl
Wildeben 1781
Naturschauplatz Edelweißkopf
Kampler Wald
Ladstatt
970
Zegger
1294
Singermoos
Ebnerhof
183
Neder
Herrengasse
1017
Kogl 1996
Bachertal
Rain
Schmieden
2050
14
Neustift im Stubaital 994
Naturschauplatz
Jagdhütte
Oberkartnall
Hofer 1284
Kampler Höhle
Freizeitzentrum
zum Weber Lois 1110
Schochnerwald
2043
Forchach 1341
Scheibe
Lehner
Franz-Senn-Denkmal
Herzebenwald
Kesselmahd
Aue
Oberbergbach
Panoramabahn
Herzebenalmen
Autenhöfe
Schlitterlal
Lennertal
Milders 1026
Panorama Rest. Elfer 1794
Sonnenuhr
Herzebner Almwirt
2728
Kesselspit
2230
Issenangeralm 1366
Frauental
Ruetz
Elferhütte 2004
Roter Kopf 2526
Autenalm 1665
Schaller 1042
Ransen 2047
Wasenwand 2563
Pinnistal
Foppmandl 2412
2052
Zindegg
2499 Elferspitze
Klamme
Autengrube
Elferkofel 2505
Hammerscharte 2528
Padasterjoch 2232
2335 Zwölfernieder
2550
2063
2634 Hammerspitze
Klamperbergalm 1803
2562 Zwölferspitze
Kletterei!
Naturschauplatz
Naturschauplatz Gespaltener Stein
Pinnisalm 1560
Schäferhütte
Padaster
Gratzengrübl
2427
Padasterkogel 2301
Bichlertal
Gaggl
Äußere-
Schafspitze 2661
Kirchschoaßen
Nur für Geübte!
2149
Klamperberggrube
Silbersattel
Innere-
Kelderer 2694
2840
Kirchdachspitze
Karalm 1737
Pinnisbach
Mittlere-
Karalmgrube
Obere Bockgrube
Manteler 2811
Innere-
Ilmspitze 2692
2195
Roblerwand
Bockschrofen
Untere Bockgrube
Schaufelspitzl 2833
Alfairgrube
Kühwand
1231
Stauden
Gallreideschrofen 1875
Pinnisferner
3033
Mischbachferner
2564 Kalkwand
Alpenrose
Pitzens
Pinnisjoch
Mitterhof 1242
Habicht 3277
Innsbrucker Hütte 2369
Gschnitz 1242
Geigerwa
Auß. Glättenieder 2973
Alfairsee
Alfairalm
Gums
0 500 m
Saxertal
Glättespitze 3133
2733
2462
(verf.)
Untertal
Schildwald
2219
Zeissspitze

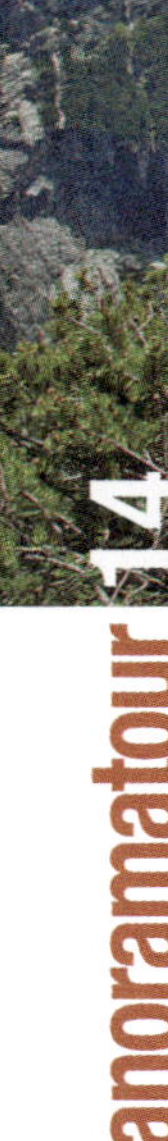

Über dem Pinnistal

Elferhütte, Pinnisalm und Karalm

DAUER	3h 30min
LÄNGE	10,5 km
HÖHENMETER	660 hm
SCHWIERIGKEIT	MITTEL
MIT ÖPNV ERREICHBAR	ja

Das erwartet dich ...

Diese einfache Bergwanderung führt uns heute über gut angelegte Wege und eine Forststraße. Die Grashänge, die der Panoramaweg unterhalb des Elfermassivs durchquert, sind jedoch recht steil und erfordern einen sicheren Blick nach unten. Der Panoramaweg unterhalb des Elfermassivs zählt zu den klassischen Stubaier Wanderrouten.

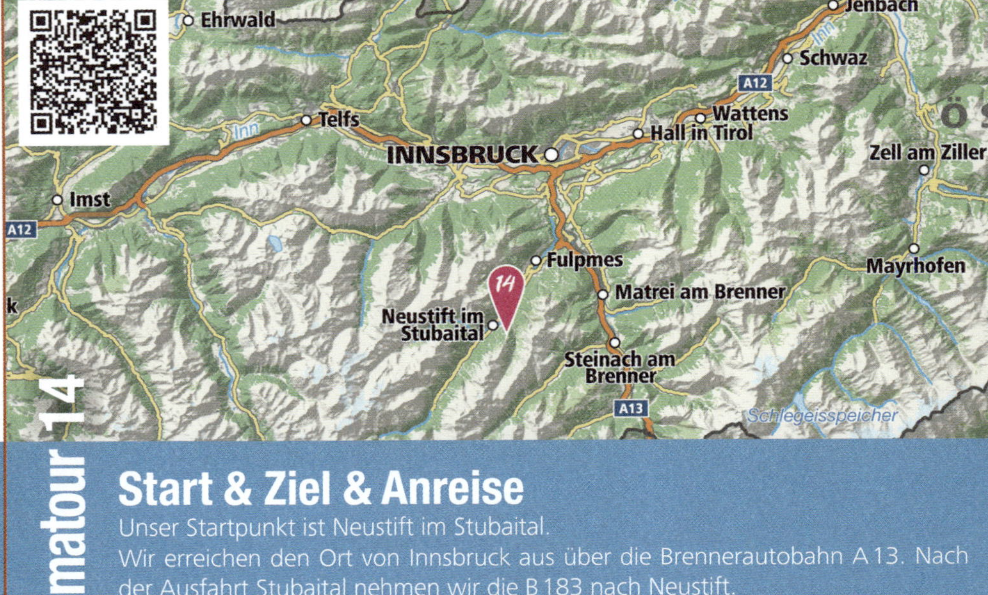

Panoramatour 14

Start & Ziel & Anreise

Unser Startpunkt ist Neustift im Stubaital.
Wir erreichen den Ort von Innsbruck aus über die Brennerautobahn A 13. Nach der Ausfahrt Stubaital nehmen wir die B 183 nach Neustift.
Vom Innsbrucker Hauptbahnhof fährt die Regio-Linie 590 zu allen Orten im Stubaital sowie zu allen vier Bergbahnen des Tales. Parkplätze befinden sich an der Talstation der Elferbahn.

Tourenbeschreibung

Das Elfermassiv wurde von den Bauern seit jeher als „Sonnenuhr" genutzt. Die Krone des Berges besteht aus Dolomit mit einer Vielzahl an Graten und Türmen. Der Panoramaweg unterhalb der Elferhütte zählt zu den Klassikern der Stubaier Wanderrouten. 2013 wurde er zu einem Themenweg umgestaltet, der sich mit der Flora – nicht nur der Alpenwelt – beschäftigt. Die begleitende Aussicht sowie vier gastlichen Einkehrstationen versüßen die Tour ebenfalls.

Von der Bergstation der Elferbahn (1794) brechen wir zur Elferhütte auf. Nach Besuch der hölzernen Sonnenuhr wandern wir auf gut beschildertem Zickzackweg in 45 Minuten zur Elferhütte (2080 m). Die Aussicht über's Stubaital, zu den Kalkkögeln und bis zum Karwendel ist wunderbar. Wir steigen zur Bergstation des Skiliftes ab und biegen links auf den Panoramaweg zur Karalm ein. Flach wandern wir durch die steilen Latschen- und Grashänge unter dem Elfermassiv dahin. Gegenüber erblicken wir die aufragenden Felsfluchten der Hammer- und der Kirchdachspitze sowie den Tiefblick 600 m hinab zum Talgrund.

Rastbänke laden zum Verweilen ein. 15 Minuten später passieren wir geradewegs die Einmündung des „Sonnenzeit"-Weges. Danach erfahren wir unter dem Motto „Steinzeit" Interessantes über die unterschiedlichen Gesteine, die hier die Gebirgszüge bilden. Bei der nächsten Abzweigung der Zwölfernieder halten wir uns links zu einer weiteren Gabelung hinab. Nochmals links geht's auf der breiteren Wegtrasse Richtung „Karalm" in die Latschen; auch der rechte Steig führt dorthin, er ist jedoch alt und nicht so bequem zu gehen wieder linke. Etwas weiter unten können wir links gleich direkt zur Pinnisalm absteigen. Der Panoramaweg hingegen führt uns über den Naturschauplatz im Gratzengrübl und danach etwas steiler zur Karalm (1737 m). Im Pinnistal treffen sich alljährlich Sänger und Musikanten, um am Fuße des Habichts ihre Weisen und Almlieder erklingen zu lassen. Nach dem Gottesdienst nahe der Karalm findet ein kurzes Almsingen und Weisen blasen statt.

Zurück nehmen wir die Schotterstraße zur Pinnisalm hinab (1560 m). Hinter dem Almgelände folgen wir dem Wegweiser „Bergstation Elfer" auf einem Pfad den Waldhang empor. Ein letzter Anstieg bietet eine schöne Sicht über das Pinnistal. Nach einer felsigen Passage mit Geländer erreichen wir auf breiter Trasse einen Forstweg, auf dem wir zur nahen Holzsonnenuhr und zur Bergstation der Elferbahn gelangen. Alternativ haben wir die Möglichkeit, von der Pinnisalm auf der Forststraße durchs Pinnistal nach Neustift zu laufen. Vom Ortsteil Schmieden geht's auf der Straße Richtung Neder hinab. Oberhalb der Ortschaft schwenken wir links auf den Wiesenweg und stoßen unten neben der Ruetz taleinwärts Richtung Neustift zur Talstation der Elferbahn.

Autoren Tipp

Eine kleinere Runde ist ab der Sonnenuhr möglich. Mit dem Wegweiser „Rundwanderung Elfer, Sonnenzeit" geht's auf einen breiten Weg, der sich bald verschmälert und angenehm durch die Abhänge des Elfers hinaufführt. Über einer Heuhütte stoßen wir auf den Panoramaweg, der rechts zur Elferhütte führt. Ab dort im Zickzack hinab zur Bergstation der Elferbahn; rechts führt der schmalere Panoramaweg über die Skiwiese zur Sonnenuhr hinunter.

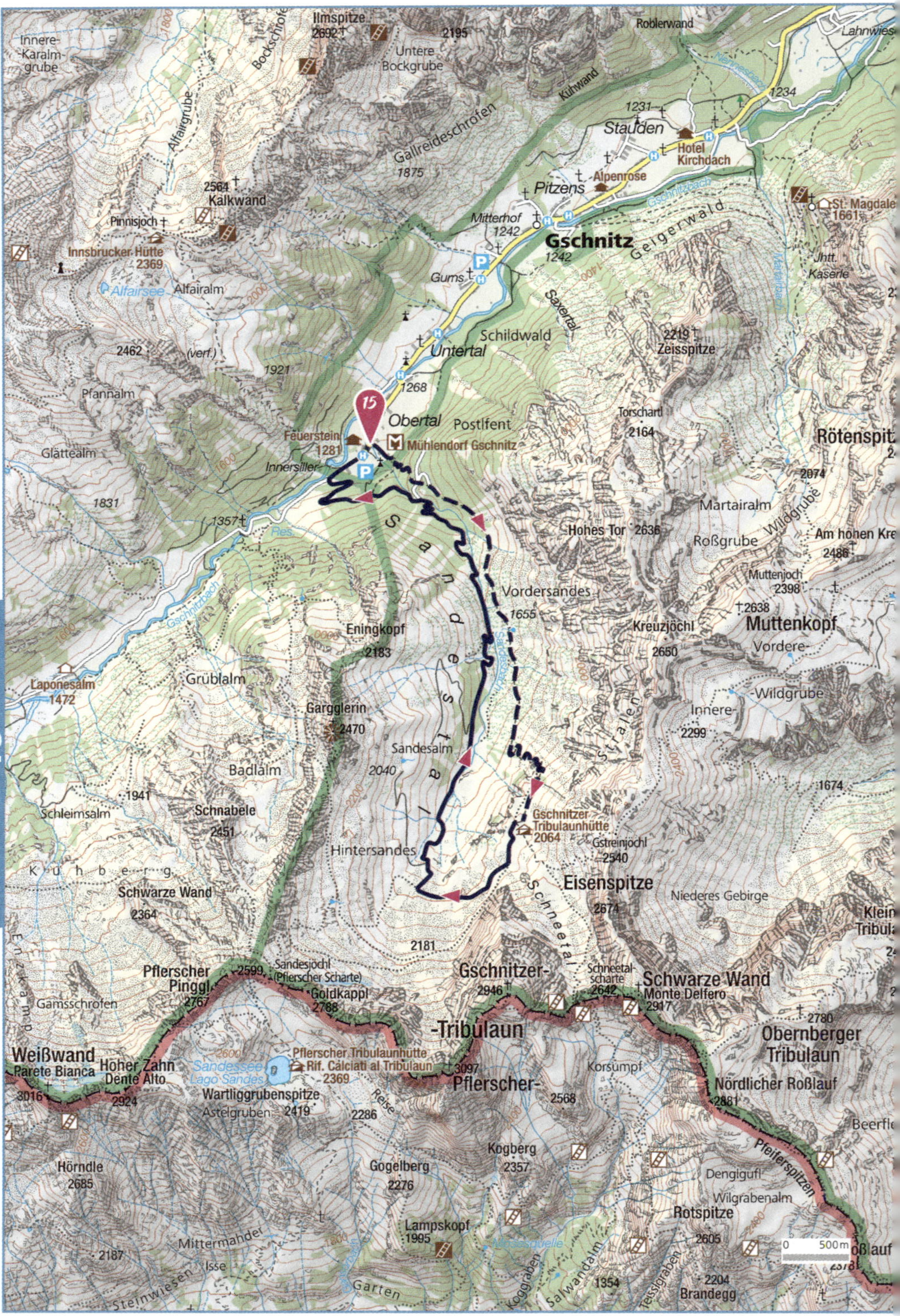

Innere-Karalm-grube
Bockschrofen
Ilmspitze 2692
2195
Untere Bockgrube
Roblerwand
Lahnwies
Kuhwand
Alfairgrube
Gallreideschrofen 1875
1231
Stauden
1234
Hotel Kirchdach
2564
Kalkwand
Alpenrose
Pitzens
Pinnisjoch
Mitterhof 1242
Gschnitz 1242
Geigerwald
St. Magdalena 1661
Innsbrucker Hütte 2369
Alfairsee
Alfairalm
Gurns
Jhtt. Kaserle
Saxertal
Schildwald
2462
(verf.)
1921
Untertal
2219
Zeisspitze
Pfannalm
1268
Torscharte 2164
Obertal
Postlfent
Feuerstein 1281
Mühlendorf Gschnitz
Rötenspitze
Glättealm
Innersiller
2074
1831
Martairalm
1357
Sandestal
Hohes Tor 2636
Roßgrube
Wildgrube
Am hohen Kreuz 2486
Mutterjoch 2398
Gschnitzbach
Vordersandes
1655
2638
Muttenkopf
Eningkopf 2183
Kreuzjöchl 2650
Vordere-Wildgrube
Laponesalm 1472
Grüblalm
Garggerin 2470
Innere-
2299
Straßen
Sandesalm
2040
Badlalm
1674
1941
Schleimsalm
Schnabele 2451
Gschnitzer Tribulaunhütte 2064
Gstreinjöchl 2540
Hintersandes
Kuhberg
Eisenspitze 2674
Schneetal
Niederes Gebirge
Kleiner Tribulaun
Schwarze Wand 2364
2181
Pflerscher Pinggl 2767
2599
Sandesjöchl (Pflerscher Scharte)
Goldkappl 2788
Gschnitzer-Tribulaun 2946
Schneetalscharte 2642
Schwarze Wand Monte Delfero 2917
2780
Obernberger Tribulaun
Gamsschrofen
Weißwand Parete Bianca 3016
Hoher Zahn Dente Alto 2924
Sandessee Lago Sandes
Pflerscher Tribulaunhütte Rif. Calciati al Tribulaun 2369
3097
Pflerscher-
2568
Korsumpf
Nördlicher Roßlauf 2881
Wartliggrubenspitze 2419
Astelgruben
2286
Reise
Beerfleck
Hörndle 2685
Gogelberg 2276
Kogberg 2357
Pfeiferspitzen
Dengigufl
Wilgrabenalm
Lampskopf 1995
Rotspitze
2605
Roßlauf
Mittermahder
2187
Isse
Steinwiesen
Garten
Koggraben
Salwandalm
1354
Tessigraben
2204
Brandegg
0 500 m

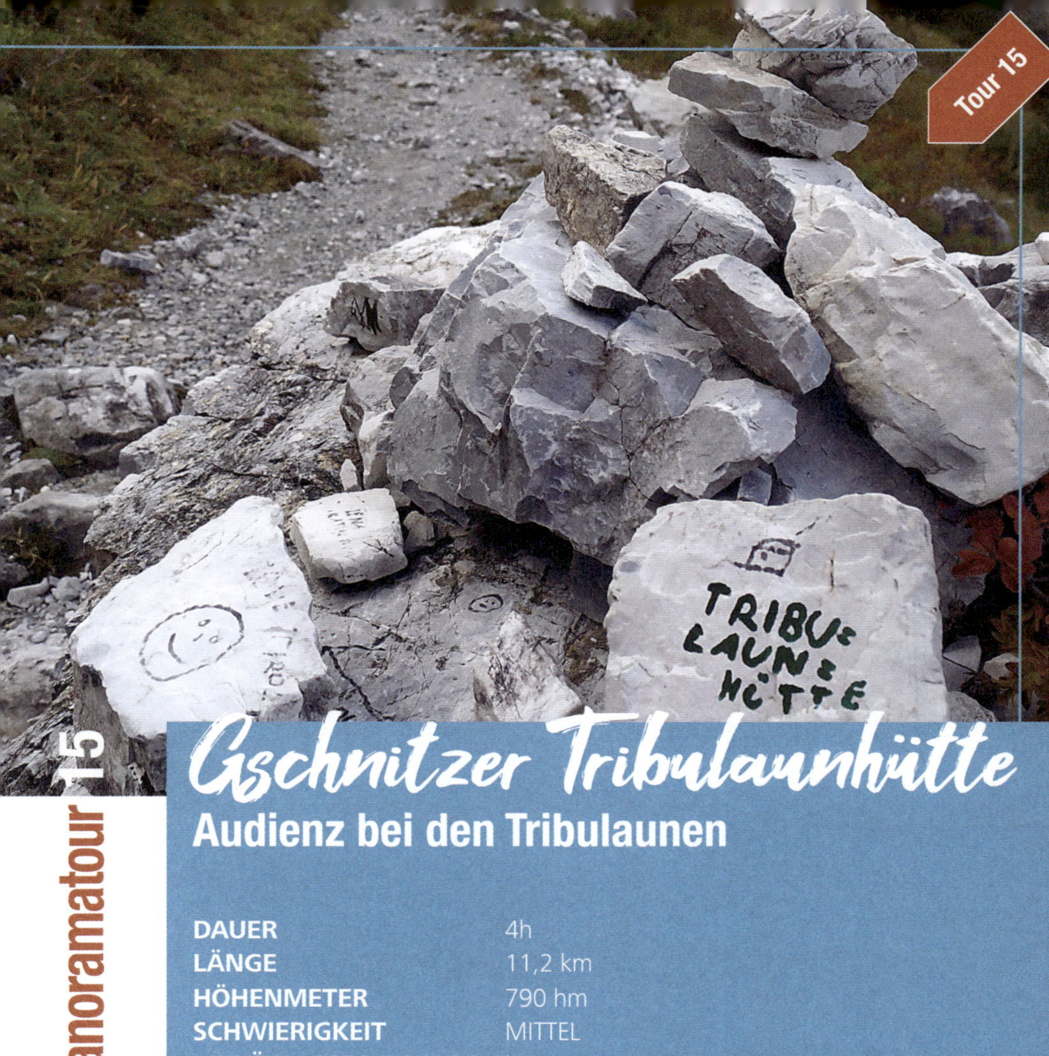

Gschnitzer Tribulaunhütte

Audienz bei den Tribulaunen

DAUER	4h
LÄNGE	11,2 km
HÖHENMETER	790 hm
SCHWIERIGKEIT	MITTEL
MIT ÖPNV ERREICHBAR	ja

Das erwartet dich ...

Die einfache Wanderung zur Gschnitzer Tribulaunhütte bringt uns über einfach und gut ausgebaute, jedoch stellenweise schottrige und steile Pfade. An einer kurzen, etwas ausgesetzten Passage ist Trittsicherheit geboten. Ein stetiger Begleiter der heutigen Wanderung ist der Blick auf den erhabenen Pflerscher Tribulaun. Der Abstieg führt uns über einen bequemen Fahrweg zurück ins Tal.

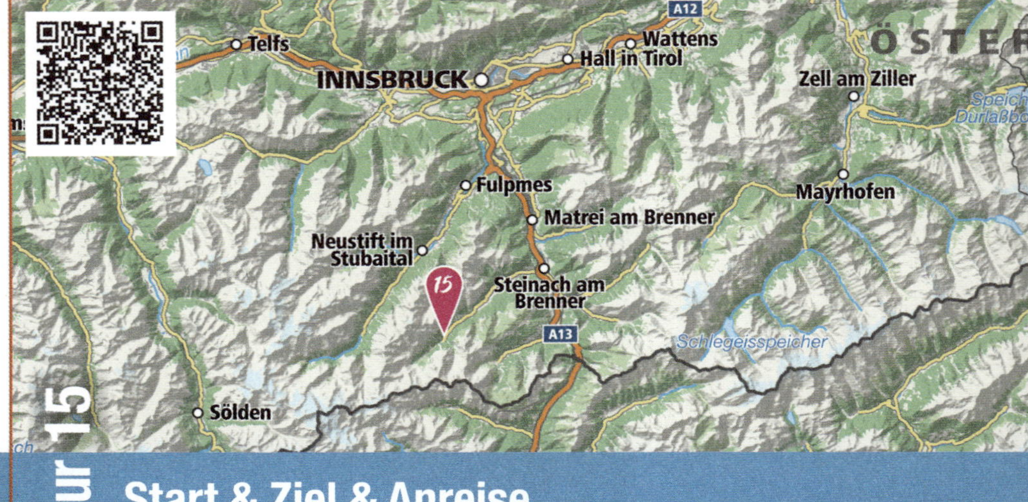

Panoramatour 15

Start & Ziel & Anreise

Wir starten vom Gasthof Feuerstein im Gschnitztal.
Aus Richtung Innsbruck kommend nehmen wir die Brennerautobahn bis zur Ausfahrt Matrei am Brenner. Dort weiter nach Steinach am Brenner und beim Kreisverkehr über die erste Ausfahrt ins Gschnitztal und zum großen Parkplatz im Talschluss hinter dem Gasthof Feuerstein. Alternativ und mautfrei von Innsbruck entlang der Brennerstraße über Matrei/Brenner nach Steinach/Brenner. Busverbindungen gibt es vom Bahnhof Steinach am Brenner.

Tourenbeschreibung

Der gespaltene Gipfel des Pflerscher Tribulauns hatte bei den Bauern einen ganz speziellen Namen: „Die Schaar". Er ist der höchste und eindrucksvollste der Dolomitengipfel, die sich ganz im Osten der Stubaier Alpen erheben. Er bildet den Blickfang unserer heutigen Wanderung zur gemütlichen Naturfreundehütte. Sie liegt wie eine große Holzschachtel am Fuße der wilden Berge. Der Platz lädt ein zum Verweilen inmitten dieser rauen Schönheit – oder sogar gleich für eine Übernachtung.

Wir beginnen die Wanderung am Parkplatz Feuerstein. Zunächst laufen wir ein paar Schritte talauswärts, dann halten wir uns rechts über eine Brücke. Neben dem Mühlendorf geht's vor bis zum Wasserfall und dann in steileren Kehren aufwärts. Auf dem folgenden Abschnitt queren wir zweimal eine Forststraße, um dann oberhalb des Sandestales bergwärts zu wandern. Von links münden immer wieder Schuttgräben ein, die wir ein wenig mühsam überqueren müssen. Schließlich folgen wir der Straße in vielen Serpentinen auf eine Kuppe hinauf. Nach rechts flacht sie dann ab zur bereits sichtbaren Tribulaunhütte.

Die Tribulaunhütte ist ein beliebter Stützpunkt für Wanderer inmitten eines hochalpinen Wandergebietes an der Grenze zu Südtirol. Auch viele Kletterer sind auf der Hütte am Fuß des Gschnitzer Tribulauns anzutreffen – Eisenspitze, Pflerscher Tribulaun und Goldkappl sind beliebte Klettergebiete. Hüttenwirtin Verena Salchner empfängt ihre Gäste mit hausgemachten Köstlichkeiten, alles wird frisch aus regionalen Produkten zubereitet. Die Hütte wurde vor kurzem komplett saniert und mit Wärmedämmung und Gasheitzung ausgestattet. Es gibt 38 Übernachtungsplätze. Außerdem gibt es einen Klettergarten vor der Hütte.

Der Abstieg erfolgt auf dem rauen Fahrweg, der im weiten Bogen durch die Schuttfelder unter dem Gschnizter und dem Pflerscher Tribulaun ins Tal führt. Vorbei geht's an der Station der Materialseilbahn und weiter aus dem Tal hinaus. Nach ein paar Kehren erreichen wir eine Furt am Bach – jetzt heißt's Schuhe ausziehen, dann können wir hinüberwaten und auf dem Anstiegsweg absteigen. Andernfalls nehmen wir die Forststraße weiter ins Gschnitztal hinab und gehen rechts zum Gasthof Feuerstein zurück.

Gschnitzer und Pflerscher Tribulaun Gipfel

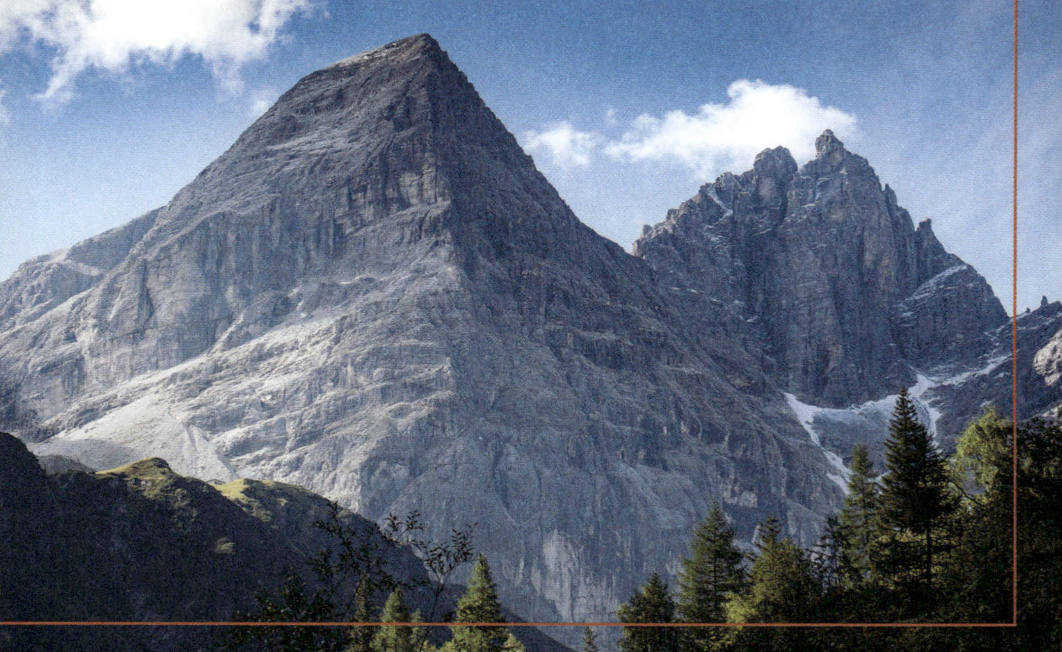

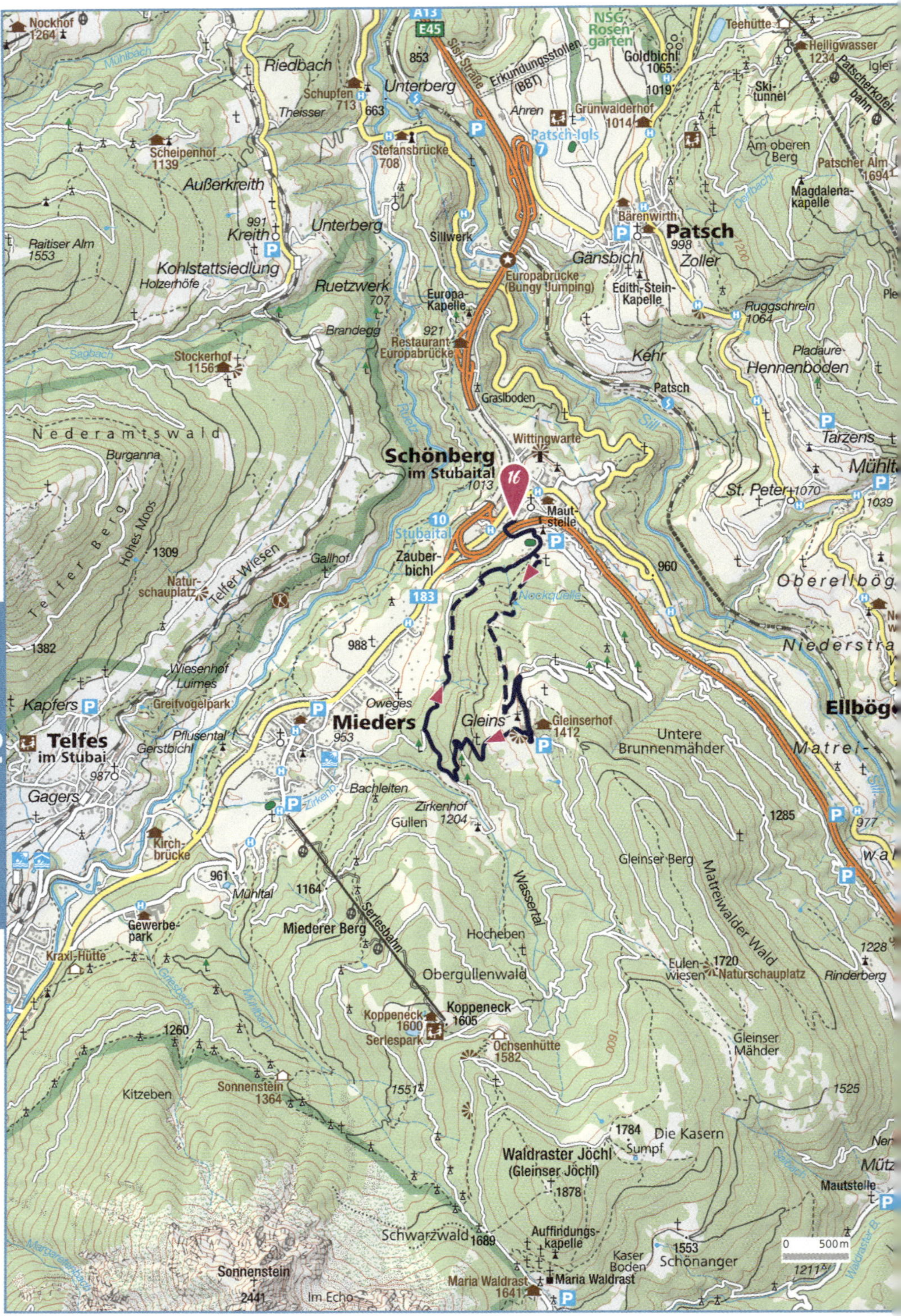

Nockhof 1264
Riedbach
Schupfen 713
Unterberg
Theisser
663
853
A13
E45
Sill-Straße
Erkundungsstollen (BBT)
NSG Rosengarten
Goldbichl 1065
1019
Teehütte
Heiligwasser 1234
Patscherkofelbahn
Igler
Ski-tunnel
Ahren
Grünwalderhof 1014
Patsch-Igls
Scheipenhof 1139
Stefansbrücke 708
Am oberen Berg
Patscher Alm 1694
Außerkreith
Magdalena-kapelle
991
Kreith
Unterberg
Sillwerk
Bärenwirth
Patsch
998
Raitiser Alm 1553
Kohlstattsiedlung
Holzerhöfe
Gänsbichl
Zoller
Europabrücke (Bungy Jumping)
Edith-Stein-Kapelle
Ruetzwerk
707
Europa-Kapelle
Ruggschrein 1064
Brandegg
921
Restaurant Europabrücke
Pladaure
Hennenboden
Kehr
Stockerhof 1156
Grasiboden
Patsch
Sill
Tarzens
Nederamtswald
Wittingwarte
Burganna
Schönberg
im Stubaital
1013
Mühltal
St. Peter 1070
1039
Telfer Berg
Hohes Moos
1309
10
Stubaital
Maut-stelle
Telfer Wiesen
Gallhof
Zauberbichl
960
Oberellbög
Natur-schauplatz
183
Nockquelle
1382
988
Niederstra
Wiesenhof
Luimes
Kapfers
Greifvogelpark
Oweges
Ellbög
Telfes im Stubai
987
Pfusental
Gerstbichl
Mieders
953
Gleins
Gleinserhof 1412
Untere Brunnenmähder
Matrei
Gagers
Zirkenbach
Bachleiten
Zirkenhof 1204
Gullen
1285
977
Kirch-brücke
Wassertal
Gleinser Berg
961
Mühltal
1164
Gewerbe-park
Miederer Berg
Serlesbahn
Matreiwalder Wald
Hocheben
1228
Kraxl-Hütte
Eulen-wiesen 1720
Naturschauplatz
Rinderberg
Obergullenwald
Koppeneck 1600
Koppeneck 1605
Serlespark
1260
Ochsenhütte 1582
Gleinser Mähder
Kitzeben
Sonnenstein 1364
1551
1525
1784 Sumpf
Die Kasern
Waldraster Jöchl (Gleinser Jöchl)
1878
Mützen
Mautstelle
Schwarzwald 1689
Auffindungs-kapelle
1553
Schönanger
Kaser Boden
0 500 m
1211
Maria Waldrast 1641
Maria Waldrast
Sonnenstein 2441
Im Echo

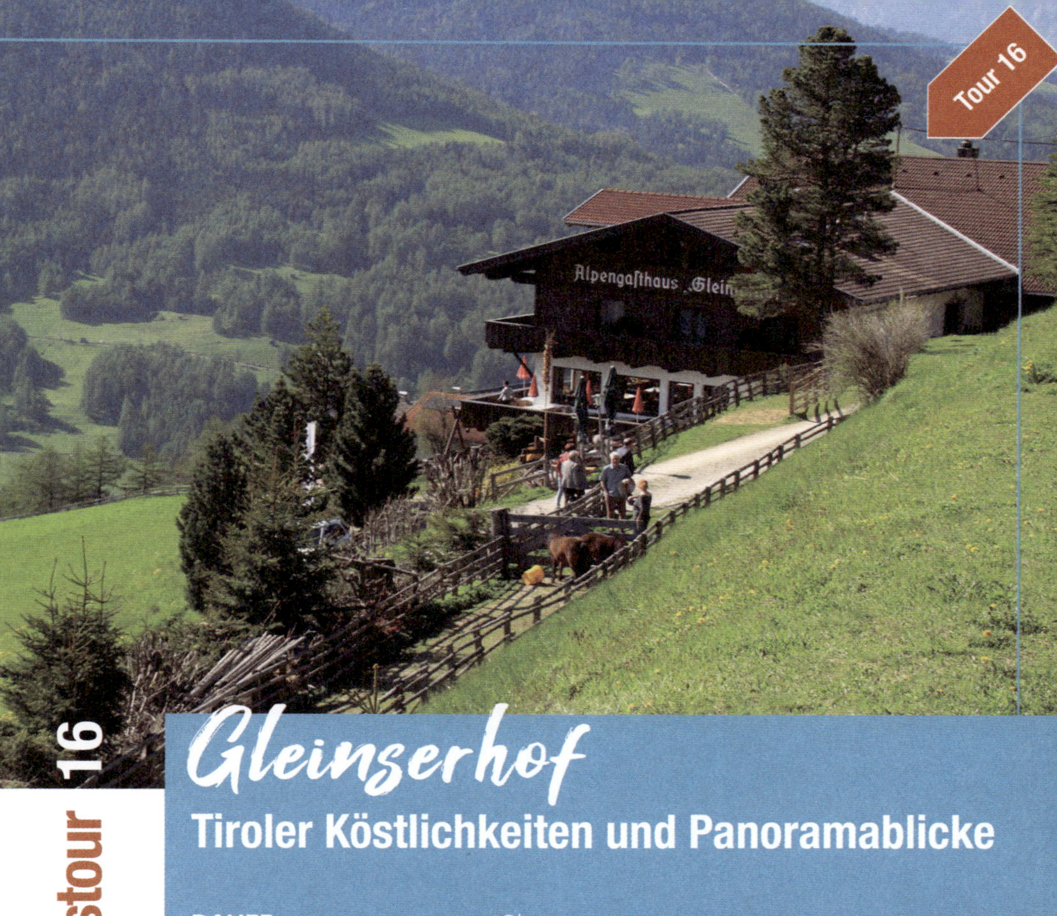

Genusstour 16

Gleinserhof

Tiroler Köstlichkeiten und Panoramablicke

DAUER	3h
LÄNGE	6,8 km
HÖHENMETER	400 hm
SCHWIERIGKEIT	LEICHT
MIT ÖPNV ERREICHBAR	ja

Das erwartet dich ...

Die Runde über den Gleinserhof ist eine einfache Bergwanderung auf Forststraßen, Wald- und Wiesenwegen. Der Weiler Gleins im ersten Abschnitt der Tour birgt dabei ein wahres Paradies: Er liegt aussichtsreich auf einem Waldhügel mit ein paar alten Bergbauernhöfen. Darunter befindet sich auch der Gleinser Hof, der ob seiner traditionsreichen und bodenständigen Küche weitum geschätzt wird.

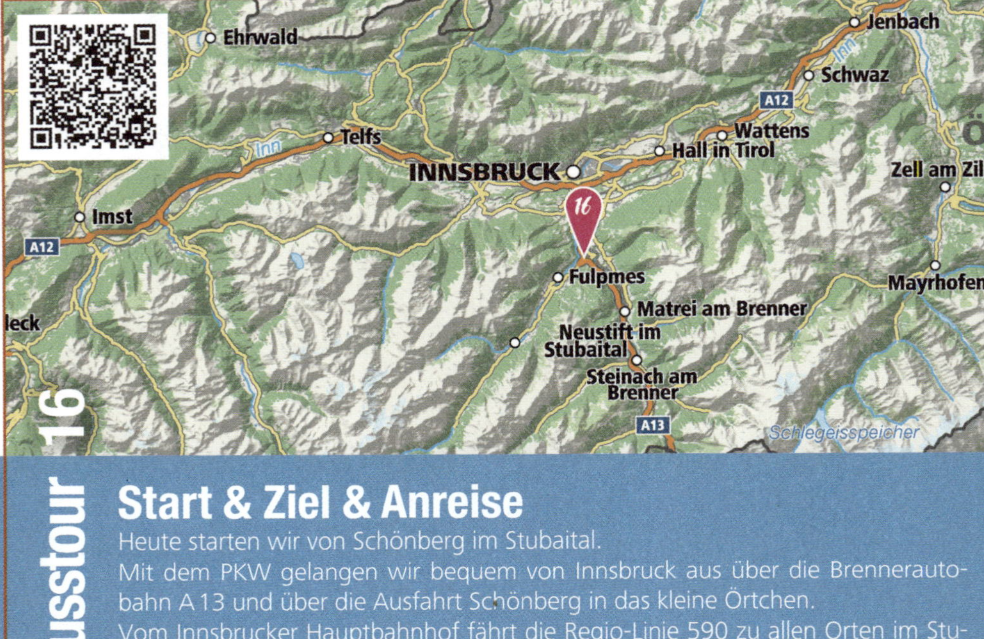

Genusstour 16

Start & Ziel & Anreise

Heute starten wir von Schönberg im Stubaital.
Mit dem PKW gelangen wir bequem von Innsbruck aus über die Brennerautobahn A 13 und über die Ausfahrt Schönberg in das kleine Örtchen.
Vom Innsbrucker Hauptbahnhof fährt die Regio-Linie 590 zu allen Orten im Stubaital sowie zu allen vier Bergbahnen des Tales.

Tourenbeschreibung

Im Süden von Schönberg versteckt sich auf einem Waldhügel ein kleines Paradies: Der Weiler Gleins, der hoch gelegene, aussichtsreiche Bergbauernhöfe beherbergt und ein paar im Wald versteckte Wochenendhäuser. Einer der Höfe ist ein Gasthaus mit langer Tradition, das ob seiner bodenständigen Küche weit und breit geschätzt wird. Die Terrasse bietet einen herrlichen Blick über das vordere Stubaital, hinüber zur mächtigen Serles und zu den gegenüber aufragenden Kalkkögeln sowei zu den Gletschergipfeln über dem Alpeiner Tal. Gäste des Wirtshauses dürfen mit dem Auto auffahren. Schöner ist jedoch der Weg zu Fuß hinauf über's Nockbödele mit seinen Lärchenbeständen.

Wir starten an der Pfarrkirche in Schönberg und halten uns rechts mit dem Wegweiser „Waldweg Mieders, Nockbödele-Gleins" über die Kirchgasse am Noglhof vorbei. Beim Haus Nr. 11 wenden wir uns nach links zur Fußgängerbrücke über die Autobahn. Danach wandern wir geradewegs auf dem Moosweg bis zur folgenden Abzweigung weiter. Von dort geht's rechts hinauf Richtung Gasthaus Gleinserhof und Nockbödele. Am Fußballplatz vorbei. Noch vor der nächsten Gabelung halten wir uns bei einigen Platanen links, wechseln kurz auf eine Schotterstraße bergan und biegen dann vor dem obersten Haus rechts auf einen Forstweg zum Waldrand hin ab. Wir passieren ein Wegkreuz und eine Hochspannungsleitung und steigen auf dem steiler ansteigenden Forstweg an. Ein Hohlweg führt uns in einen Waldgraben mit der Nockquelle. Hier geht's rechts zum Nockbödele (1285 m). Nach der Einmündung eines Weges folgen wir dem Weg zwischen Lärchen und Heustadeln weiter hinauf. Schließlich stoßen wir auf die Wiesen um den Weiler Gleins. Wir wenden uns links zur Straße hinauf und folgen ihr nach rechts zum nahe gelegenen Alpengasthaus Gleinserhof (1412 m). Das Alpengasthaus Gleinserhof bietet eine Sonnenterrasse. Im Gasthof gibt es eine Tischtennisplatte und eine Gemeinschaftslounge.

Für den Rückweg richten wir uns nach dem Schild Richtung „Mieders" an einem kleinen Tor, gehen die Wiese hinab, vorbei an einem Holzstadel. Unterhalb davon wandern wir über einen Hohlweg durch den steilen Waldhang bis an eine Forststraße. Wir überqueren sie und folgen so lange dem alten Weg, bis wir endgültig auf der Forststraße rechts bergab wandern. Um eine Linkskurve, dann mündet rechts ein Weg vom Nockbödele ein. Wir folgen der Forststraße zur nächsten Gabelung vor dem Zirkenhof (1204 m). Hier richten wir uns nach rechts, bei der nächsten Gabel nochmals rechts Richtung „Waldweg nach Schönberg". Sanft bringt uns die Forststraße auf und nieder durch die dicht bewaldeten Hänge unter dem Nockbödele. Gut eineinhalb km später erreichen wir die ersten Häuser und den Sportplatz von Schönberg. Links hinab, an der Antoniuskapelle vorbei und wieder links über die Fußgängerbrücke, dann stehen wir vor der Pfarrkirche von Schönberg.

Autoren Tipp

Die Oalen oder Eulenwiesen südwestlich von Gleins sind Naturwunder und Kulturlandschaft zugleich. Vom Gleinserhof folgen wir der Straße in den Wald. An der ersten Abzweigung geht's links hinauf und in weiten Kehren – stets nach der Beschilderung – durch die Hänge des Gleinser Berges. Nach ca. 1h erreichen wir hinter einem Gatter die lichten Lärchenbestände und nach weiteren 15 Minuten den Naturschauplatz Eulenwiesen. Der Rückweg erfolgt auf dem Hinweg.

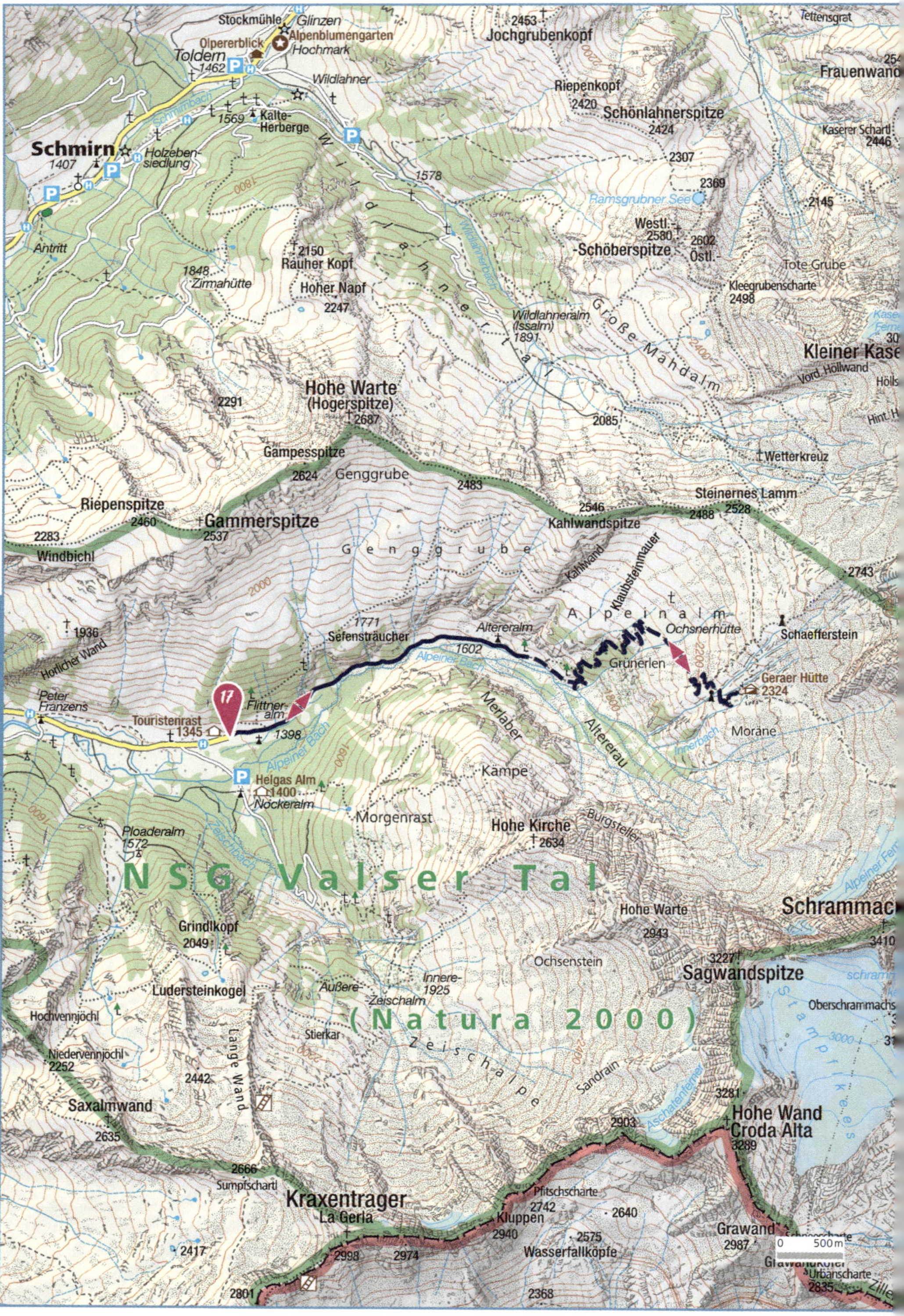

17

Stockmühle
Glinzen
Olpererblick
Alpenblumengarten
Hochmark
Toldern
1462
2453
Jochgrubenkopf
Tettensgrat
Frauenwand
Wildlahner
Riepenkopf
2420
Schönlahnerspitze
2424
Kaserer Schartl
2446
1569
Kalte-Herberge
Schmirn
1407
Holzeben-siedlung
2307
1578
2369
Ramsgrubner See
2145
Antritt
Westl.
2580
2602
Östl.
Schöberspitze
2150
Rauher Kopf
Tote Grube
1848
Zirmahütte
Hoher Napf
2247
Kleegrubenscharte
2498
Wildlahnertal
Wildlahneralm (Issalm)
1891
Große Mandalm
Kleiner Kaser
Vord. Höllwand
Hohe Warte (Hogerspitze)
2687
2291
2085
Gampesspitze
2624
Genggrube
2483
Wetterkreuz
Riepenspitze
2460
Gammerspitze
2537
2546
Kahlwandspitze
Steinernes Lamm
2488
2528
2283
Windbichl
Genggrube
Kahlwand
Klaubsteinmauer
2743
1936
Horlicher Wand
1771
Sefensträucher
Altereralm
1602
Alpeiner Bach
Alpeinalm
Ochsnerhütte
Schaefferstein
Grünerlen
Geraer Hütte
2324
Peter Franzens
Touristenrast
1345
17
Flittneralm
1398
Merlaber
Altererau
Innerbach
Moräne
Helgas Alm
1400
Nöckeralm
Kämpe
Morgenrast
Ploaderalm
1572
Hohe Kirche
2634
Burgstelle
NSG Valser Tal
Hohe Warte
2943
Schrammacher
3410
Grindlkopf
2049
Ochsenstein
3227
Sagwandspitze
Ludersteinkogel
Äußere-Zeischalm
Innere-1925
Hochvennjöchl
(Natura 2000)
Oberschrammachkees
Stierkar
Niedervennjöchl
2252
Lange Wand
Zeischalpe
Sandrain
Stampflkees
2442
Saxalmwand
2635
Aschatenferner
3281
Hohe Wand Croda Alta
3289
2903
2666
Sumpfschartl
Kraxentrager La Gerla
Pfitschscharte
2742
2640
Kluppen
2940
2575
Wasserfallköpfe
Grawand
2987
0 500 m
2417
2998
2974
Urbanscharte
2835
2801
2368

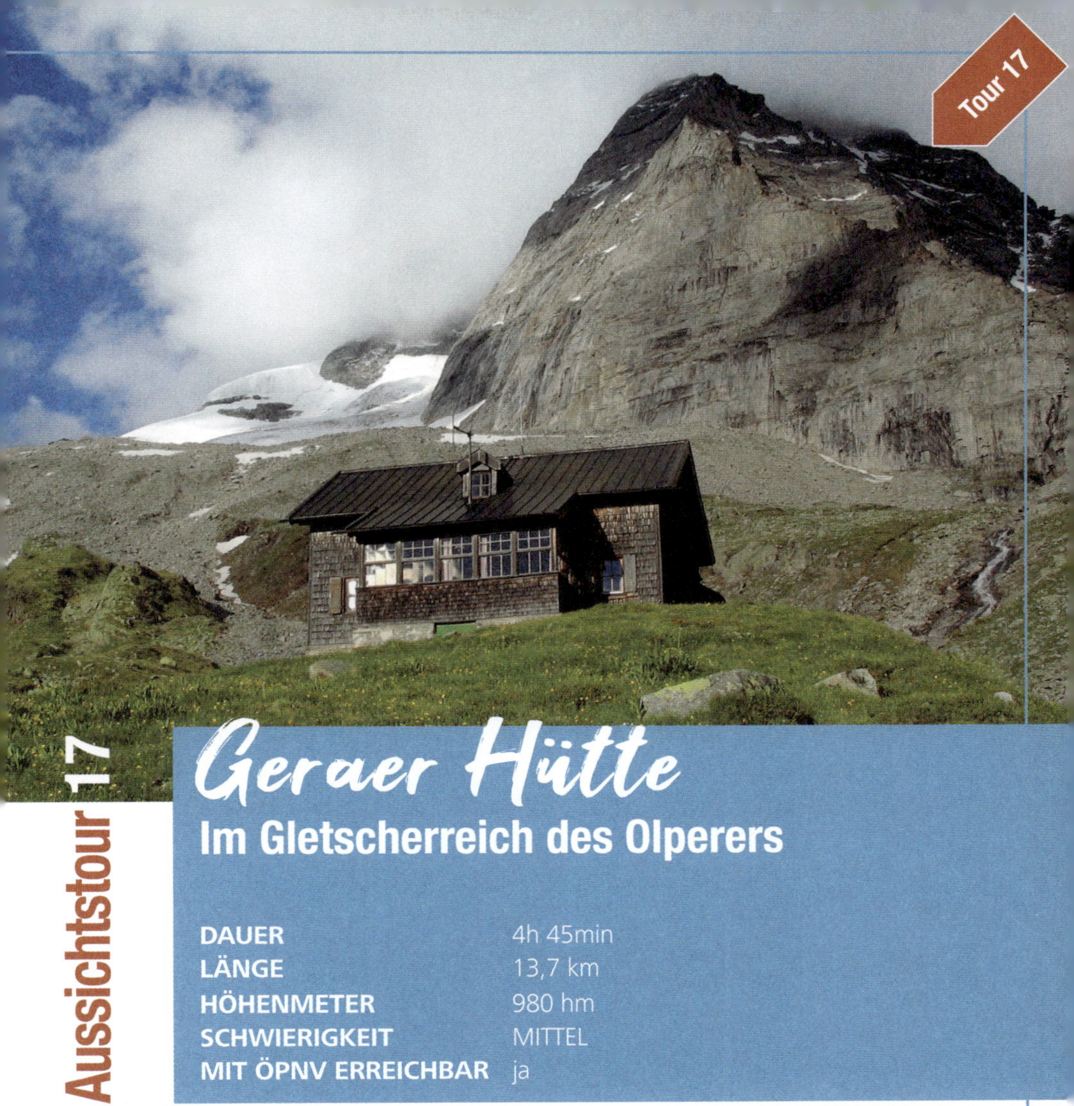

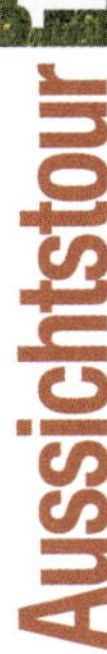

Geraer Hütte

Im Gletscherreich des Olperers

DAUER	4h 45min
LÄNGE	13,7 km
HÖHENMETER	980 hm
SCHWIERIGKEIT	MITTEL
MIT ÖPNV ERREICHBAR	ja

Das erwartet dich ...

Die abwechslungsreiche Hüttenwanderung bringt uns über eine Forststraße und auf einem markierten Pfad in die zauberhafte Gletschwerwelt des Olperers. Der Talschluss bis zum Tuxer Hauptkamm bildet das Naturschutzgebiet Valsertal. Zusammen mit St. Jodok und dem Schmirntal bildet das Valser Tal seit 2012 nicht ohne Grund ein Bergsteigerdorf.

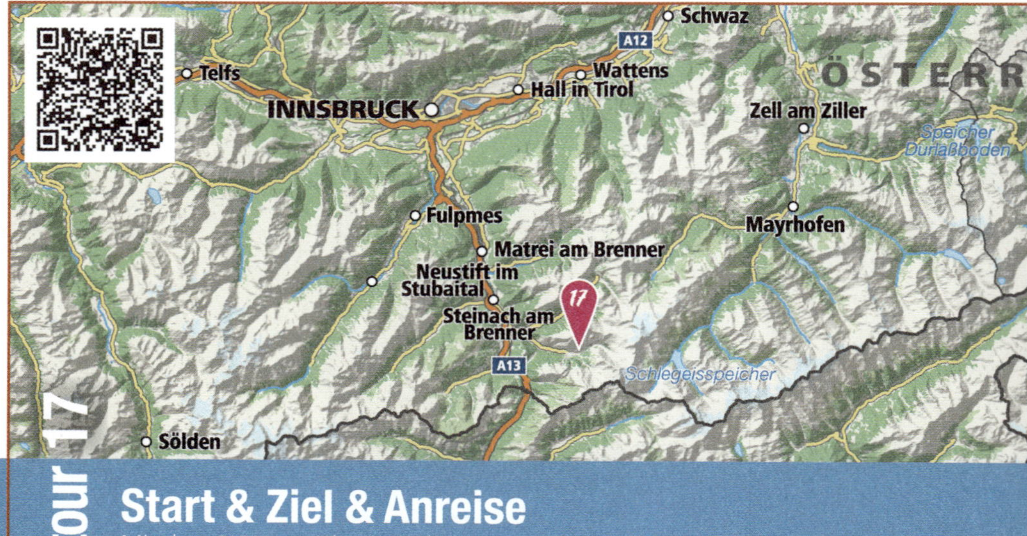

Aussichtstour 17

Start & Ziel & Anreise

Mit dem PKW erreichen wir den Ausgangspunkt Gasthof Touristenrast im Valsertal über die Brennerautobahn A 13 bis nach Matrei und von dort weiter über die Brennerbundesstraße Richtung Brenner bis zur Abzweigung Stafflach. Wir halten uns Richtung St. Jodok und nehmen die Landesstraße bis zum linken Talende des Valsertals.
Vom Bahnhof Steinach am Brenner gibt es eine Busverbindung.

Tourenbeschreibung

Heute besuchen wir den hinteren Teil des Valser Tales, das zu den schönsten Landschaften der Alpen zählt. Nicht zuletzt wegen der Fels- und Gletscherkulisse um den 3476 m hohen Olperer, den Fußstein und den Schrammacher. Ein Augenmerk legen wir auf die Wanderung zur Geraer Hütte. Der Wegverlauf ist so schön, dass der Alpenverein Vals als eines seiner Bergsteigerdörfer bewirbt.

Bergsteigerdörfer sind Alpinismuspioniere in ihren Regionen. Das Bewusstsein über den notwendigen Einklang zwischen Natur und Mensch wird hier wieder lebendig, die natürlichen Grenzen werden gegenseitig respektiert. Die Bergsteigerdörfer entsprechen in besonderer Weise den Zielen der Alpenkonvention, eine nachhaltige Entwicklung im Alpenraum anzustreben.

Vom Gasthof Touristenrast führt uns zunächst die Forststraße neben dem Alpeiner Bach entlang ins Tal hinein. Vorbei an der Flittneralm wandern wir bis zur Altereralm auf 1602 m. Gleich dahinter treffen wir auf die Talstation der Materialseilbahn, bei der der Pfad zur Geraer Hütte beginnt. Er schlängelt sich in Kehren durch lichte Zirbenbestände hinauf zur Ochsnerhütte. Dann zieht er nach rechts zur Geraer Hütte. Die Hütte liegt herrlich in unberührter Natur zu Füßen der imposanten, sie umragenden Berge. Hüttenwirt Arthur Lanthaler hat für jeden Gast individuelle Tipps parat und auf der Sonnenterrasse werden alpine Köstlichkeiten serviert. Für Kinder gibt's eine eigene Speisekarte, für Erwachsene eine große Auswahl an exzellenten Weinen.

Die umliegenden Hütten laden zu einer mehrtägigen Wanderung ein. Für Alpinkurse stehen ein Klettergarten oder das Schulungsgelände in der Nähe der Hütte zur Verfügung. Die Hütte selbst verfügt über 109 Schlafplätze. Auf Wunsch kann das Gepäck zur Hütte transportiert werden. Nach einer ausgiebigen Rast machen wir uns auf den Rückweg, der über den Anstiegsweg ins Tal zurückführt.

Der Eisbuggl am Olperer ist einer der seltsamsten Gletscher Tirols

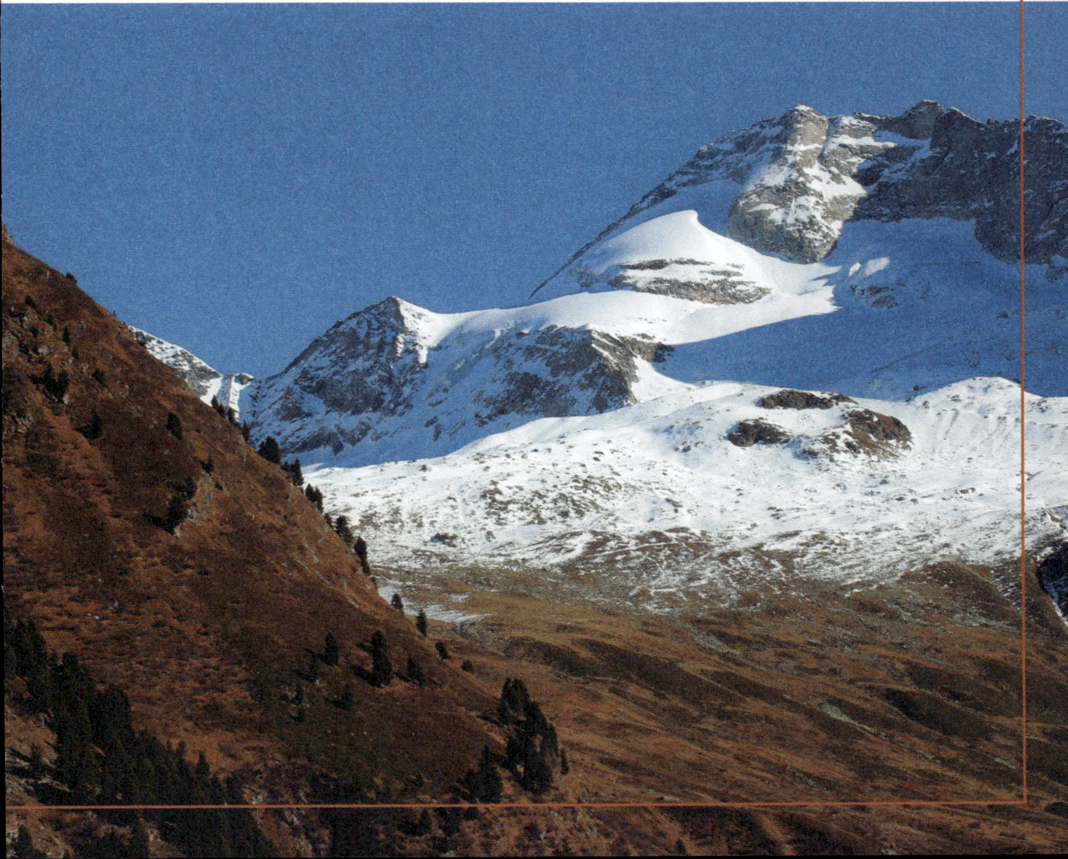

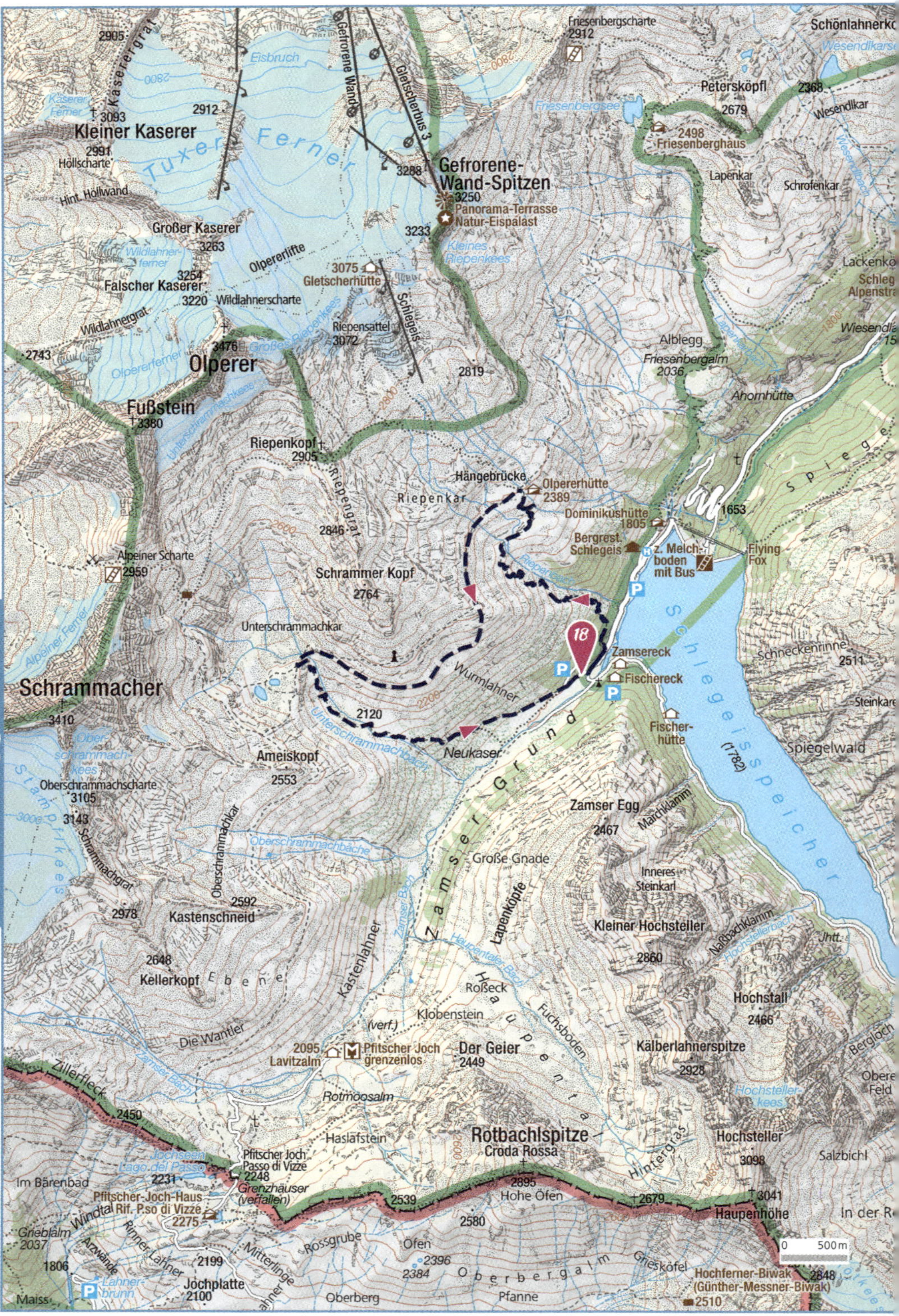

18

2905
Kasererarat
Eisbruch
Gefrorene Wand
Gletscherbus 3
Friesenbergscharte
2912
Schönlahnerk
Wesendlkar
Kaserer Ferner
3093
Kleiner Kaserer
2912
Tuxer Ferner
Friesenbergsee
Petersköpfl
2679
2368
Wesendlkar
2991
Höllscharte
3288
Gefrorene-Wand-Spitzen
3250
Panorama-Terrasse
Natur-Eispalast
2498
Friesenberghaus
Lapenkar
Schrofenkar
Hint. Höllwand
Großer Kaserer
3263
3233
Kleines Riepenkees
Wildlahnerferner
3254
Falscher Kaserer
3220
Wildlahnerscharte
Olpererlifte
3075
Gletscherhütte
Schlegeis
Lackenko
Schleg Alpenstra
Wildlahnergrat
Riepensattel
3072
Großes Riepenkees
Wiesendla
Albiegg
Friesenbergalm
2036
2743
3476
Olpererferner
Olperer
2819
Ahornhütte
Unterschrammachkees
Fußstein
3380
Riepenkopf
2905
Riepengrat
Spiegel
Hängebrücke
Olpererhütte
2389
Riepenkar
1653
Dominikushütte
1805
2846
Bergrest. Schlegeis
z. Melchboden mit Bus
Flying Fox
Alpeiner Scharte
2959
Schrammer Kopf
2764
Riepenbach
Alpeiner Ferner
Unterschrammachkar
18
Schlegeisspeicher
Zamsereck
Schneckenrinne
2511
Schrammacher
Wurmlahner
Fischereck
Steinkar
3410
2120
Unterschrammachbach
Fischerhütte
(1782)
Oberschrammachkees
Neukaser
Spiegelwald
Ameiskopf
2553
Zamser Grund
Oberschrammachscharte
3105
Zamser Egg
3143
Stampflkees
Oberschrammachkar
Schrammachgrat
Märchklamm
2467
Oberschrammachbache
Große Gnade
Inneres Steinkarl
Lapenköpfe
2592
Kastenschneid
2978
Zamser Bach
Kleiner Hochsteller
Naßbachklamm
Hochstellerbach
Jhtt.
2860
Kastenlahner
Haupentaler Bach
2648
Kellerkopf
Ebene
Roßeck
Hochstall
2466
Klobenstein
Fuchsboden
(verf.)
Kälberlahnerspitze
2925
Die Wantler
2095
Lavitzalm
Pfitscher Joch grenzenlos
Der Geier
2449
Haupental
Bergloch
Zillerfleck
Zamser Bach
Hochstellerkees
Obere Feld
Rotmoosalm
2450
Haslafstein
Rotbachlspitze
Croda Rossa
Hochsteller
Jochsee
Lago del Passo
Pfitscher Joch
Passo di Vizze
Hintergras
3098
Salzbichl
Im Bärenbad
2231
2248
Grenzhäuser (verfallen)
2895
Hohe Öfen
2679
3041
Pfitscher-Joch-Haus
Rif. Pso di Vizze
Windtal
2275
2539
Haupenhöhe
In der R
2580
Grieblalm
2037
Rinner Lahner
Rossgrube
Öfen
0 500 m
Arzwände
Mitterlinge
2396
1806
2199
2384
Oberbergalm
Grieskofel
Hochferner-Biwak (Günther-Messner-Biwak)
2848
Lahnerbrunn
Jochplatte
2100
Maiss
Oberberg
Pfanne
2510

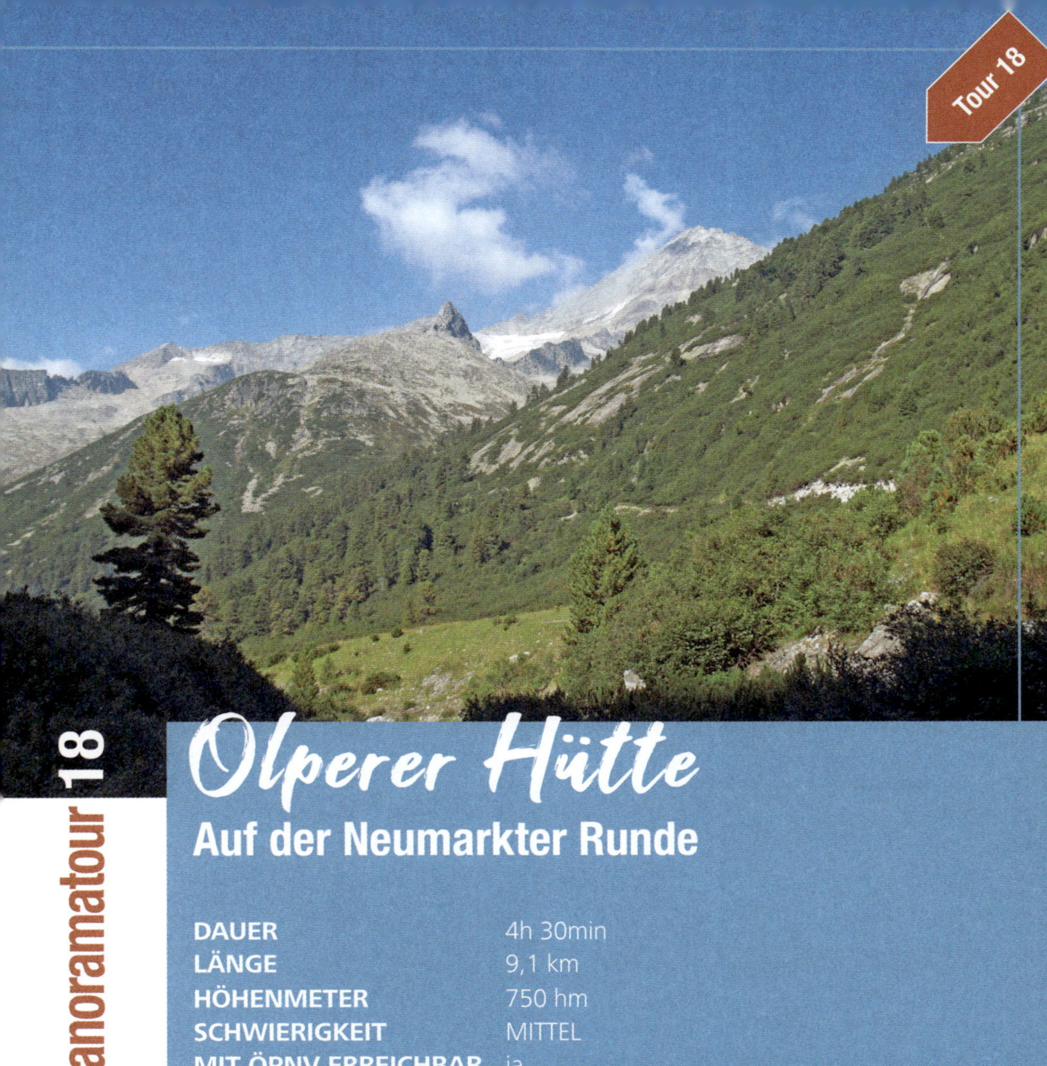

Tour 18

Panoramatour 18

Olperer Hütte

Auf der Neumarkter Runde

DAUER	4h 30min
LÄNGE	9,1 km
HÖHENMETER	750 hm
SCHWIERIGKEIT	MITTEL
MIT ÖPNV ERREICHBAR	ja

Das erwartet dich ...

Die Wanderung zur Olperer Hütte führt uns durch eine landschaftlich äußerst reizvolle Bergwelt. Dabei wandern wir auf gut angelegten Pfaden, für die wir stellenweise jedoch ein wenig Trittsicherheit brauchen. Direkt unter dem massiven Olperer (3476 m) können wir auf der Operer Hütte die Sonne und den herrlichen Blick über den See hinweg auf den Zillertaler Hauptalpenkamm mit dem Gletscherfeld des Schlegeiskees und den eisgekrönten Gipfeln rundum genießen.

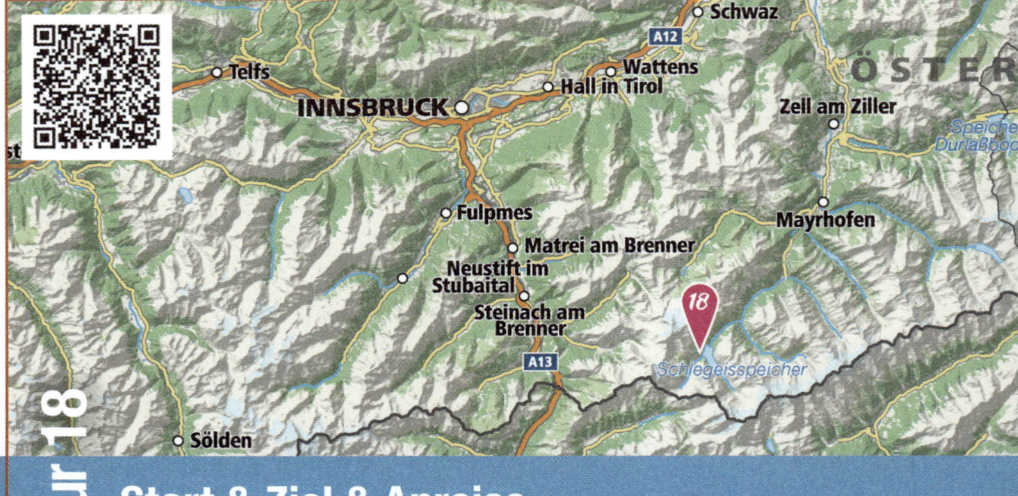

Panoramatour 18

Start & Ziel & Anreise

Ausgangspunkt ist der Parkplatz Zamsgatterl am Stausee Schlegeis.
Dafür fahren wir über die A 12 Brennerautobahn bis zur Ausfahrt Zillertal. Dann über die B 169/Zillertaler Straße bis zum Talende am Schlegeisspeicher.
Während der Sommermonate fährt die Regiobuslinie 4102 im Halbstundentakt ab Bahnhof Mayrhofen zum Stausee.

Tourenbeschreibung

Zwischen dem zweiten Zamser Grund und dem Olperermassiv verläuft ein Höhenweg, der das Pfitscher Joch Haus mit der Olpererhütte verbindet. Ein Stück davon ist inzwischen Teil der „Neumarkter Runde". So wurde streckenweise von der Alpenvereinssektion Neumarkt in der Oberpflaz ein ganz neuer, genussreicher Wanderweg angelegt.

Wir beginnen dieses Schmuckstück an Wanderung beim Parkplatz und gehen auf der asphaltierten Straße gut 150 m zurück zur Staumauer. Dann biegen wir links mit dem beschilderten Weg Nr. 502 zur Olpererhütte ab. Der Weg bringt uns in vielen Kehren zwischen Lärchen und Latschen hinauf; dann zieht er durch die freien Hänge neben dem plätschernden Riepenbach zum „Olpererhüttenblick" hinauf. Hier erwartet uns schon ein Bänckchen zum Rasten. Wir schwenken rechts über einen Steg und wandern weiter aufwärts zur Olpererhütte auf 2389 m.

Die Hütte wurde 1881 von der Sektion Prag erbaut. Am Abend des 31. Juli 1998 entging sie nur knapp einer Katastrophe: Eine Geröllawine löste sich vom Großen Riepenkees und raste auf die voll besetzte Hütte zu, streifte aber nur eine Ecke. 2004 erwarb Sektion Neumarkt die Hütte und beschloss bald darauf einen vollkommenen Neubau. Ein Highlight ist heute das große Panoramafenster im Aufenthaltsbereich. Auf der südseitigen Terrasse genießt man den Blick über den Schlegeisspeicher zum Zillertaler Hauptkamm. In Hüttennähe befindet sich ein kleiner Klettergarten mit eingerichteten Kletterrouten (Bohrhaken). Direkt oberhalb der Hütte führt eine Hängebrücke in Richtung Friesenberghaus. Die beeindruckende Konstruktion lädt zum Verweilen und Staunen ein.

Der Rückweg bringt uns über den Pfad Nr. 502 auf der „Neumarkter Runde" sanft auf und ab durchs Riepenkar. Vielerorts wurde die Trasse mit Steinplatten ausgelegt. Nach einem Bergrücken steigen wir sanft über die Südhänge des kleinen Schrammer Kopfs hinab bis ins Unterschrammachkar. Wir queren einen Steg über den oft recht ungestümen Unterschrammachbach und zweigen dann links auf den Pfad Nr. 535 ab. Der Weg leitet rechts des Grabens bergab. Auf einer Höhe von ca. 2120 m kreuzen wieder den Bach und erreichen dann durch latschengrüne und licht bewaldete Hänge den flachen Zamser Grund. Am Rand der Weiden erreichen wir direkt den Parkplatz.

Schlegeis-, Greiner- und Möselerblick von der Olpererhütte

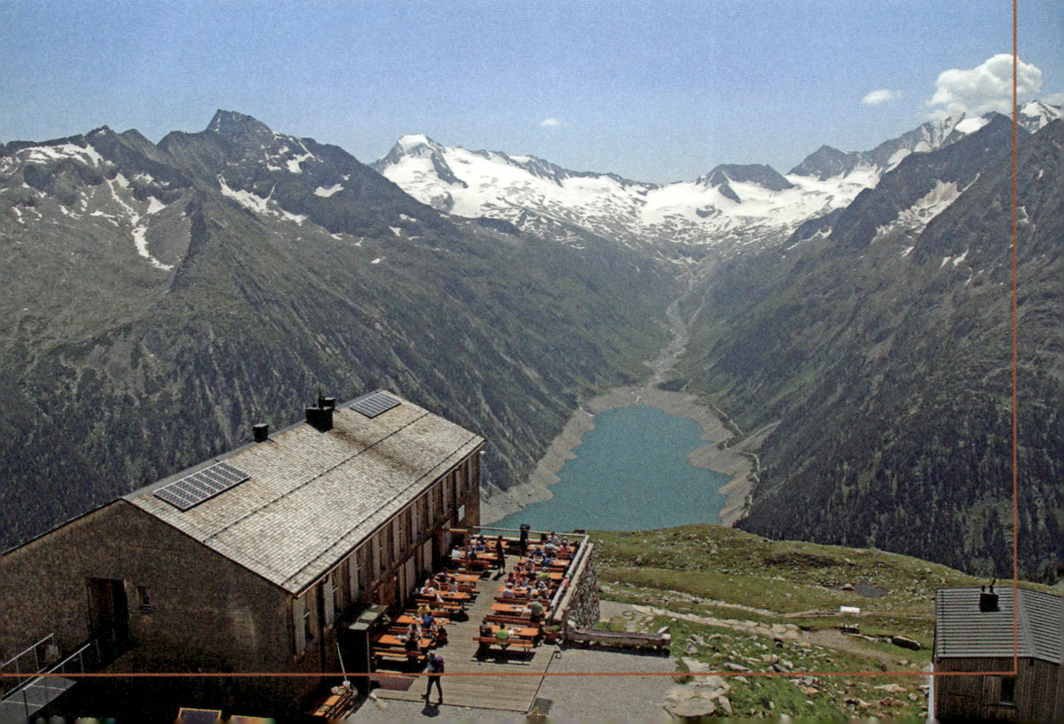

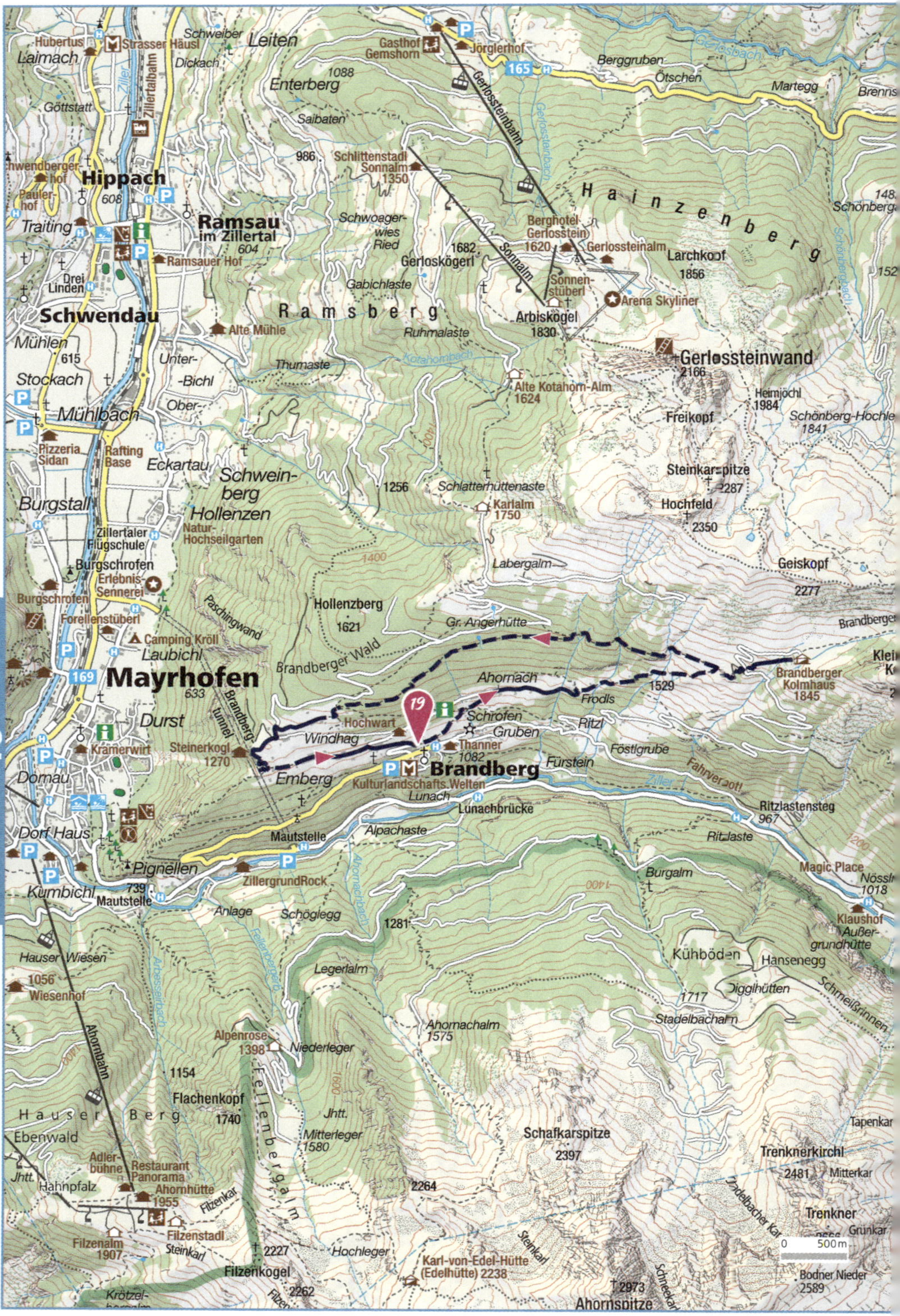

Hubertus
Laimach
Strasser Häusl
Zillertalbahn
Schweiber
Dickach
Leiten
Gasthof Gemshorn
Jörglerhof
165
Gerlossteinbahn
Berggruben
Ötschen
Gerlosbach
Martegg
Brenns
1088
Enterberg
Göttstatt
Ziller
Saibaten
986
Schlittenstadl Sonnalm 1350
Schwendberger-hof
Hippach
608
Pauler-hof
Traiting
Ramsau im Zillertal
604
Ramsauer Hof
Schwoager-wies Ried
1682
Gerloskögerl
Sonnalm
Berghotel Gerlosstein 1620
Gerlossteinalm
Hainzenberg
Larchkopf 1856
148
Schönberg
152
Drei Linden
Schwendau
Gabichlaste
Sonnen-stüberl
Arena Skyliner
Ramsberg
Arbiskogel 1830
Alte Mühle
Ruhmalaste
Mühlen
615
Stockach
Unter-Bichl
Thurnaste
Kotahornbach
Gerlossteinwand 2166
Ober-
Mühlbach
Alte Kotahorn-Alm 1624
Heimjöchl 1984
Freikopf
Schönberg-Hochle 1841
Pizzeria Sidan
Rafting Base
Eckartau
Schwein-berg
Hollenzen
1256
Schlatterhüttenaste
Steinkarspitze 2287
Burgstall
Karlalm 1750
Hochfeld 2350
Zillertaler Flugschule
Natur-Hochseilgarten
1400
Labergalm
Geiskopf
Burgschrofen
Erlebnis-Sennerei
2277
Burgschrofen
Paschingwand
Hollenzberg
1621
Forellenstüberl
Gr. Angerhütte
Brandberger
Camping Kröll
Laubichl
Brandberger Wald
169
Mayrhofen
633
Ahornach
Brandberger Kolmhaus 1845
1529
Brandbergtunnel
19
Frodls
Hochwart
Schrofen
Durst
Windhag
Gruben
Ritzl
Steinerkogl 1270
Kramerwirt
Thanner 1082
Föstlgrube
Domau
Emberg
Brandberg
Fürstein
Fahrveragott
Kulturlandschafts.Welten
Ziller
Lunach
Lunachbrücke
Ritzlastensteg 967
Dorf Haus
Mautstelle
Alpachaste
Ritzlaste
1200
Pignellen
ZillergrundRock
Burgalm
Magic Place
Nössl 1018
739
Mautstelle
1400
Kumbichl
Anlage
Schöglegg
Ahornachbach
1281
Klaushof
Außer-grundhütte
Hauser Wiesen
Kühböden
Hansenegg
1056
Wiesenhof
Legerlalm
1717
Jigglhütten
Schneißrinnen
Stadelbachalm
Arbeserbach
Ahornachalm 1575
Ahornbahn
Alpenrose 1398
Niederleger
1154
Fellenbergalm
1600
Flachenkopf 1740
Hauser Berg
Jhtt.
Mitterleger 1580
Schafkarspitze
Tapenkar
Ebenwald
2397
Adler-bühne
Restaurant Panorama
Trenknerkirchl
Jhtt.
Hahnpfalz
Ahornhütte 1955
2264
2481
Mitterkar
Filzenkar
Trenkner
Filzenalm 1907
Filzenstadl
Steinkarl
Stadelbacher Kar
Grünkar
Steinkarl
2227
Hochleger
Karl-von-Edel-Hütte (Edelhütte) 2238
0 500 m
Filzenkogel
2262
2973
Schneekar
Bodner Nieder 2589
Krötzel-
Ahornspitze

19

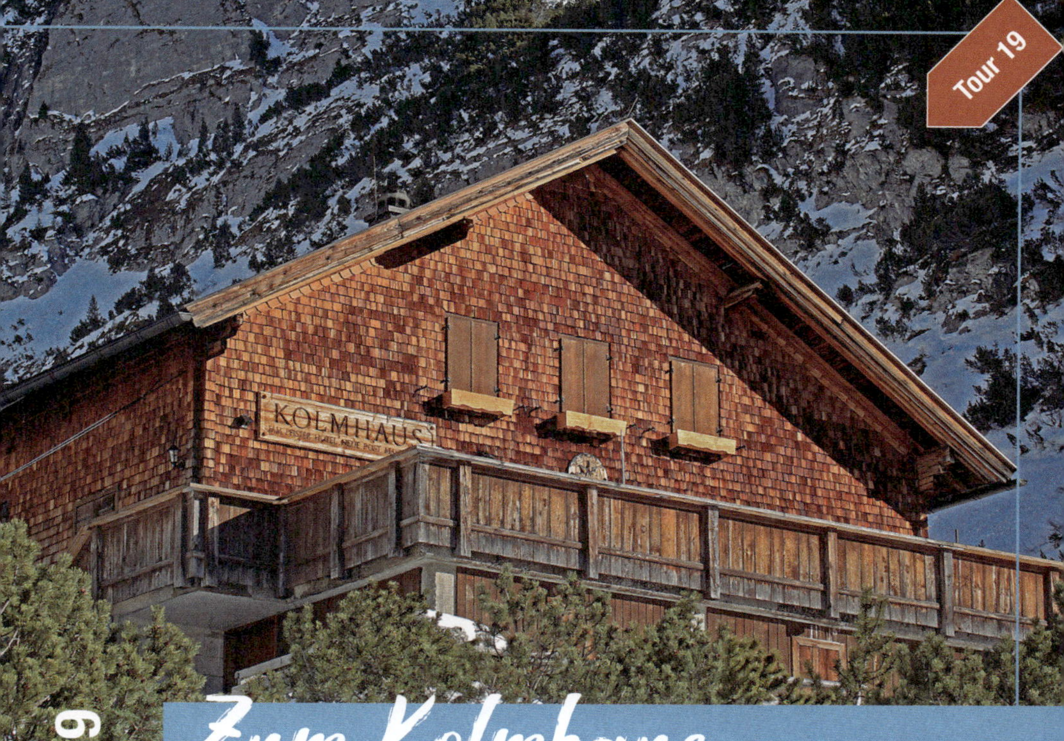

Genusstour 19

Zum Kolmhaus

Der Brandberger Bergmähderweg

DAUER	4h
LÄNGE	9,7 km
HÖHENMETER	780 hm
SCHWIERIGKEIT	MITTEL
MIT ÖPNV ERREICHBAR	ja

Das erwartet dich ...

Diese beliebte Bergwanderung bewegt sich auf schmalen und stellenweise steilen Wegen. Auf dem Rückweg erwarten uns kurze, felsige und gesicherte Stellen. An schönen Sommertagen kann es sehr heiß werden, daher empfiehlt sich ein früher Aufbruch. Es gibt sogar eine Broschüre zum Weg, die im Gasthof Thanner erhältlich ist.

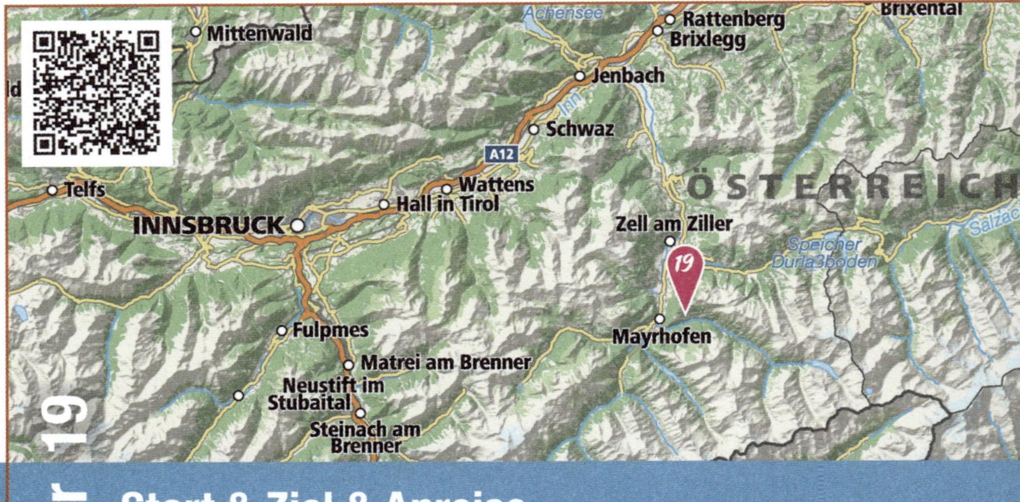

Genusstour 19

Start & Ziel & Anreise

Los geht's in Brandberg auf 1082 m, oberhalb von Mayrhofen, beim Gasthof Thanner. Über die A 12 der Inntalautobahn fahren wir bis zur Ausfahrt Zillertal und dann weiter auf der B 169 bis kurz vor Mayrhofen. Bei Laubichl geht's dann über den Brandbergtunnel ins Dorf.
Von Innsbruck fahren Busse nach Mayrhofen. Von Mayrhofen Bahnhof bringt uns der Bus 4100 Zum Gasthaus Thanner.

Tourenbeschreibung

Brandberg ist eine kleine Gemeinde mit gerade mal 367 Einwohnern. Gemessen daran ist seine Fläche mit 156 km² recht stattlich. Davon ist nur wenig bewohnbar, die Wiesen sind extrem steil. Mit Initiierung des Alpenvereins wurde 1999 der „Bergmähderweg" realisiert. Er gewährt ein wenig Einblick in die mühevolle Arbeit der Bergbauern. Er führt „vun Wiecht" (das ist der Gasthof Thanner) „bis zun Kolmhaus", das in herrlicher Aussichtslage am Fuße des sehr eindrucksvoll zugespitzten Brandberger Kolms steht. Das traditionelle „in die Bergmahd gehen" gehört für viele Brandberger Bauern schon zur Geschichte. Durch Vertragsnaturschutz mit den entsprechenden Förderungen konnten jedoch ein paar aufgelassene Flächen wieder in Bewirtschaftung genommen werden.

Los geht's mit dem Bergmähderweg, der uns gegenüber dem Gasthof Thanner in Brandberg über ein paar Stufen leitet. Über einen schmalen Pfad steigen wir einen steilen Hang empor. Auf breiterer Trasse halten wir uns links und dann wieder rechts hinauf. Schräg ansteigend erreichen wir durch die bewirtschafteten „Hoamfelder" oberhalb des Dorfes die alten Höfe des Weilers Ahornach (1480 m). Wir folgen einer asphaltierten Straße nach rechts zum Frodls, dem höchstgelegenen Bauernhof der Gemeinde.

Hinter den alten Gebäuden folgen wir einem steilen Traktorweg über zwei asphaltierte Fahrstreifen durch die Wiese. Links oben stürzt ein feiner Wasserfaden über eine Felswand. Nach zwei Gattern verschmälert sich der Weg und steigt durch abschüssige Waldhänge an. Wir passieren einen weiteren Wasserfall und stoßen auf eine lichte Stelle. Immer wieder eröffnen sich schöne Blicke ins Tal und zur gegenüber aufragenden Ahornspitze. An einer Bank neben einer kleinen Quelle treffen wir auf die Forststraße, der wir nach rechts folgen. Wir schwenken am Pfad nach links und kreuzen mit ihm mehrmals die Fahrbahn. Zwischen Latschen und mit Blick auf den Brandberger Kolm gelangen wir schließlich zum gastlichen Kolmhaus. Es wurde 1927 von Wilhelm Pfister erbaut. 1987 wurde das Kolmhaus renoviert, neu verschindelt und zum 60-jährigen Jubiläum bei einer Feier neu eröffnet. Das Haus hat auch abends geöffnet. Sollte es doch mal geschlossen sein, gibt es an der Unterseite vom Haus einen Getränkekühlschrank mit Kassa.

Für den Abstieg wählen wir den bereits bekannten Weg auf der Zustiegsroute bis zur Bank mit Quelle. Hier folgen wir dem Wegweiser „Steinkogel" noch 70 m bis zum Ende des Fahrweges. Er mündet in einen schmalen und anfangs aus dem Gestein geschlagenen Höhenpfad, dem wir auf und ab nach Westen folgen. Nachdem wir einen Graben gequert haben, wandern wir durch steile Waldhänge. An manchen Stellen erleichtern Seile den Weg. Vorsichtig steigen wir die beiden folgenden Rinnen hinab: Hier kommen wir um ein wenig Kraxelei über kleine Felsstufen nicht herum. Wir queren ein zweites Mal den Bach und stehen an einer unbeschilderten Gabelung. Hier bleiben wir auf dem linken Pfad. Er führt uns nun sanft durch den Wald hinab. Bei den nächsten Abzweigungen halten wir uns an die Wegweiser „Steinkogel", bis wir nach einem Stadel rechts durch ein Gatter über eine Wiese an einen Bauernhof gelangen.

Wir wandern auf der asphaltierten Zufahrt weiter und wenden uns zum Ende nach rechts zum weithin sichtbaren Berggasthof Steinerkogel auf 1269 m. Das letzte Stück läuft auf dem Pfad Richtung „Mayrhofen, Brandberg, Rundwanderweg". Er zieht links neben dem Gebäude über die Wiesen ins Tal hinab. Nur ein paar Minuten später biegen wir links ab Richtung Brandberg. An den Höfen des Weilers Emberg folgen wir der Straße bis zur Gabelung in Windhag und laufen rechts hinab. In der Rechtskehre zweigt links ein breiter Weg mit der Beschilderung „Thanner" zum Bergmähderweg. Er leitet uns zu guter Letzt nach Brandberg hinab.

20

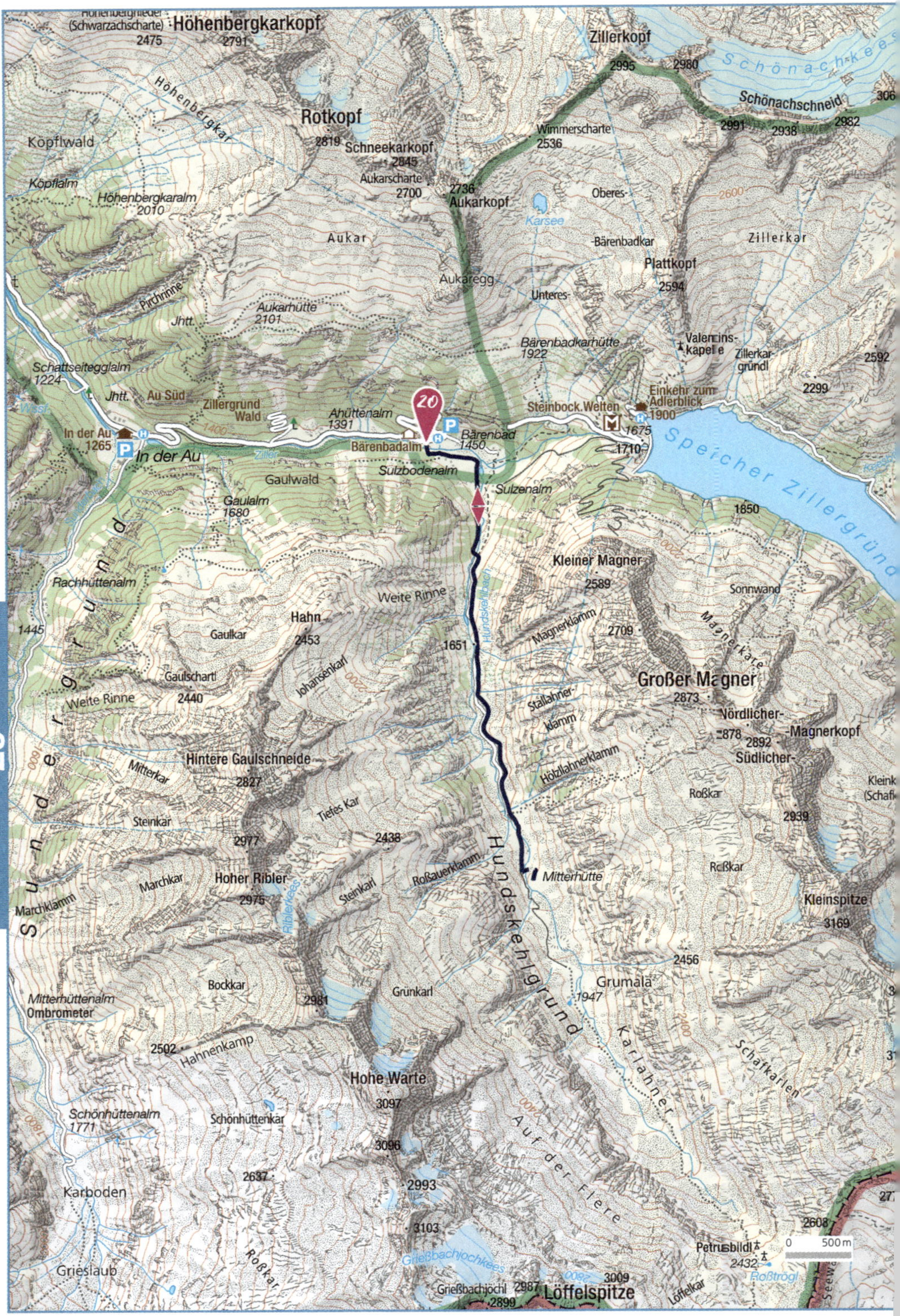

Höhenbergnieder (Schwarzachscharte) 2475
Höhenbergkarkopf 2791
Zillerkopf 2995
2980
Schönachkees
Schönachschneid
2991
2938
2982
Höhenbergkar
Rotkopf 2819
Schneekarkopf 2845
Aukarscharte 2700
2736 Aukarkopf
Wimmerscharte 2536
Oberes-
Karsee
Bärenbadkar
Unteres-
Zillerkar
Plattkopf 2594
Köpflwald
Köpflalm
Höhenbergkaralm 2010
Aukar
Aukaregg
Pirchrinne
Aukarhütte 2101
Jhtt.
Bärenbadkarhütte 1922
Valentins-kapelle
Zillerkar-gründl
2592
2299
Schattseitegglalm 1224
Jhtt.
Au Süd
Zillergrund Wald
Ahüttenalm 1391
20
Bärenbad 1450
Steinbock Welten
Einkehr zum Adlerblick 1900
1675
1710
In der Au 1265
In der Au
Bärenbadalm
Sulzbodenalm
Sulzenalm
Speicher Zillergründl
Gaulwald
Gaulalm 1680
1850
Kleiner Magner 2589
Sonnwand
Rachhüttenalm
Weite Rinne
Hundskehlbach
Magnerklamm
2709
Magnerkare
Hahn 2453
Gaulkar
1651
Johannsenkarl
Großer Magner 2873
Nördlicher-Magnerkopf
2878
2892
Südlicher-
1445
Gaulschartl 2440
Weite Rinne
Stallahner-klamm
Hölzlahnerklamm
Sundergrund
Hintere Gaulschneide 2827
Mitterkar
Roßkar
Tiefes Kar
2939
Steinkar
2977
2438
Hundskehlgrund
Mitterhütte
Roßkar
Hoher Ribler 2975
Marchkar
Steinkarl
Roßauerklamm
Kleinspitze 3169
Marchklamm
Riblerkees
2456
Grumala
1947
Mitterhüttenalm Ombrometer
Bockkar
2981
Grünkarl
Karlahner
Schafkarlen
2502
Hahnenkamp
Hohe Warte 3097
Schönhüttenalm 1771
Schönhüttenkar
3096
Auf der Flere
Karboden
2637
2993
3103
2608
Petrusbildl 2432
0 500 m
Grießbachjochkees
Roßtrögl
Grieslaub
Roßkar
Grießbachjöchl 2987 2899
3009
Löffelspitze
Löffelkar

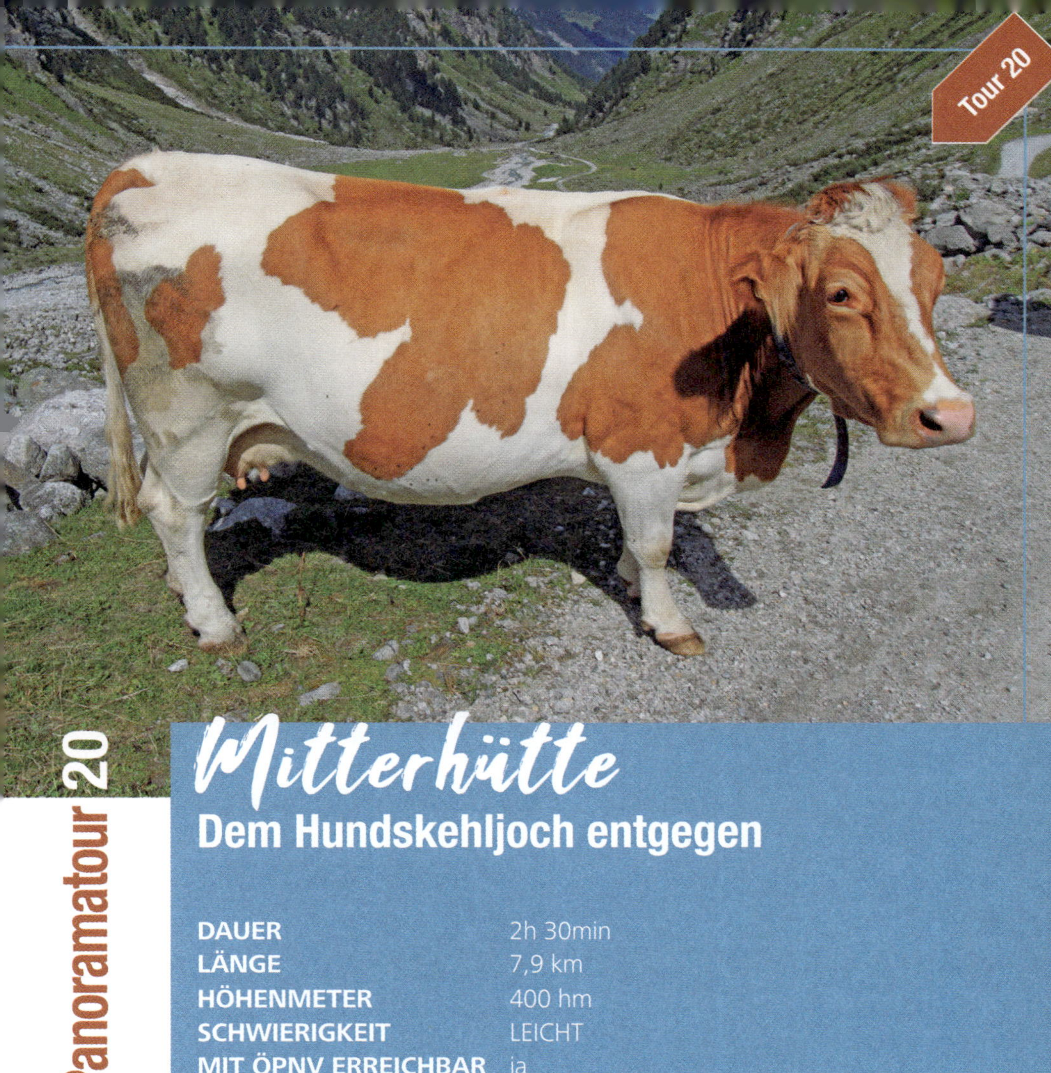

Tour 20

Panoramatour 20

Mitterhütte

Dem Hundskehljoch entgegen

DAUER	2h 30min
LÄNGE	7,9 km
HÖHENMETER	400 hm
SCHWIERIGKEIT	LEICHT
MIT ÖPNV ERREICHBAR	ja

Das erwartet dich ...

Heute wartet eine gemütliche Talwanderung auf einer Almstraße auf uns. Auf den Mitterhütten gibt es keine Einkehr, aber am Ausgangspunkt befindet sich die Jausenstation Bärenbadalm, die schon zu Beginn der Tour mit einer tollen Einkehr lockt. Sie befindet sich bereits seit drei Generationen in Familienbetrieb.

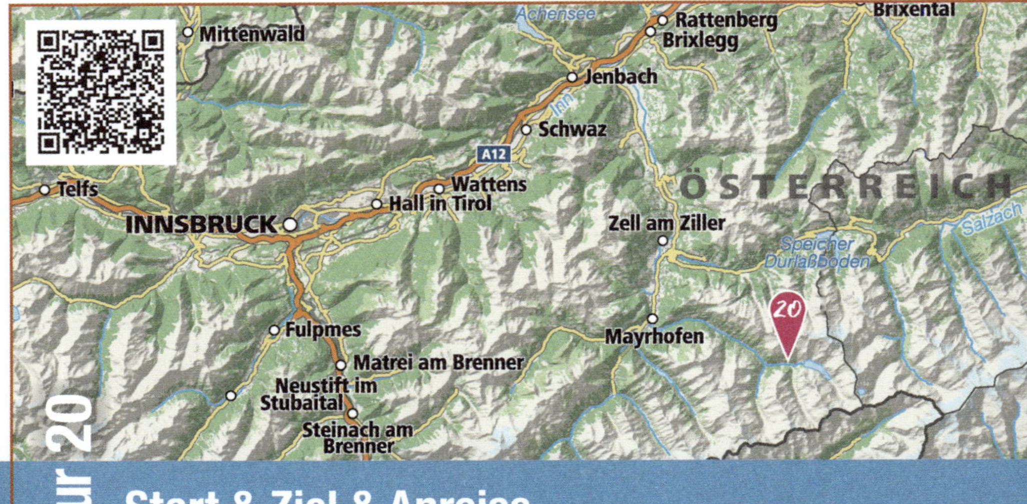

Panoramatour 20

Start & Ziel & Anreise

Startpunkt ist die Jausenstation Bärenbadalm. Über die A12 der Inntalautobahn fahren wir bis zur Ausfahrt Zillertal und dann weiter auf der B169 bis kurz vor Mayrhofen. Bei Laubichl halten wir uns links und folgen dem Brandbergtunnel über Brandberg bis wir die Bärenbadalm am Talende erreicht haben.
Von Mayrhofen fährt die Linie 8328 zur Bärenbadalm.

Tourenbeschreibung

Von der „Hundskehle" sagt man Ähnliches wie über den benachbarten Sundergrund: Das südliche Seitental des Zillergrundes ist ebenfalls lang, gute 8 km, einsam und landschaftlich überaus reizvoll und schön. Hier sind noch weniger Wanderer unterwegs als in der Nachbarschaft. Das hat wohl seinen Grund: Auf dem gesamten Weg zum Hundskehljoch gibt es keine Einkehrmöglichkeit. Wir wundern uns aber auch nicht, wenn wir in der fast wüstenhaften und steinigen Einöde zwischen dem Hundskehlkees und dem 3251 m hohen Ruchkofel Mountainbiker treffen. Das Tal gilt als geradezu mystische „Transalpstrecke" für Alpenüberquerungen mit dem Bike.

Los geht's an der Bushaltestelle bei der Bärenbadalm. Wir halten uns an den Wegweiser „Hundskehljoch, Ahrntal", überqueren die Brücke über den Ziller zur nahen Sulzbodenalm und wandern auf der Almstraße an der Sulzenalm vorbei.

Der Blick zurück zeigt uns die Ausmaße des riesigen Felssturzes auf der nördlichen Talseite. Immer weiter steigen wir neben dem Bach bergan durch das zu Beginn noch ein wenig bewaldete Hochtal der Hundskehle. Nach der Wasserfassung wechseln wir nochmals die Uferseite und gelangen jenseits des nun deutlich kräftigeren Baches an die urige Mtterhütte auf 1841 m. Der Rückweg erfolgt über die Aufstiegsroute.

Hohe Berge über der Hundskehle

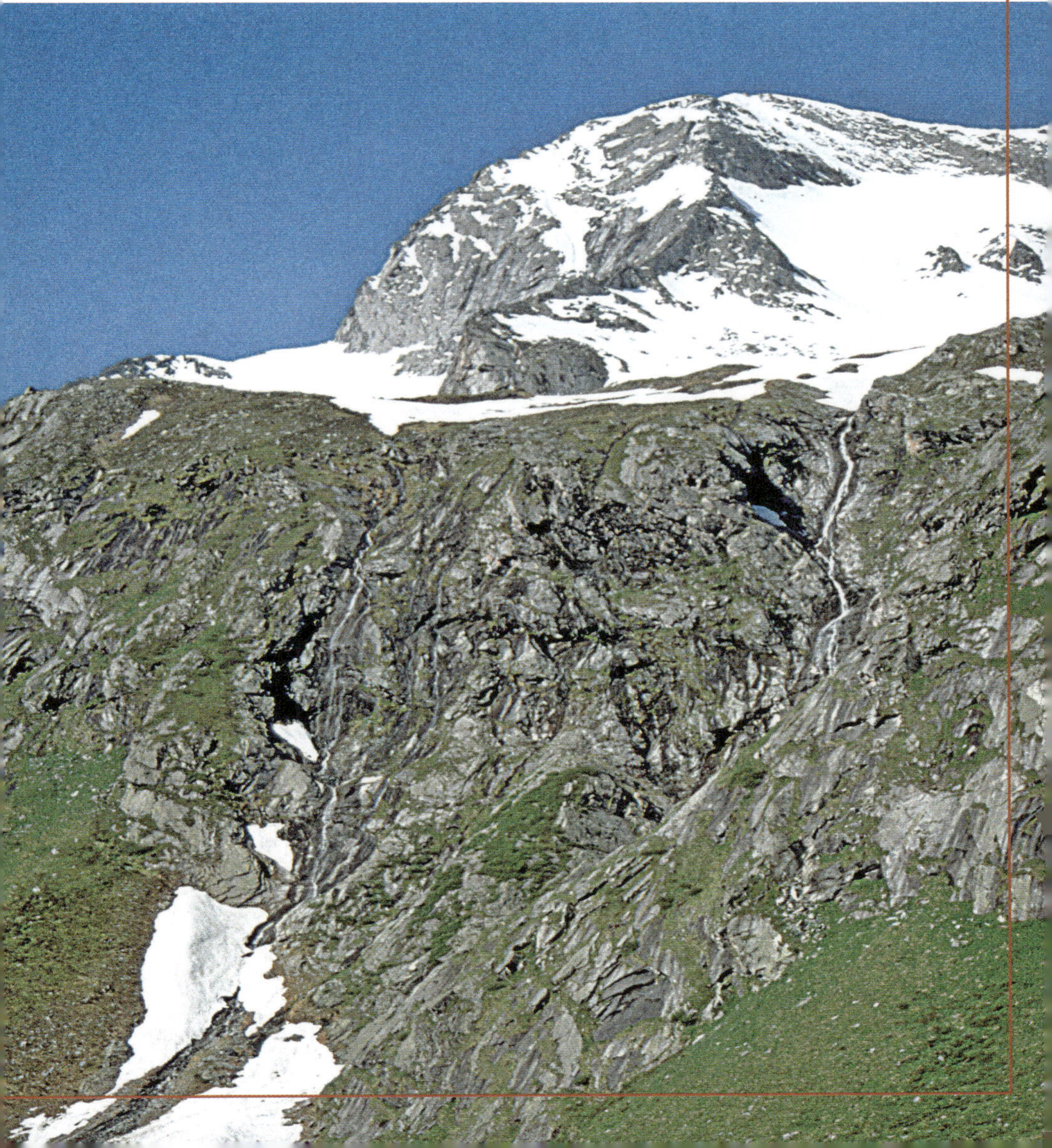

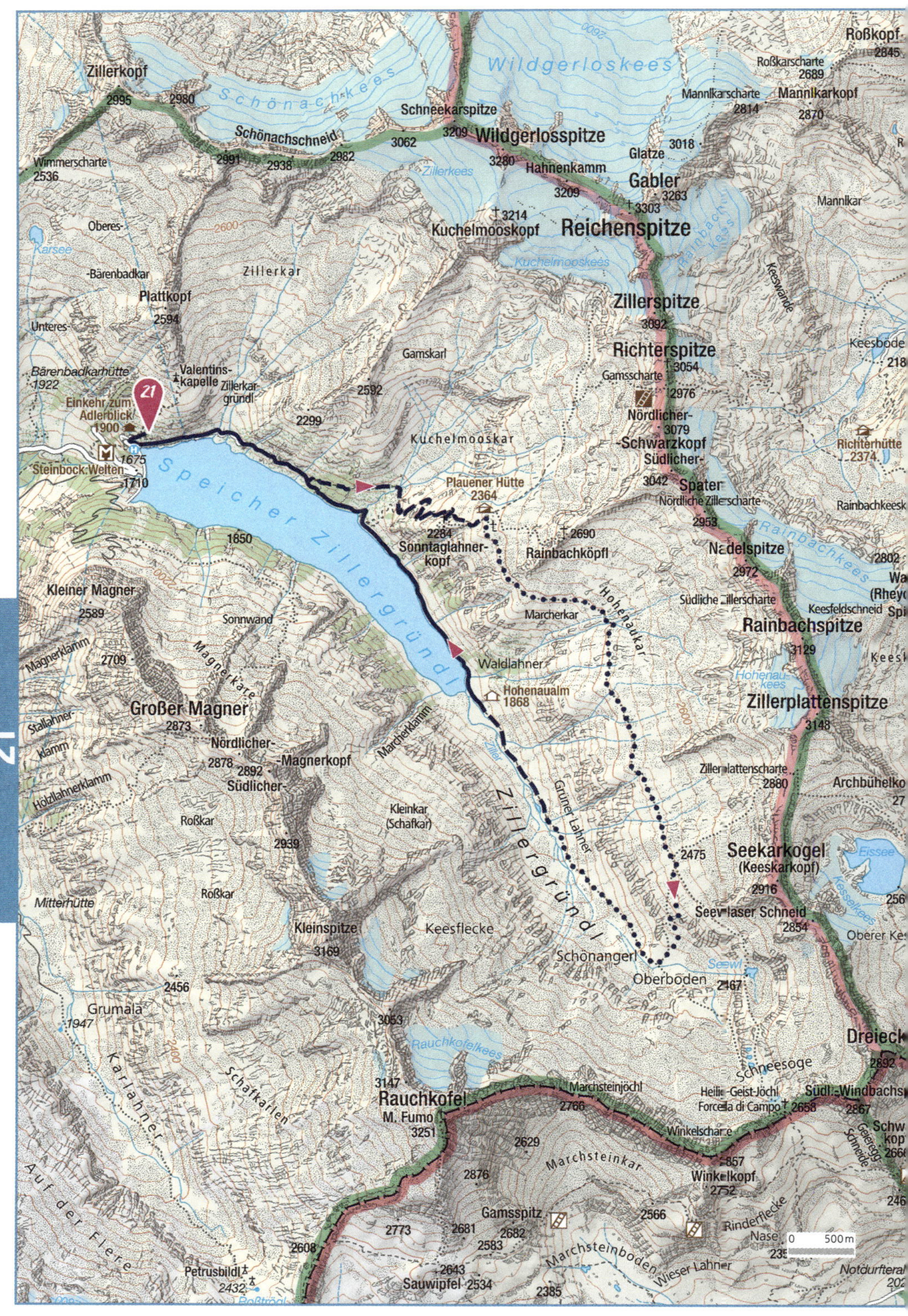

21
Zillerkopf
2995
2980
Schönachkees
Schönachschneid
2991
2938
2982
Wimmerscharte
2536
Schneekarspitze
3062
3209
Wildgerlosspitze
Wildgerloskees
Roßkopf
2845
Roßkarscharte
2689
Mannlkarscharte
2814
Mannlkarkopf
2870
3018
Glatze
3280
Hahnenkamm
Zillerkees
Gabler
3263
3209
3303
Mannlkar
Oberes-
Karsee
3214
Kuchelmooskopf
Reichenspitze
Rainbachkees
Kuchelmooskees
-Bärenbadkar
Zillerkar
Plattkopf
2594
Unteres-
Keeswände
Zillerspitze
3092
Richterspitze
3054
Gamsscharte
2976
Keesboden
Gamskarl
Bärenbadkarhütte
1922
Valentins-
kapelle
Zillerkar-
gründl
2592
Einkehr zum
Adlerblick
1900
2299
Nördlicher-
3079
-Schwarzkopf
Südlicher-
3042
Richterhütte
2374
Kuchelmooskar
1675
Steinbock Welten
1710
Speicher Zillergründl
Plauener Hütte
2364
Spater
Nördliche Zillerscharte
2953
Rainbachkees
Rainbachkees
2284
Sonntaglahner-
kopf
2690
Rainbachköpfl
Nadelspitze
2972
2802
1850
Kleiner Magner
2589
Sonnwand
Hohenaukar
Marcherkar
Südliche Zillerscharte
Keesfeldschneid
Rainbachspitze
3129
Magnerklamm
2709
Magnerkare
Waldlahner
Hohenaukees
Hohenaualm
1868
Zillerplattenspitze
3148
Großer Magner
2873
Stallahner-
klamm
Nördlicher-
2878
2892
-Magnerkopf
Südlicher-
Marcherklamm
Zillerplattenscharte
2880
Archbühelkopf
Hölzlahnerklamm
Roßkar
Kleinkar
(Schafkar)
Zillergründl
Gruner Lahner
2939
2475
Seekarkogel
(Keeskarkopf)
2916
Eissee
Keeskarkees
Mitterhütte
Roßkar
Seewlaser Schneid
2854
Oberer Kees
Kleinspitze
3169
Keesflecke
Schönangerl
Seewl
Oberboden
2467
2456
Grumala
1947
3053
Rauchkofelkees
Dreieck
2892
Karlahner
Schafkarlen
3147
Rauchkofel
M. Fumo
3251
Marchsteinjöchl
2766
Schneesoge
Heilig-Geist-Jöchl
Forcella di Campo
2658
Südl. Windbachspitze
2867
Winkelscharte
Marchsteinkar
2629
2857
Winkelkopf
2752
2876
Gamsspitz
2566
Rinderflecke
Auf der Flere
2773
2681
2682
2583
Nase
0
500 m
2608
2643
Marchsteinboden
Wieser Lahner
Notdurfteralm
Petrusbildl
2432
Sauwipfel
2534
2385

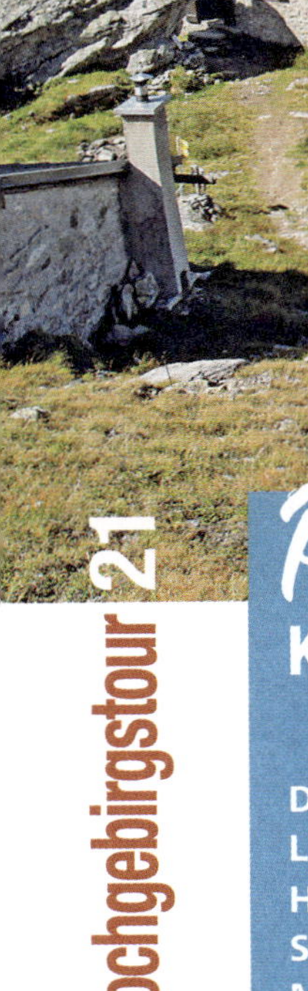

Tour 21

Hochgebirgstour 21

Planener Hütte

Klein-Tibet unter der Reichenspitze

DAUER	6h
LÄNGE	15 km
HÖHENMETER	700 hm
SCHWIERIGKEIT	MITTEL
MIT ÖPNV ERREICHBAR	ja

Das erwartet dich …

Eine herrliche Hochgebirgswanderung auf gut angelegten Pfaden und einem Fahrweg am Stausee. Trittsicherheit ist im steinigen Gelände jedoch Voraussetzung. Die Wanderung zählt zu den „klassischen" Touren im Osten der Zillertaler Alpen. Der Hannemannweg zwischen Hütte, Talschluss und Alm ist ein Erlebniss für sich!

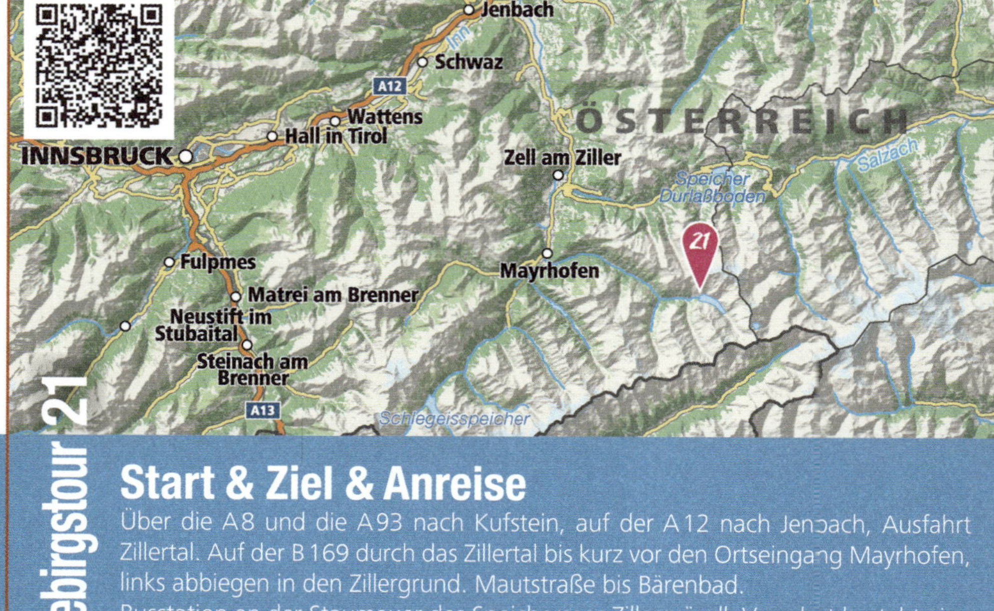

Hochgebirgstour 21

Start & Ziel & Anreise

Über die A8 und die A93 nach Kufstein, auf der A 12 nach Jenbach, Ausfahrt Zillertal. Auf der B 169 durch das Zillertal bis kurz vor den Ortseingang Mayrhofen, links abbiegen in den Zillergrund. Mautstraße bis Bärenbad.
Busstation an der Staumauer des Speichersees Zillergründl. Von dort besteht eine Busverbindung (am besten schon ab Mayrhofen) – der Bus Nr. 8328 fährt über Bärenbad zum Zillergrund, jedoch nur im Sommer. Zu Fuß vom Gasthaus Bärenbad zur Staumauer in 1:30h.

Tourenbeschreibung

Im Zillergründl, dem hintersten Bereich des Zillergrundes, wurde zwischen 1980 und 1987 eine 186 m hohe Staumauer errichtet. Der Stausee reicht fast bis zur Hohenalm zurück. Die Staumauer hält bis zu 86,7 Millionen Kubikmeter Wasser zurück. Dieses Paradies wird nicht ohne Grund auch Klein-Tibet genannt.

Wir starten an der Bushaltestelle über der Staumauer und wandern über den Fahrweg taleinwärts. Es geht vorbei an der Adlerblick-Terrasse, dann passieren wir einen Tunnel und laufen im Anschluss auf und ab über dem Stausee. Nach einem kleinen Wasserfall des Zillerkarbaches kommen wir zur Abzweigung des beschilderten Hüttenweges. Hier geht's nach links und wir steigen über ein paar Serpentinen bergan. Dann laufen wir schräg durch die erlen- und latschenbewachsenen Hänge ins Felskar, den imposanten Kuchelmooskees direkt über uns. Wir queren einen Steg und steigen über teils steile, felsige Flanken mit Stahlseil-

Sicherung in Kehren nahe der Materialseilbahn weiter auf. Schließlich stehen wir auf dem Kamm des Sonntaglahnerkopf – zum Gipfelkreuz ist es nur ein kleiner Umweg. Wenig später erreichen wir die Plauener Hütte auf 2364 m. Sie bietet einen Traumblick zur Reichenspitze und zum Kuchlmooskopf über dem Gletscher. Die gemütliche Gaststube und die historische „Sperkenecke" bieten Platz für ca. 80 Gäste. Die Energieversorgung wird im Zusammenspiel von Wasserkraft, Photovoltaik, Batterien und Wechselrichtern sichergestellt.

Nach einer Rast zweigen wir an der Hütte rechts auf den Hannemannweg Nr. 502 ab. Der Weg verläuft in sanftem auf und nieder quer durch die Südhänge über dem Zillergründl. Teilweise wurden die Steine der Umgebung in mühevoller Arbeit zu einer bequem begehbaren Trasse aufgeschichtet. Die schöne Panoramaroute führt uns nun gute 3,5 km. Unter dem kreuzgekrönten Rainbachköpfl erreichen wir das Hohenaukar, ein Schuttkar, über dem die Rainbachspitze (3128 m) und die elegant zugespitzte Zillerplattenspitze (3147 m) thronen. Im anschließenden Seekar geht's geradeaus an einer Abzweigung vorbei. Kurz danach rechts auf den Pfad Nr. 517: Er windet sich durch Steinblöcke zu den Hängen über dem Oberboden. Wir halten uns rechts und laufen am Ziller 2 km talauswärts bis zur Hohenaualm. Hier auf dem Fahrweg zurück zum Ausgangspunkt.

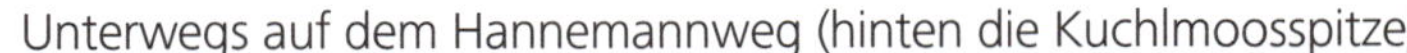

Unterwegs auf dem Hannemannweg (hinten die Kuchlmoosspitze)

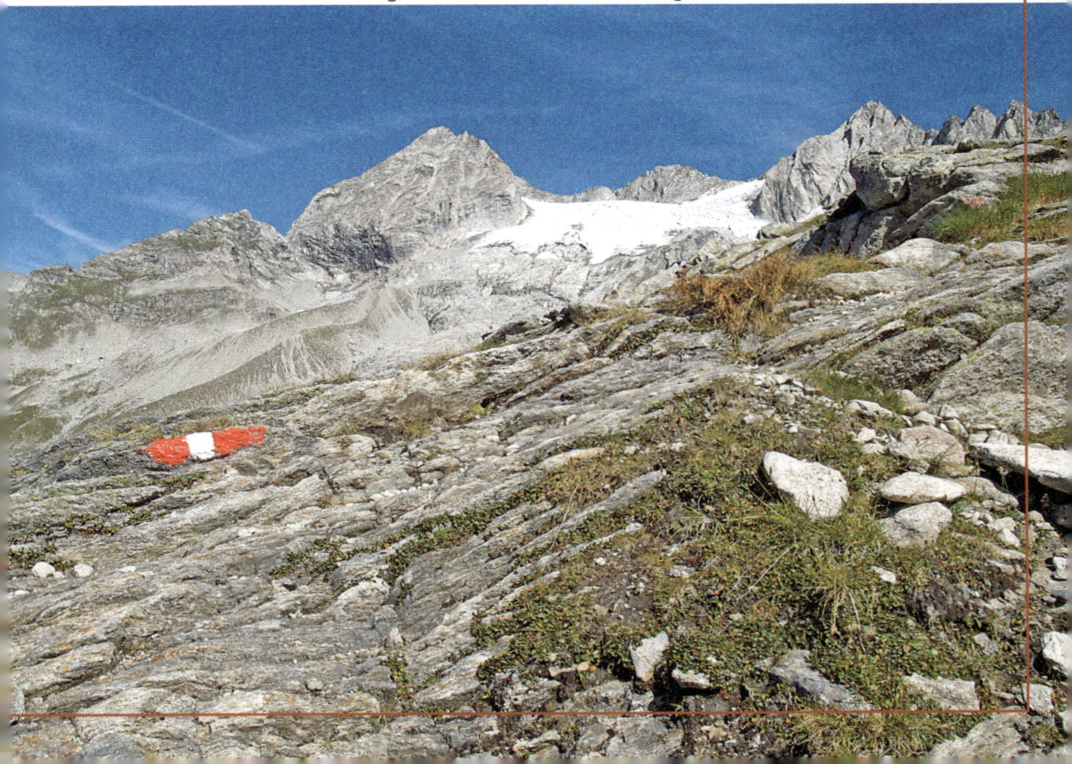

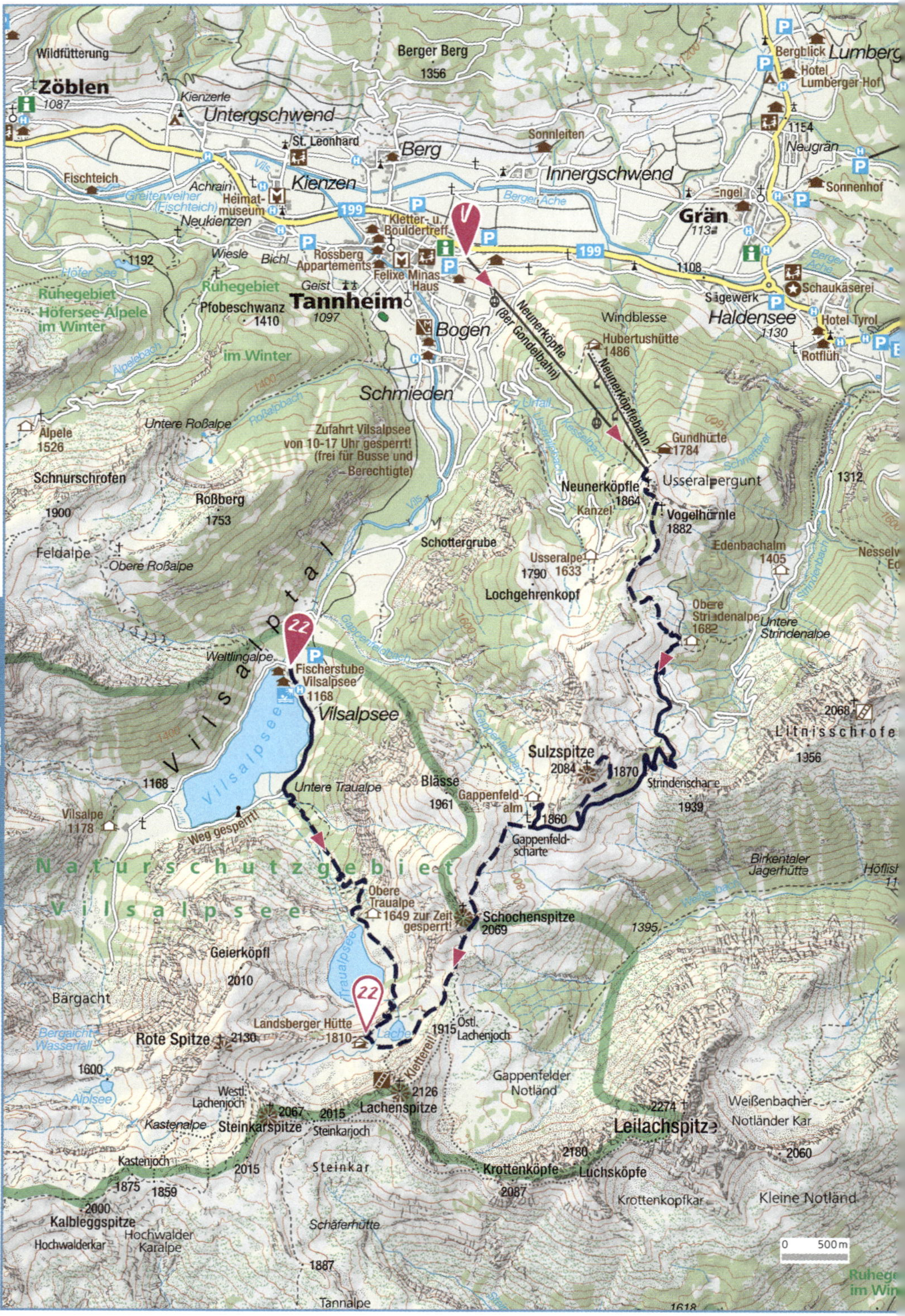

Wildfütterung
Zöblen
1087
Kienzerle
Untergschwend
St. Leonhard
Berg
Berger Berg
1356
Sonnleiten
Bergblick
Lumberg
Hotel Lumberger Hof
1154
Neugrän
Innergschwend
Fischteich
Greiterweiher (Fischteich)
Achrain
Heimat-museum
Kienzen
Neukienzen
Vils
199
Kletter- u. Bouldertreff
Berger Ache
Engel
Grän
1138
Sonnenhof
1192
Wiesle
Bichl
Rossberg Appartements
Felixe Minas Haus
1108
Berger Ache
Höfer See
Ruhegebiet
Ruhegebiet Höfersee-Älpele im Winter
Pfobeschwanz
1410
Geist
Tannheim
1097
Bogen
Neunerköpfle (8er Gondelbahn)
Windblesse
Sägewerk
Schaukäserei
Haldensee
1130
Hotel Tyrol
Rotflüh
Hubertushütte
1486
Neunerköpflebahn
im Winter
Alpelebach
Schmieden
Roßalpbach
1400
Älpele
1526
Untere Roßalpe
Zufahrt Vilsalpsee von 10-17 Uhr gesperrt! (frei für Busse und Berechtigte)
Gundhütte
1784
1600
Schnurschrofen
Roßberg
1753
1900
Neunerköpfle
1864
Usseralpergunt
1312
Kanzel
Vogelhörnle
1882
Edenbachalm
1405
Schottergrube
Usseralpe
1790
1633
Lochgehrenkopf
Feldalpe
Obere Roßalpe
Obere Strindenalpe
1682
Untere Strindenalpe
Vilsalptal
22
Weltlingalpe
Fischerstube Vilsalpsee
1168
Vilsalpsee
Gappenfeldbach
2068
Litnisschrofe
1956
Sulzspitze
2084
1870
Strindenscharte
1939
1168
Untere Traualpe
Blässe
1961
Gappenfeld-alm
1860
Gappenfeld-scharte
Vilsalpe
1178
Weg gesperrt!
Birkentaler Jägerhütte
Naturschutzgebiet Vilsalpsee
Obere Traualpe
1649 zur Zeit gesperrt!
Schochenspitze
2069
1395
Geierköpfl
2010
Traualpsee
Bärgacht
Landsberger Hütte
1810
Lache
1915
Östl. Lachenjoch
Rote Spitze
2130
Bergaicht-Wasserfall
1600
Klettersteig
2126
Lachenspitze
Gappenfelder Notländ
Alpsee
Westl. Lachenjoch
2067
2015
Steinkarspitze
Steinkarjoch
Kastenalpe
2274
Leilachspitze
Weißenbacher Notländer Kar
2060
Kastenjoch
2015
Steinkar
2180
Krottenköpfe
Luchsköpfe
1875
1859
2087
Krottenkopfkar
Kleine Notländ
2000
Kalbleggspitze
Hochwalderkar
Hochwalder Karalpe
Schäferhütte
1887
Tannalpe
0 500 m
1618
Ruhegebiet im Winter

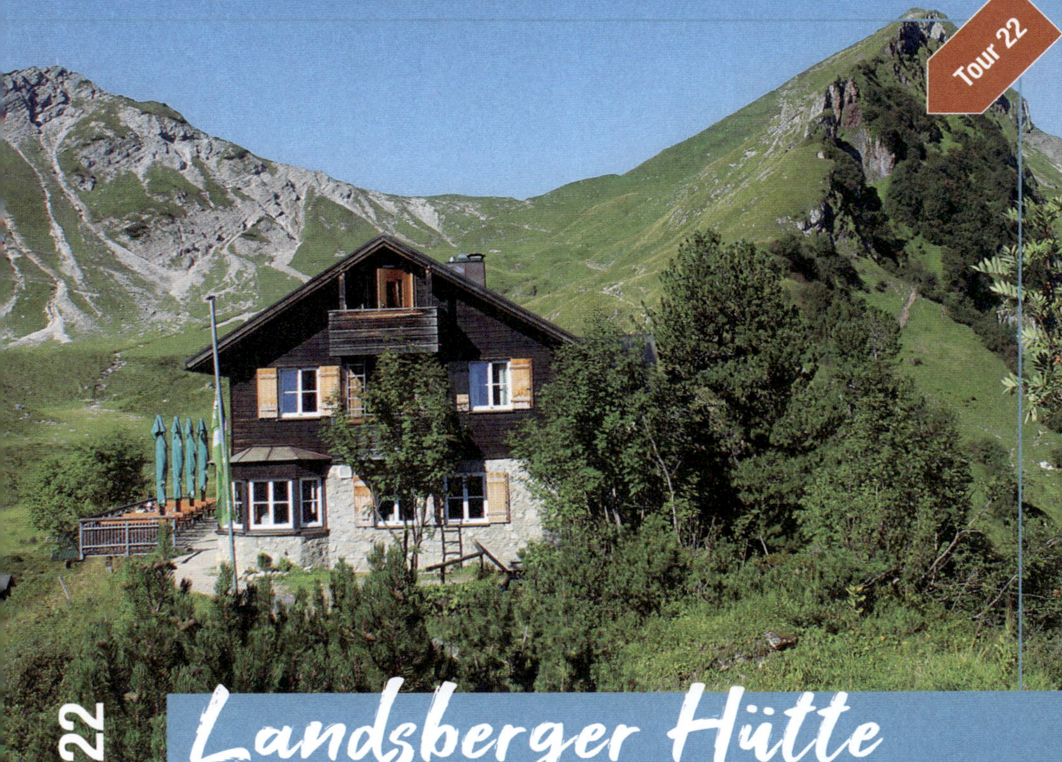

Landsberger Hütte

Zum Hüttenschmaus mit Tiroler Spezialitäten

DAUER	2h
LÄNGE	3,5 km
HÖHENMETER	640 hm
SCHWIERIGKEIT	MITTEL
MIT ÖPNV ERREICHBAR	ja

Das erwartet dich ...

Ein schöner Hüttenzustieg über zwei Geländestufen und vorbei an gleich 3 Seen, dem Vilsalpsee, dem Traualpsee und der Lache – einfach nur herrlich! Die Wege sind angenehm zu gehen auf Steigen über weites Almgelände. Mit der Landsberger Hütte erwartet uns eine genussreiche Einkehr auf traumhafter Sonnenterrasse.

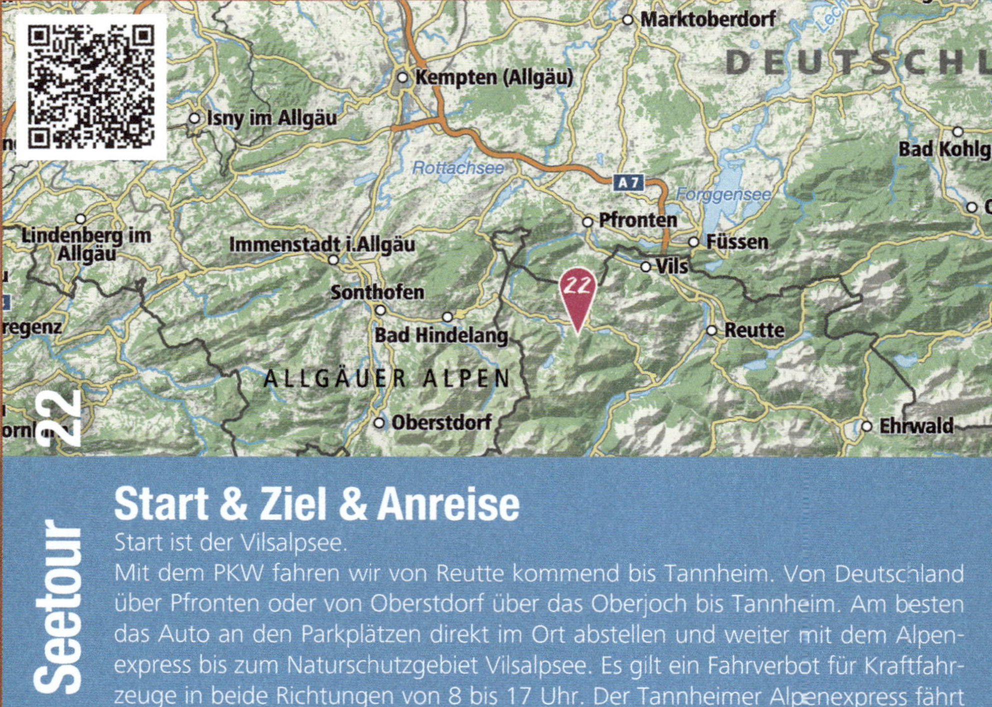

Seetour 22

Start & Ziel & Anreise

Start ist der Vilsalpsee.
Mit dem PKW fahren wir von Reutte kommend bis Tannheim. Von Deutschland über Pfronten oder von Oberstdorf über das Oberjoch bis Tannheim. Am besten das Auto an den Parkplätzen direkt im Ort abstellen und weiter mit dem Alpenexpress bis zum Naturschutzgebiet Vilsalpsee. Es gilt ein Fahrverbot für Kraftfahrzeuge in beide Richtungen von 8 bis 17 Uhr. Der Tannheimer Alpenexpress fährt im Halbstundentakt, Infos unter www.tannheimer-alpenexpress.at

Tourenbeschreibung

Los geht's am Vilsalpsee. Innerhalb weniger Minuten gelangen wir entlang des Ostufers des Sees zum Schutzdamm und kurz darauf an die Untere Traualpe. Der Damm wurde in Folge eines Bergsturzereignisses im Jahre 2012 errichtet. An der Materialseilbahn beginnt der Anstieg: Wir wandern durch den Wald, dann weiter über lichtes Almgelände in einigen Serpentinen über einen schönen Weg. Wir passieren eine Geländestufe und kommen zur idyllisch gelegenen Oberen Traualpe und dem Traualpsee, nach knappen 500 hm. Einen Großteil der Tour haben wir damit hinter uns gebracht. Die zweite Geländestufe sehen wir bereits weit vor uns, dahinter das Ziel: die Landsberger Hütte.

Hier ist ein ideales Örtchen zum Rasten: Der Blick über den Traualpsee, auf die Landsberger Hütte und die Nordwand der Lachenspitze – durch sie verläuft ein Klettersteig – ist herrlich. Der Weiterweg bringt uns entlang des klar erkennbaren

Steigs bis zum Ende des Talkessels. Hier wartet nun auch die zweite Geländestufe auf uns: Bei diesem zweiten Anstieg, der teilweise mit Drahtseilen versichert ist, ist besonders bei Nässe Vorsicht geboten und Trittsicherheit erforderlich. Nachdem wir den Abschnitt überwunden haben, sehen wir das Tourenziel deutlich vor uns. Die Landsberger Hütte winkt bereits mit einladender Sonnenterrasse zu uns herüber. Gelegen an den drei Seen Lachensee, Traualpsee und Vilsalpsee ist die Schutzhütte der Sektion Landsberg im Deutschen Alpenverein ein beliebtes Ziel. Es gibt einen Gepäcktransport dank einer Materialseilbahn. Gekocht wird mit heimischen Produkten aus Tirol und dem angrenzenden Allgäu, das Rindfleisch kommt vom Allgäuer Weiderind, aus eigener Schlachtung.

Eine andere Möglichkeit des Aufstieges verläuft von der Bergstation der Neunerköpflebahn. Die ersten 15 Minuten führen kurz steil, aber seilversichert und gut ausgebaut auf den Gipfel des Neunerköpfles (1864 m). Ein wunderbares Panorama zieht uns hier in seinen Bann: Wir blicken auf den Haldensee im Tal und die gegenüberliegenden Tannheimer Kletterberge, darunter die Köllenspitze und den Gimpel. Der Saalfelder Höhenweg bringt uns nun an der Abzweigung zur Oberen Strindenalpe vorbei Richtung Stindenscharte. Wir rüsten uns für den ersten Anstieg auf die Sulzspitze (2084 m). Dafür wandern wir zumeist über Wiesengelände und teils durch Latschen-Schrofengelände. Wir müssen aber nicht unbedingt auf den Gipfel, sondern können gleich weiterwandern Richtung Gappenfeldalpe. Hier beginnt der letzte Aufschwung zum Schochensattel (1990 m) und optional kurz weiter zur Schochenspitze (2069 m). Oben erblicken wir bereits die Landsberger Hütte vor uns, daneben die Lache im herrlichen Talkessel. Welchen Anstieg wir auch nehmen, beide Routen sind landschaftlich sehr beeindruckend.

Autoren Tipp

Für Spätankommende Gäste der Landsberger Hütte bietet das Unternehmen „Tannheimer Alpenexpress" um 18 Uhr und 19 Uhr zwei Sonderfahrten an den Vilsalpsee an. Unter der Tel: +43 (0) 676 7123459 können Plätze im Bus reserviert werden. Abfahrt und Treffpunkt ist das Genuss-Land in Tannheim. An der Neunerköpflebahn Richtung Dorf einwärts.

23

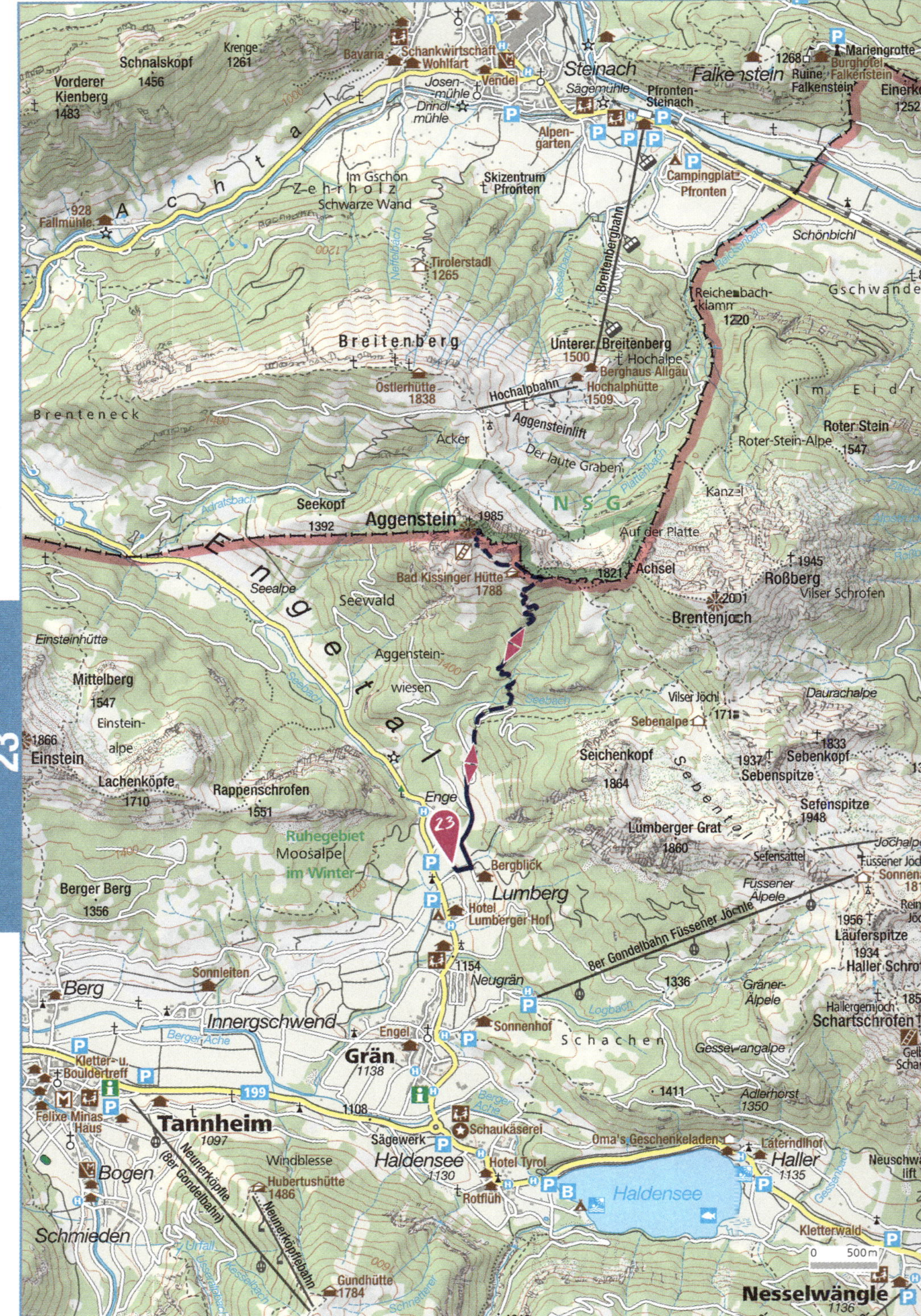

Vorderer Kienberg 1483
Schnalskopf 1456
Krenge 1261
Bavaria
Schankwirtschaft Wohlfart
Vendel
Josenmühle
Dirndlmühle
Steinach
Sägemühle
Pfronten-Steinach
Falkenstein
1268
Mariengrotte
Burghotel Falkenstein
Ruine Falkenstein
Einerkopf 1252
Alpengarten
Campingplatz Pfronten
Skizentrum Pfronten
Im Gschön
Zehrholz
Schwarze Wand
Achtal
928 Fallmühle
Tirolerstadl 1265
Neffelbach
Breitenbergbahn
Schönbichl
Reichenbachklamm 1220
Gschwande
Breitenberg
Unterer Breitenberg 1500
Hochalpe
Berghaus Allgäu
Hochalphütte 1509
Ostlerhütte 1838
Hochalpbahn
Agggensteinlift
Brenteneck
Acker
Der laute Graben
Im Eidr
Roter Stein
Roter-Stein-Alpe 1547
Plattenbach
Kanzel
NSG
Seekopf 1392
Adratsbach
Aggenstein 1985
Auf der Platte
Bad Kissinger Hütte 1788
1821
Achsel
Roßberg 1945
Vilser Schrofen
Brentenjoch 2001
Engetal
Seealpe
Seewald
Einsteinhütte
Aggensteinwiesen
Mittelberg 1547
Seebach
Vilser Jöchl 1715
Daurachalpe
Sebenalpe
Einsteinalpe
1866 Einstein
Seichenkopf 1864
Sebental
1833
1937 Sebenkopf
Sebenspitze
Lachenköpfe 1710
Rappenschrofen 1551
Enge
Sefenspitze 1948
Lumberger Grat 1860
Jochalpe
Sefensattel
Füssener Jöchle
Ruhegebiet
Moosalpe
im Winter
Bergblick
23
Berger Berg 1356
Lumberg
Füssener Älpele
Hotel Lumberger Hof
1956
Läuferspitze
1934
Haller Schrofen
Sonnleiten
1154
Neugrän
Grän Gondelbahn Füssener Jöchle
1336
Berg
Grüner Älpele
Innergschwend
Hallergemjoch
Schartschrofen
Berger Ache
Engel
Sonnenhof
Schachen
Gessenangalpe
Kletter- u. Bouldertreff
Grän 1138
199
1108
1411
Adlerhorst 1350
Felixe Minas Haus
Tannheim 1097
Schaukäserei
Oma's Geschenkeladen
Laterndlhof
Sägewerk
Berger Ache
Neunerköpfle (Gondelbahn)
Windblesse
Haldensee 1130
Hotel Tyrol
Haller 1135
Neuschwanstein-lift
Bogen
Hubertushütte 1486
Rotflüh
Haldensee
Neunerköpflebahn
Kletterwald
Schmieden
Urfall
Gundhütte 1784
Schnetterer
Nesselwängle 1136
0 500 m

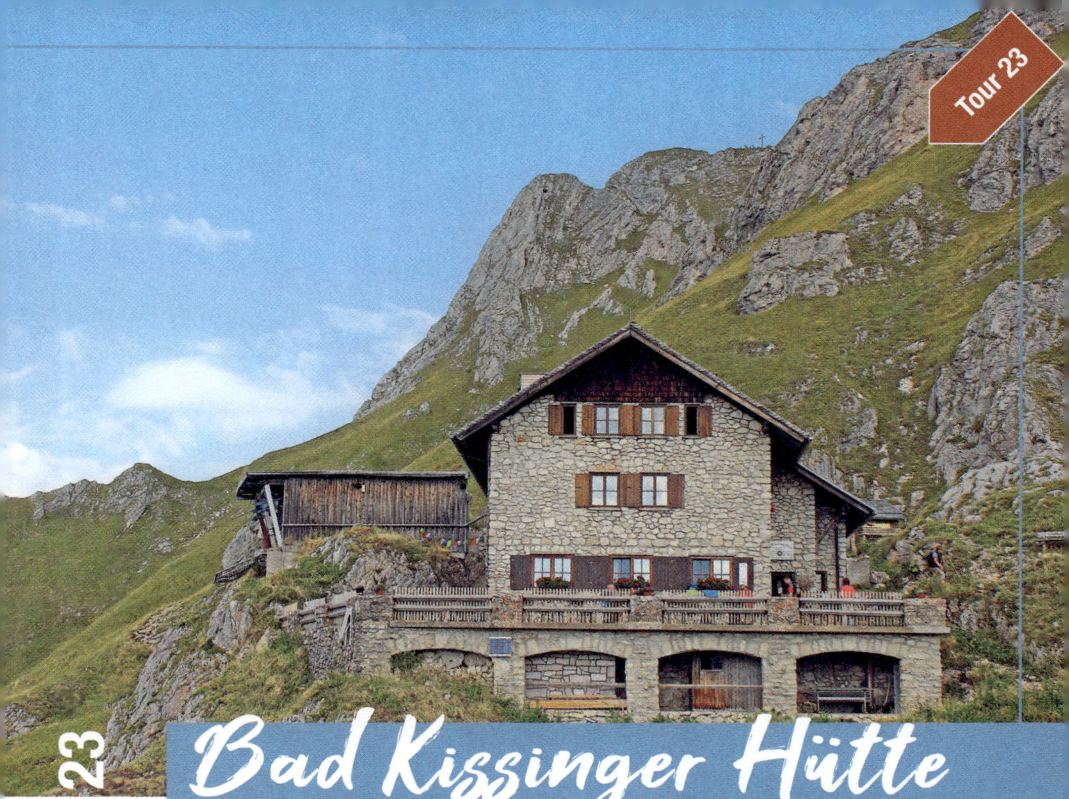

Tour 23

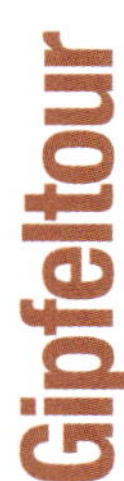

Bad Kissinger Hütte

Fantastische Bergtour, die keine Wünsche offen lässt

DAUER	4h 30min
LÄNGE	6,4 km
HÖHENMETER	850 hm
SCHWIERIGKEIT	MITTEL
MIT ÖPNV ERREICHBAR	ja

Das erwartet dich ...

Ein schöner Bergsteig bis zur Bad Kissinger Hütte, das letzte Stück wartet mit Drahtseilsicherung und ist auch sehr steil. Hier benötigen wir Trittsicherheit und auch ein wenig Schwindelfreiheit. Die Tour ist aber mit und ohne Gipfel ein absoluter Traum! Aus- und Weitblicke sind nicht erst am Gipfel garantiert.

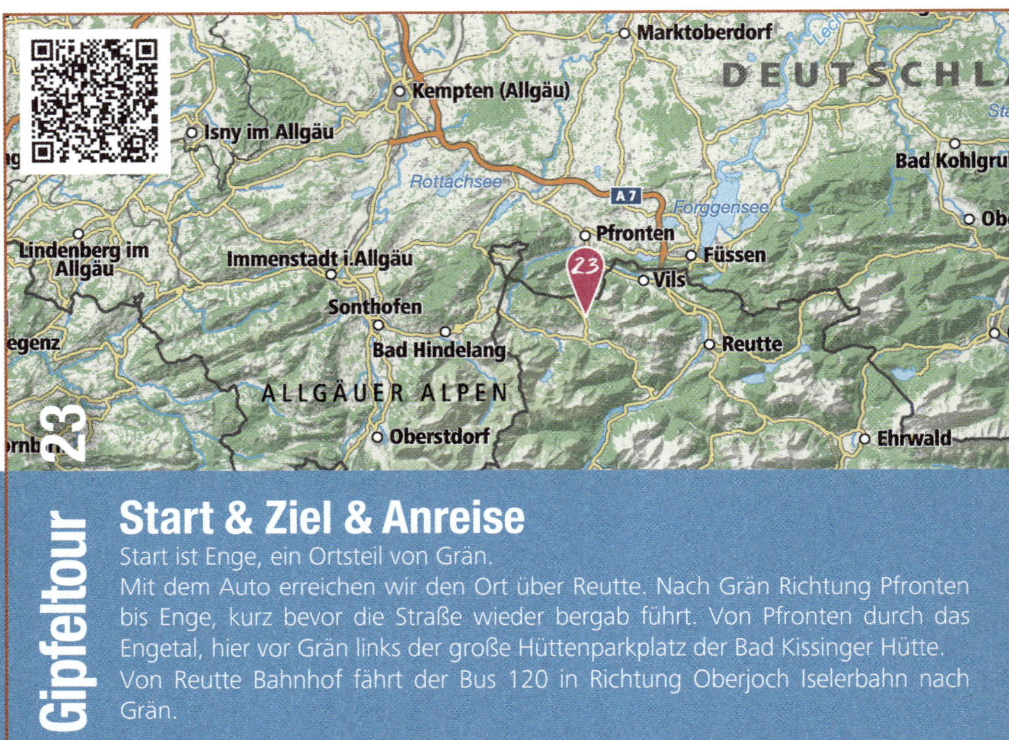

Gipfeltour 23

Start & Ziel & Anreise

Start ist Enge, ein Ortsteil von Grän.
Mit dem Auto erreichen wir den Ort über Reutte. Nach Grän Richtung Pfronten bis Enge, kurz bevor die Straße wieder bergab führt. Von Pfronten durch das Engetal, hier vor Grän links der große Hüttenparkplatz der Bad Kissinger Hütte.
Von Reutte Bahnhof fährt der Bus 120 in Richtung Oberjoch Iselerbahn nach Grän.

Tourenbeschreibung

Wir beginnen die schöne Runde im Ortsteil Enge am großen Hüttenparkplatz. Von dort laufen wir zunächst ein kurzes Stück bergan, dann halten wir uns 100 m nach links, um anschließend auf einen Güterweg rechts abzuzweigen. Wir folgen zuerst ein Stück dem Fahrweg, bis wir die Möglichkeit haben, auf den Hüttensteig zu wechseln. Er quert immer wieder den Güterweg. Weiter geht's, immer der Beschilderung hinterher, hinauf durch schattigen Wald, dann teilweise entlang des Seebachs und schließlich führt der Hüttenweg in zahlreichen Kehren durch immer lichter werdendes Almgebiet.

1¾ Stunden später gelangen wir an die Scharte, nicht weit von der Kissinger Hütte entfernt. Hier eröffnet sich uns zum ersten Mal die herrliche Aussicht auf den Forggensee und den Weißensee bei Füssen. Eine gute Gelegenheit für einen Fotostopp. Nochmals fünfzehn Minuten später schwenken wir links steil hinauf zur bezaubernden Kissinger Hütte. Die Aussicht von der Sonnenterrasse der Hütte ist spektakulär. Das Hüttenteam sorgt auf dem gut 125 Jahre alten Ausflugsziel für tolle Brotzeit und selbstgebackene Kuchen. Zum Übernachten stehen ausreichend Betten und Lager bereit. Der Tannheimer Höhenweg ist von hier aus gut erreichbar und ein Klettersteig befindet sich ebenfalls in direkter Hüttennähe.

Gleich hinter der Hütte beginnt der Anstieg zum Aggenstein. Er bringt uns zunächst über einige Serpentinen hinauf. Der Aufstiegsweg ist gut erkennbar und das Kreuz schon von weitem sichtbar. Der Weg ist nicht schwer, lediglich auf dem letzten Stück müssen wir ob der Steile ein wenig Hand an die gespannten Drahtseile legen. Dann stehen wir auf dem Gipfel des Aggenstein. Wem das zu luftig wird, der kann gleich den daneben liegenden Breitenberg in Angriff nehmen, denn seinen Gipfel erreicht man ohne Kraxelei. Der Blick ins Alpenvorland ist von beiden Gipfeln atemberaubend.

Wir steigen auf dem Anstiegsweg zur großen Terrasse der Bad Kissinger Hütte hinunter und legen nochmal eine kleine Pause ein. Dann erfolgt der Abstieg wie auf dem Aufstiegsweg. Dabei genießen wir noch einmal die herrliche Natur mit ihren Bergwiesen und die Ausblicke ins Tannheimer Tal. Schließlich stehen wir wieder am Parkplatz in der Enge.

Hinter der Hütte führt uns der Weg direkt zum Aggenstein

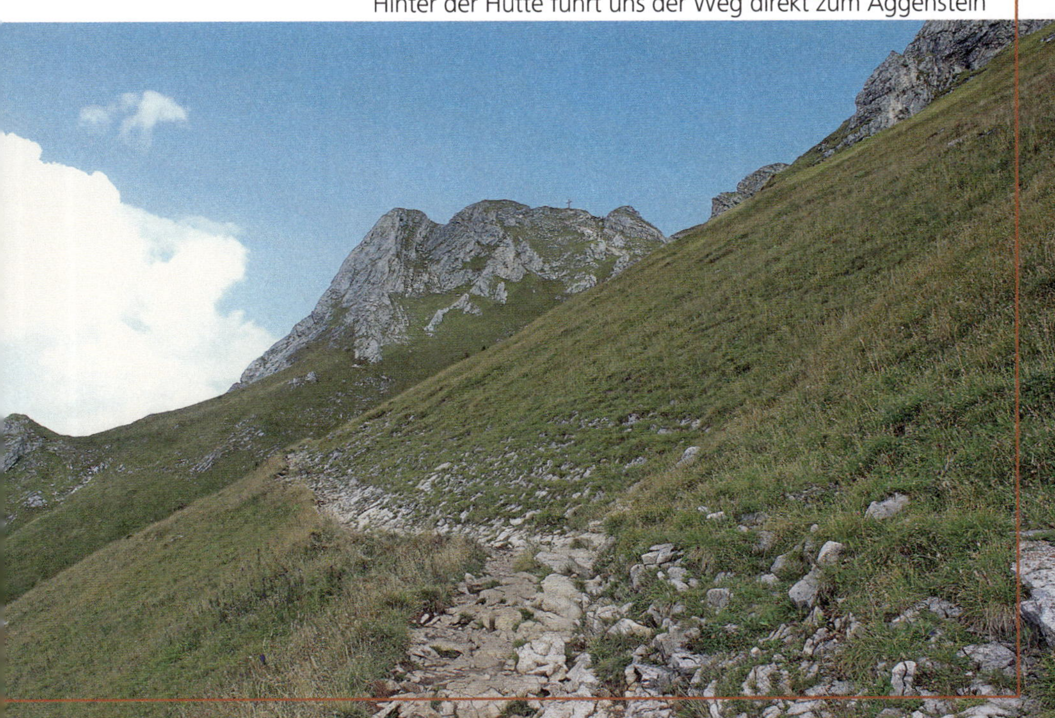

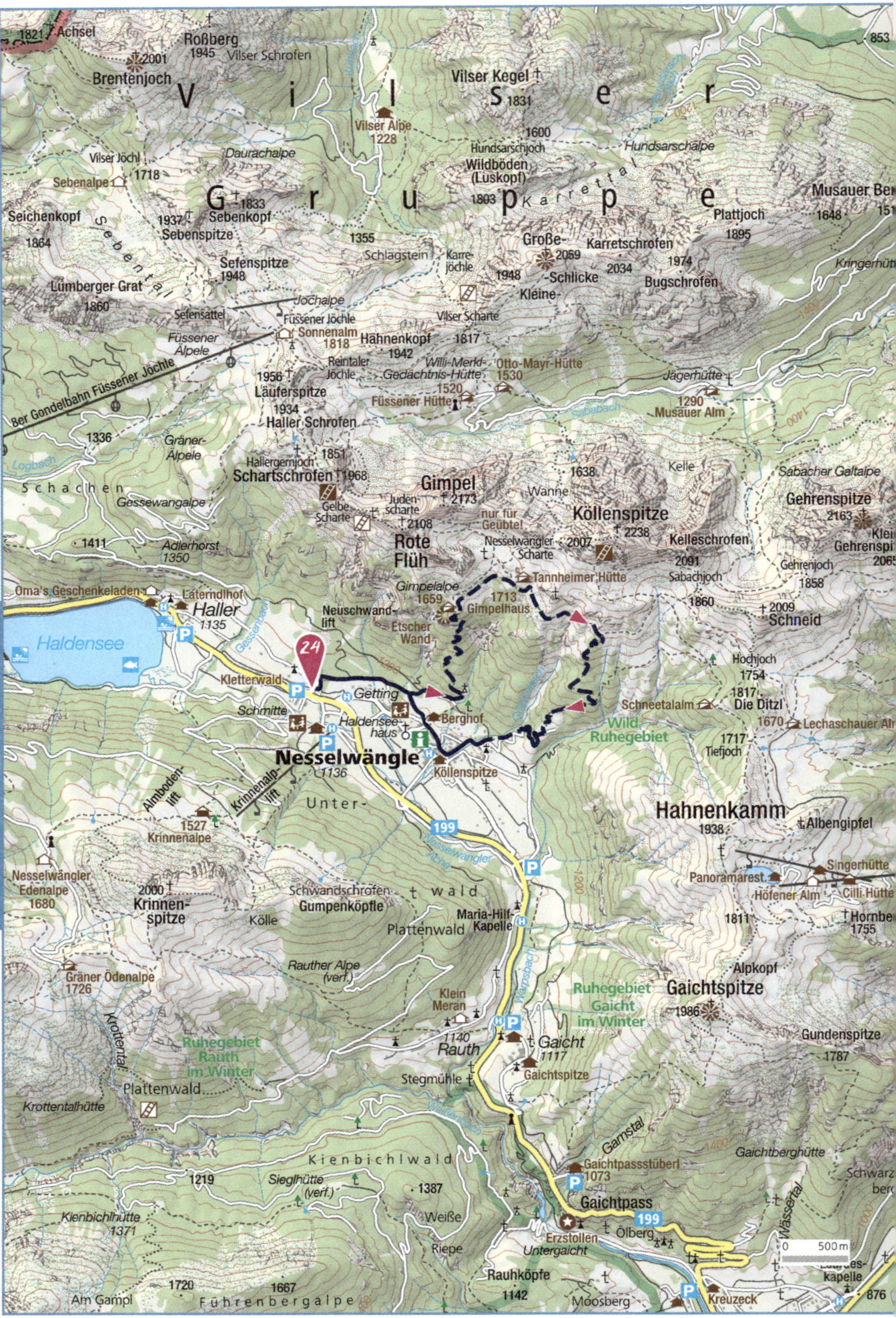

24

1821 Achsel
Roßberg 1945
Vilser Schrofen
2001 Brentenjoch
Vilser Kegel 1831
Vilser Alpe 1228
Vilser Gruppe
1600
Hundsarschjoch
Hundsarschalpe
Wildböden (Luskopf) 1803
Karrettal
Daurachalpe
Vilser Jöchl 1718
Sebenalpe
1833 Sebenkopf
1937 Sebenspitze
Seichenkopf 1864
Sebental
Musauer Berg 1648
Plattjoch 1895
1355
Schlagstein
Karrejöchle
Große- 2059
Karretschrofen
1974
2034
Bugschrofen
1948
Schlicke
Kleine-
Kringerhütte
Sefenspitze 1948
Lumberger Grat 1860
Jochalpe
Sefensattel
Füssener Jöchle
Sonnenalm 1818
Hahnenkopf 1942
Vilser Scharte 1817
Füssener Älpele
Reintaler Jöchle
Willi-Merkl-Gedächtnis-Hütte 1520
Otto-Mayr-Hütte 1530
Jägerhütte
1290 Musauer Alm
1956 Läuferspitze 1934
Haller Schrofen
Füssener Hütte
Sababach
8er Gondelbahn Füssener Jöchle
1336
Gräner-Älpele
Logbach
Hallergernjoch
1851
Schartschrofen 1968
1638
Kelle
Sabacher Galtalpe
Gimpel 2173
Wanne
Köllenspitze 2238
Gehrenspitze 2163
Kleine Gehrenspitze 2065
Schachen
Gessewangalpe
Gelbe Scharte
Judenscharte 2108
nur für Geübte!
Nesselwängler Scharte
2007
Kelleschrofen 2091
Sabachjoch
Gehrenjoch 1858
1411
Adlerhorst 1350
Rote Flüh
Tannheimer Hütte
Oma's Geschenkeladen
Laterndlhof
Haller 1135
Gimpelalpe 1659
1713 Gimpelhaus
1860
2009 Schneid
Neuschwandlift
Etscher Wand
Haldensee
Gessenbach
Hochjoch 1754
Kletterwald
Getting
1817 Die Ditzl
Schmitte
Haldenseehaus
Berghof
Schneetalalm
1670 Lechaschauer Alm
Wild Ruhegebiet
1717 Tiefjoch
Nesselwängle 1136
Köllenspitze
Almbodenlift
Krinnenalplift
Unter-
1527 Krinnenalpe
Hahnenkamm 1938
Albengipfel
199
Nesselwängler Ache
Singerhütte
Panoramarest.
Höfener Alm
Cilli Hütte
Nesselwängler Edenalpe 1680
2000 Krinnenspitze
Schwandschrofen
Gumpenköpfle
wald
Kölle
Plattenwald
Maria-Hilf-Kapelle
1811
Hornberg 1755
Gräner Ödenalpe 1726
Rauther Alpe (verf.)
Alpkopf
Gaichtspitze 1986
Krottental
Klein Meran
Ruhegebiet Gaicht im Winter
Ruhegebiet Rauth im Winter
1140 Rauth
Gaicht 1117
Gundenspitze 1787
Plattenwald
Stegmühle
Gaichtspitze
Krottentalhütte
Weißenbach
Gamstal
Kienbichlwald
Gaichtberghütte
Gaichtpassstüberl 1073
1219
Sieglhütte (verf.)
1387
Gaichtpass
Schwarzenberg
Wassertal
Kienbichlhütte 1371
Weiße
Erzstollen
Ölberg
Untergaicht
Riepe
Lourdeskapelle
1720
1667
Rauhköpfe 1142
Am Gampl
Führenbergalpe
Moosberg
Kreuzeck
876
853
0 500 m

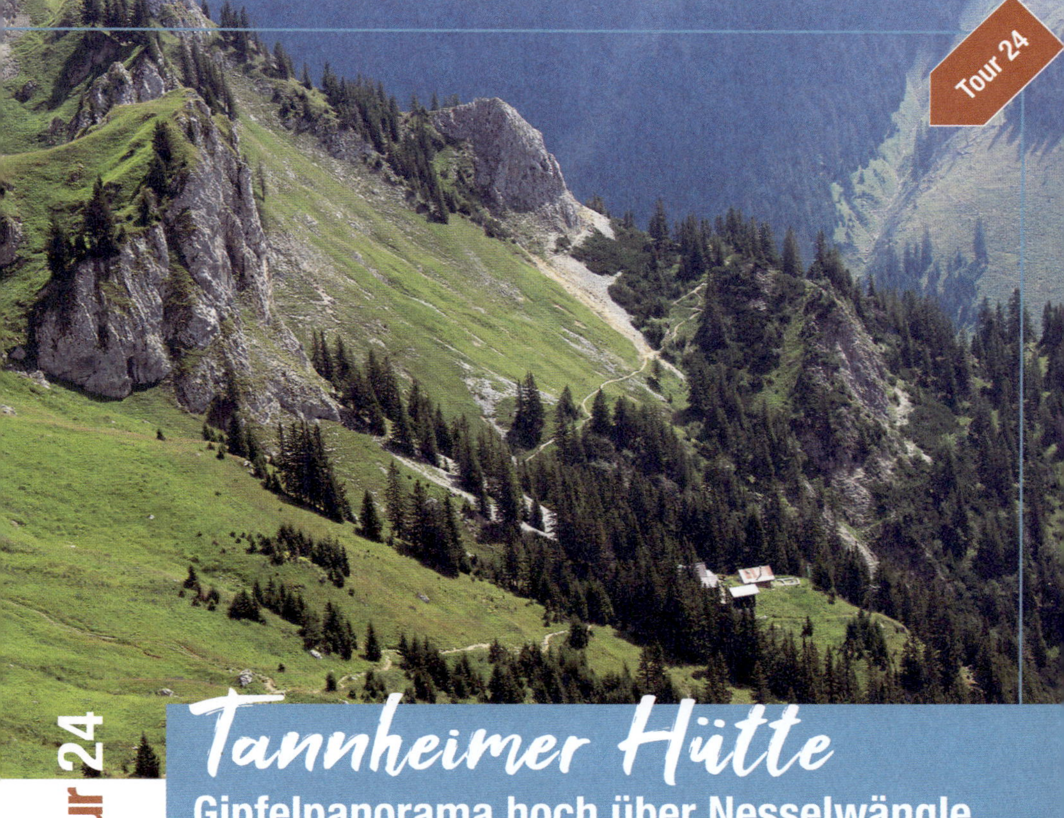

Tour 24

Aussichtstour 24

Tannheimer Hütte

Gipfelpanorama hoch über Nesselwängle

DAUER	3h 15min
LÄNGE	5,6 km
HÖHENMETER	640 hm
SCHWIERIGKEIT	MITTEL
MIT ÖPNV ERREICHBAR	nein

Das erwartet dich ...

Die Tour hat vieles zu bieten: Einen kühlen Waldanstieg, ein herrliches Hochkar und die Gipfelansicht auf die berühmten Tannheimer Kletterberge. Dabei wandern wir vornehmlich über einfache Bergwege.

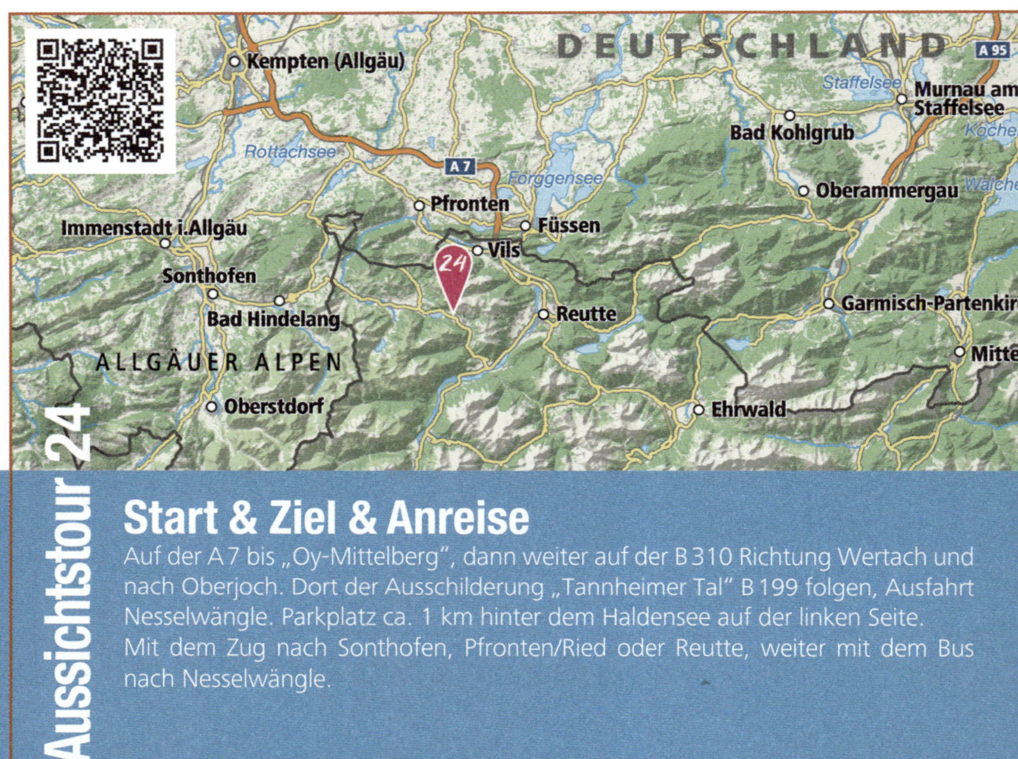

Aussichtstour 24

Start & Ziel & Anreise

Auf der A7 bis „Oy-Mittelberg", dann weiter auf der B310 Richtung Wertach und nach Oberjoch. Dort der Ausschilderung „Tannheimer Tal" B199 folgen, Ausfahrt Nesselwängle. Parkplatz ca. 1 km hinter dem Haldensee auf der linken Seite.
Mit dem Zug nach Sonthofen, Pfronten/Ried oder Reutte, weiter mit dem Bus nach Nesselwängle.

Tourenbeschreibung

Wir laufen direkt am Parkplatz des Gimpelhauses los und halten uns links kurz bergauf. Oberhalb der Besiedelung wandern wir gemütlich Richtung Nesselwängle. Auf dem hervorragend beschilderten Weg richten wir uns ein kurzes Stück nach dem Fahrweg, erreichen aber schon bald den schön gestuften Hüttenzustieg. Wir steigen zu Beginn relativ steil durch den Wald bergan. Dann folgen Serpentinen, mit denen wir uns im lichter werdenden Wald hinaufschrauben. Dabei begleiten uns wunderschöne Ausblicke ins Tal und hinüber zur Krinnenspitze.

Vom Tal aus scheint es, als würde das Gimpelhaus an den steilen Felswänden kleben. Die Hütte ist ein beliebtes Ausflugsziel und immer gut besucht. Sie gilt als Stützpunkt für Kletterer und Gipfelaspiranten, deren Ziel die nahen Kletterberge wie Köllenspitze oder Gimpel sind. Seit dem Umbau des Gimpelahus gibt es ab einem Aufenthalt von 3 Nächten die Möglichkeit, in einem der 4 neuen 2er Zimmer mit Dusche und WC zu nächtigen. Highlights der Hütte sind der hauseigene Boulder-Raum und das jährlich Ende Juli stattfindende Almfest.

Direkt hinter dem Gimpelhaus setzen wir unsere Wanderung fort. Dafür zweigen wir nach rechts in den Almenkesse zwischen Tannheimer Hütte und Gimpelhaus ab. Wir wandern durch herrliches Almgelände, steigen über Wurzeln, zwängen uns zwischen den Latschen hindurch und schlendern auf fast ebenem Steig über die Almwiesen zur Tannheimer Hütte. Lediglich die letzten Meter steigen wir noch einmal ein wenig bergan. An der Tannheimer Hütte nutzten wir die Gelegenheit für eine zweite, gemütliche Rast. Der Rückweg führt uns nicht über den gleichen Weg, sondern die Route schickt uns weiterhin nach Osten. An der ersten sich bietenden Gelegenheit wechseln wir auf einen Weg talwärts. Er leitet uns über viele Kehren zurück ins Tal. Von Nesselwängle wandern wir wieder etwas oberhalb oder durch den Ort zurück Richtung Westen zum Gimpelhaus-Parkplatz.

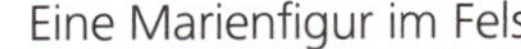

Eine Marienfigur im Fels

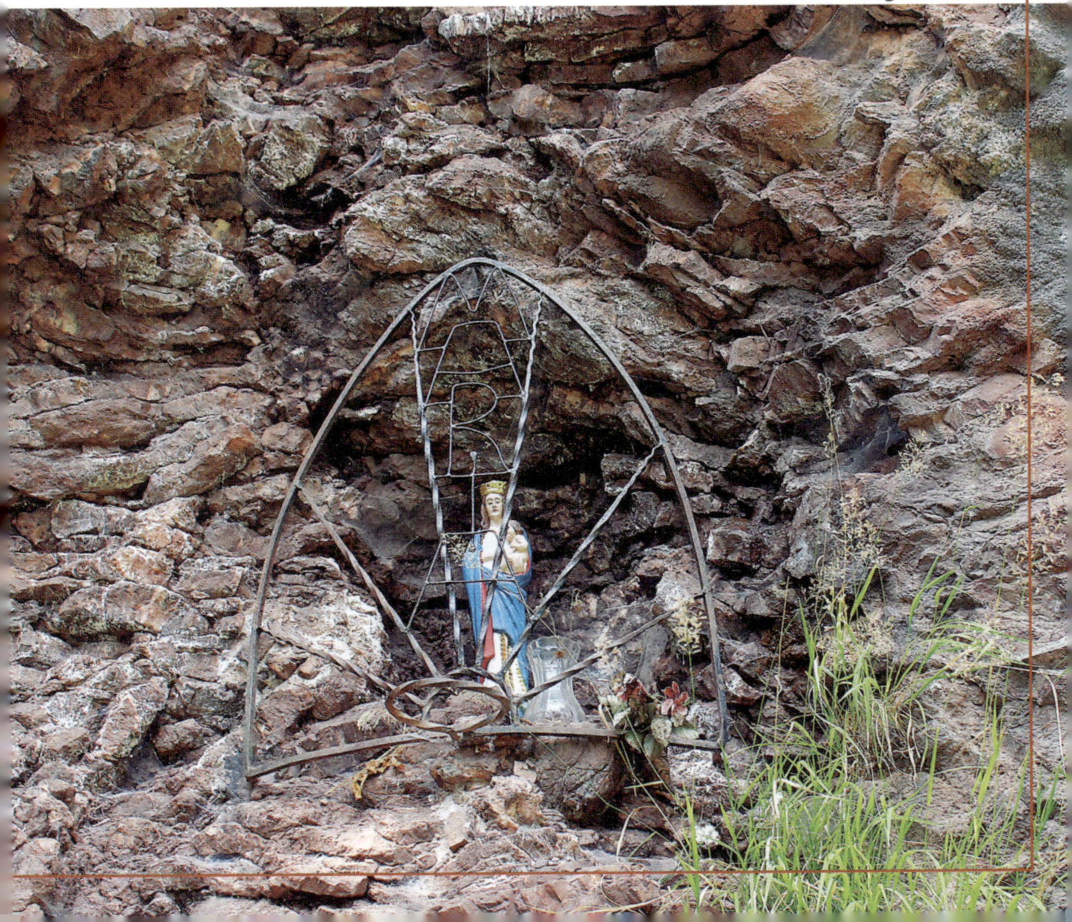

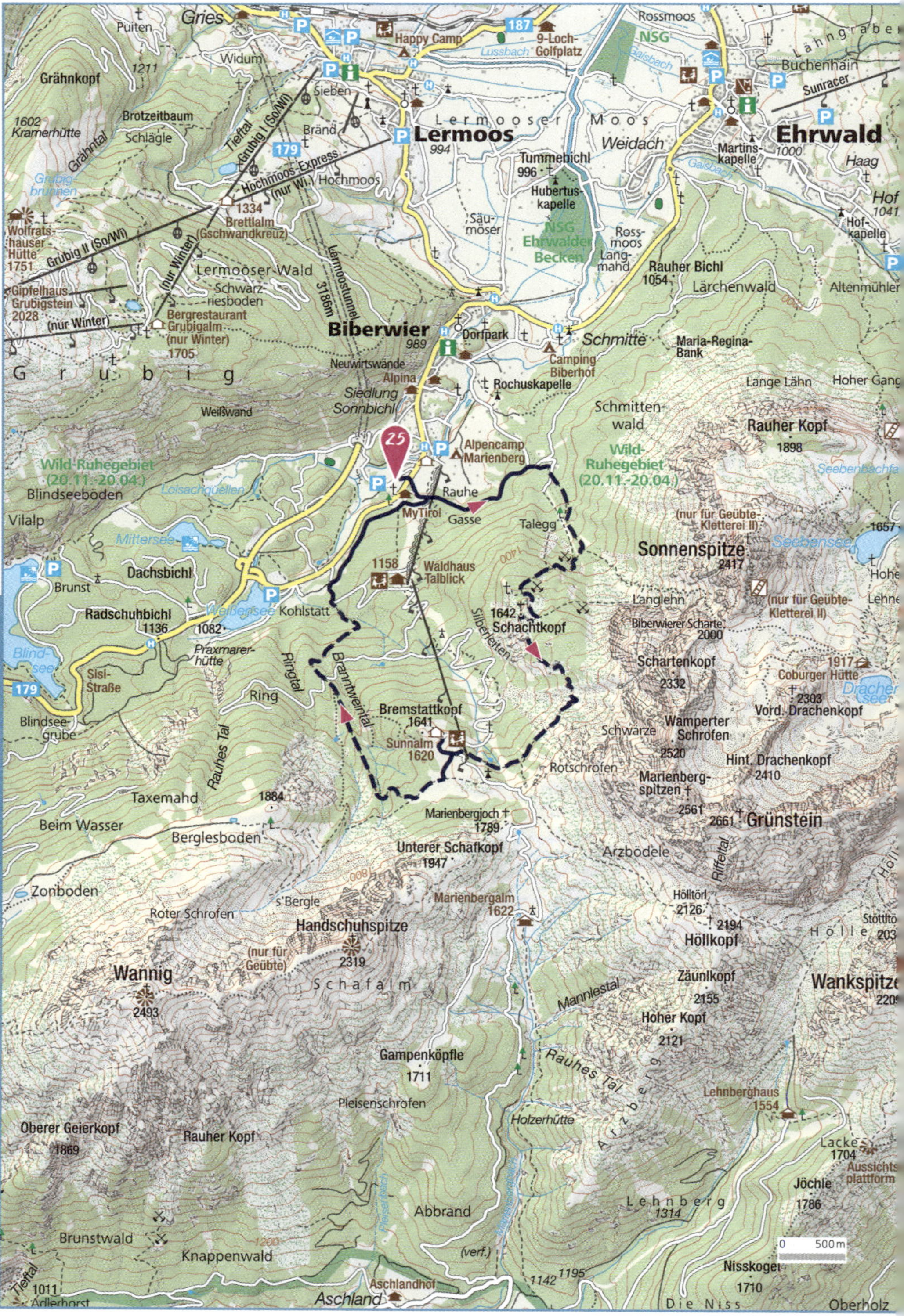

Gries
Puiten
Happy Camp
187
9-Loch-Golfplatz
Rossmoos
NSG
Lähngraben
Buchenhain
Sunracer
Grähnkopf
1211
Widum
Sieben
Lussbach
Gaisbach
1602 Kramerhütte
Brotzeitbaum
Schlägle
Gröhntal
Tieftal
Grubig I (So/Wi)
Bränd
Lermooser Moos
Lermoos
994
Weidach
Ehrwald
1000
Martinskapelle
Haag
Hof
1041
Grubigbrunnen
179
Hochmoos-Express (nur Wi.)
Hochmoos
Tummebichl
996
Hubertuskapelle
1334
Brettlalm (Gschwandkreuz)
Wolfratshauser Hütte 1751
Grubig II (So/Wi)
(nur Winter)
Lermooser Wald
Lermoostunnel
3186m
Säumöser
NSG Ehrwalder Becken
Rossmoos
Langmahd
Rauher Bichl
1054
Lärchenwald
Hofkapelle
Altenmühler
Gipfelhaus Grubigstein 2028
(nur Winter)
Schwarzriesboden
Bergrestaurant Grubigalm (nur Winter) 1705
Biberwier
989
Dorfpark
Schmitte
Maria-Regina-Bank
Camping Biberhof
Grubig
Neuwirtswände
Alpina
Rochuskapelle
Siedlung Sonnbichl
Weißwand
Lange Lähn
Hoher Gang
Schmittenwald
Rauher Kopf
1898
Alpencamp Marienberg
Wild-Ruhegebiet (20.11.-20.04.)
Seebenbachfall
Blindseeböden
Loisachquellen
Rauhe
MyTirol
Gasse
Talegg
(nur für Geübte-Kletterei II)
1657
Vilalp
Mittersee
Sonnenspitze
2417
Seebensee
Dachsbichl
1158
Waldhaus Talblick
1400
Brunst
Weißensee
Kohlstatt
Langlehn
Radschuhbichl
1136
1082
1642
Schachtkopf
Silberleiten
(nur für Geübte-Kletterei II)
Lehne
Biberwierer Scharte 2000
Blindsee
Praxmarerhütte
Ringtal
Branntweintal
Schartenkopf
2332
1917 Coburger Hütte
Drachensee
Sisi-Straße
Ring
2303
Vord. Drachenkopf
Blindseegrube
Rauhes Tal
Bremstattkopf
1641
Sunnalm
1620
Schwarze
Wamperter Schrofen
2520
Hint. Drachenkopf
2410
Rotschrofen
Marienbergspitzen
2561
Taxemahd
1884
Marienbergjoch
1789
2661
Grünstein
Beim Wasser
Berglesboden
Unterer Schafkopf
1947
Arzbödele
Riffeltal
Zonboden
s'Bergle
Marienbergalm
1622
Hölltörl
2126
2194
Roter Schrofen
Handschuhspitze
Höllkopf
Hölle
Stöttltor
(nur für Geübte)
2319
Wannig
Schafalm
Zäunlkopf
2155
Wankspitze
2493
Mannlestal
Hoher Kopf
2121
Gampenköpfle
1711
Rauhes Tal
Lehnberghaus
1554
Pleisenschrofen
Oberer Geierkopf
1869
Rauher Kopf
Holzerhütte
Arzberg
Lacke
1704
Aussichtsplattform
Jöchle
1786
Lehnberg
1314
Abbrand
Brunstwald
Knappenwald
1200
(verf.)
0 500m
Nissköpfe
1710
Tieftal
1011
Adlerhorst
Aschlandhof
1142
1195
Aschland
Die Niss
Oberholz

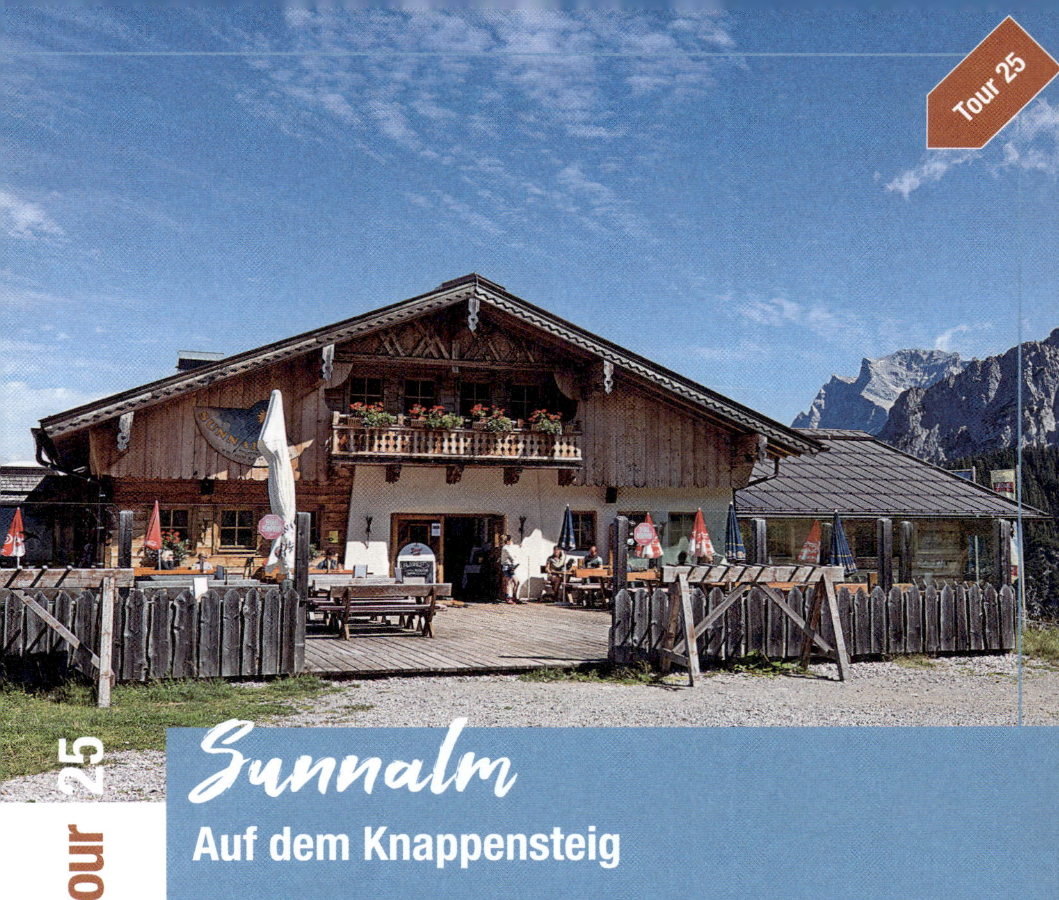

Tour 25

Genusstour 25

Sunnalm

Auf dem Knappensteig

DAUER	4h 30min
LÄNGE	11 km
HÖHENMETER	770 hm
SCHWIERIGKEIT	LEICHT
MIT ÖPNV ERREICHBAR	ja

Das erwartet dich ...

Der Knappensteig führt über den Westrand des Wamperten Schrofen. Der Pfad wird nur an wenigen Stellen ein wenig unangenehm. Ansonsten ist er unschwierig. Mit der Sunnalm erwartet uns eine tolle Einkehr mit gemütlicher Stube und vielseitiger und traditioneller Küche.

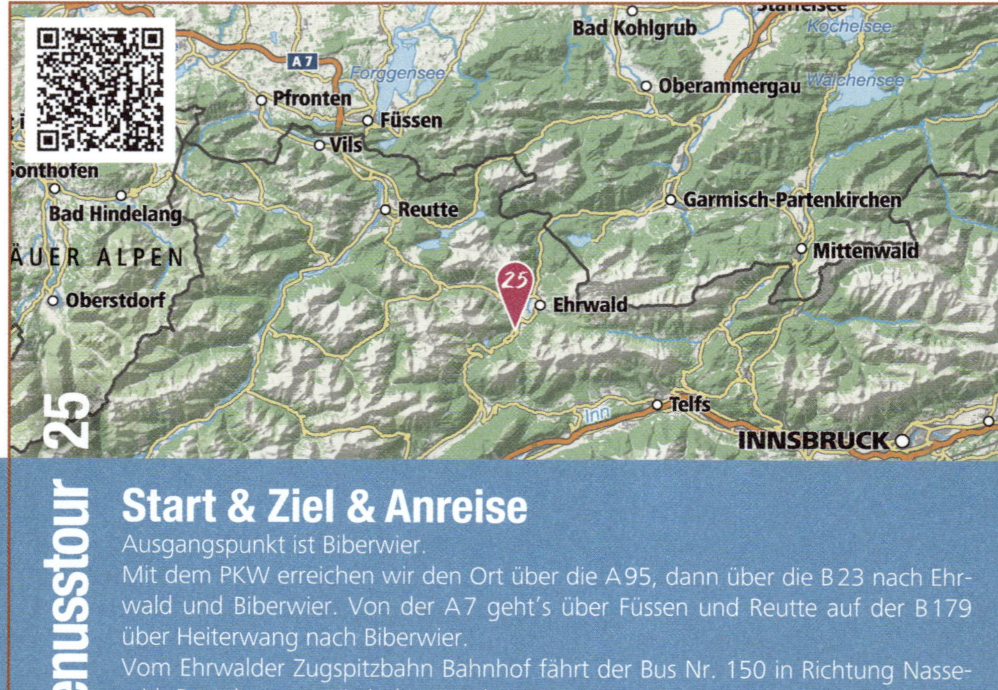

Genusstour 25

Start & Ziel & Anreise

Ausgangspunkt ist Biberwier.
Mit dem PKW erreichen wir den Ort über die A95, dann über die B23 nach Ehrwald und Biberwier. Von der A7 geht's über Füssen und Reutte auf der B179 über Heiterwang nach Biberwier.
Vom Ehrwalder Zugspitzbahn Bahnhof fährt der Bus Nr. 150 in Richtung Nassereith Postplatz zum Kirchplatz in Biberwier.

Tourenbeschreibung

Unter dem Wamperten Schrofen gibt es einen interessanten Pfad, der an seinem Westrand entlangläuft. Auf dem alten Knappensteig wurde der Montanweg ausgewiesen. Er ist mit zahlreichen Informationstafeln ausgestattet, die das Geschehen und die Geschichte um den einstmaligen Bleierz-, Zink- und Silberbergbau an der Silberleithen erzählen. Noch immer sind etliche Zeugen des Bergbaus vorhanden, so ist dieser Weg auch für Laien extrem interessant.

Wir beginnen die Wanderung am Parkplatz und der Bushaltestelle beim Hotel MyTirol. Wir richten uns nach der Beschilderung zum Schachtkopf, die zunächst über einen Fahrweg leitet. An der Abzweigung bleiben wir geradeaus und wandern unter den Seilbahnkabeln hindurch, bis uns der Wald in Empfang nimmt. Neben der Infotafel am Pulverkeller verzweigt sich die Straße. Hier gehen wir geradeaus weiter. 100 m später erreichen wir eine weitere beschilderte Stelle, an der der Montanwanderweg nach rechts abzweigt. Ein wurzeliger Weg leitet uns durch den Wald hinauf. Wir queren in der Nähe der Wildfütterung nochmals eine Fahrspur und gelangen zum Bremsberg. Auf dieser schiefen Ebene wurden einst Erz und Arbeitsmaterial transportiert. Auch hier finden wir eine Infotafel, an der wir links abzweigen und zu einer weiteren Verzweigung auf gut 1300 m Höhe gelangen, an der wir rechts abbiegen.

Einige Meter vor dem alten Eingang zum Creszenziastollen zweigt linker Hand ein Weg ab. Er führt zu Beginn relativ steil Richtung Süden hinauf. Dann dreht er rechts ab und führt uns im Wesentlichen südwärts weiter über ein paar alte Abraumhalden. Wir kommen an den gemütlichen Aussichtsplatz beim Ulrichstollen. Von dort gelangen wir zu einer ausgedehnten Abraumhalde, an deren Rand wir zur Informationstafel beim Wasserpriel emporsteigen. Direkt dahinter zweigt der Anstiegsweg rechts ab und begleitet uns stramm bis zum Gipfelkreuz auf dem Schachtkopf.

Vom Gipfel wandern wir bis an einen Querweg entlang der Aufstiegsroute hinunter. In langem Auf und Ab geht's dann am Westhang weiter. Dabei durchqueren wir ein breites Schotterkar und im Anschluß eine wilde Hangreiße, wo wir den Barbarastollen passieren. Im weiteren Wegverlauf kommen wir sogar in den Genuss eines Drahtseiles an einem stark abfallenden Waldhang. Gerade bei Schneelage tut es gut, sich hier festhalten zu können. Hinter einem Brunnen, der Skipiste, der Hochspannungsleitung und dem Sessellift erreichen wir die freien Wiesenhänge in der Nähe der Sunnalm. Auf der Sunnalm erwartet uns eine vielseitige und traditionelle Küche. Entspannen können wir uns auf der großen Sonnenterrasse oder im urigen Stüberl am Kamin. Für die Kinder gibt es einen großen und gut gepflegten Outdoor-Spielplatz.

Von der Wirtschaft gibt ein Wegweiser die Richtung vor: Wir richten uns nach dem Jägersteig und laufen auf einem Kiessträßchen kurz bergauf; dann biegen wir rechts auf eine Fahrspur ein und folgen ihr zur Talstation des Jochlifts. Hier endet auch der Fahrweg. Wir passieren das Lifthäuschen und folgen dem deutlich markierten Alpsteig weiter. Er fällt im weiteren Verlauf über den steilen Alpgrat ab, bis er etwa auf der Hälfte des Grats flacher wird. Im Anschluss queren wir mit ihm einen Fahrweg. Wir wandern weiter Richtung Norden hinab und schwenken schließlich mit dem Weg nach rechts, um später auf einen Fahrweg zu stoßen. Zwei Mal queren wir schmale Bächlein, dann erreichen wir eine Traktorspur. Wir folgen ihr nach links und kreuzen im Anschluss eine Geröllbahn. Dann folgen wir der Fahrspur und gelangen an eine Forststraße 19. Hier geht es weiter geradeaus, über eine Rechtskurve und an eine Gabelung. Nach rechts leitet der Lärchenweg zurück zum Ausgangspunkt.

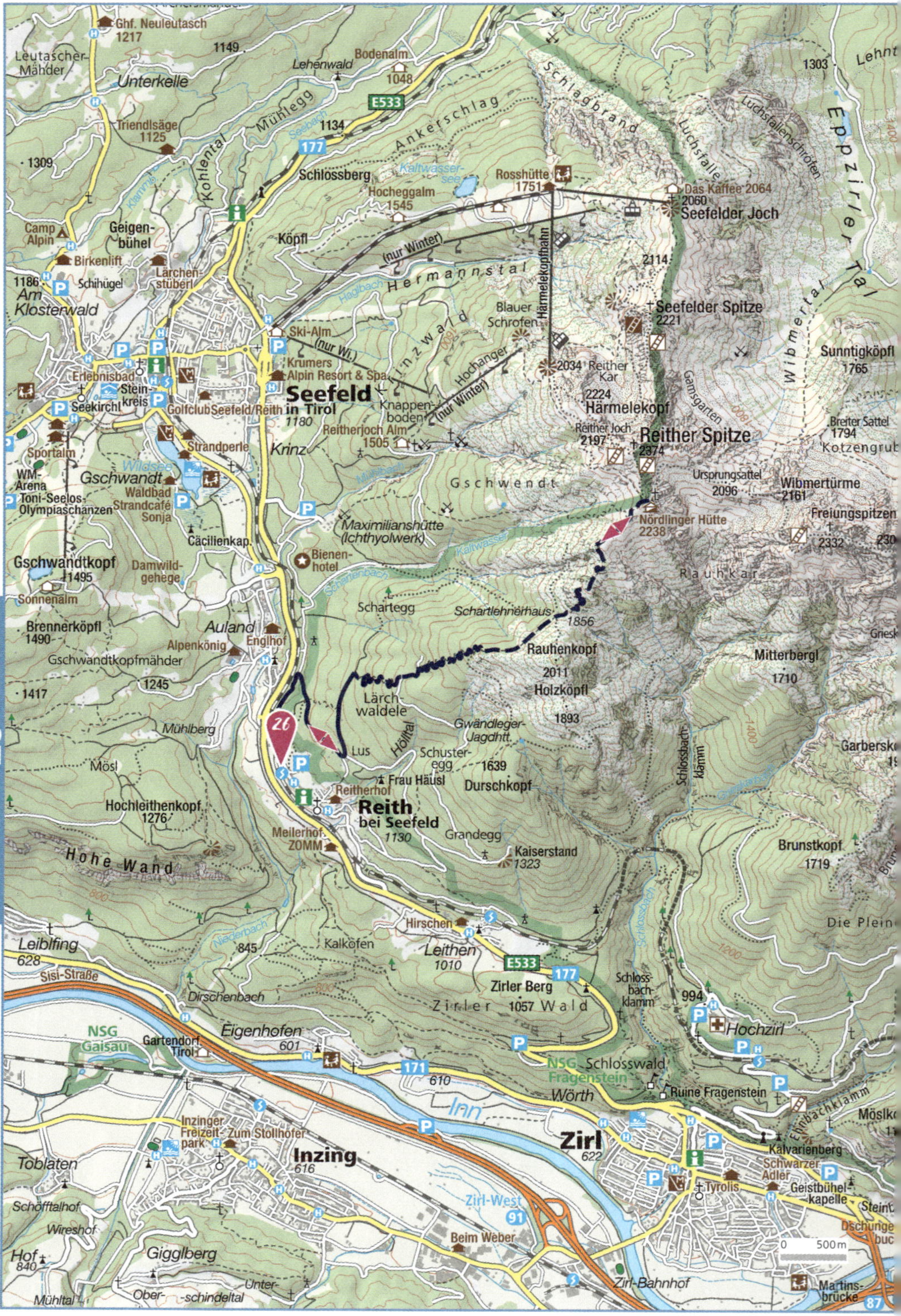

26

Ghf. Neuleutasch 1217
Leutascher Mähder
1149
Lehenwald
Bodenalm 1048
Lehnt
Unterkelle
E533
Mühlegg
1303
Triendlsäge 1125
1134
Ankerschlag
Schlagbrand
Luchsfalle
Luchstallenschrofen
Eppzirler Tal
1309
Kohlental
177
Schlossberg
Kaltwassersee
Rosshütte 1751
Das Kaffee 2064
2060
Hocheggalm 1545
Seefelder Joch
Camp Alpin
Geigenbühel
Köpfl
(nur Winter)
Härmelekopfbahn
2114
Birkenlift
Lärchenstüberl
Hermannstal
Wibmertal
1186
Schihügel
Am Klosterwald
Blauer Schrofen
Seefelder Spitze 2221
Sunntigköpfl 1765
Ski-Alm
(nur Wi.)
Krumers Alpin Resort & Spa
Inzwald
Erlebnisbad
Steinkreis
Hochanger (nur Winter)
2034 Reither Kar
Seekirchl
Seefeld in Tirol 1180
2224 Härmelekopf
Gamsgarten
Breiter Sattel 1794
Kotzengrub
GolfclubSeefeld/Reith
Knappenboden
Reitherjoch Alm 1505
Reither Joch 2197
Reither Spitze 2374
Sportalm
Strandperle
Krinz
WM-Arena Toni-Seelos-Olympiaschanzen
Wildsee
Gschwandt
Waldbad Strandcafe Sonja
Gschwendt
Ursprungsattel 2096
Wibmertürme 2161
Freiungspitzen 2332
Cäcilienkap.
Maximilianshütte (Ichthyolwerk)
Nördlinger Hütte 2238
Gschwandtkopf 1495
Damwildgehege
Bienenhotel
Kaltwasser
Rauhkar
Sonnenalm
Schartenbach
Schartegg
Schartlehnerhaus
1856
Brennerköpfl 1490
Auland
Englhof
Alpenkönig
Rauhenkopf 2011
Mitterbergl 1710
Gschwandtkopfmähder
1245
Lärchwaldele
Holzköpfl 1893
· 1417
Mühlberg
Gwändleger-Jagdhtt.
Höltal
Lus
Schusteregg 1639
Schlossbachklamm
Garberskopf
Mösl
Frau Häusl
Durschkopf
Reitherhof
Hochleithenkopf 1276
Reith bei Seefeld 1130
Meilerhof ZOMM
Grandegg
Kaiserstand 1323
Brunstkopf 1719
Hohe Wand
Hirschen
Die Plein
Leiblfing 628
845
Kalköfen
Leithen 1010
E533
177
Sisi-Straße
Zirler Berg 1057
Zirler Wald
Schlossbachklamm
994
Dirschenbach
Hochzirl
NSG Gaisau
Gartendorf Tirol
Eigenhofen 601
171
NSG Fragenstein
Schlosswald
610
Ruine Fragenstein
Inn
Wörth
Ehnbachklamm
Möslk
Inzinger Freizeitpark
Zum Stollhofer
Zirl 622
Kalvarienberg
Toblaten
Inzing 616
Schwarzer Adler
Tyrolis
Geistbühelkapelle
Schöfftalhof
Zirl-West 91
Wireshof
Beim Weber
Hof 840
Giggl berg
Unterschindeltal
Ober-
Zirl-Bahnhof
Mühltal
Martinsbrücke
87
0 500 m

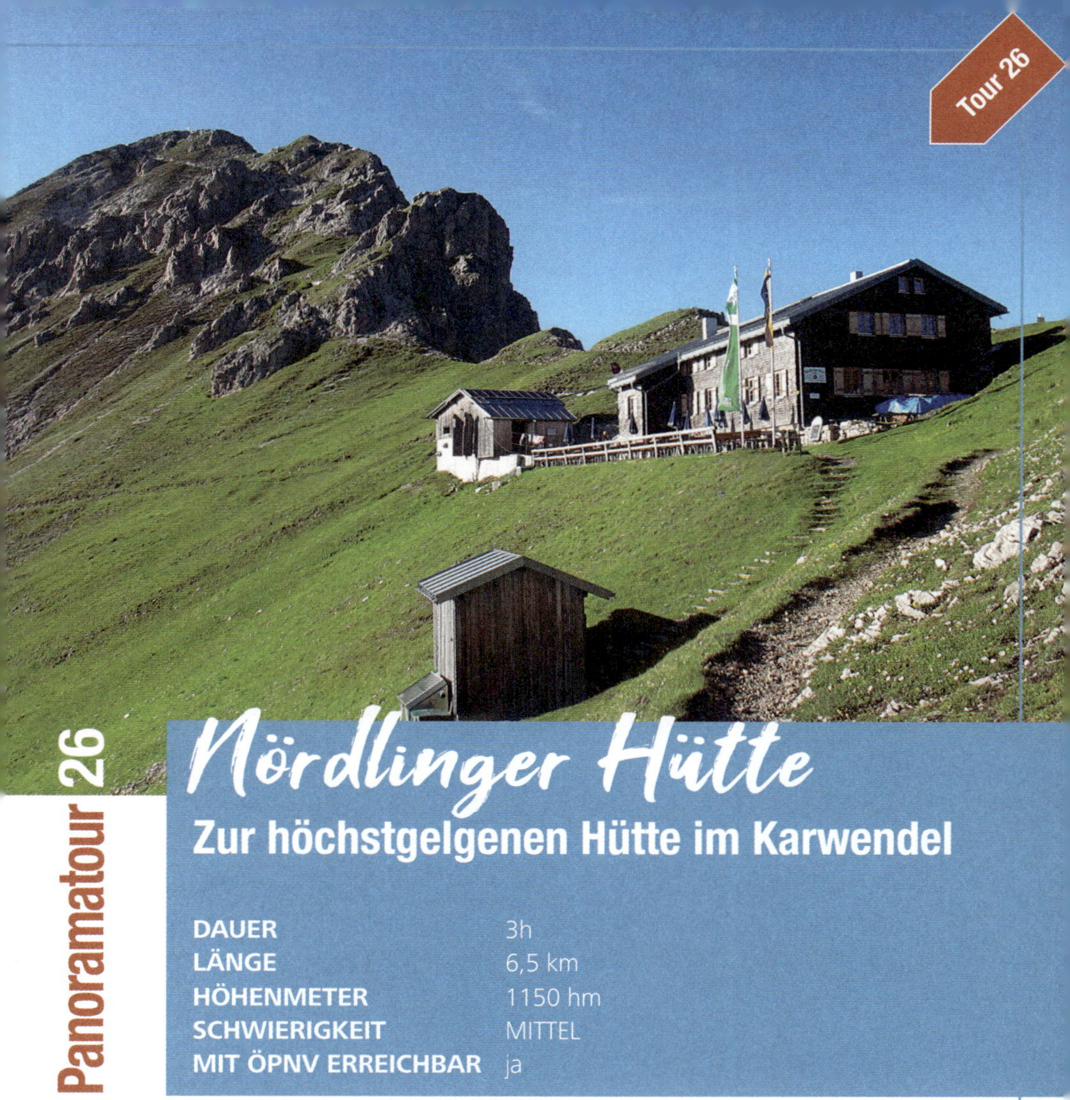

Tour 26

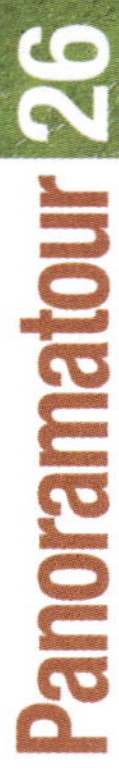

Nördlinger Hütte

Zur höchstgelgenen Hütte im Karwendel

DAUER	3h
LÄNGE	6,5 km
HÖHENMETER	1150 hm
SCHWIERIGKEIT	MITTEL
MIT ÖPNV ERREICHBAR	ja

Das erwartet dich ...

Mittelschwierige, etwas längere Tour mit abwechslungsreichen Landschaftsabschnitten. Unterwegs streifen wir Abschnitte mit interessantem Pflanzenbewuchs wie dem selten gewordenen Fettkraut. Am Ende belohnt ein fantastisches Panorama für die Mühen. Diese Tour eignet sich ideal für eine entspannte Anreise mit der Bahn.

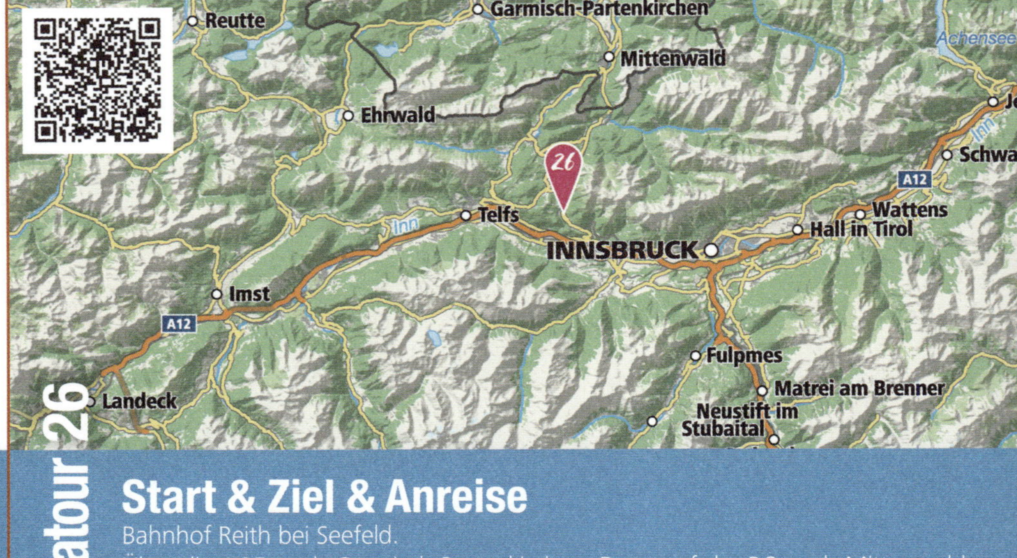

Panoramatour 26

Start & Ziel & Anreise

Bahnhof Reith bei Seefeld.
Über die A95 nach Garmisch-Partenkirchen. Dann auf der B2 nach Mittenwald, über deutsch-österreichische Grenze nach Scharnitz und von dort auf der B177, der Seefelder Straße, nach Seefeld oder Reith.
Regionalzüge verkehren zwischen Innsbruck und München über Garmisch-Partenkirchen und Mittenwald nach Seefeld oder Reith bei Seefeld.

Tourenbeschreibung

Wir starten am Bahnhof in Reith bei Seefeld. Zunächst richten wir uns nach der Bahnlinie gen Norden. Dabei begleitet uns schon jetzt eine außergewöhnliche Vegetation: Das Gemeine Fettkraut – eine einheimische fleischfressende Pflanzenart – schmiegt sich an den Wegrand. Wenig später steigt der breite Wanderweg gemütlich bergan. Wir passieren lichtdurchflutete Lärchenwiesen mit zahlreichen Orchideenarten. Das Wegschild zur Nördlinger Hütte schickt uns bald etwas steiler in Serpentinen hinauf. Wir steigen schnell höher und kommen durch einen lichten Kiefernwald.

Am Oxenleger leitet uns der Wirtschaftsweg ein Stück. Anfangs wandern wir durch einen lichten Bergwald, dann öffnet sich das Gelände und ähnelt immer mehr den Almböden. Gelbe Berg-Veilchen, Bachbungen, Ehrenpreis und Moosauge säumen dabei den Weg ebenso wie Latschen und Wacholderbüsche. Der idyllische Pfad gewährt uns immer wieder Blicke auf die Reither Spitze. Untypischer Weise gibt es hier sogar die bewimperte und die rostblättrige Alpenrose. Zudem säumen zahlreiche Exemplare des weißblühenden Alpen-Fettkrauts den Weg zum ehemaligen Gasthaus Schartlehner. Auf dem kleinen Plateau genießen wir die Aussicht: Im Nordwesten erstreckt sich Seefeld und der Wildsee, westlich erhebt sich der Gschwandtkopf (1495 m) oberhalb von Seefeld. Auch die Hohe Munde (2662 m) und das Mieminger Plateau rücken in unser Blickfeld.

Gestärkt steigen wir nun die letzten Höhenmeter bis zur Hütte an. Die Baumgrenze liegt bereits hinter uns, wir befinden uns endgültig im Hochgebirge. Der Steig leitet uns durch Latschensträucher, dann über Almmatten mit Silberwurz und Alpen-Leimkraut. Ein Blick über die Schulter zurück und wir erspähen das Inntal, das tief unter uns liegt. Endlich tauchen die Nördlinger Hütte und die Reither Spitze (2374 m) in einiger Entfernung vor uns auf. Wir verlieren sie nicht mehr aus den Augen, während wir die letzten Meter zur Hütte ansteigen. Wir sammeln unsere Reserven und erklimmen noch den Sattel hinter der Nördlinger Hütte. Ein sagenhaftes Gebirgspanorama belohnt uns für diesen kleinen Abstecher.

Die Nördlinger Hütte ist die höchstgelegene Schutzhütte im gesamten Karwendel. Ihr exponierter Platz verschafft Gästen eine beeindruckende Aussicht auf das Wettersteingebirge, die Stubaier Alpen und das Inntal. Auf der Nördlinger Hütte legt man Wert auf Ursprünglichkeit. Ihre Annehmlichkeiten sind die behagliche Stube und eine wunderbare Terrasse. Es gibt keine Duschen, nur kaltes Wasser. Keine Stromanschlüsse in den Schlaflagern. Neben der Hütte sind Wassertanks vergraben, die 40 000 Liter Wasser fassen und im Frühsommer mit Schmelzwasser gespeist werden. Der Rückweg erfolgt auf dem Anstiegsweg.

Autoren Tipp

Wer dieselbe Strecke nicht wieder zurückmarschieren möchte, kann einen bequemen Umweg über den Kuntersteig nehmen. Er führt in einer guten Stunde fast auf gleicher Höhe hinüber zur Härmelekopfbahn. Von dort nehmen wir die Seilbahn zur Rosshütte und fahren anschließend mit der Standseilbahn hinab nach Seefeld. Von der Talstation ist es nur noch ein Katzensprung mit dem Bus zurück nach Reith.

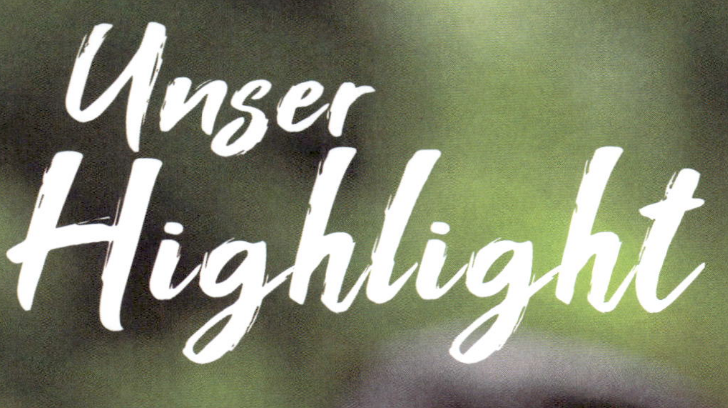
Unser
Highlight

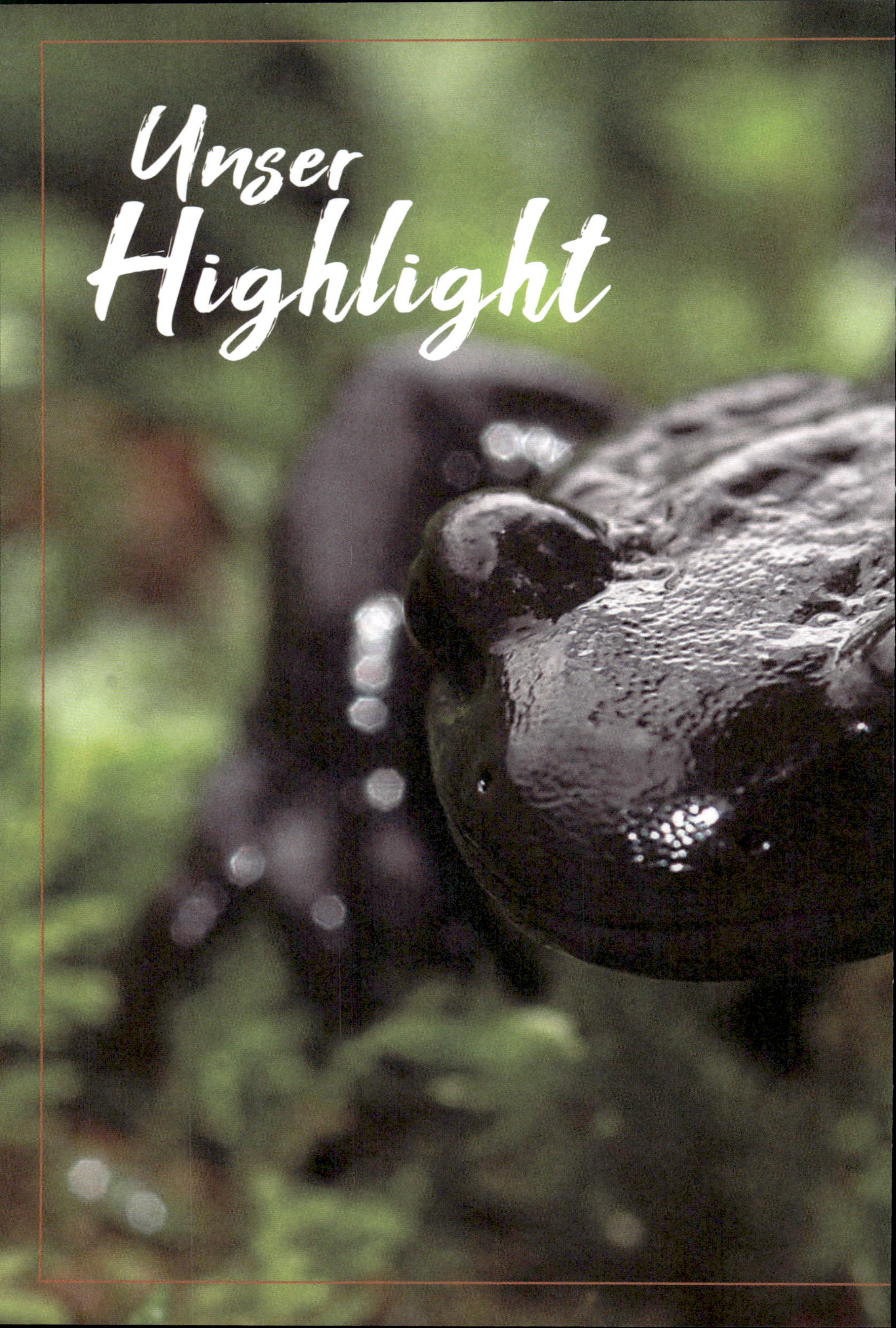

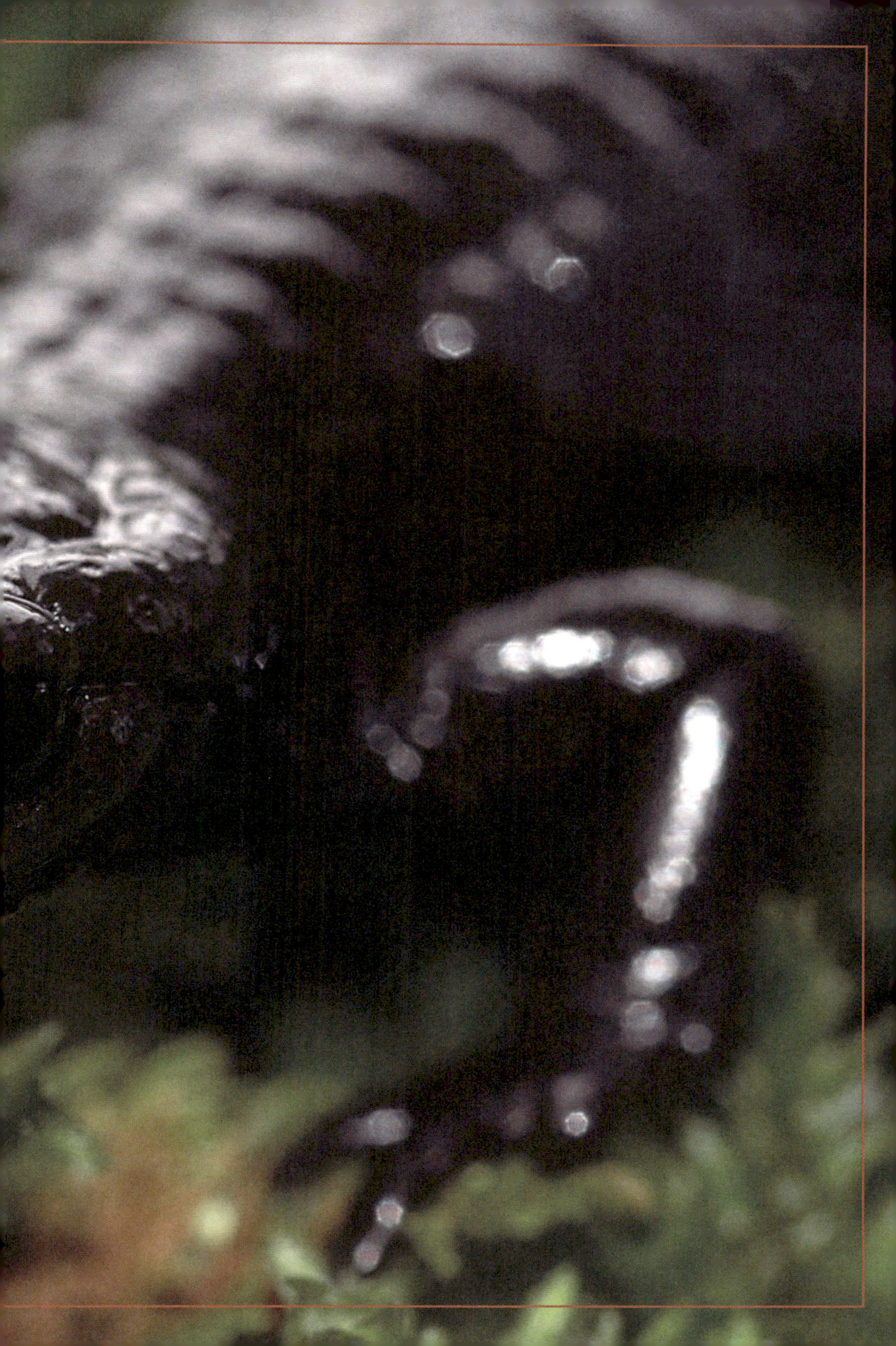

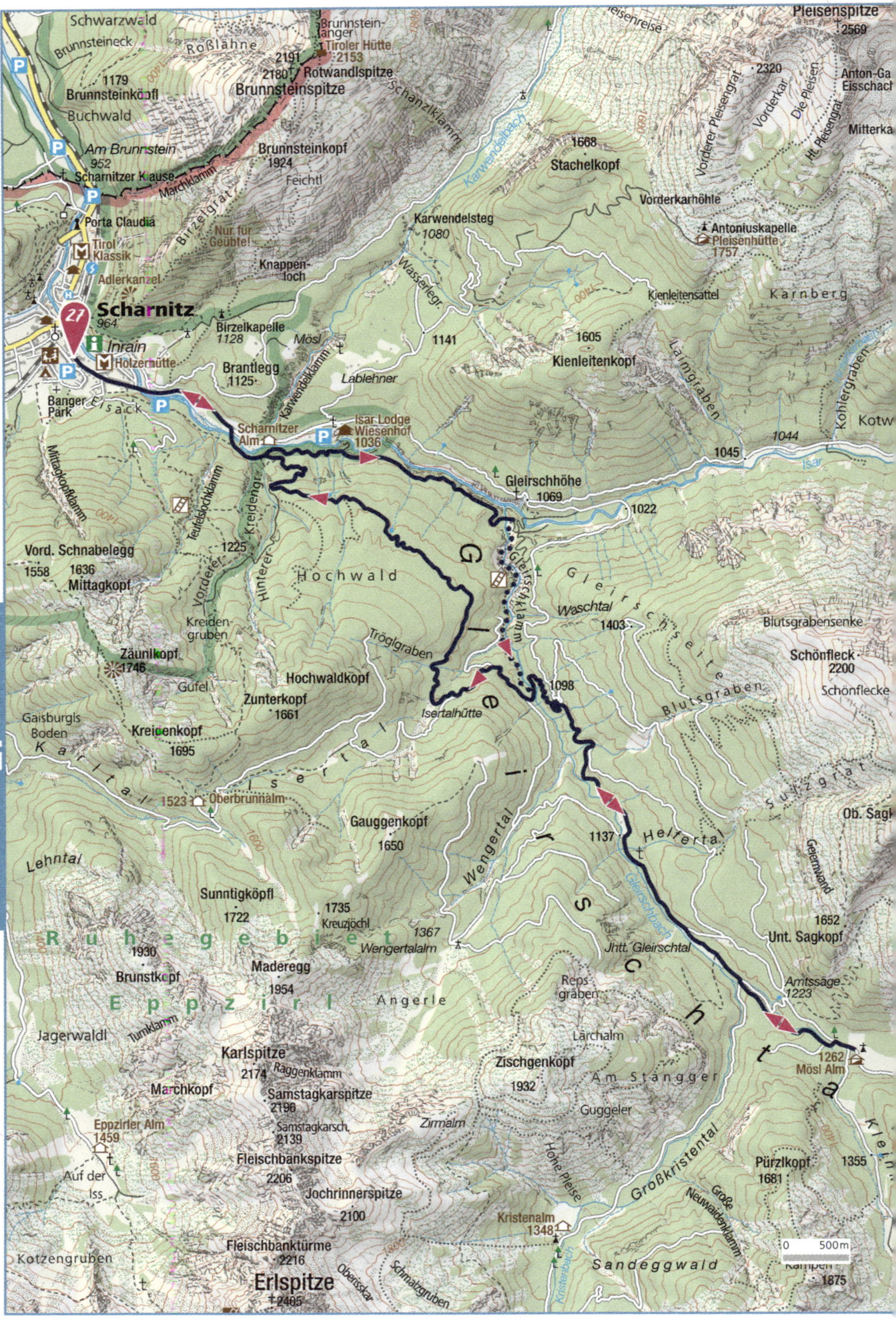

27
Schwarzwald
Brunnsteineck
Roßlähne
Brunnstein-anger
Tiroler Hütte
2153
2191
2180
Rotwandlspitze
Brunnsteinspitze
Schanzlklamm
Pleisenspitze
2569
1179
Brunnsteinköpfl
Buchwald
Am Brunnstein
952
Scharnitzer Klause
Marchklamm
Brunnsteinkopf
1924
Feichtl
Birzelgrat
Nur für Geübte!
Porta Claudia
Tirol Klassik
Adlerkanzel
Knappen-loch
Karwendelsteg
1080
Karwendelbach
Wasserlegr.
1668
Stachelkopf
2320
Vorderer Pleisengrat
Vorderkar
Die Pleisen
Ht. Pleisengrat
Anton-Ga
Eisschach
Mitterka
Vorderkarhöhle
Antoniuskapelle
Pleisenhütte
1757
Kienleitensattel
Karnberg
Scharnitz
964
Inrain
Holzerhütte
Birzelkapelle
1128
Mösl
Brantlegg
1125
Lablehner
1141
1605
Kienleitenkopf
Laimgraben
Kohlergraben
Kotw
Banger Park
Eisack
Karwendelklamm
Scharnitzer Alm
Isar-Lodge Wiesenhof
1036
1045
1044
Isar
Gleirschhöhe
1069
1022
Mittagkopfklamm
Teufelsjochklamm
Kreidengr.
Vorderer
Hinterer
1225
Vord. Schnabelegg
1558
1636
Mittagkopf
Hochwald
Gleirschklamm
Gleirscheite
Waschtal
1403
Blutsgrabensenke
Schönfleck
2200
Schönflecke
Kreiden-gruben
Zäunlkopf
1746
Gufel
Tröglgraben
Hochwaldkopf
Zunterkopf
1661
1098
Blutsgraben
Isertalhütte
Gaisburgls Boden
Kreidenkopf
1695
Karltal
Isertal
1523
Oberbrunnalm
Gauggenkopf
1650
1137
Helfertal
Sulzgrat
Ob. Sagk
Lehntal
Wengertal
Gleirschbach
Geiernwand
Sunntigköpfl
1722
1735
Kreuzjöchl
1367
Wengertalalm
1652
Unt. Sagkopf
Ruhegebiet
1930
Brunstkopf
Maderegg
1954
Jhtt. Gleirschtal
Reps-graben
Amtssäge
1223
Eppzirl
Angerle
Gleirschtal
Jagerwaldl
Tumklamm
Lärchalm
1262
Mösl Alm
Karlspitze
2174
Raggenklamm
Zischgenkopf
1932
Am Stangger
Marchkopf
Samstagkarspitze
2196
Samstagkarsch.
2139
Guggeler
Eppzirler Alm
1459
Zirmalm
Hohe Pleise
Fleischbankspitze
2206
Großkristental
Pürzlkopf
1681
1355
Auf der Iss
Jochrinnerspitze
2100
Große Neuwaldenklamm
Klein
Kristenalm
1348
Kristenbach
Kotzengruben
Fleischbanktürme
2216
Sandeggwald
0
500m
Kampen
1875
Erlspitze
2405
Oberisstal
Schmalzgruben

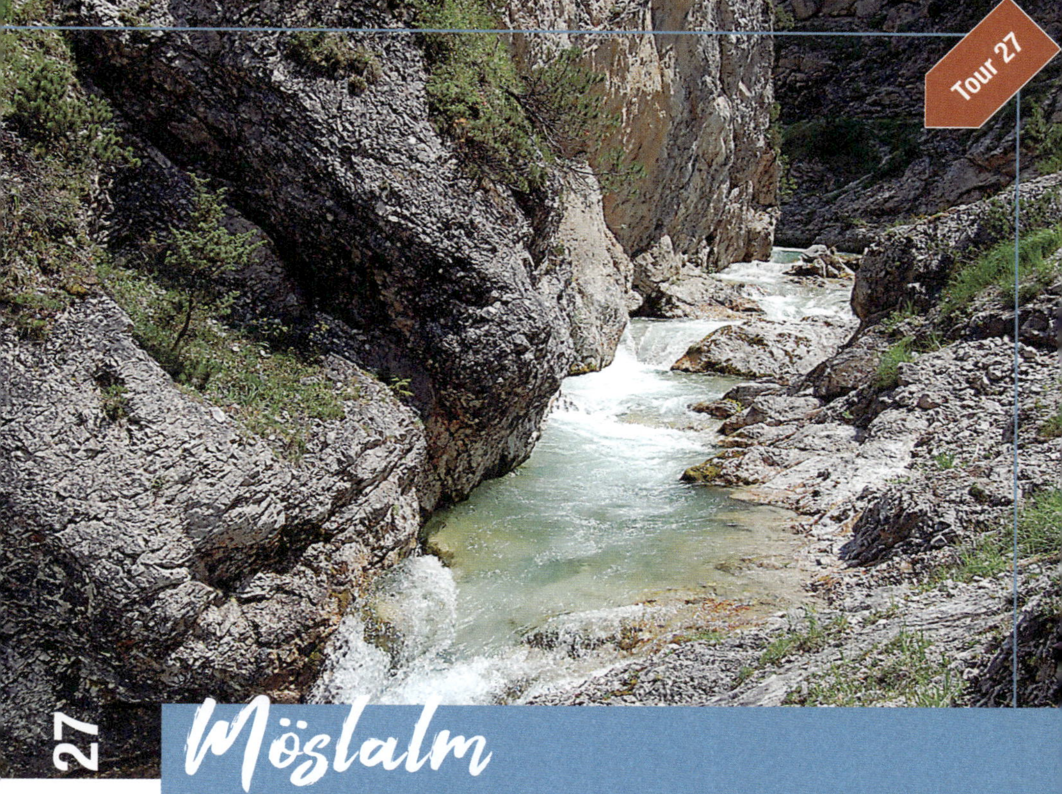

Tour 27

Klammtour 27

Möslalm

Eindrucksvolle Schluchtenwanderung

DAUER	5h 30min
LÄNGE	18,9 km
HÖHENMETER	355 hm
SCHWIERIGKEIT	MITTEL
MIT ÖPNV ERREICHBAR	ja

Das erwartet dich ...

Auf der schönen Schluchtenwanderung ist vor allem Trittsicherheit gefragt. Die Gleirschklamm ist eine der schönsten naturbelassenen Klammen im Karwendel. Seit jeher besticht sie durch imposante Felsen, kleine Wasserfälle und ihr glasklares Wasser. Gerade an heißen Sommertagen tut die kühle Luft in der Klamm gut.

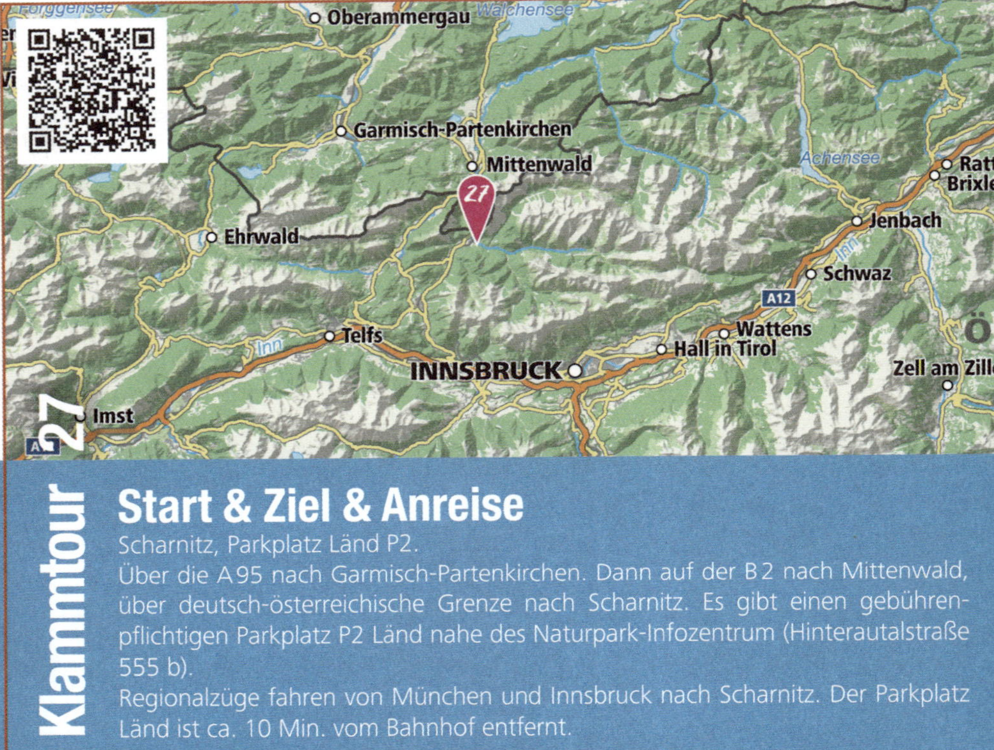

Klammtour 27

Start & Ziel & Anreise

Scharnitz, Parkplatz Länd P2.

Über die A95 nach Garmisch-Partenkirchen. Dann auf der B2 nach Mittenwald, über deutsch-österreichische Grenze nach Scharnitz. Es gibt einen gebührenpflichtigen Parkplatz P2 Länd nahe des Naturpark-Infozentrum (Hinterautalstraße 555 b).

Regionalzüge fahren von München und Innsbruck nach Scharnitz. Der Parkplatz Länd ist ca. 10 Min. vom Bahnhof entfernt.

Tourenbeschreibung

Unsere äußerst lange, aber sehr schöne Wanderung beginnt am Parkplatz P2 Länd. Der gesamte Weg ist stark vom Wasser geprägt. Am Abzweig Karwendeltal/Hinterautal halten wir uns rechts; kurz darauf bekommen wir einen Eindruck, welche Kraft in einem alpinen Wildfluss steckt: eine dynamische Mischung aus Schotter und Wasser. Wir begleiten die Isar bis zur ersten Abzweigung über eine kleine Holzbrücke. Dann richten wir uns nach dem Wegschild „Scharnitzer Alm", an deren Hütte wir zehn Minuten später stehen. Von hier aus wandern wir über den Nederweg weiter.

Ein Blick nach links zeigt uns die imposante Mündung des Karwendelbaches. Je nach Wasserstand und vorherigen Witterungsereignissen können sich die Farben der beiden Bäche durchaus voneinander abheben. Wer genauer hinsieht, kann oft auch eine Gebirgsstelze im Mündungsbereich beobachten. Mit dem Nederweg überqueren wir den Gleirschbach, wie wir den Beginn der Klamm erreichen. An einer Infotafel wird mit historischen Bildern die Nutzung der Klamm als Triftstrecke erklärt. Das Triften war zwar eine extrem gefährliche Arbeit, stellte jedoch über viele Jahrhunderte hinweg die einzige Möglichkeit dar, das geschlägerte Holz aus dem Tal zu transportieren. Diese Technik wurde noch bis in die 50er-Jahre des letzten Jahrhunderts angewandt.

Schon beim Eintreten in die Klamm spüren wir die kühlen Temperaturen. Das Rauschen des Wassers wird immer lauter. Der tiefe Einschnitt des Baches verbunden mit den feuchten, steilen Felsen bietet ein beeindruckendes Bild. Unser Weg führt über Holzplanken nah am Felsen. Dann weiter auf der rechten Seite der Klamm. Nächster Höhepunkt ist ein kleiner, sehr nah am Wasser gelegener Tunnel. Dahinter öffnet sich die Klamm. Hier sehen wir gut die Auskolkungen an den Wänden über der Wasseroberfläche. Hier bearbeitet das Wasser die Steine schon seit tausenden von Jahren. Wir laufen weiter über Holzplanken und nähern uns dem Niveau des Baches. Am Rand wächst das Kalkfelsen-Fingerkraut und im Juni kann man gut die zierliche Fliegen-Ragwurz beobachten; das ist eine kleine, aber sehr hübsche Orchidee, die zum eigenen Bestäubungsvorteil mit ihrer Blüte eine weibliche Grabwespe vortäuschen und sogar deren Sexuallockstoff nachahmen kann. Bei schlechtem Wetter haben wir sogar gute Chancen, den seltenen Alpensalamander zu entdecken.

Ein paar Serpentinen führen uns rasch bergan, dabei entfernen wir uns leicht von Gleirschbach. Bei der Einmündung des Isenbachs stehen wir am nächsten landschaftlichen Highlight. Er mündet in einem Wasserfall in die Klamm. Von der kleinen Brücke aus erfreuen wir uns an dem schönen Naturschauspiel. Jetzt lassen wir die Klamm immer weiter hinter uns; es wird ruhiger und auch wieder wärmer. Wir wandern durch sonnige und trockene Kiefernhänge; hier finden sich die Dunkle Akelei und zahlreiche Knabenkräuter. Wir durchstreifen ein Waldstück mit Feuchtflächen, auf denen Wollgras blüht. Dann stoßen wir wieder auf den Forstweg, den wir nach einer Stunde Klammdurchschreitung erreichen. Von der Brücke aus werfen wir einen Blick in die Klamm zurück. Die Wasseramsel ist hier ein oft gesehener Gast, den auch wir interessiert beim Tauchen beobachten.

Nun können wir von hier aus über den Hochwaldweg Nr. 57 zurückwandern. Er führt durch sehr schöne Wälder. Andernfalls laufen wir noch ein Stück weiter zur sehr schön gelegenen Möslalm. Die Alm hat von Mai bis Oktober geöffnet. Auf dem sonnigen Platzerl vor der Hütte wird tirolerisch serviert, zudem produzieren die Almleut Almbutter, Graukas und Buttermilch zum Mitnehmen in kleinen Mengen. Es gibt eine E-Bike Ladestation. Auf der Hütte können 15 Personen in einem Lager übernachten. Für den Rückweg nehmen wir den Fahrweg, der die Isar quert. Mit schönen Blicken von der Gleirschhöhe gen Süden auf die Nordkette wandern wir nach Scharnitz zurück.

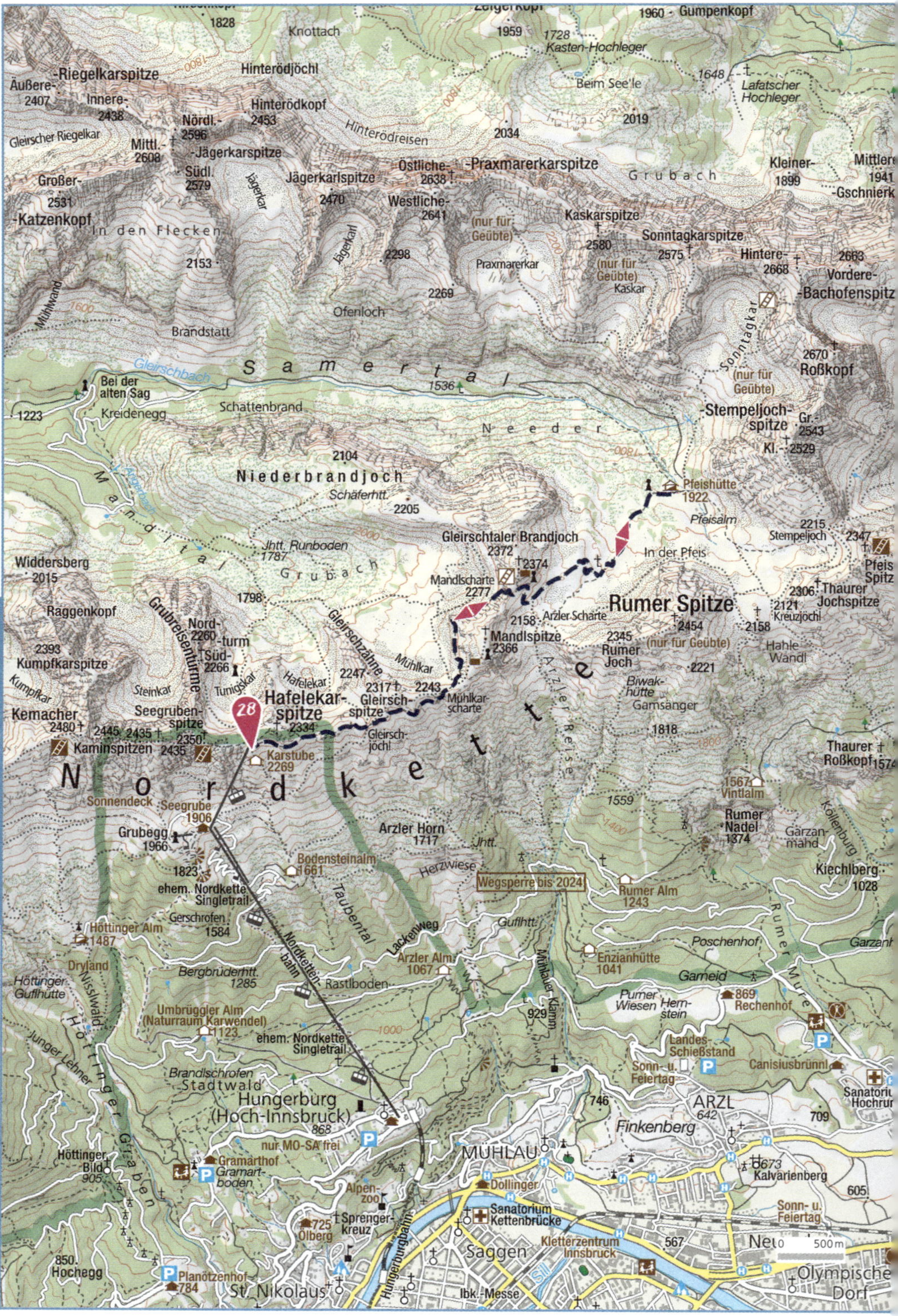

28

1828
Knottach
Zeigerkopf
1959
1960 Gumpenkopf
1728 Kasten-Hochleger
Hinterödjöchl
Äußere-
2407
Riegelkarspitze
Innere-
2438
Beim See'le
1648
Lafatscher Hochleger
Hinterödkopf
2453
Gleirscher Riegelkar
Nördl.-
2596
Mittl.-
2608
Jägerkarspitze
Südl.
2579
Hinterödreisen
2034
2019
Großer-
2531
Katzenkopf
Jägerkar
Jägerkarlspitze
2470
Östliche-
2638
Praxmarerkarspitze
Westliche-
2641
Grubach
Kleiner-
1899
Mittlere-
1941
Gschnierk
In den Flecken
(nur für Geübte)
Kaskarspitze
2580
Sonntagkarspitze
2575
Hintere-
2668
2663
Vordere-
Bachofenspitz
2153
Jägerkarl
2298
Praxmarerkar
(nur für Geübte)
Kaskar
Mühlwand
2269
Ofenloch
Brandstatt
Sonntagkar
2670
Roßkopf
(nur für Geübte)
Gleirschbach
Samertal
Bei der alten Sag
1536
1223
Kreidenegg
Schattenbrand
Stempeljoch-
spitze
Gr.
2543
Kl.
2529
Needer
2104
Niederbrandjoch
Schäferhtt.
Pfeishütte
1922
Manndltal
2205
Pfeisalm
2215
Stempeljoch
2347
Pfeis
Spitz
Jhtt. Runboden
1787
Gleirschtaler Brandjoch
2372
2374
In der Pfeis
Widdersberg
2015
Grubach
Mandlscharte
2277
2306
Thaurer Jochspitze
2121
Kreuzjöchl
1798
Raggenkopf
Grubreisentürme
Nord-
2260
-turm
Süd-
2266
Gleirschzähne
2158
Arzler Scharte
Rumer Spitze
2454
2158
Mandlspitze
2366
2345
Rumer Joch
(nur für Geübte)
Hahle Wandl
2393
Kumpfkarspitze
Mühlkar
Kumpfkar
Steinkar
Tunigskar
Hafelekar
2247
2317
2243
Biwak-hütte
2221
Gamsänger
Kemacher
2480
Seegruben-
spitze
Hafelekar-
spitze
2334
Gleirsch-
spitze
Mühlkar-
scharte
Arzler Reise
2445
2435
2435
2350
Kaminspitzen
Gleirsch-
jöchl
1818
Thaurer Roßkopf
1574
Karstube
2269
Nordkette
Sonnendeck
Seegrube
1906
1567
Vintlalm
1559
Rumer Nadel
1374
Gärzan-
mahd
Grubegg
1966
Arzler Horn
1717
Jhtt.
Kollenburg
1823
Bodensteinalm
1661
Herzwiese
Wegsperre bis 2024
Kiechlberg
1028
ehem. Nordkette Singletrail
Rumer Alm
1243
Gerschrofen
1584
Taubental
Lackenweg
Guflhtt.
Höttinger Alm
1487
Nordkettenbahn
Poschenhof
Garzanhof
Dryland
Bergbrüderhtt.
1285
Arzler Alm
1067
Enzianhütte
1041
Rumer Mure
Höttinger Guflhütte
Nisslwald
Rastlboden
Mühlauer Klamm
Gameid
Rumer Wiesen
Hemstein
869
Rechenhof
Umbrüggler Alm
(Naturraum Karwendel)
1123
929
Höttinger Graben
Junger Lehner
ehem. Nordkette Singletrail
Landes-Schießstand
Sonn- u. Feiertag
Canisiusbrünnl
Brandlschrofen
Stadtwald
Hungerburg
(Hoch-Innsbruck)
868
746
ARZL
642
Sanatorium Hochrum
709
Finkenberg
nur MO-SA frei
Höttinger Bild
905
Gramarthof
Gramart-
boden
MÜHLAU
Dollinger
673
Kalvarienberg
605
Alpen-
zoo
Sanatorium Kettenbrücke
Sonn- u. Feiertag
725
Ölberg
Sprenger-
kreuz
Hungerburgbahn
Kletterzentrum Innsbruck
567
Neu
0
500 m
850
Hochegg
Planötzenhof
784
St. Nikolaus
Saggen
Sill
Ibk.-Messe
Olympisches Dorf

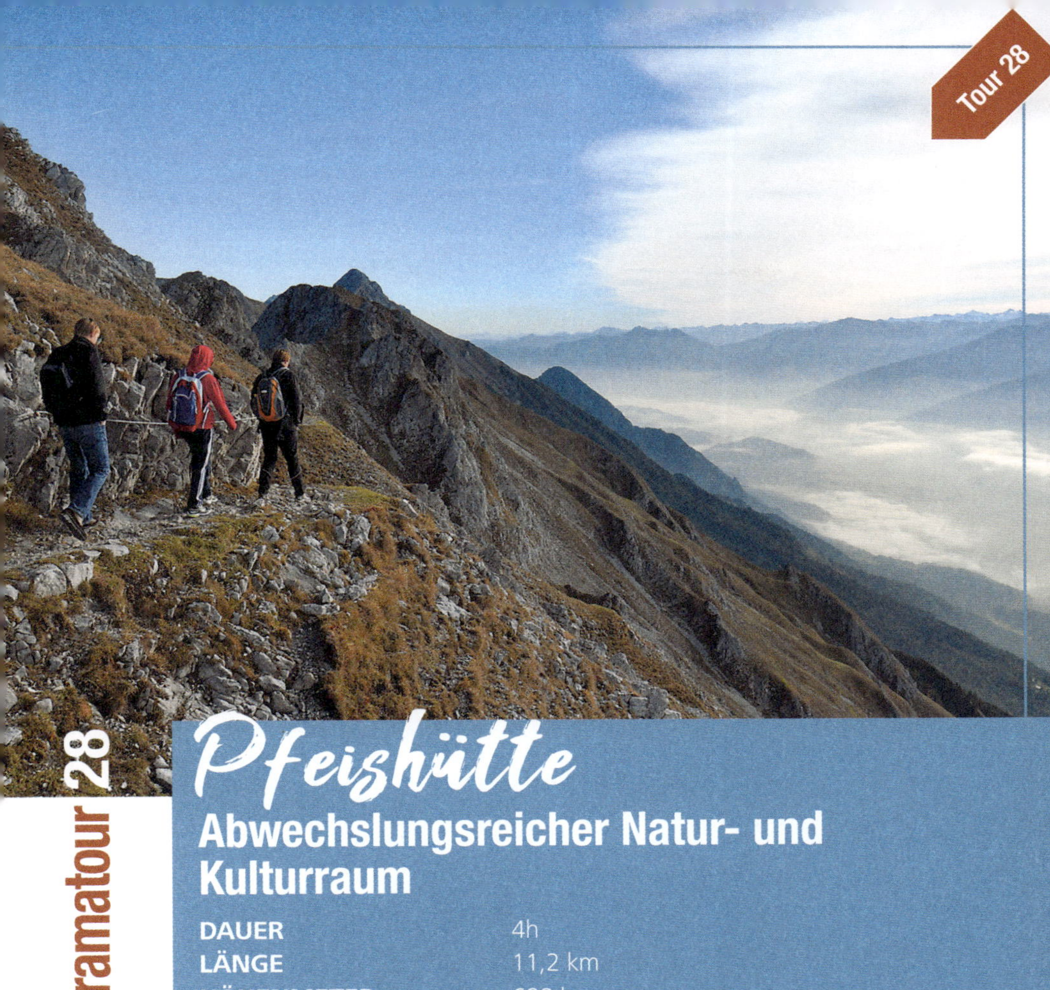

Pfeishütte

Abwechslungsreicher Natur- und Kulturraum

DAUER	4h
LÄNGE	11,2 km
HÖHENMETER	688 hm
SCHWIERIGKEIT	MITTEL
MIT ÖPNV ERREICHBAR	ja

Das erwartet dich ...

Die mittelschwierige Höhenwanderung bewegt sich auf meist breitem Steig mit vereinzelten versicherten Stellen. Zwischendurch geht's durch felsiges Gelände und Schuttkar. Hier benötigen wir Trittsicherheit. Unterwegs begegnen uns seltene und interessante Hochgebirgspflanzen wie der Felsen-Ehrenpreis oder der Dunkle Mauerpfeffer.

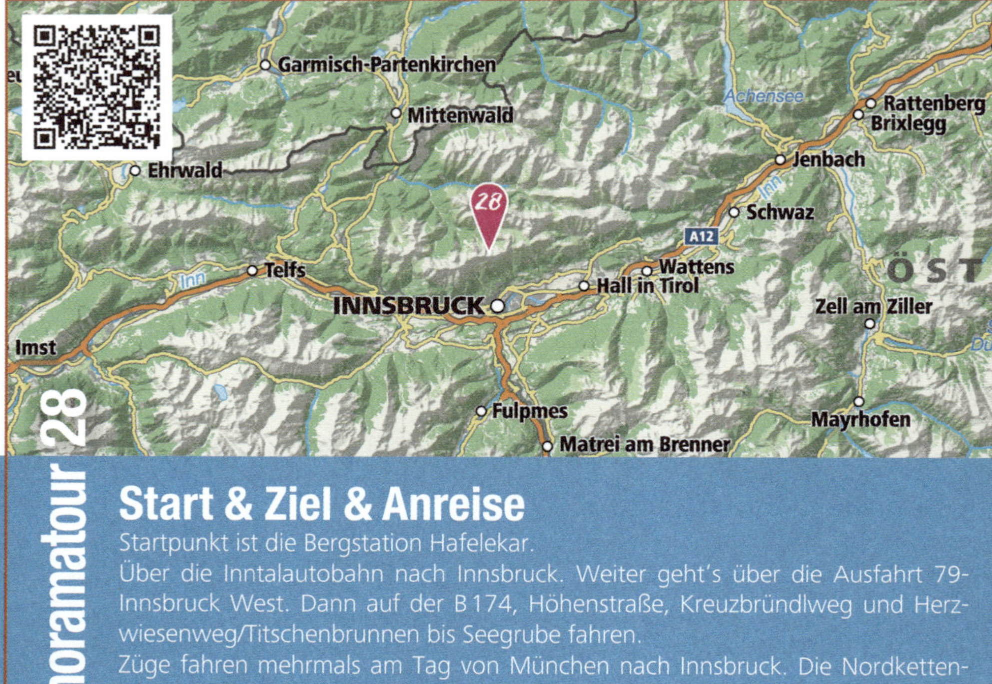

Panoramatour 28

Start & Ziel & Anreise

Startpunkt ist die Bergstation Hafelekar.
Über die Inntalautobahn nach Innsbruck. Weiter geht's über die Ausfahrt 79-Innsbruck West. Dann auf der B 174, Höhenstraße, Kreuzbründlweg und Herzwiesenweg/Titschenbrunnen bis Seegrube fahren.
Züge fahren mehrmals am Tag von München nach Innsbruck. Die Nordkettenbahn beginnt auf 577 m Seehöhe und endet oben am Hafelekar auf 2269 m.

Tourenbeschreibung

Von Innsbruck erreichen wir über die verschiedenen Sektionen der Nordkettenbahn die Bergstation Hafelekar. Dem Aufstieg zu Fuß steht natürlich auch nichts im Wege. Während der Bahnfahrt zur Hafelekarstation erleben wir schöne Aussichten auf die Schotterreisen unterhalb, oft auch mit Gämsen oder Steinböcken. Oben geht's gleich weiter mit den tollen Ausblicken über Innsbruck, das Inntal, das Wipptal und sogar das Stubaital. Nicht selten kreisen dabei die neugierigen Alpendohlen über unseren Köpfen. In einem kurzen Abstecher können wir auch noch in guten 15 Minuten die Hafelekarspitze besuchen.

Wir machen uns nun auf dem Goetheweg auf; er startet an der Bergstation und schlängelt sich neben den Südhängen der Nordkette entlang. Den gesamten Weg über werden wir von einem imposanten Panoramablick begleitet – ein wahres Vergnügen.

Angepasste Hochgebirgsspezialisten wie der Felsen-Ehrenpreis oder der Dunkle Mauerpfeffer säumen vor allem im Juni und Juli den Steig, der Blaugrüne und Fetthennen- Steinbrech oder das Alpen-Leinkraut sind auch noch im September zu sehen. Auch Alpenflechtbär oder Polsternelke säumen ab und an den Weg. Der Goetheweg führt bis zur Mühlkarscharte. Hier wechseln wir auf die andere Seite der Nordkette. Dabei kann es durchaus vorkommen, dass eine Gams unseren Weg kreuzt.

Fast eben steigen wir über felsiges Gelände und Schutthalden zum Zugspitzblick. Bei gutem Wetter kann man von hier aus die Zugspitze erkennen. Im Osten erspähen wir dagegen gewaltige Gesteinsschichten und Schotterreisen. An den Hängen der Mandlspitze wandern wir zur Mandlscharte hinauf. Hier befinden wir uns direkt im Revier des Mauerläufers, einem der schönsten Vögel Europas und bei Vogelkundlern hoch geachtet. Er drückt sich häufig in den Fels des Gleirschtaler Brandjochs. Dabei springt er von einem Felsvorsprung zum nächsten. Richtung Osten türmt sich die Rumer Spitze auf. In Kehren steigen wir in einen Kessel hinab. Wir halten uns dabei mit der Markierung eher links. Stein und Fels wechseln in einen schönen Latschenbereich. Wer ein Fernglas dabei hat, entdeckt vielleicht eines der gut getarnten Raufußhühner. Die rotweiße Fahne der Pfeishütte ist schon von weitem zu sehen.

Wir wandern weiter vorbei an zwei Gedenkstätten Richtung Pfeishütte. Sie erwartet uns mit einer schönen Sonnenterrasse. Drinnen verteilen sich die Plätze auf drei räumlich getrennte Gaststuben mit Holzvertäfelungen aus dem Jahr 1927. Urig und gemütlich ist's also. Das Trinkwasser kommt aus zwei verschiedenen Quellen oberhalb der Hütte und wird über eine UV-Desinfektionsanlage aufbereitet. Für die Kinder gibt es einen Spielplatz. Direkt neben der Hütte befindet sich ein Schaukasten mit den verschiedenen Gesteinen des Karwendels. Der Rückweg erfolgt auf dem Aufstiegsweg. Die letzte Bahn fährt um 17 Uhr.

Autoren Tipp

Der Gipfel der Hafelekarspitze ist nur eine viertel Stunde von der Bergstation entfernt. Hier oben spürt man eindrucksvoll den Unterschied zwischen dem urbanen Raum mit all seinen Geräuschen und dem Naturpark Karwendel mit seiner besonderen Flora und Fauna sowie seiner Stille. Beim Abstieg vom Gipfel passieren wir die Viktor-Franz-Hess-Messstation, die zur Beobachtung kosmischer Strahlung dient. Es gibt auch einen Geologie-Lehrpfad mit Schautafeln.

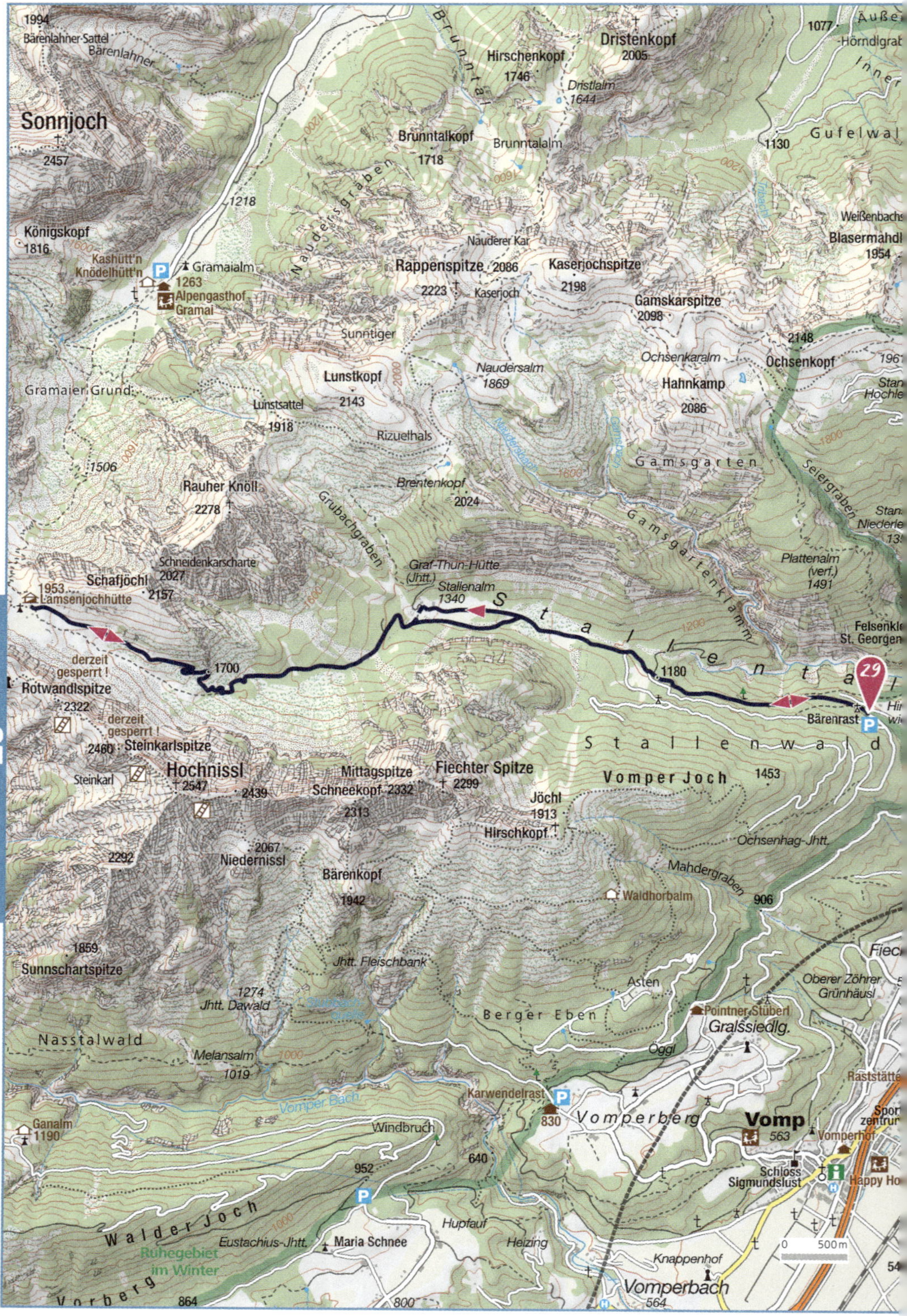

29

1994
Bärenlahner-Sattel
Bärenlahner
Sonnjoch
2457
Königskopf
1816
Kashütt'n
Knödelhütt'n
1263
Gramaialm
Alpengasthof
Gramai
1218
Gramaier Grund
1506
Brunntal
Hirschenkopf
1746
Dristenkopf
2005
Dristlalm
1644
Brunntalkopf
1718
Brunntalalm
Naudersgraben
Nauderer Kar
Rappenspitze
2086
2223
Kaserjoch
Kaserjochspitze
2198
Gamskarspitze
2098
Sunntiger
Lunstkopf
2143
Lunstsattel
1918
Rizuelhals
Naudersalm
1869
Ochsenkaralm
Hahnkamp
2086
2148
Ochsenkopf
Gamsgarten
Rauher Knöll
2278
Brentenkopf
2024
Grubachgraben
Gamsgartenklamm
Seiergraben
Plattenalm
(verf.)
1491
Schneidenkarscharte
2027
Schafjöchl
2157
1953
Lamsenjochhütte
Graf-Thun-Hütte
(Jhtt.)
Stallenalm
1340
Stallental
1700
1180
Bärenrast
Felsenkl
St. Georgen
derzeit
gesperrt!
Rotwandlspitze
2322
derzeit
gesperrt!
2460
Steinkarlspitze
Steinkarl
Hochnissl
2547
2439
Mittagspitze
Schneekopf 2332
2313
Fiechter Spitze
2299
Stallenwald
Vomper Joch
1453
Jöchl
1913
Hirschkopf
Ochsenhag-Jhtt.
2292
2067
Niedernissl
Bärenkopf
1942
Mahdergraben
Waldhorbalm
906
1859
Sunnschartspitze
Jhtt. Fleischbank
Asten
Oberer Zöhrer
Grünhäusl
1274
Jhtt. Dawald
Berger Eben
Pointner Stüberl
Grassiedlg.
Nasstalwald
Melansalm
1019
Öggl
Raststätte
Vomper Bach
Karwendelrast
830
Vomperberg
Vomp
563
Ganalm
1190
Windbruch
640
Vomperhof
Schloss
Sigmundslust
Happy Ho
952
Walder Joch
Ruhegebiet
im Winter
Eustachius-Jhtt.
Maria Schnee
Hupfauf
Heizing
Knappenhof
Vorberg
864
800
Vomperbach
564
0
500 m
1077
Äußere
Hörndlgrab
Innere
1130
Gufelwald
Weißenbachs
Blasermahdl
1954

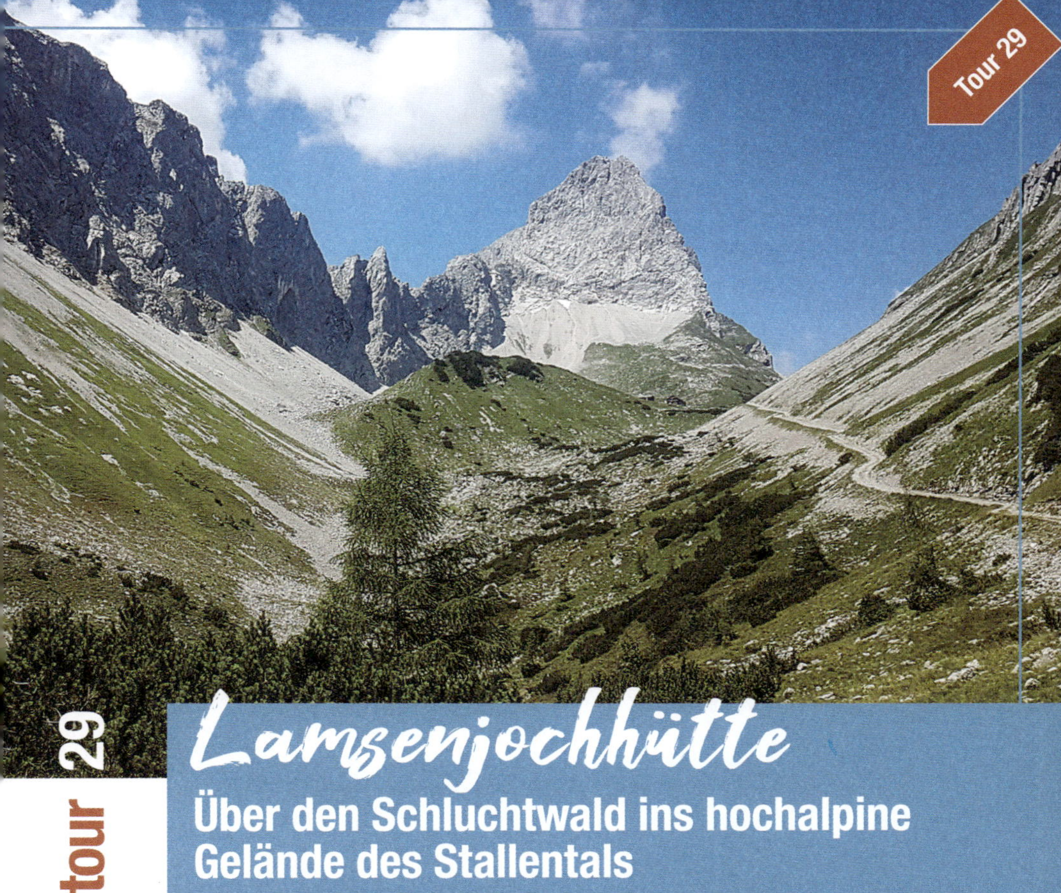

Kräutertour 29

Lamsenjochhütte

Über den Schluchtwald ins hochalpine Gelände des Stallentals

DAUER	6h
LÄNGE	16 km
HÖHENMETER	1000 hm
SCHWIERIGKEIT	LEICHT
MIT ÖPNV ERREICHBAR	nein

Das erwartet dich ...

Die Hüttenwanderung bewegt sich auf einfachen Wegen und Pfaden im hinteren Stallental. Im Hochtal treffen wir auf ein uriges Almgelände. Im Gebiet um die Hütte können wir mit etwas Glück Murmeltieren, Gämsen und sogar Steinböcken begegnen. Unterwegs findet sich eine Fülle an unterschiedlichen Kräutern am Wegesrand.

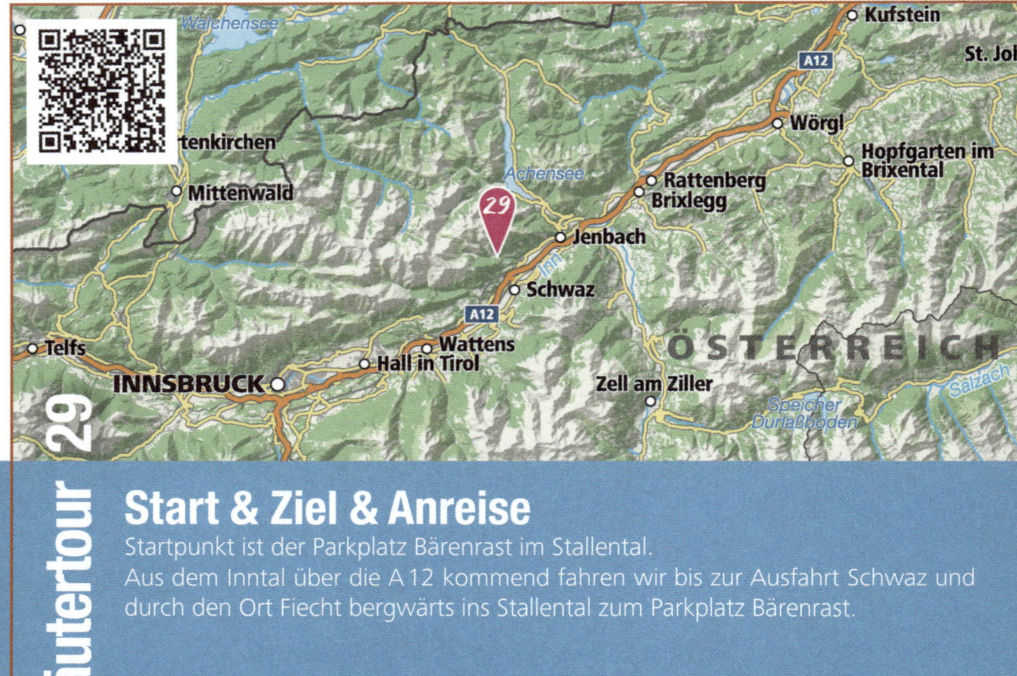

Kräutertour 29

Start & Ziel & Anreise

Startpunkt ist der Parkplatz Bärenrast im Stallental.
Aus dem Inntal über die A 12 kommend fahren wir bis zur Ausfahrt Schwaz und durch den Ort Fiecht bergwärts ins Stallental zum Parkplatz Bärenrast.

Tourenbeschreibung

Wir starten am kostenlosen Parkplatz Bärenrast am Eingang des Stallentals. Hier beginnt auch schon der Wanderweg Richtung Lamsenjochhütte. Er führt zunächst durch den typischen Fichten- und Rotbuchenwald. Im Unterwuchs gibt's klebrigen Salbei, Adlerfarn und Christophskraut. Unser Weg mündet nach einigen Metern in einen breiteren Weg. Allmählich wandelt sich der Wald in einen mit Buchen besetzten Schluchtenwald. Unter uns rauscht der Stallenbach Richtung Wolfsklamm. Auffallend sind die Orchideen am Wegrand, die mit kuriosen Blüten faszinieren. Auch die Braunrote Stendelwurz gehört dazu. Kräuter wie Bingelkraut, Quirlblättrige Zahnwurz oder Gelber Eisenhut wurden ehemals als Heilkräuter genutzt. Auch Mauer- und Hasenlattich gibt es hier. Bei kleinsten Verletzungen sondern sie eine milchige Flüssigkeit ab, die als Fraßschutz dient.

Ca. 45-60 Minuten später erreichen wir die Forststraße Richtung Stallenalm. Ein paar Meter weiter bietet sich uns die erste Gelegenheit, auf einem schön mit Tischen und Bänken angelegtem Rastplatz eine Pause einzulegen. Beim Ohrenspitzen entgeht uns das Klopfen der Spechte nicht. Sie sind hier fast immer unterwegs. Auf der Lamsenspitze kann man sie sogar sehen. Wir stehen bald in einer Art Hochtal mit urigem Gelände. Um uns die imposanten Schotterrinnen des Karwendels. Auf den offenen Almwiesen finden wir Bergahorne in jeder Altersstufe.

1¼ Stunden später stehen wir an einer Kreuzung; hier können wir eigentlich beide Wege nehmen. Der Abstecher auf die Stallenalm lohnt sich, sie ist in 1¾ Stunden erreichbar. Von dort hat man eine herrliche Aussicht auf die bezaubernde Landschaft. Besonders interessant ist der Blick auf die weiten Schotterflächen, wo sich häufig morgens und abends Gämsen beim Äsen und Spielen tummeln. Steinadler finden in den Hochlegern optimale Jagdgebiete. Auf der Hütte füllen wir nochmal unsere Wasserflaschen auf, dann verlassen wir sie durch das breite Bachbett, in dem meist nur wenig Wasser fließt, zurück zum Hauptweg. Hier richten wir uns nach dem Wegschild Richtung Lamsenjochhütte.

Hier herrscht Schotter und Geröll vor. Nur extreme Spezialisten, die mit wenig Wasser auskommen und sich auf labilem Untergrund behaupten können, sind hier zu finden; wie die Latsche. Doch auch Pionierarten wie die Lärche, die Birke und die typischen, für trockene Standorte frühblühenden Thymianflächen sind hier zu Hause. Nach zweieinhalb Stunden gelangen wir an die Lamsenrast, an der uns nochmals eine Bank erwartet. Im weiteren Verlauf gelangen wir zur Abzweigung zum alten Wanderweg; er wurde jedoch schon vor Jahren wegen akutem Felssturz gesperrt. So bleiben wir auf dem Fahrweg und biegen nicht ab. In wenigen Kehren tauchen wir aus der Waldgrenze auf und die typischen alpinen Rasen öffnen sich. Bei der letzten Kehre laufen wir bis zur Hütte auf der nördlichen Geländeseite entlang und blicken auf die eindrucksvolle Bergkulisse vom Hochnissl bis zur Lamsenspitze.

Hier tummeln sich Murmeltiere in der Wiese unterhalb des Weges. Auf den steinigen Hängen stehen oft Gämsen oder Steinböcke. Abends kommen die Hornträger fast bis an die Hütte heran. Sogar ein Turmfalkenpärchen ist in der Umgebung zu Hause. Einer der Falken sitzt meist auf einem der wenigen Bäumchen am Wegrand oder kann direkt beim Wegfliegen beobachtet werden. Schmetterlinge und Raupen in den buntesten Farben bevölkern die Umgebung. Schließlich erreichen wir die Lamsenjochhütte. Die rustikale Berghütte ist außen mit handgemachten Holzschindeln versehen. An kühlen Tagen wärmt man sich am Kachelofen in der Gaststube. Unmittelbar neben der Hütte wurde an der Ostwand der Lamsenspitze der Kletterpark Dreamland errichtet. Dort gibt es Kletterrouten in allen Schwierigkeitsgraden. Der Rückweg zum Ausgangspunkt erfolgt auf dem Zustiegsweg.

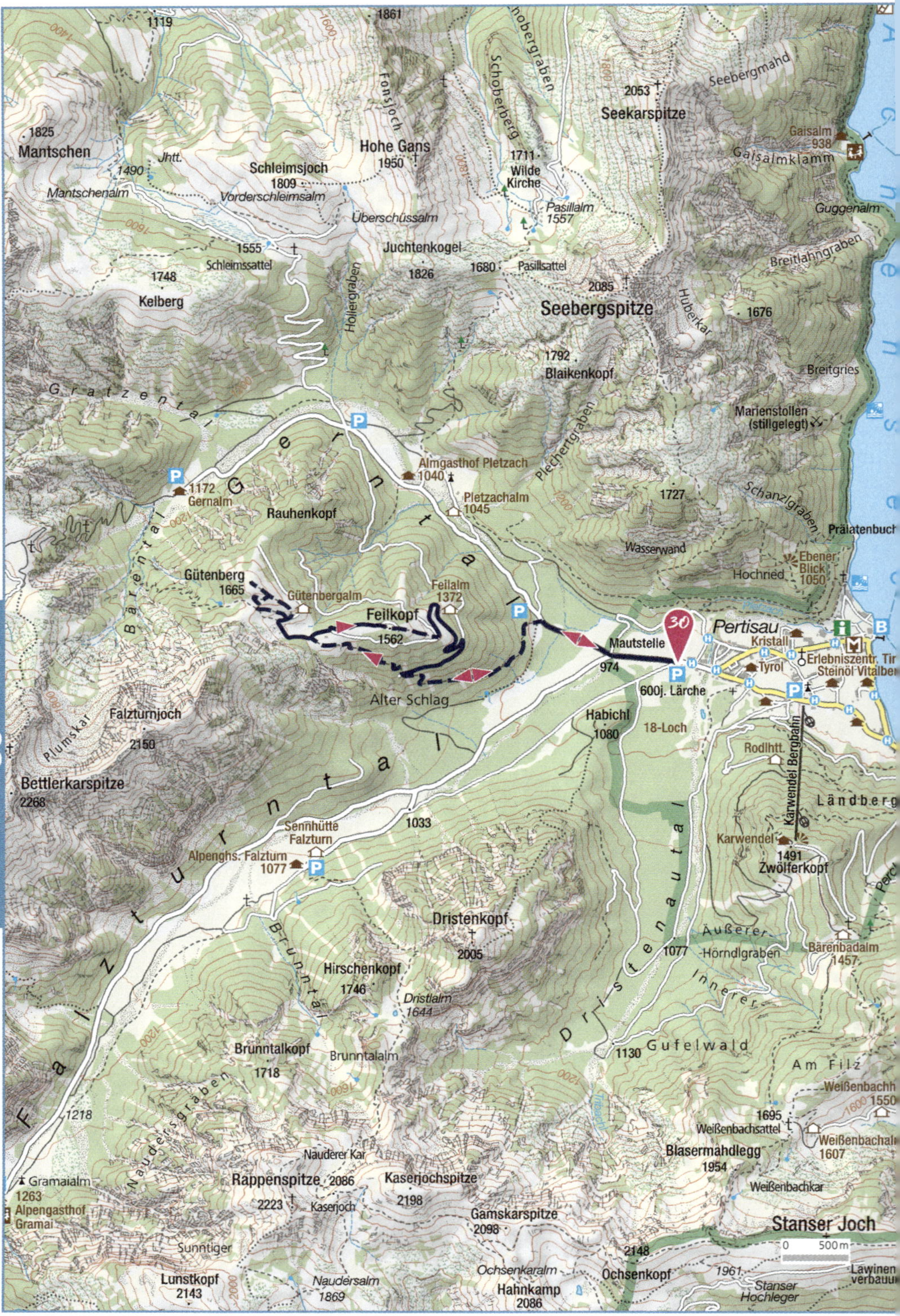

30

1119
1861
1825
Mantschen
Jhtt.
1490
Mantschenalm
Schleimsjoch
1809
Vorderschleimsalm
Fonsjoch
Hohe Gans
1950
Schobergraben
Schoberberg
1711
Wilde Kirche
Pasillalm
1557
Überschüssalm
2053
Seekarspitze
Seebergmahd
Gaisalm
938
Gaisalmklamm
Guggenalm
Breitlahngraben
Achensee
1555
Schleimssattel
1748
Kelberg
Juchtenkogel
1826
Hollergraben
1680
Pasillsattel
2085
Seebergspitze
Huberkar
1676
1792
Blaikenkopf
Breitgries
Marienstollen (stillgelegt)
Gratzental
Gerntal
Almgasthof Pletzach
1040
Pletzachalm
1045
Plechertgraben
1172
Gernalm
Rauhenkopf
1727
Schanzlgraben
Prälatenbuch
Wasserwand
Ebener Blick
1050
Hochried
Bärental
Gütenberg
1665
Gütenbergalm
Feilalm
1372
Feilkopf
1562
Pertisau
Mautstelle
974
Kristall
Tyrol
Erlebniszentr. Tir
Steinöl-Vitalber
600j. Lärche
Alter Schlag
Falzturnjoch
Plumskar
2150
Habichl
1080
18-Loch
Bettlerkarspitze
2268
Rodlhtt.
Karwendel-Bergbahn
Ländberg
Falzturntal
1033
Sennhütte Falzturn
Alpenghs. Falzturn
1077
Karwendel
1491
Zwölferkopf
Dristenkopf
2005
Dristenautal
Brunntal
Äußerer
Hörndlgraben
Bärenbadalm
1457
1077
Hirschenkopf
1746
Dristlalm
1644
Innerer
Brunntalkopf
1718
Brunntalalm
1130
Gufelwald
Am Filz
Weißenbachh
1550
Nauderergraben
1218
1695
Weißenbachsattel
Weißenbachalm
1607
Blasermahdlegg
1954
Gramaialm
1263
Alpengasthof Gramai
Nauderer Kar
Rappenspitze
2086
Kaserjochspitze
2198
2223
Kaserjoch
Weißenbachkar
Gamskarspitze
2098
Stanser Joch
0 500 m
Sunntiger
2148
Lunstkopf
2143
Naudersalm
1869
Ochsenkaralm
Hahnkamp
2086
Ochsenkopf
1961
Stanser Hochleger
Lawinen verbauu

Tour 30

Panoramatour 30

Gütenbergalm

Am schönsten Blick über den Achensee

DAUER	4h
LÄNGE	11 km
HÖHENMETER	760 hm
SCHWIERIGKEIT	MITTEL
MIT ÖPNV ERREICHBAR	nein

Das erwartet dich ...

Die Bergtour ist recht einfach und weist keine größeren Schwierigkeiten auf. Auf breiteren und schmäleren Wegen geht's ohne Anstrengung zu den beiden kleinen Gipfeln. Von Weitem scheint der Feilkopf ein unbedeutender Bergrücken, die Aussicht von seinem Haupt ist jedoch gigantisch. Zwei gemütliche Almen mit Jausenstationen laden zu angenehmer Rast ein.

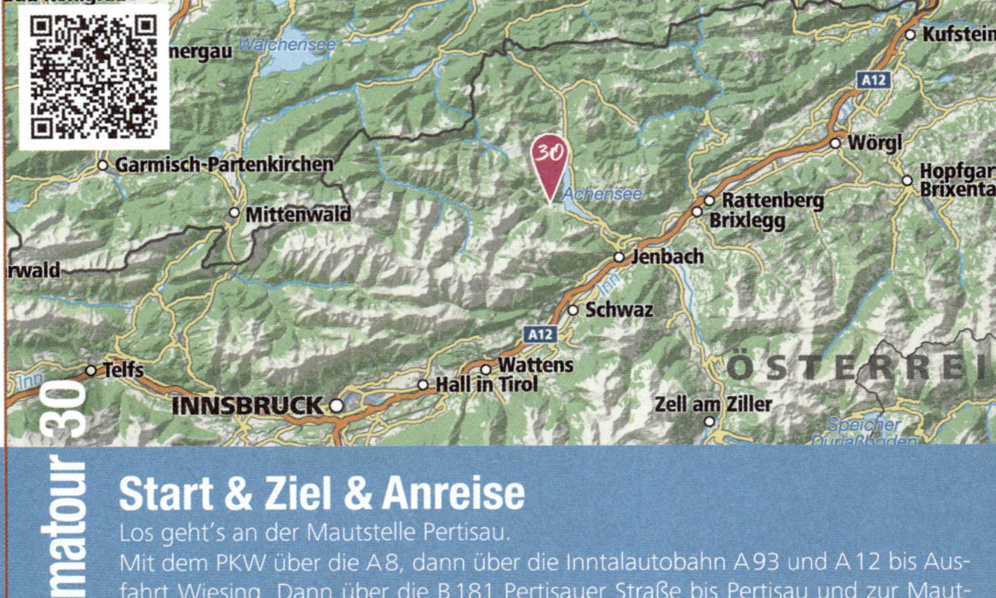

Panoramatour 30

Start & Ziel & Anreise

Los geht's an der Mautstelle Pertisau.
Mit dem PKW über die A 8, dann über die Inntalautobahn A 93 und A 12 bis Ausfahrt Wiesing. Dann über die B 181 Pertisauer Straße bis Pertisau und zur Mautstraße. Ein gebührenpflichtiger Parkplatz befindet sich an der Mautstelle.
Von München oder Innsbruck mit dem Zug nach Jenbach. Hier weiter mit dem Bus Nr. 8332 nach Pertisau.

Tourenbeschreibung

Zwischen Falzturntal und Gerntal ragt ein unbedeutender Bergrücken auf. Zu diesem wenig beachteten, aber sehr aussichtsreichen Wald- und Wiesenmugel steigen wir heute auf. Auf den Feilkopf und seinen etwas höheren Nachbarn führen bequeme Wanderwege. Zwei schöne Almen, auf denen man bei schmackhafter Brotzeit rasten kann, gibt's außerdem.

Wir steigen von der Mautstelle in Pertisau an. Knappe zehn Minuten geht's entlang der Straße nach Westen, an der Kreuzung rechts und am Pestbrunnen vorbei. Am Rast- und Parkplatz Tunigenwiese folgen wir den Wegschildern nach links in den schattigen Wald. Sanft steigt der Weg an, im oberen Abschnitt passieren wir ein paar Lichtungen mit ersten freien Blicken auf die umliegenden Berge. In Kehren schraubt sich der Weg bergan. An einem Sträßchen laufen wir 50 m nach rechts. Dann folgen wir einem schmalen Steig nach links durch steilen Wald.

Nochmals ein paar Kehren genommen und schon sind wir in den steilen Weidehängen. Zwischendurch verliert sich der Weg. In einer Senke stoßen wir auf einen Fahrweg.

Wir wählen die kürzere Route zum Gütenberg; dafür laufen wir links bis zur Gütenbergalm. Sie ist eine einfache schmucke kleine Jausenstation, die Brotzeiten wie Speck- und Käsebrot und diverse Getränke anbietet. Hinter der Alm folgen wir den Fahrspuren über die Weidewiesen nach Nordwesten. Kurz vor dem Sattel zwischen Falzturnjoch und Gütenberg schwenken wir nach rechts ab und laufen weglos zur Grathöhe hinauf. Oben links zum Gütenberg.

Weglos laufen wir über den Wiesenrücken, zuletzt steiler, direkt nach Südwesten zur Gütenbergalm hinunter. Dann geht's auf dem Fahrweg weiter geradeaus gegen Osten. An der Straßengabelung halten wir uns links und stiegen zum großen Kreuz auf dem Feilkopf auf. Von hier aus laufen wir ein paar Meter nach Osten zum Sträßchen hinab. Es endet bald und wir orientieren uns an schmalen Trittspuren über den breiten Rücken. In gleichbleibender Richtung wandern wir talwärts. An einer Fahrrampe links halten zur breiten Schotterstraße. Die Straße bringt uns schließlich in Kehren oder direkt über den Wiesenhang zur Feilalm hinunter. Auf dem Fahrweg geht's bis zu einer Verzweigung auf ca. 1310 m ab. Hier biegen wir rechts ab und wandern auf bekanntem Weg nach Pertisau.

Auf dem stillen Gütenberg; hinten die Mondscheinspitze

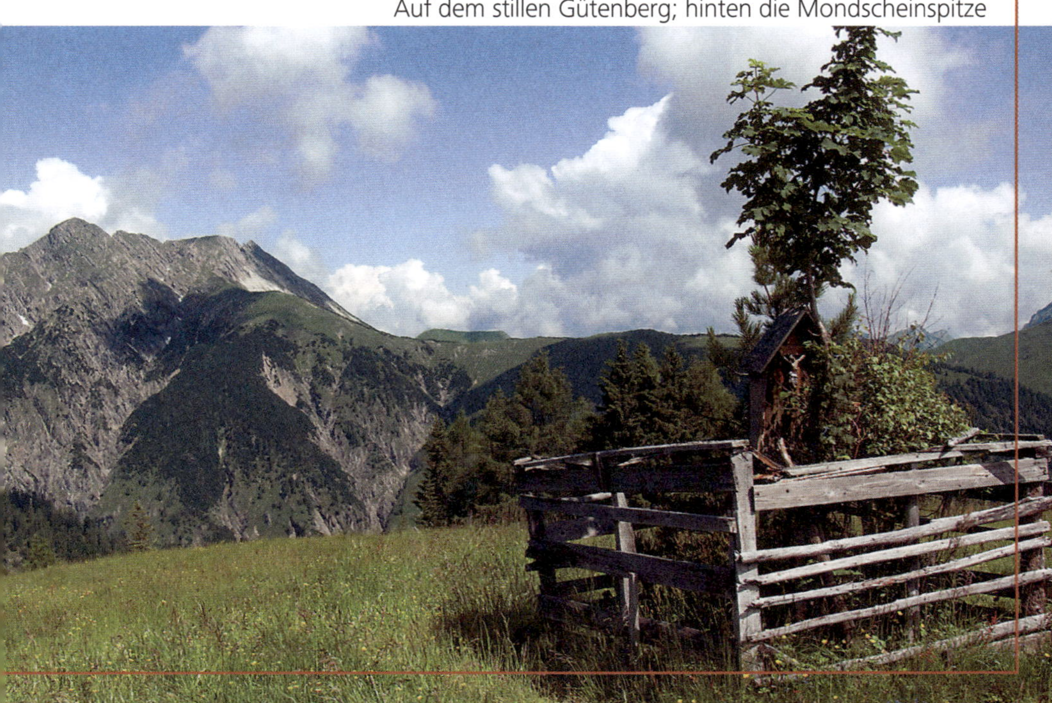

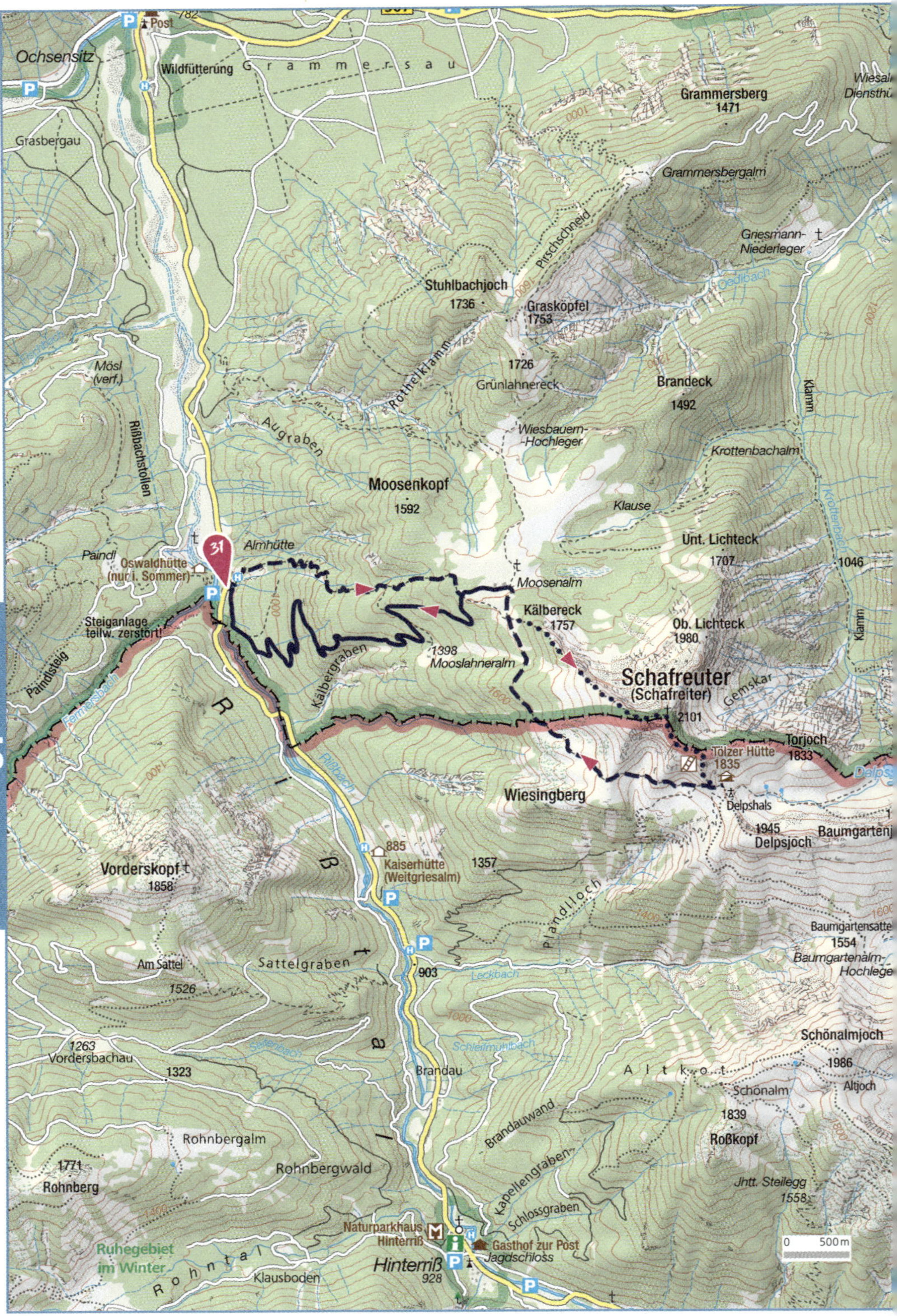

Post
782
Ochsensitz
Wildfütterung
G r a m m e r s a u
Grammersberg
1471
Wiesal
Diensthü
Grasbergau
Grammersbergalm
Pirschschneid
Griesmann-
Niederleger
Oedlbach
Stuhlbachjoch
1736
Grasköpfel
1753
1726
Röthelklamm
Grünlahnereck
Brandeck
1492
Mösl
(verf.)
Rißbachstollen
Augraben
Wiesbauern-
-Hochleger
Krottenbachalm
Klamm
Moosenkopf
1592
Klause
Unt. Lichteck
1707
1046
Krottenbach
Paindl
Almhütte
Oswaldhütte
(nur i. Sommer)
31
Moosenalm
Kälbereck
1757
Ob. Lichteck
1980
Klamm
Steiganlage
teilw. zerstört!
Paindlsteig
1398
Mooslahneralm
Kälbergraben
Schafreuter
(Schafreiter)
2101
Gemskar
Fermersbach
R
Torjoch
1833
Tölzer Hütte
1835
Delps
Rißbach
Wiesingberg
Delpshals
1945
Delpsjoch
Baumgartenj
885
Kaiserhütte
(Weitgriesalm)
1357
Vorderskopf
1858
ß
Plandlloch
Baumgartensatte
1554
Baumgartenalm-
Hochlege
Am Sattel
1526
Sattelgraben
t
903
Leckbach
Schönalmjoch
1986
Altjoch
1263
Vordersbachau
1323
Sattenbach
a
Schleifmühlbach
Brandau
A l t k o t
Schönalm
1839
Roßkopf
Brandauwand
Rohnbergalm
1771
Rohnberg
Rohnbergwald
l
Kapellengraben
Jhtt. Steilegg
1558
Schlossgraben
Naturparkhaus
Hinterriß
Gasthof zur Post
Jagdschloss
Ruhegebiet
im Winter
Hinterriß
928
R o h n t a l
Klausboden
0 500 m

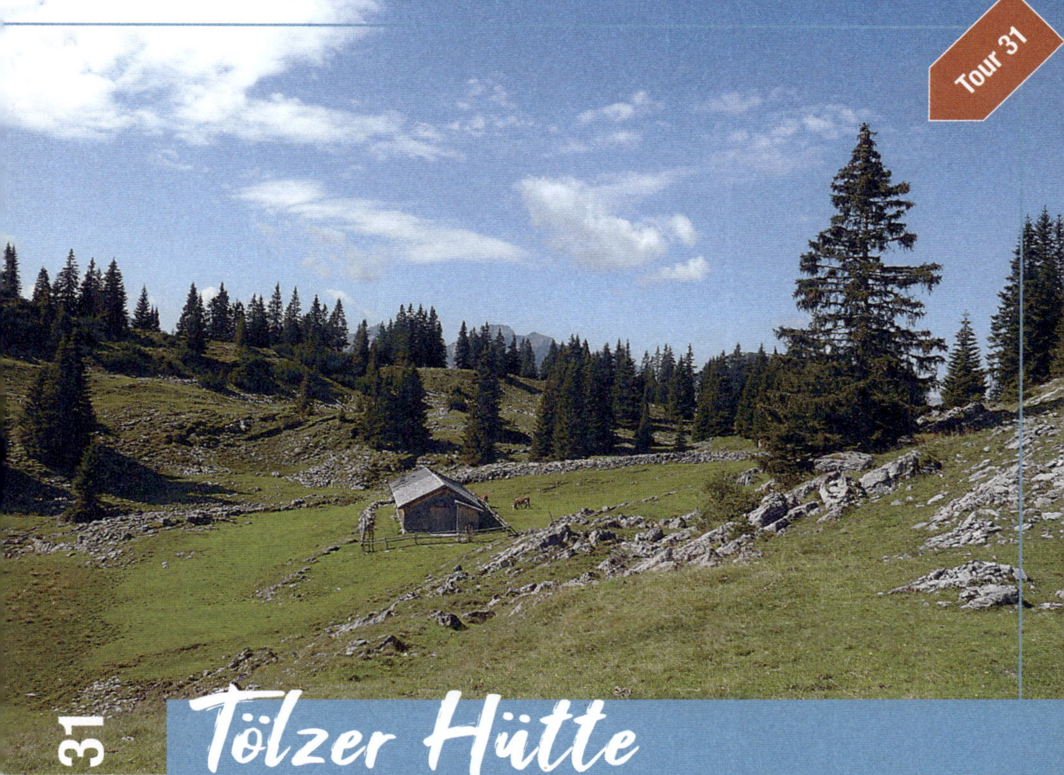

Tour 31

Aussichtstour 31

Tölzer Hütte

Hoch über dem Bayerischen und Tiroler Karwendel

DAUER	6h 45min
LÄNGE	12,3 km
HÖHENMETER	1230 hm
SCHWIERIGKEIT	MITTEL
MIT ÖPNV ERREICHBAR	ja

Das erwartet dich ...

Die anspruchsvolle Wanderung bewegt sich auf Steigen; je nach Variante sind Trittsicherheit, Schwindelfreiheit und Orientierungssinn erforderlich; nicht zu empfehlen bei nassen Verhältnissen, da der Weg an einigen Stellen äußerst rutschig werden kann. Die Flora und Faune auf dem Weg sind beeindruckend und können mit Fernglas noch genauer betrachtet werden.

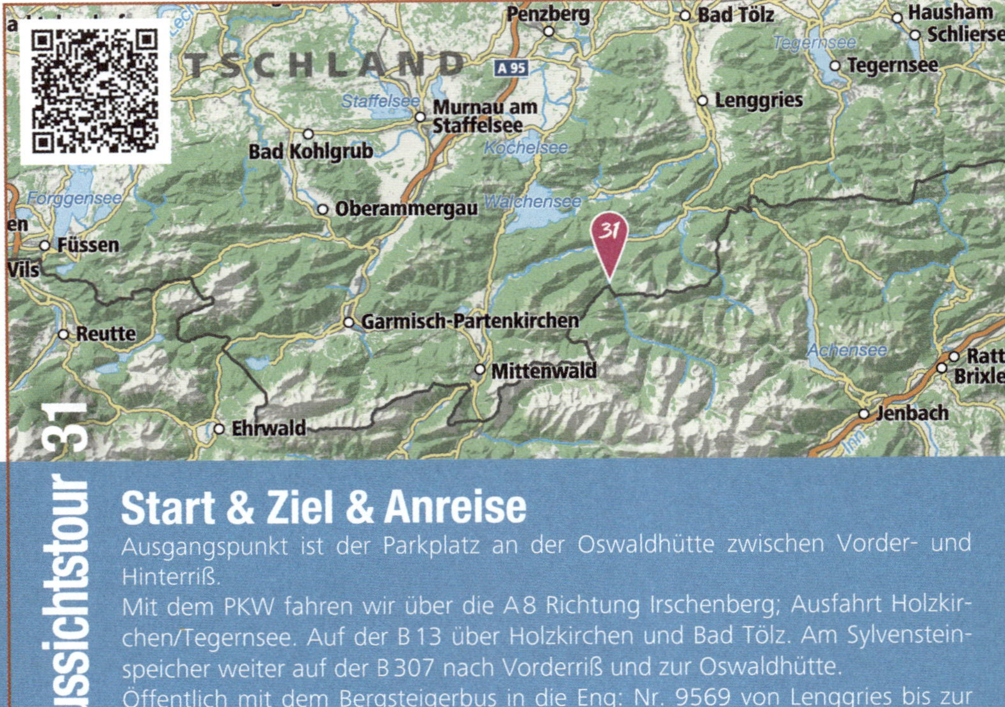

Aussichtstour 31

Start & Ziel & Anreise

Ausgangspunkt ist der Parkplatz an der Oswaldhütte zwischen Vorder- und Hinterriß.

Mit dem PKW fahren wir über die A8 Richtung Irschenberg; Ausfahrt Holzkirchen/Tegernsee. Auf der B13 über Holzkirchen und Bad Tölz. Am Sylvensteinspeicher weiter auf der B307 nach Vorderriß und zur Oswaldhütte.

Öffentlich mit dem Bergsteigerbus in die Eng: Nr. 9569 von Lenggries bis zur Haltestelle Oswaldhütte.

Tourenbeschreibung

Wir laufen von der Oswaldhütte zwischen der Garage und dem Bachgraben auf den schmalen Weg. Der Steig läuft kurz am Garben entlang, dann knicken wir nach links auf undeutlichen Markierungspunkten über einen Grashang. Wir wandern durch einen Wechsel von Bergahorn und reizvollen Waldwiesen. Wir steigen immer höher, der Fichtenbewuchs nimmt zu. Schließlich wird es lichter und wir passieren auf der Forststraße ein Wegschild zum Schafreuter. Kurz darauf stehen wir vor der Moosenalm. Die saftig grünen Wiesen sind mit weiß-grauem Gestein aus Plattenkalk durchsetzt. Hier wachsen diverse Farnarten und der Rundblättrige Steinbrech. Kreuzottern nutzen die Steine gern zu einem Sonnenbad. Ein eindrückliches Bild sind die freilaufenden Pferde, die im Almgebiet der Moosenalm weiden.

Wir folgen dem roten Punkt rechts über eine Wiese in eine Senke mit Wegweisern. Nun gibt es zwei Möglichkeiten, zur Tölzer Hütte aufzusteigen. Die erste Variante ist ein wenig anspruchsvoller und wartet mit einem Gipfel. Der Weg ist jedoch nur trittsicheren und schwindelfreien Personen vorbehalten. Bei Nässe sollte der Steig gemieden werden. Wir halten uns links und folgen am Kälbereck dem Wegschild. Der Steig führt an der Hangkante über einen Latschenrücken steil hinauf. Gut eineinhalb Stunden später stehen wir am Gipfelkreuz des Schafreuters. Unter uns weidet eine Gruppe von Schafen. Auf beiden Seiten bricht der enge Gipfel steil ab. Dafür bietet sich uns eine fantastische Aussicht – bei schönem Wetter reicht der Fernblick aufs Bayerische und Tiroler Karwendel, ja sogar bis nach München. Direkt am Gipfel verläuft auch die Grenze zwischen Bayern und Tirol. Mit diesen Eindrücken steigen wir südseitig ab. Wir klettern durch eine mit Drahtseil gesicherte Rinne und überwinden einen harmlosen Grat mit Frühlingsenzian. An Steinmandln vorbei geht's dann das letzte Stück zur Tölzer Hütte.

Die zweite, wesentlich einfacher Variante bewegt sich auf demselben Weg, den wir als Rückweg bei Variante 1 nutzen würden. Er führt auf einen leichten Weg mit Gamsblickgarantie. Wir halten uns rechts und folgen den Schildern. Moderat wandern wir am Westhang des Schafreuters zur Tölzer Hütte hinauf. Immer wieder streifen Gämsen unseren Blick. Manchmal verstecken sie sich aber auch zwischen den Latschen, wie die Schneehasen, die hier zu Hause sind. Mit ein wenig Glück sehen wir sogar den selten gewordenen gelben Berg-Pippau, der auf den kalkhaltigen frischen Bergwiesen nach Würmern und Insekten sucht. An der Tölzer Hütte ist dann erstmal eine Rast angesagt. Im Sommer 2020 wurde die Hütte generalsaniert. Die aufgetischten Spezialitäten stammen von regionalen Produkten. Die Hütte verfügt über drei urige, warme Stuben und eine schöne große Terrasse. Von hier haben wir einen ganz besonders schönen Blick auf das beeindruckende Panorama des Karwendelgebirges. Hier ist es von Vorteil, wenn man ein Fernglas dabei hat: Wohin man blickt, überall wuseln die Gämsen herum. Manchmal sind sie sogar in großen Gruppen unterwegs. Unweit der Hütte befindet sich im Südosten ein kleines Denkmal. Wir machen gern einen kleinen Abstecher dorthin; zwischen diesem und dem Delpsjochgipfel siedeln einige Murmeltiere. Sie sind sehr zahm und man kann sie hier gut beobachten.

Nach der ausgiebigen und erholsamen Pause auf der Tölzer Hütte wandern wir unterhalb der Hütte über die Südflanke des Schafreuters nach Westen. Wir gelangen an die bereits bekannte Moosenalm. Dabei suchen wir uns den Weg durch die Latschen. Kurz geht's nochmal bergauf zu einem Joch, dann folgen wir einem undeutlicheren Weg nach rechts über eine grüne Hochfläche. Auf der gegenüberliegenden Seite befindet sich der Vorderskopf. Er erinnert an einen Tafelberg in Afrika. Eine Stunde später stehen wir an der Forststraße bei der Moosenalm. Wir folgen ihr ins Tal zurück zum Ausgangspunkt.

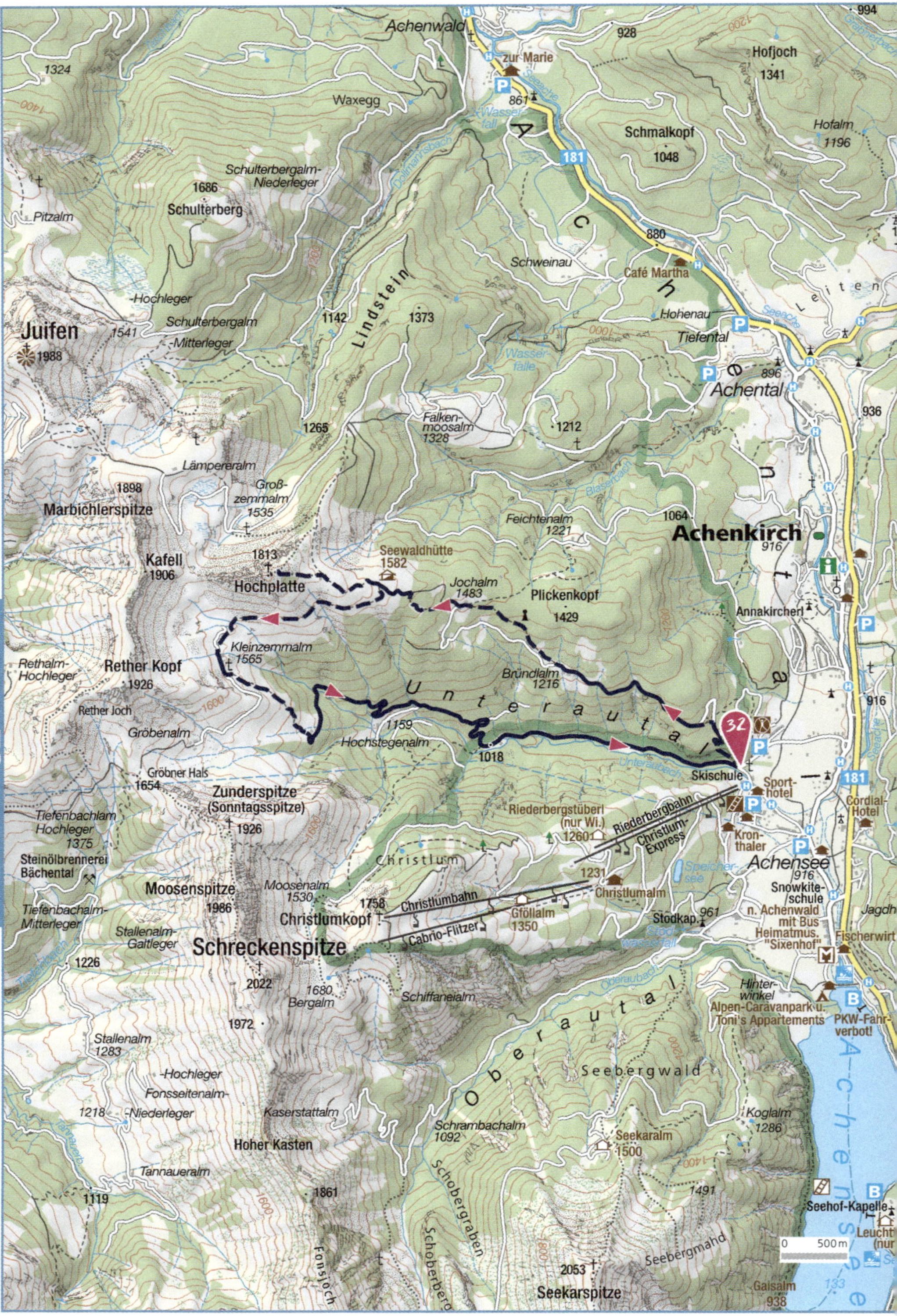

32

Achenwald
994
928
zur Marie
Hofjoch
1341
1324
861
Waxegg
Wasserfall
1400
181
Schmalkopf
1048
Hofalm
1196
Schulterbergalm-
Niederleger
1686
Schulterberg
Pitzalm
880
Schweinau
Café Martha
-Hochleger
Schulterbergalm
-Mitterleger
1142
Lindstein
1373
Hohenau
Tiefental
Leiten
Seeache
Juifen
1988
1541
Wasserfälle
896
Achental
936
1265
Falkenmoosalm
1328
1212
Lämpereralm
1898
Marbichlerspitze
Groß-
zemmalm
1535
Blaserbach
Feichtenalm
1221
1064
Achenkirch
916
Kafell
1906
1813
Hochplatte
Seewaldhütte
1582
Jochalm
1483
Plickenkopf
1429
Annakirchen
Kleinzemmalm
1565
Rethalm-
Hochleger
Rether Kopf
1926
Bründlalm
1216
916
Rether Joch
Unterautal
1600
1159
Gröbenalm
Hochstegenalm
1018
Unterautbach
Skischule
181
Gröbner Hals
1654
Zunderspitze
(Sonntagsspitze)
1926
Sporthotel
Riederbergstüberl
(nur Wi.)
1260
Riederbergbahn
Christlum-
Express
Cordial-
Hotel
Tiefenbachlam
Hochleger
1375
Kronthaler
Steinölbrennerei
Bächental
Christlum
Achensee
916
Speichersee
Moosenspitze
1986
Moosenalm
1530
1231
Christlumalm
Snowkite-
schule
Tiefenbachalm-
Mitterleger
1758
Christlumbahn
Christlumkopf
Gföllalm
1350
Stodkap.
961
n. Achenwald
mit Bus
Heimatmus.
"Sixenhof"
Jagdh
Stallenalm-
Gaitleger
Cabrio-Flitzer
Stodlwasserfall
Fischerwirt
Schreckenspitze
1226
2022
1680
Bergalm
Oberaubach
Hinterwinkel
Alpen-Caravanpark u.
Toni's Appartements
PKW-Fahrverbot!
Schiffaneialm
1972
Oberautal
Stallenalm
1283
-Hochleger
Fonsseitenalm-
Seebergwald
1218
-Niederleger
Kaserstattalm
Koglalm
1286
Schrambachalm
1092
Seekaralm
1500
Hoher Kasten
1400
Tannaueralm
1491
Achensee
1119
1861
Seehof-Kapelle
Leucht
1600
Schobergraben
0 500 m
Fonsjoch
Seebergmahd
2053
Seekarspitze
Gaisalm
938
133

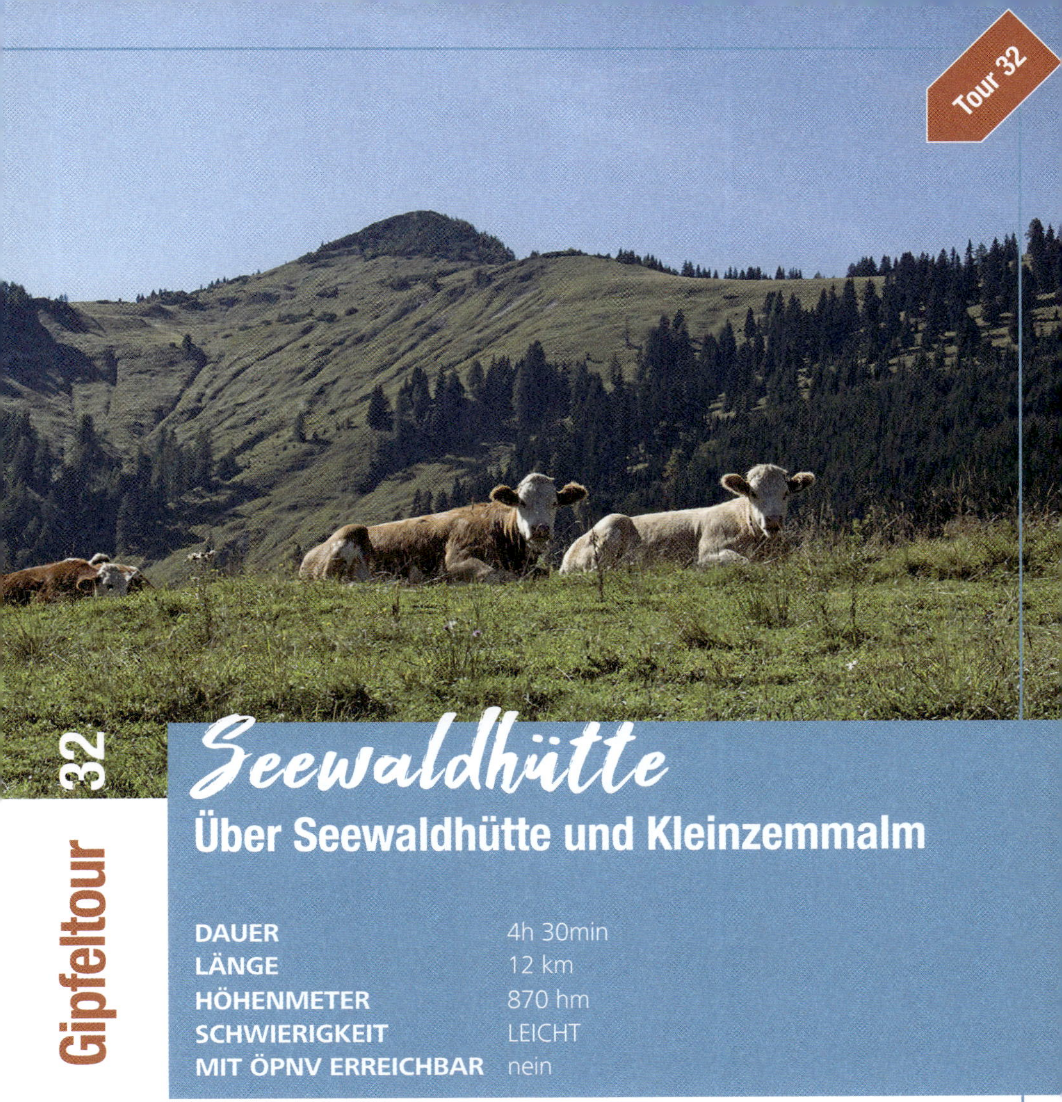

32 Gipfeltour

Seewaldhütte

Über Seewaldhütte und Kleinzemmalm

DAUER	4h 30min
LÄNGE	12 km
HÖHENMETER	870 hm
SCHWIERIGKEIT	LEICHT
MIT ÖPNV ERREICHBAR	nein

Das erwartet dich ...

Landschaftlich prächtige und aussichtsreiche Wanderung zu einem beliebten Gipfelziel in der Nähe des Juifens; die etwas stillere Abstiegsvariante über die Kleinzemmalm ist sehr weit, aber nicht schwierig. Oben erwarten uns eine gemütliche Hütte und ein toller Rundumblick auf Guffert und den Unnütz, über den Achensee und den Rofan zum Karwendel.

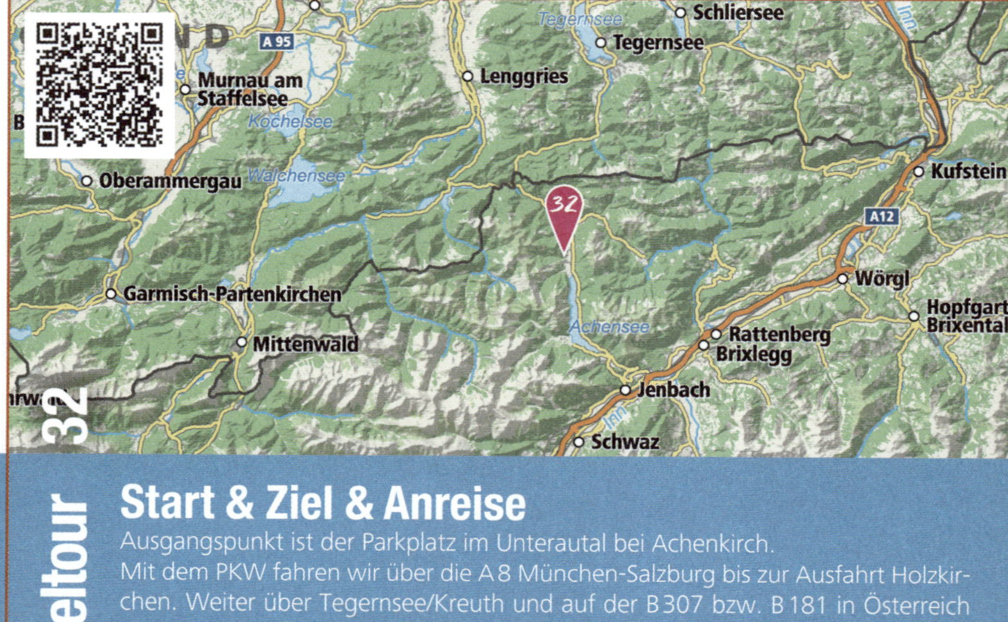

Gipfeltour 32

Start & Ziel & Anreise

Ausgangspunkt ist der Parkplatz im Unterautal bei Achenkirch.
Mit dem PKW fahren wir über die A 8 München-Salzburg bis zur Ausfahrt Holzkirchen. Weiter über Tegernsee/Kreuth und auf der B 307 bzw. B 181 in Österreich nach Achenkirch.
Von Jenbach fahren Busse über Maurach (hier umsteigen) nach Achenkirch.

Tourenbeschreibung

Wir beginnen die schöne Runde beim Parkplatz am Eingang in das Unterautal. Wir laufen vom Wegkreuz auf einen schmalen Jägersteig in den lichten Wald hinein. Dann steigen wir einen steilen Hang empor; nach seiner Kante wird der Bergweg deutlich flacher und stößt auf ein Sträßchen. Wir überqueren es und richten uns nach einer schmalen Pfadspur. Nach kurzer Zeit beschreibt sie einen Linksbogen und wird breiter. Wir schneiden mit ihr eine weitere Straßenschlaufe ab und queren anschließend den Fahrweg. Der alte Bergweg führt uns Richtung Nordwesten weiter und mündet schließlich auf die Straße. Sie leitet uns bis zur Bründlalm.

Gut 150 m hinter der Alm halten wir uns rechts auf einen deutlich markierten Wanderweg. Er verbreitert sich allmählich zu einer Schlepperspur und steigt parallel zur Straße an. Weiter unten verläuft die Fahrstraße, dreht jedoch bald links ab.

Unser Weg steigt relativ steil bergan. Wir überwinden ein Steilstück und halten uns bei der Verzweigung links Richtung Jochalm auf die Straße zu. Ein schmaler und steiler Fahrweg bringt uns jetzt zum Brunnen hinauf. An der scharfen Rechtskurve laufen wir geradeaus weiter. Ein alter Wanderweg leitet uns durch einen schönen und lichten Wald. Kurz unter der Seewaldhütte erreichen wir die Straße. Die Seewaldhütte ist eine Selbstversorgerhütte, die von DAV-Mitgliedern der Sektion Achensee bewartet wird und nur während der betreuten Zeit genutzt werden kann. Sie hat eine große Sonnenterrasse und wird mit Solarstrom versorgt.

Wir wandern an der Seewaldhütte vorbei, über Wiesenhänge zum Gipfelkreuz. Dann steigen wir wieder zur Hütte hinab, knicken nach rechts und folgen den Schildern zur Kleinzemmalm. Der Weg kann schon ein wenig vorher nach rechts abgekürzt werden; dann folgt man einem Querweg über einen Rücken am Weidezaun entlang. Auf schmalem Pfad wandern wir über steile Wiesenhänge unterhalb der Hochplatte und durch schmale Runsen nach Westen bis zur Kleinzemmalm. Auf dem Fahrweg gut 200 m hinter der Alm biegen wir links auf einen markierten Bergweg ab. Er fällt durch den Wald nach Südosten ab. Nahe des Regenmessers stoßen wir auf eine Straße. Sie führt in Kehren zuletzt eben durch das Unterautal zum Ausgangspunkt zurück.

Gipfelanstieg zur Hochplatte; hinten das Achental und der Guffert

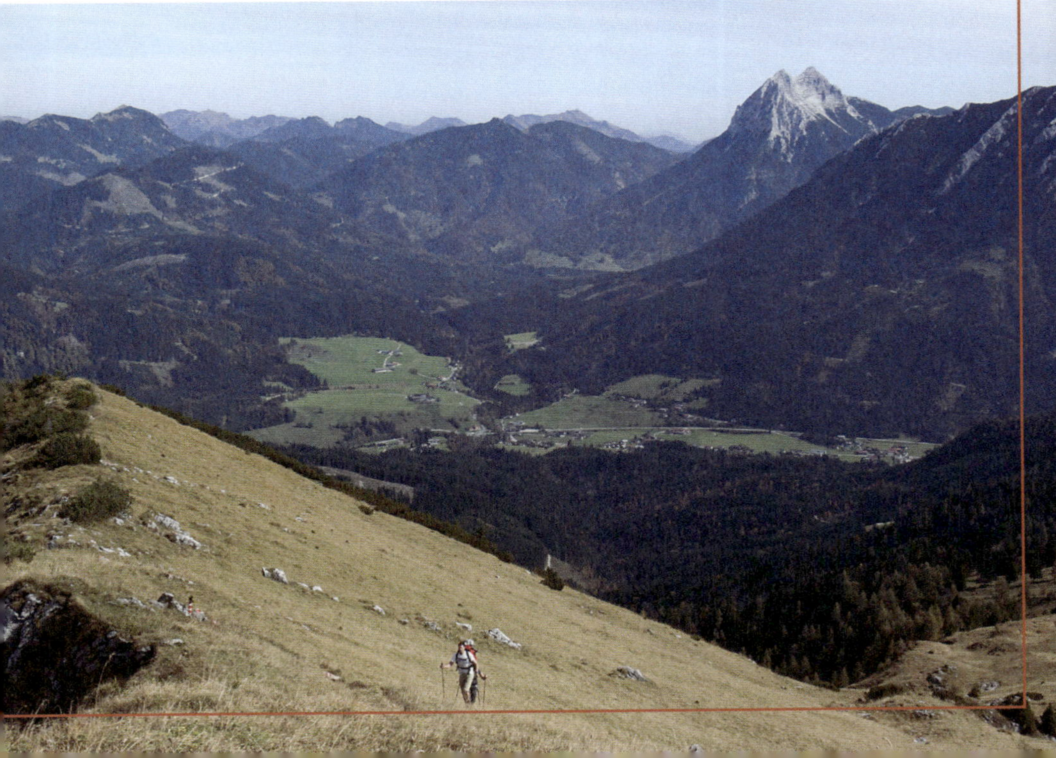

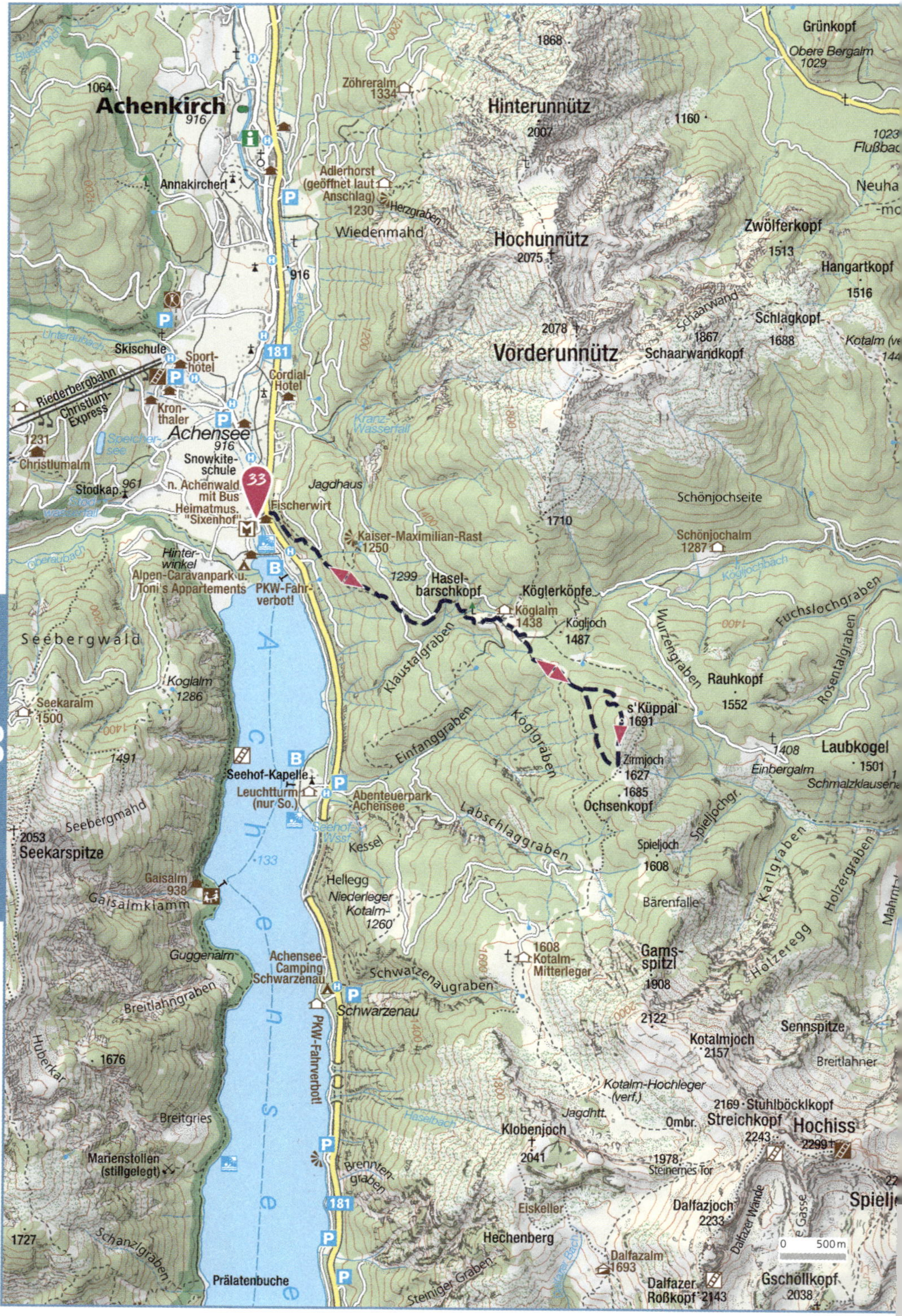

33

Achenkirch
916
1064
Annakircherl
Grünkopf
Obere Bergalm
1029
Zöhreralm
1334
1868
Hinterunnütz
2007
1160
1023
Flußbac
Neuha
Adlerhorst
(geöffnet laut
Anschlag)
1230
Herzgraben
Wiedenmahd
Hochunnütz
2075
Zwölferkopf
1513
Hangartkopf
1516
916
2078
Schaarwand
1867
Schlagkopf
1688
Kotalm
Vorderunnütz
Schaarwandkopf
Unterautal
Skischule
Sport-
hotel
181
Cordial-
Hotel
Riederbergbahn
Christlum-
Express
Kron-
thaler
Kranz-
Wasserfall
1231
Christlumalm
Speicher-
see
Achensee
916
Snowkite-
schule
Stodkap
961
n. Achenwald
mit Bus
Heimatmus.
"Sixenhof"
Stodl-
wasserfall
Jagdhaus
Fischerwirt
1710
Schönjochseite
Kaiser-Maximilian-Rast
1250
Schönjochalm
1287
Oberautal
Hinter-
winkel
Alpen-Caravanpark u.
Toni's Appartements
PKW-Fahr-
verbot!
1299
Hasel-
barschkopf
Köglerköpfe
Köglalm
1438
Kögljoch
1487
Köglbach
Fuchslochgraben
Wurzengraben
Rosentalgraben
Seebergwald
Koglalm
1286
Klaustalgraben
Rauhkopf
1552
Seekaralm
1500
s'Küppal
1691
1491
Einfanggraben
Köglgraben
1408
Laubkogel
1501
Einbergalm
Schmalzklausen
Zirmjoch
1627
1685
Ochsenkopf
Seehof-Kapelle
Leuchtturm
(nur So.)
Abenteuerpark
Achensee
Spieljochgr.
Seebergmahd
2053
Seekarspitze
Seehof-
Wsst
Kessel
133
Labschlaggraben
Spieljoch
1608
Karlgraben
Holzergraben
Hellegg
Niederleger
Kotalm
1260
Gaisalm
938
Gaisalmklamm
Bärenfalle
1608
Kotalm-
Mitterleger
Gams-
spitzl
1908
Holzeregg
Guggenalm
Achensee-
Camping
Schwarzenau
Schwarzenaugraben
Schwarzenau
Breitlahngraben
2122
Sennspitze
Kotalmjoch
2157
Breitlahner
Huberkar
1676
PKW-Fahrverbot!
Kotalm-Hochleger
(verf.)
Breitgries
Haselbach
Jagdhtt.
2169
Stuhlböcklkopf
Klobenjoch
2041
Ombr.
Streichkopf
2243
Hochiss
2299
Marienstollen
(stillgelegt)
Brenntengraben
1978
Steinernes Tor
181
Eiskeller
Dalfazjoch
2233
Dalfazer Wände
Spielj
1727
Hechenberg
Schanzlgraben
Dalfazalm
1693
0 500 m
Prälatenbuche
Steiniger Graben
Dalfazer
Roßkopf
2143
Gschöllkopf
2038
Achensee

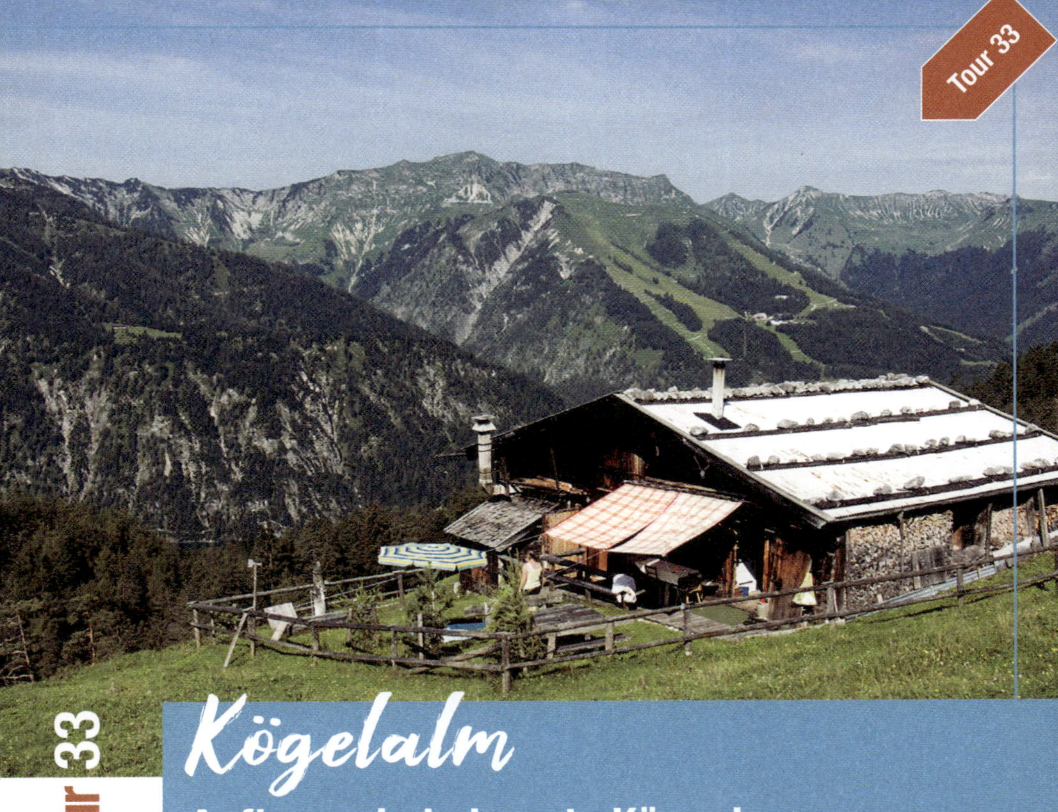

Kögelalm

Auf's wenig bekannte Küppal

DAUER	3h 15min
LÄNGE	8,3 km
HÖHENMETER	750 hm
SCHWIERIGKEIT	LEICHT
MIT ÖPNV ERREICHBAR	ja

Das erwartet dich ...

Die Wanderung verläuft auf steilen, aber kaum absturzgefährdeten Passagen. Oberhalb der Köglalm gibt es längere weglose Etappen, die eine gute Orientierungsgabe verlangen. Das Küppal („Küppchen“) ist ein wenig begangener Waldbuckel, bietet aber eine sehr schöne Sicht Richtung Rofan und Guffert. Mit der Köglaml erwartet uns eine gemütliche Hütte mit deftiger Brotzeit.

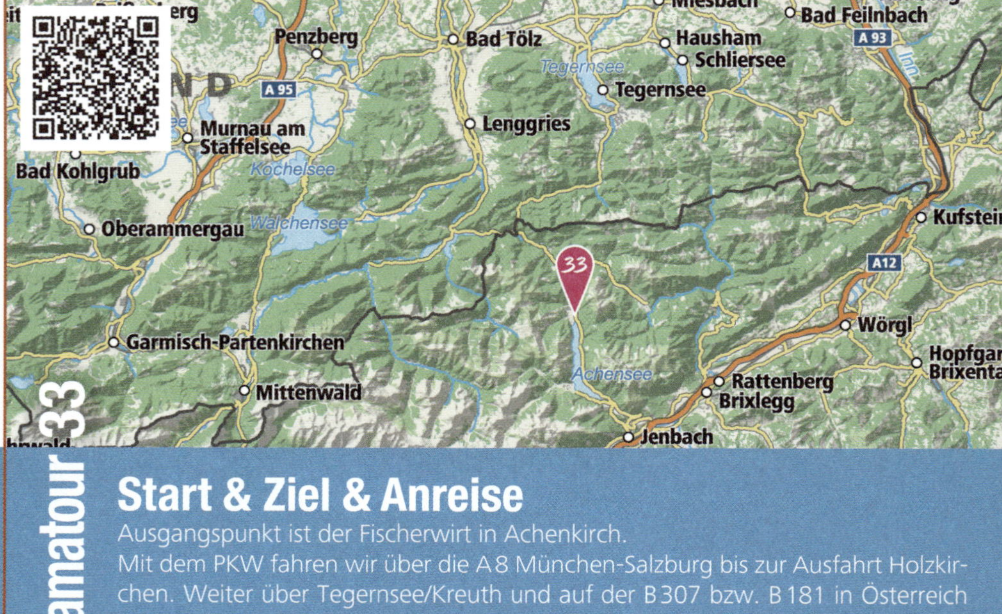

Panoramatour 33

Start & Ziel & Anreise

Ausgangspunkt ist der Fischerwirt in Achenkirch.
Mit dem PKW fahren wir über die A 8 München-Salzburg bis zur Ausfahrt Holzkirchen. Weiter über Tegernsee/Kreuth und auf der B 307 bzw. B 181 in Österreich nach Achenkirch. Parkplätze befinden sich direkt beim Fischerwirt an der Achenseestraße.
Von Jenbach fahren Busse über Maurach (hier umsteigen) nach Achenkirch.

Tourenbeschreibung

Wir starten am Nordrand des Achensees beim Parkplatz neben dem Fischerwirt. Wir laufen über die Brücke und halten uns hinter dem Hotel links. Die Wegschilder schicken uns unter der Bundesstraße hindurch. Hinter dem Tunnel schwenkt der Weg nach links. Gleich nach dem Drehkreuz zweigen wir rechts ab und in den Wald hinein. Der Bergweg schlängelt sich an einen steilen Bachgraben. Wir queren ihn und erreichen einen Aussichtspunkt mit Verzweigung. Unmittelbar darüber halten wir uns rechts. Der Weg flacht ab und quert eine breite Forststraße. Nach einem Bogen in nordöstliche Richtung stoßen wir auf die Verzweigung der Forststraße, die vom Hotel Cordial heraufkommt. Ein einem weiteren Bogen erreichen wir über den Forstweg zu den unteren Köglalmen.

Am Klaustalgraben verengt sich der Weg zu einem Steig. Er knickt nach rechts Richtung Südosten. Nach ein paar Gräben und kurzen, felsigen Etappen wandern wir durch lichten Kiefernwald. Der Weg dreht leicht nach links und wird steiler. Schließlich erreichen wir die Almwiese mit der Köglalm. Die Alm ist im Sommer bewirtschaftet und bietet hungrigen Gästen Jausenplatten und Getränke. Von der Wirtschaft geht es erst einmal gegen Osten zu den oberen Hütten der Köglalm hinauf und auf breitem Weg nach Südosten am freien Hang weiter. In der Linkskehre zweigen wir rechts ab und wandern weiter zum Kotalm-Mitterleger. Zuerst auf einer Fahrspur geht's durch eine Mulde, dann in den lichten Wald hinein. Etwas weiter oben flacht der markierte Bergweg leicht nach links ab. An einer breiten Lichtung geht's im Rechtsbogen etwas abwärts zu einer Viehtränke. Hier verlassen wir den markierten Bergweg und laufen über den Hang geradeaus zu einer Kante. Am Ende der Trittspur halten wir uns links und wandern bei einer breiten Lichtung weglos nach Osten hinauf. Vor einem Flachstück drehen wir rechts ab und steigen durch lichten Bergwald nach Südosten an. In einer geraden Linie geht's in den lichteren Bereich, da stoßen wir plötzlich auf einen Trampelpfad, er endet aber sogleich wieder. Im Nu erreichen wir die aussichtsreiche Gipfelwiese.

Der Abstieg bringt uns sanft und weglos gen Süden zum Zirmjoch. Hier führen gelegentlich Wegspuren im Auf und Ab nach Norden bis zur Anstiegsroute, der wir bis ins Tal folgen.

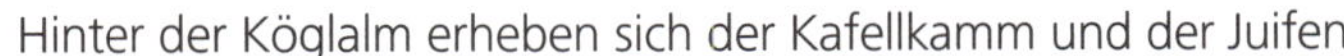

Hinter der Köglalm erheben sich der Kafellkamm und der Juifen

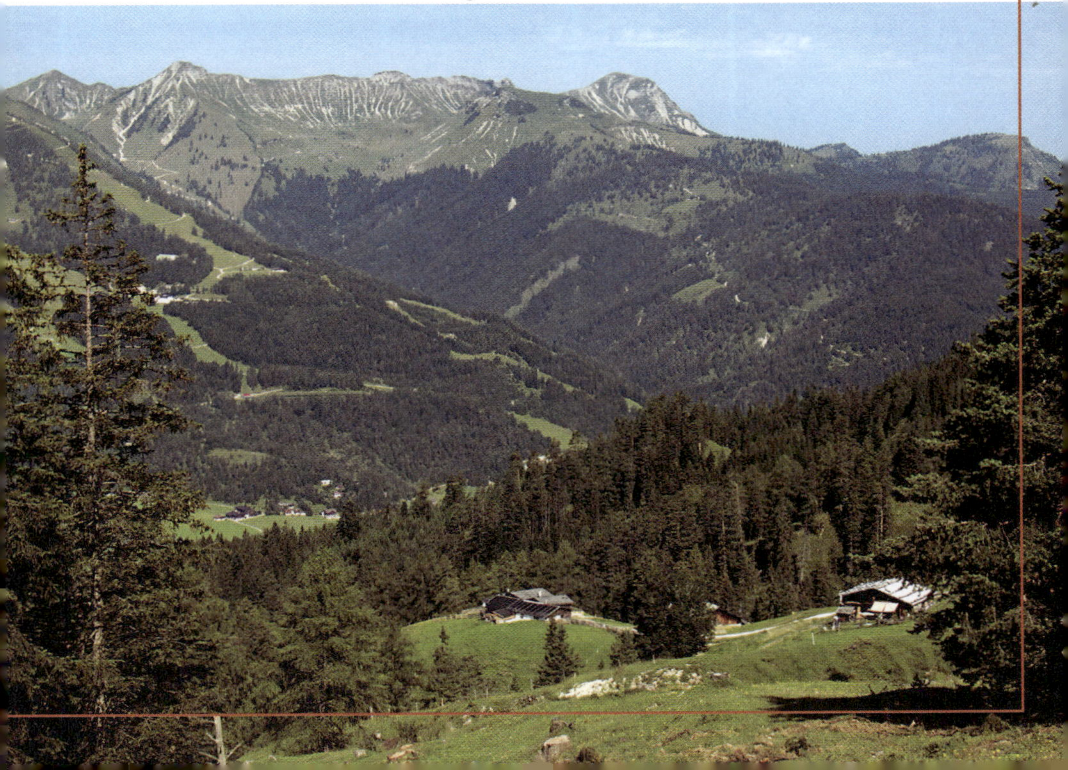

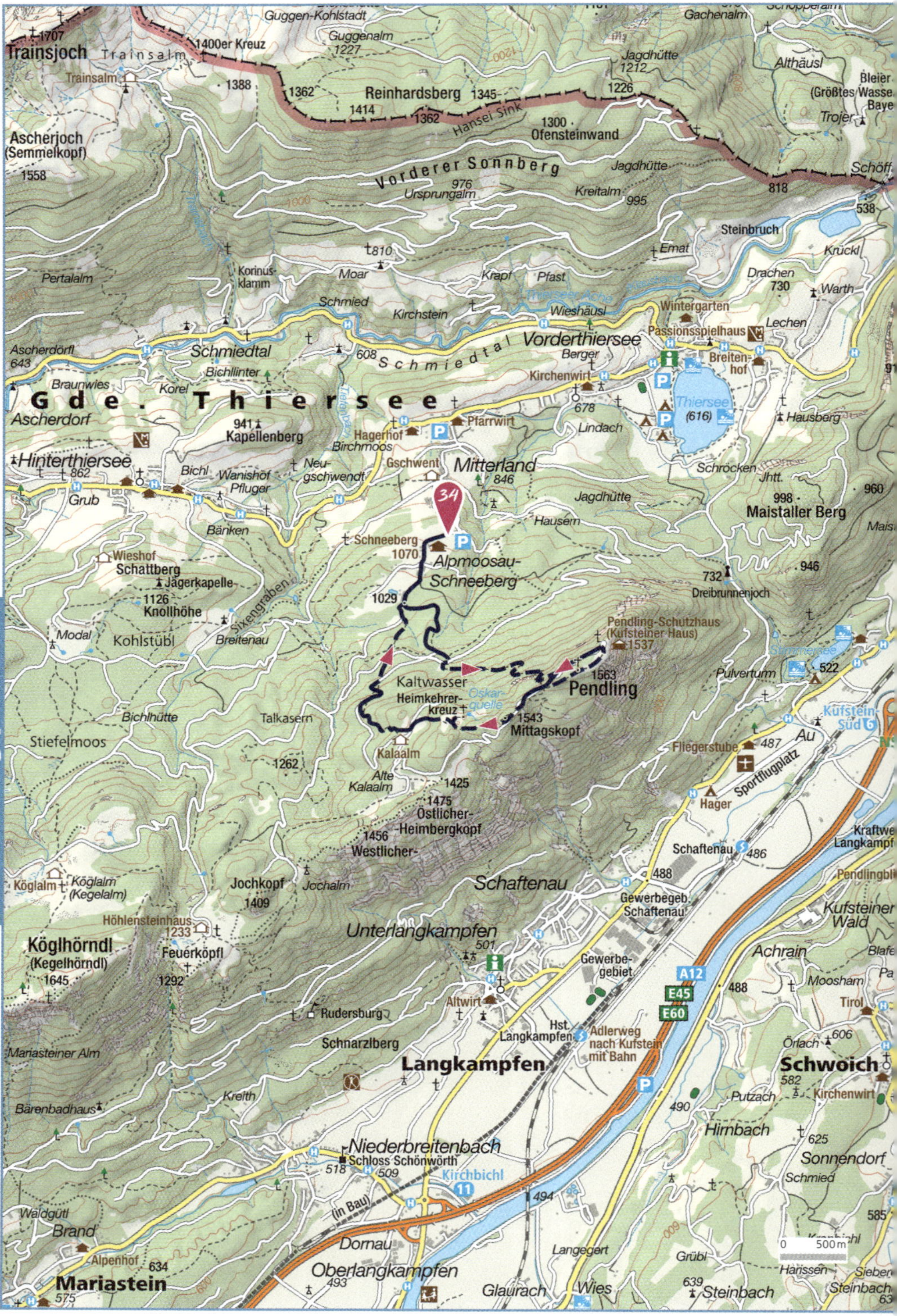

34

Trainsjoch
1707
Trainsalm
Guggen-Kohlstadt
1400er Kreuz
Guggenalm
1227
1388
1362
Reinhardsberg
1345
Jagdhütte
1212
1226
Gachenalm
Althäusl
Bleier
(Größtes Wasse
Baye
Trojer
Ascherjoch
(Semmelkopf)
1558
1414
1362
Hansei Sink
1300
Ofensteinwand
Vorderer Sonnberg
976
Ursprungalm
Jagdhütte
Kreitalm
995
818
Schöff
538
Steinbruch
Krückl
Drachen
730
Warth
Emat
810
Korinus-
klamm
Moar
Krapf
Pfast
Pertalalm
Schmied
Kirchstein
Wieshäusl
Wintergarten
Passionsspielhaus
Lechen
Ascherdörfl
643
Schmiedtal
608
Schmiedtal
Vorderthiersee
Berger
Breiten-
hof
Bichllinter
Kirchenwirt
Braunwies
Korel
Gde. Thiersee
Ascherdorf
941
Kapellenberg
Hagerhof
Birchmoos
Pfarrwirt
678
Lindach
Thiersee
(616)
Hausberg
Hinterthiersee
862
Grub
Bichl
Wanishof
Pfluger
Neu-
gschwendt
Gschwent
Mitterland
846
Schröcken
Jhtt.
998
Maistaller Berg
960
Bänken
Jagdhütte
Hausern
Schneeberg
1070
Alpmoosau-
Schneeberg
Wieshof
Schattberg
Jägerkapelle
1126
Knollhöhe
732
Dreibrunnenjoch
946
1029
Sixengraben
Modal
Kohlstübl
Breitenau
Pendling-Schutzhaus
(Kufsteiner Haus)
1537
Stimmersee
522
1563
Pendling
Kaltwasser
Heimkehrer-
kreuz
Oskar-
quelle
Pulverturm
Kufstein-
Süd
Bichlhütte
Talkasern
1543
Mittagskopf
Stiefelmoos
Kalaalm
Fliegerstube
487
Au
1262
Alte
Kalaalm
1425
Sportflugplatz
Hager
1475
Östlicher-
Heimbergkopf
1456
Westlicher-
Schaftenau
486
Kraftwe
Langkampf
Köglalm
Köglalm
(Kegelalm)
Jochkopf
1409
Jochalm
Schaftenau
488
Gewerbegeb.
Schaftenau
Pendlingbl
Kufsteiner
Wald
Höhlensteinhaus
1233
Unterlangkampfen
501
Köglhörndl
(Kegelhörndl)
1645
Feuerköpfl
1292
Gewerbe-
gebiet
A12
Achrain
Blafe
Moosham
E45
E60
488
Altwirt
Tirol
Rudersburg
Hst.
Langkampfen
Adlerweg
nach Kufstein
mit Bahn
Örlach
606
Mariasteiner Alm
Schnarzlberg
Langkampfen
Schwoich
582
Kirchenwirt
Putzach
Bärenbadhaus
Kreith
490
Hirnbach
625
Sonnendorf
Schmied
Niederbreitenbach
Schloss Schönwörth
518
509
Kirchbichl
11
494
Waldgütl
(in Bau)
585
Brand
Dornau
Alpenhof
634
Langegert
Grübl
Harissen
Sieber
Mariastein
575
Oberlangkampfen
493
Glaurach
Wies
639
Steinbach
Steinbach
0
500 m

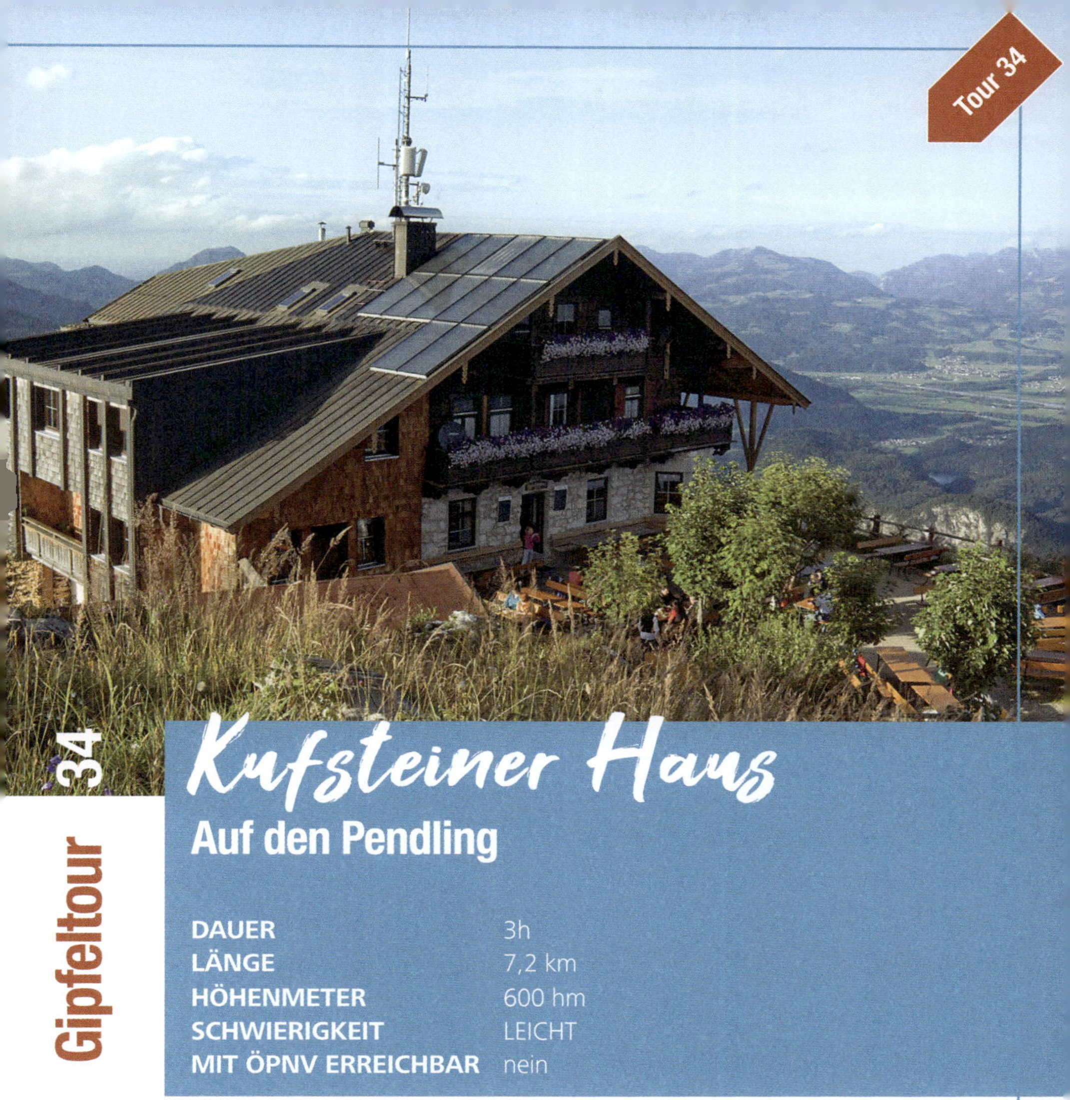

Tour 34

34

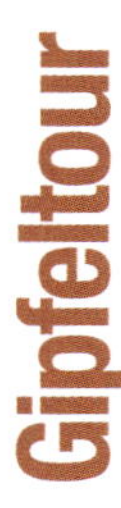

Kufsteiner Haus

Auf den Pendling

DAUER	3h
LÄNGE	7,2 km
HÖHENMETER	600 hm
SCHWIERIGKEIT	LEICHT
MIT ÖPNV ERREICHBAR	nein

Das erwartet dich ...

Die Bergwanderung führt auf einfachen Wegen zu einem schönen Gipfel. Vom Parkplatz Schneeberg in Thiersee führt ein gut markierter Steig zur Hütte, der auch immer wieder fantastische Ausblicke bietet. Das Kufsteiner Haus ist eine gemütliche Einkehr direkt unterhalb des Pendling. Es besteht die Möglichkeit zu einem zweiten Aussichtspunkt zu wandern.

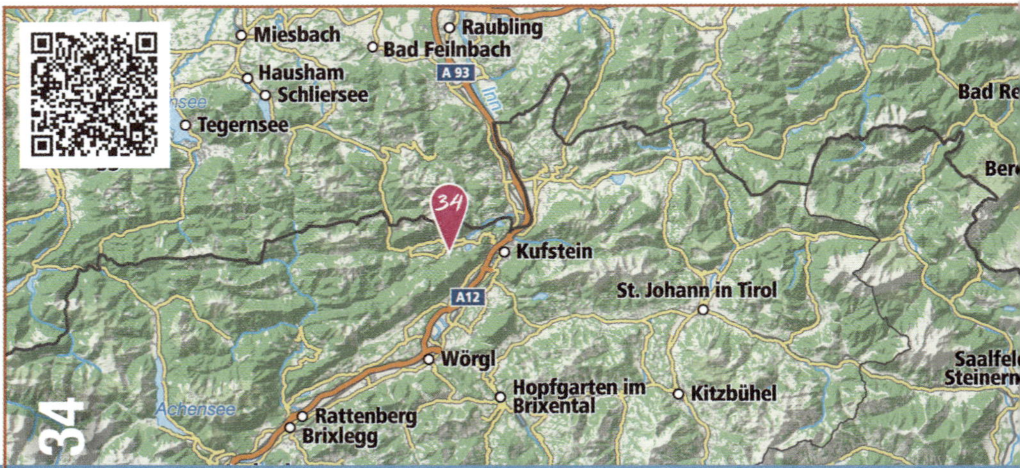

Gipfeltour 34

Start & Ziel & Anreise

Ausgangspunkt ist Hinterthiersee, Schneeberg.

Anfahrt von der Inntalautobahn, Ausfahrt Kufstein-Nord. Beim ersten Kreisverkehr rechts, dann geradeaus zum dritten Kreisverkehr. Dort rechts nach Vorderthiersee. Von München über Bayrischzell nach Landl und von dort rechts hinauf nach Hinterthiersee. An der Straße zwischen Vorderthiersee, 625 m und Hinterthiersee, 862 m beim Gasthof Pfarrwirt ab und über eine steile Bergstraße zum Gasthof Schneeberg. Hier gibt es einen gebührenpflichtigen Parkplatz.

Tourenbeschreibung

Wir laufen vom Parkplatz an ein paar Ferienhäusern und einer Schleppliftstation vorbei bis an eine Verzweigung. Hier wenden wir uns nach links, mit der Forststraße durch einige Kehren hindurch. An einer beschilderten Stelle zweigen wir in einer Rechtskurve des Fahrwegs auf einen relativ steilen Bergpfad ab. Ein Stück weiter oben queren wir die Straße noch einmal und steigen dann im Wald empor. Der Aufstieg zieht sich in die Länge und ist mühsam, doch schließlich nähern wir uns einer wilden Felswand, an der wir nach rechts drehen. Wir lassen ein paar spannende Wegetappen hinter uns, dann flacht die Route ab und erreicht den breiten Gipfelrücken. Wir queren noch einmal die Straße. Dann halten wir uns links auf dem Wanderweg zum Gipfel des Pendling. Oben erwartet uns eine tolle Aussicht und gleich zwei Gipfelkreuze.

Beim zweiten Kreuz steigen wir ein paar Meter hinab und stehen schon an der Aussichtsterrasse des Kufsteiner Hauses. Der phänomenale 360-Grad-Rundumblick reicht im Süden über das Inntal in das Kaisergebirge und die Kitzbühler Alpen, in die Zillertaler Alpen und die Hohen Tauern. Das Kufsteiner Haus ist berühmt für seine Gastfreundschaft und seinen legendären Holzofen-Schweinebraten. Nach der Einkehr folgen wir einer breiten Kiesstraße in südwestlicher Richtung. Sie führt immer wieder auf und ab und schwenkt dann nach links über den Kamm. Hoch über dem Inntal wandern wir weiter, an einem Felsenbollwerk vorbei und dann rechts über einen Bergweg. Der wurzelige Steig bringt uns auf den Mittagskopf. Hier wendet er sich nach links und leitet durch den Wald zu einer Lichtung.

Hier lohnt sich ein kleiner Abstecher zum Heimkehrerkreuz, das eine prächtige Aussicht auf das Thierseer Tal gewährt. Dann begeben wir uns zum Abstiegsweg; wir wandern durch den Wald bis zu einer Weidewiese hinab und stoßen auf ein Sträßchen, das zur Jausenstation Kalaalm führt. Neben der Alm führt ein Bergweg steil nach Westen hinab und stößt weiter unten wieder auf die Straße. Wir folgen ihr nach rechts. An einem Wegschild biegen wir links ein und steigen auf schmalem Pfad ab. Wegschilder leiten uns über den restlichen Rückweg nach Schneeberg. Über Wander- und Fahrwege gelangen wir zur Aufstiegsroute, auf der wir ins Tal zurückkehren.

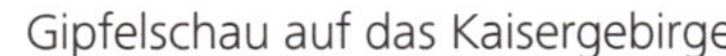

Gipfelschau auf das Kaisergebirge

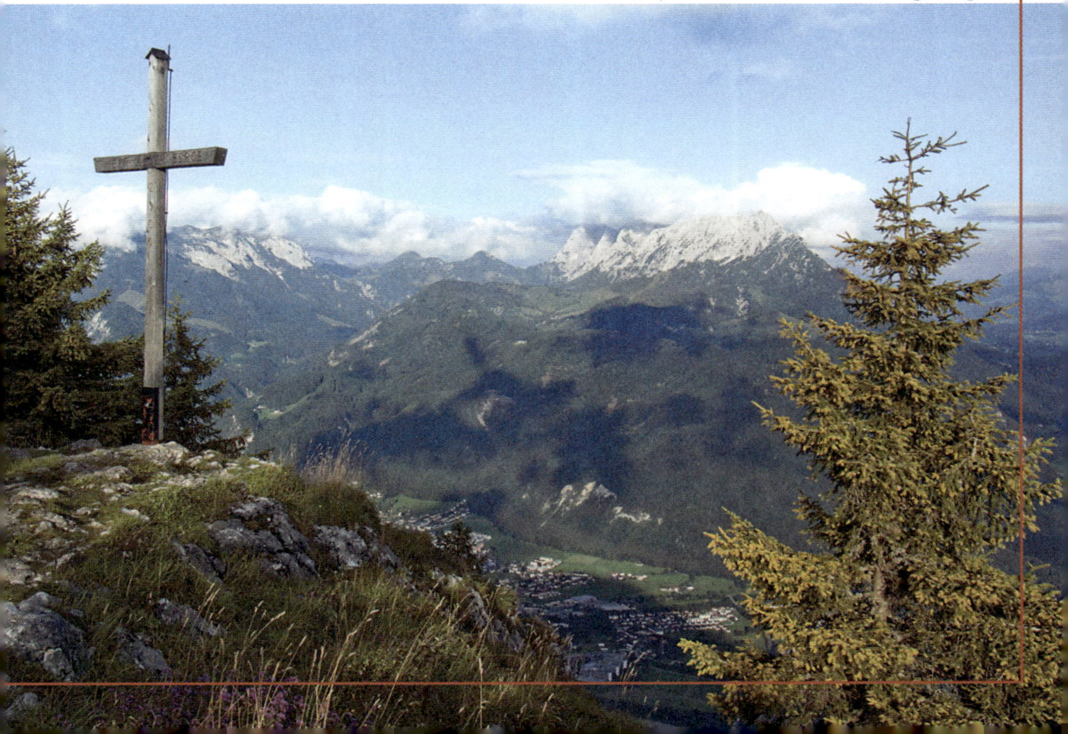

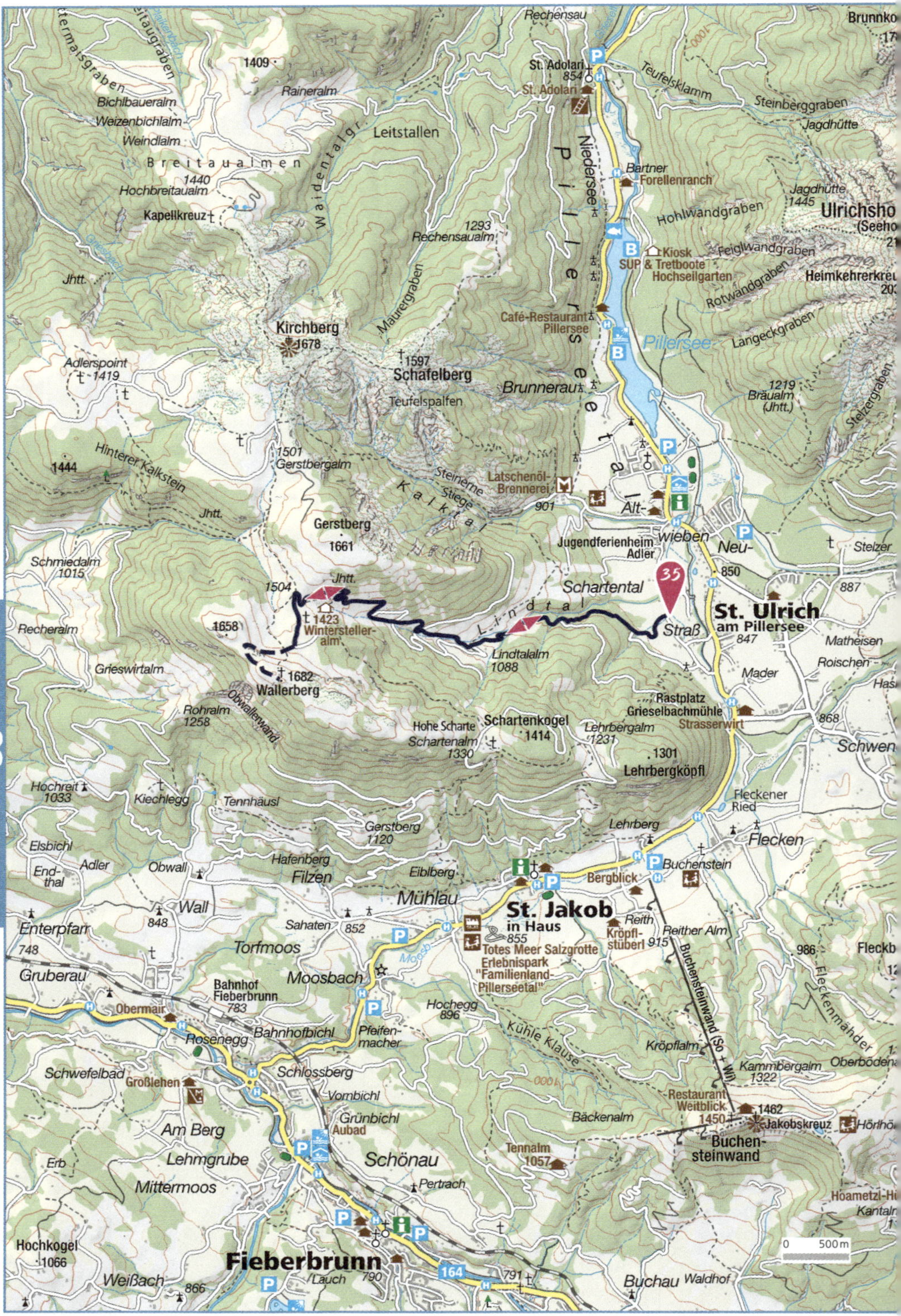

Rechensau
Brunnkogel
1409
Raineralm
St. Adolari
854
St. Adolari
Teufelsklamm
Steinberggraben
Jagdhütte
Bichlbaueralm
Weizenbichlalm
Weindlalm
Leitstallen
Breitaualmen
1440
Hochbreitaualm
Waidentalgraben
Niedersee
Bartner
Forellenranch
Hohlwandgraben
Jagdhütte
1445
Ulrichshorn
Kapellkreuz
1293
Rechensaualm
Kiosk
SUP & Tretboote
Hochseilgarten
Feiglwandgraben
Rotwandgraben
Heimkehrerkreuz
Jhtt.
Maurergraben
Pillerseetal
Café-Restaurant
Pillersee
Pillersee
Langeckgraben
Kirchberg
1678
1597
Schafelberg
Brunnerau
Adlerspoint
1419
Teufelspalfen
1219
Bräualm
(Jhtt.)
Stelzergraben
1444
Hinterer Kalkstein
1501
Gerstbergalm
Steinerne Stiege
Kalktal
Latschenöl-Brennerei
901
Alt-
wieben
Neu-
Jhtt.
Gerstberg
1661
Jugendferienheim
Adler
Stelzer
Schmiedalm
1015
1504
Jhtt.
Schartental
850
887
35
Lindtal
Recheralm
1658
1423
Wintersteller-alm
Straß
St. Ulrich
am Pillersee
847
Matheisen
Lindtalalm
1088
Grieswirtalm
1682
Wallerberg
Mader
Roischen
Rohralm
1258
Obwallerwand
Rastplatz
Grieselbachmühle
Strasserwirt
868
Hohe Scharte
Schartenalm
1330
Schartenkogel
1414
Lehrbergalm
1231
1301
Lehrbergköpfl
Schwendt
Hochreit
1033
Kiechlegg
Tennhäusl
Fleckener
Ried
Gerstberg
1120
Lehrberg
Flecken
Elsbichl
Endthal
Adler
Obwall
Hafenberg
Filzen
Eiblberg
Buchenstein
Bergblick
Wall
848
Mühlau
St. Jakob
in Haus
Reith
Enterpfarr
748
Sahaten
852
855
Kröpfl-stüberl
915
Reither Alm
Torfmoos
Totes Meer Salzgrotte
Erlebnispark
"Familienland-Pillerseetal"
986
Fleckbach
Gruberau
Bahnhof
Fieberbrunn
783
Moosbach
Buchensteinwand (So + Wi)
Fleckenmahder
Obermair
Hochegg
896
Rosenegg
Bahnhofbichl
Pfeifen-macher
Kühle Klause
Kröpflalm
Schwefelbad
Großlehen
Schlossberg
Vornbichl
Kammbergalm
1322
Oberbödenalm
Am Berg
Grünbichl
Aubad
Restaurant
Weitblick
1450
1462
Jakobskreuz
Hörlhof
Bäckenalm
Buchen-
steinwand
Erb
Lehmgrube
Schönau
Tennalm
1057
Mittermoos
Pertrach
Hoametzl-Hütte
Kantalm
Hochkogel
1066
Fieberbrunn
0 500 m
Weißach
866
Lauch
790
164
791
Buchau
Waldhof

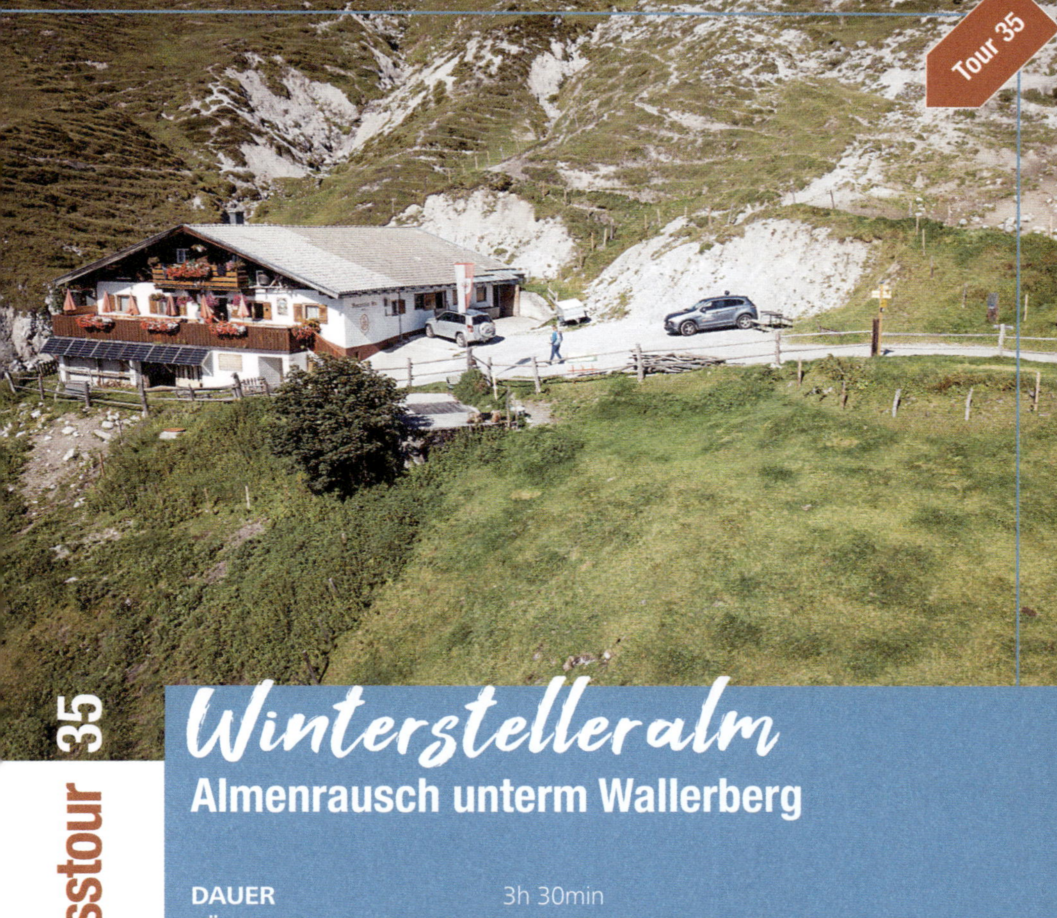

Genusstour 35

Winterstelleralm

Almenrausch unterm Wallerberg

DAUER	3h 30min
LÄNGE	10,9 km
HÖHENMETER	830 hm
SCHWIERIGKEIT	MITTEL
MIT ÖPNV ERREICHBAR	ja

Das erwartet dich ...

Nicht allzu schwere Wanderung auf breiten Forststraßen und Wiesenpfaden. Im unteren Teil führt die Strecke durch den Mischwald, im oberen Bereich durch freies Almgebiet. An heißen Sommertagen nicht zu spät starten und genügend Getränke mitnehmen. Unterwegs wartet die gemütliche Winterstelleralm mit feiner Brotzeit.

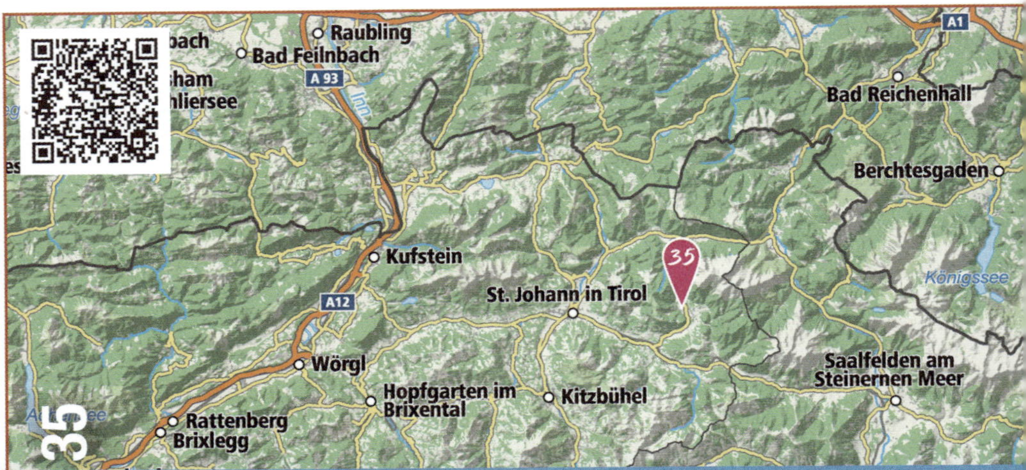

Genusstour 35

Start & Ziel & Anreise

St. Ulrich am Pillersee am Wanderparkplatz Schartental auf 850 m.
Der Parkplatz ist von der Hauptstraße aus über den Ortsteil Schartental erreichbar. Anreise mit dem Bus – Haltestelle St. Ulrich Schneiderbrücke – möglich, Gehzeit zum Ausgangspunkt ca. 10 min.

Tourenbeschreibung

Das Kalksteinmassiv um Winterstelleralm und Wallerberg wird im Tal von den Orten Fieberbrunn, St. Jakob i.H., St. Ulrich am Pillersee, Waidring und St. Johann in Tirol umschlossen. Man kann das Plateau auf unzähligen Wegen zu Fuß oder mit dem Rad erreichen, um dort eine herrliche Aussicht zu genießen. Einige Gipfel ragen aus dem Massiv hervor. Der Gerstberg mit 1661 m, der Kirchberg mit 1678 m oder auch der Wallerberg mit 1682 m. Besonders der Wallerberg ist im Winter ein beliebtes Skitourenziel. Aber auch im Sommer erweist er sich für Bergwanderer als überaus reizvoll. Der Aufstieg ist von St. Jakob in Haus über die Lehrbergalm oder von St. Ulrich am Pillersee über die Winterstelleralm möglich.

Bei den vielen Zustiegsmöglichkeiten entscheiden wir uns heute für die Variante über die Winterstelleralm. Der Wanderparkplatz Schartental ist ohne Probleme mit dem Auto zu finden. Hier folgen wir der Forststraße zuerst durch einen Mischwald Richtung Lindtalalm. Nun können wir die Kurven der Straße immer wieder über einen Steig abkürzen, bis wir das freie Almgebiet um die Winterstelleralm erreicht haben. Sie ist eine von wenigen bewirtschafteten Hütten im Wandergebiet. 2014 feierte die Winterstelleralm ihr 100-jähriges Jubiläum. Wanderer und Radler genießen nicht nur die herrliche Aussicht von der Terrasse, sondern auch die schmackhafte und liebevoll zubereitete Brettljaus'n! Hüttenwirtin und Sennerin ist Anni; ihre selbstgemachten Kuchen und auch der Kaiserschmarrn sind legendär.

Nach einer üppigen Rast leitet uns die Forststraße auf den Kamm. Vom Plateau genießen wir die tolle Aussicht – auf dem symbolischen Kreuz im Steinkreis steht „Zum Beten gehe ich in die Berge". Wir kehren zur Forststraße zurück und folgen ihr nach Südwesten. Wenig später wechseln wir auf einen Wiesenpfad. Wir steigen noch einmal eine viertel Stunde an, dann stehen wir am Gipfel des Wallerbergs. Meist ist es hier relativ einsam, so dass wir den Blick in den Talkessel rund um Fieberbrunn in aller Ruhe genießen können. Retour geht's auf derselben Strecke Richtung Winterstelleralm und ins Tal zum Parkplatz Schartental.

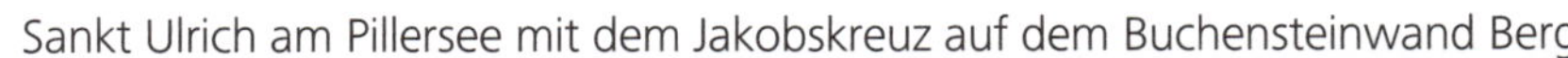

Sankt Ulrich am Pillersee mit dem Jakobskreuz auf dem Buchensteinwand Berg

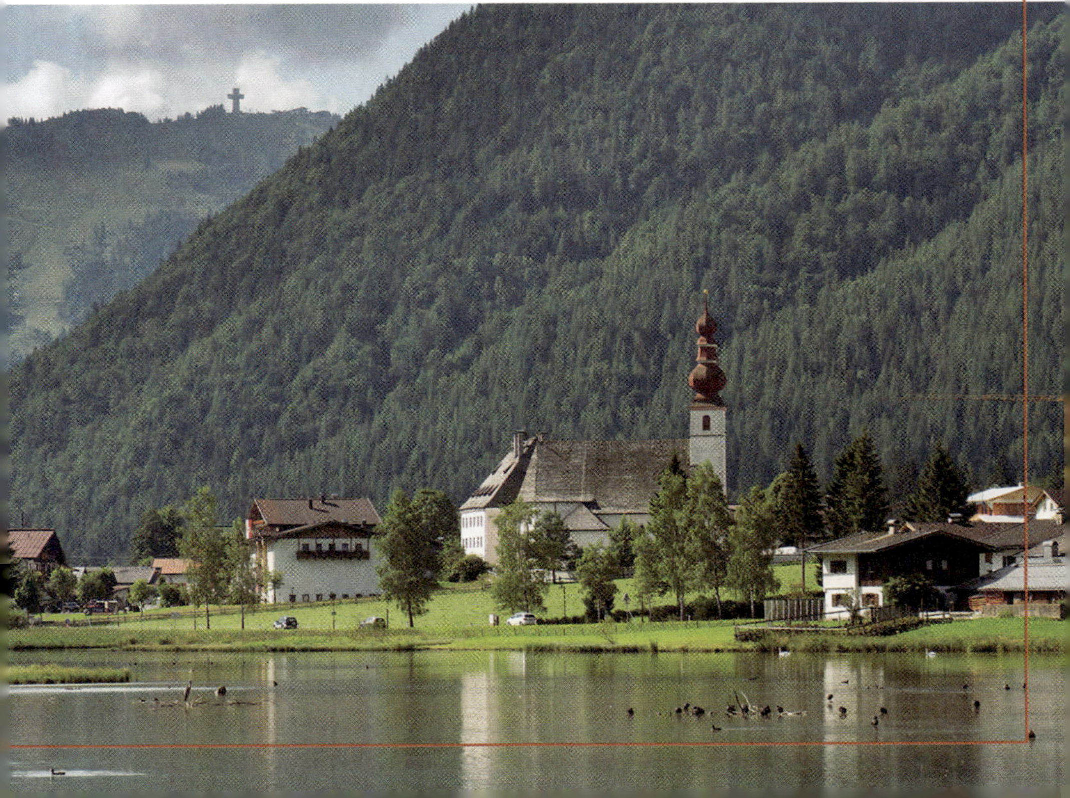

36

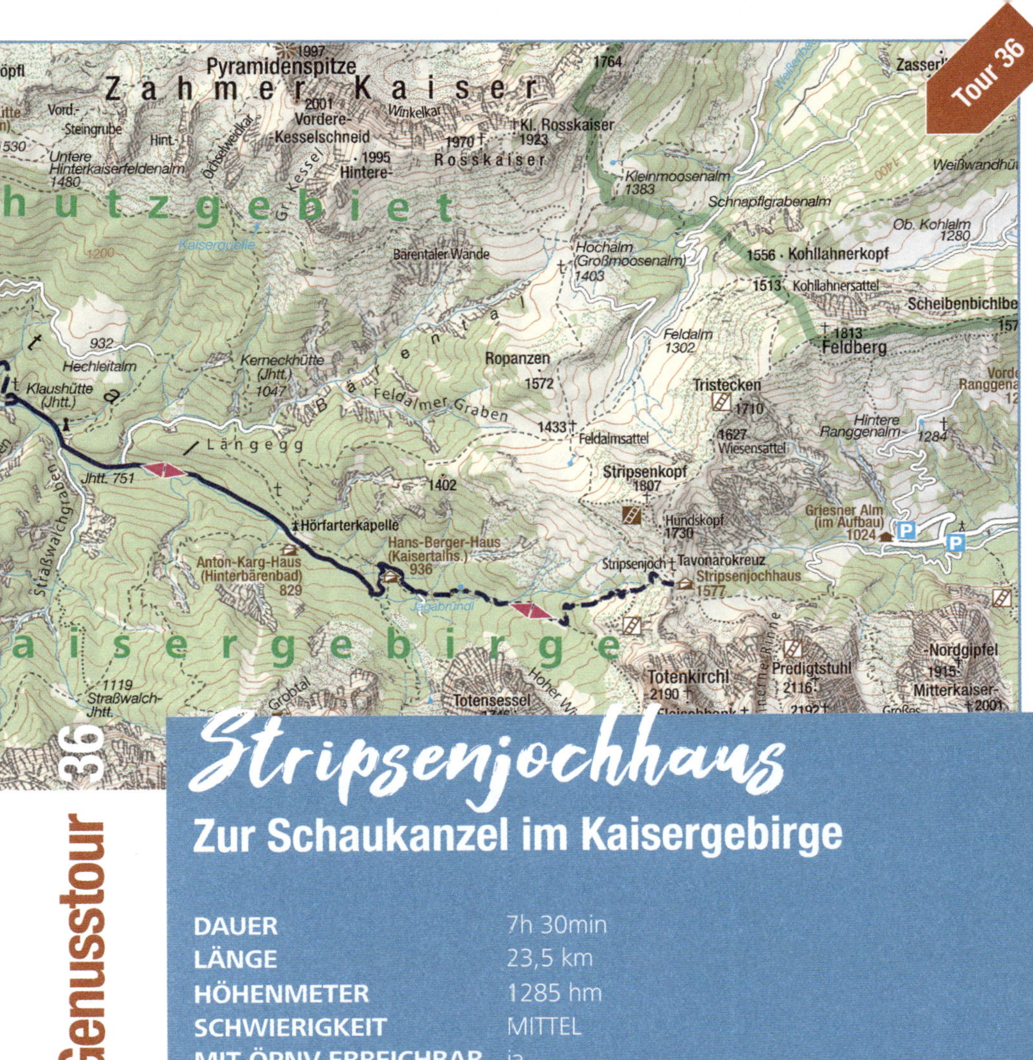

Genusstour 36

Stripsenjochhaus

Zur Schaukanzel im Kaisergebirge

DAUER	7h 30min
LÄNGE	23,5 km
HÖHENMETER	1285 hm
SCHWIERIGKEIT	MITTEL
MIT ÖPNV ERREICHBAR	ja

Das erwartet dich ...

Anfangs erwartet uns ein steiler Treppenaufschwung, dann wird er zu einem bequemen und breiten Wanderweg. Ab dem Hans-Berger-Haus wird's wieder steiler, teils steigen wir über schön angelegte Stufen. Wir sind auf einer wahren Schlemmertour; unterwegs gibt es mehr als genug urige Einkehrmöglichkeiten.

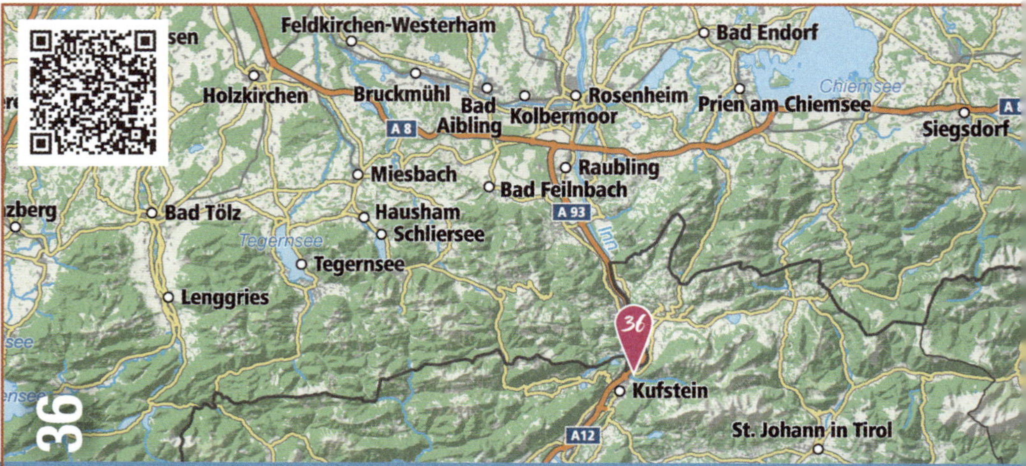

Start & Ziel & Anreise

Ausgangspunkt ist Kufstein/Eichelwang. Ein gebührenpflichtiger Parkplatz (Kaisertalparkplatz) befindet sich am Eingang zum Kaisertalweg oder 5 Min. entfernt bei der Talstation der Sesselbahn Wilder Kaiser. Mit dem PKW von Innsbruck über die A 12-Inntalautobahn oder von München über die A 8 und A 93 – Ausfahrt Kufstein Nord. Dann kurz über die B 175 nach Eichelwang.
Vom Bahnhof Kufstein fährt der Bus Nr. 4030 Richtung Kössen. Haltestelle Ebbs/Waldeck.

Tourenbeschreibung

Der Eingang des Kaisertalweges in Kufstein/Eichelwang ist unser Ausgangspunkt. Hier informiert uns eine große Tafel über sämtliche Wanderwege und Einkehrmöglichkeiten in der näheren Umgebung. Wir schreiten über breite Stufen rechts steil hinauf; dann geht's fast eben auf einem breiten Fahrweg weiter. Wir passieren den Veitenhof, die Abzweigung zur Vorderkaiserfeldenhütte und den Pfandlhof. An einer Kreuzung entscheiden wir uns für den Kaisertalweg und bleiben damit auf dem Hauptweg. Nach dem Karg-Gartl gelangen wir an das sehr schön gelegene Antonius-Karg-Haus bei Hinterbärenbad.

Zwanzig Minuten später erreichen wir über einen sanft aufsteigenden Weg das Kaisertalhaus bzw. Hans-Berger-Haus. Wir wandern am Haus vorbei in den Wald hinauf mit der Markierung Nr. 801 Richtung Stripsenjoch. Wir kreuzen einen Fahrweg, der Weg wird steiler. Über künstlich angelegte Stufen gewinnen wir schnell an Höhe. Nach dem Jagdbründl zu unserer Linken passieren wir den Abzweig rechts; er führt zur Gruttenhütte. Auch die Abzweigung zum Stripsenjoch ignorieren wir und wandern weiter auf dem Hauptweg in einer Rechtskehre um den Graskopf herum. Die letzten Kehren steigen wieder steiler an, bevor wir das Stripsenjoch erreichen.

Das Haus thront auf dem Stripsenjoch wie eine Burg und ist ein wahrlich phänomenales Plätzchen. Es markiert den Übergang von Kaiserbachtal und Kaisertal und bildet den Schnittpunkt zwischen Wildem und Zahmem Kaiser. Es gibt einen Seminarraum mit einer Indoorkletterwand. 1900 beantragte Anton Karg den Bau der Hütte, die anlässlich des 25. Jubiläums der Sektion Kufstein schon 1902 fertig gestellt und eingeweiht wurde. Auf den Tisch kommt typische Tiroler Kost.

Auf dem Rückweg biegen wir in Höhe der Klaushütte rechts ein und richten uns nach den Wegweisern zur Antoniuskapelle. Der Alte Kaiserweg leitet uns durch den Wald und über Stufen hinauf. Wir kreuzen einen Bach und wandern auf schattigem Waldweg weiter, bis wir die Hinterkaiseralm und die wunderschöne Antoniuskapelle erreichen. Hier genießen wir den berühmten Kaiserblick. Wir folgen weiter auf breitem Weg bis kurz vor den Pfandlhof. Hier treffen wir wieder auf den Anstiegsweg.

Treppenaufstieg ins Kaisertal

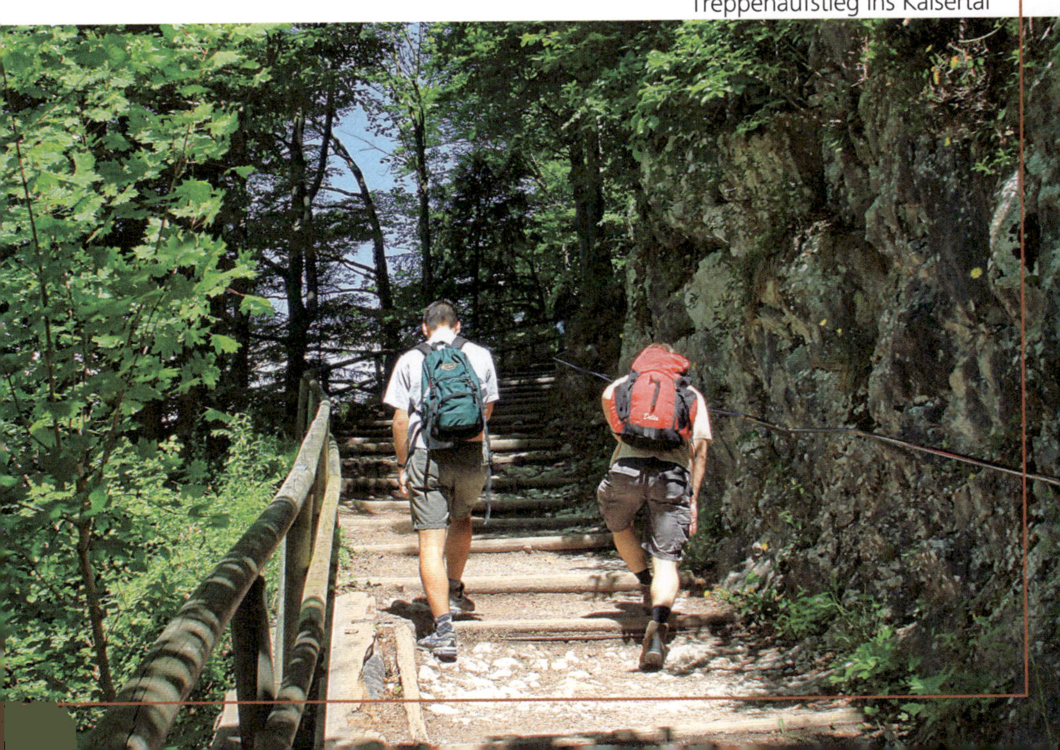

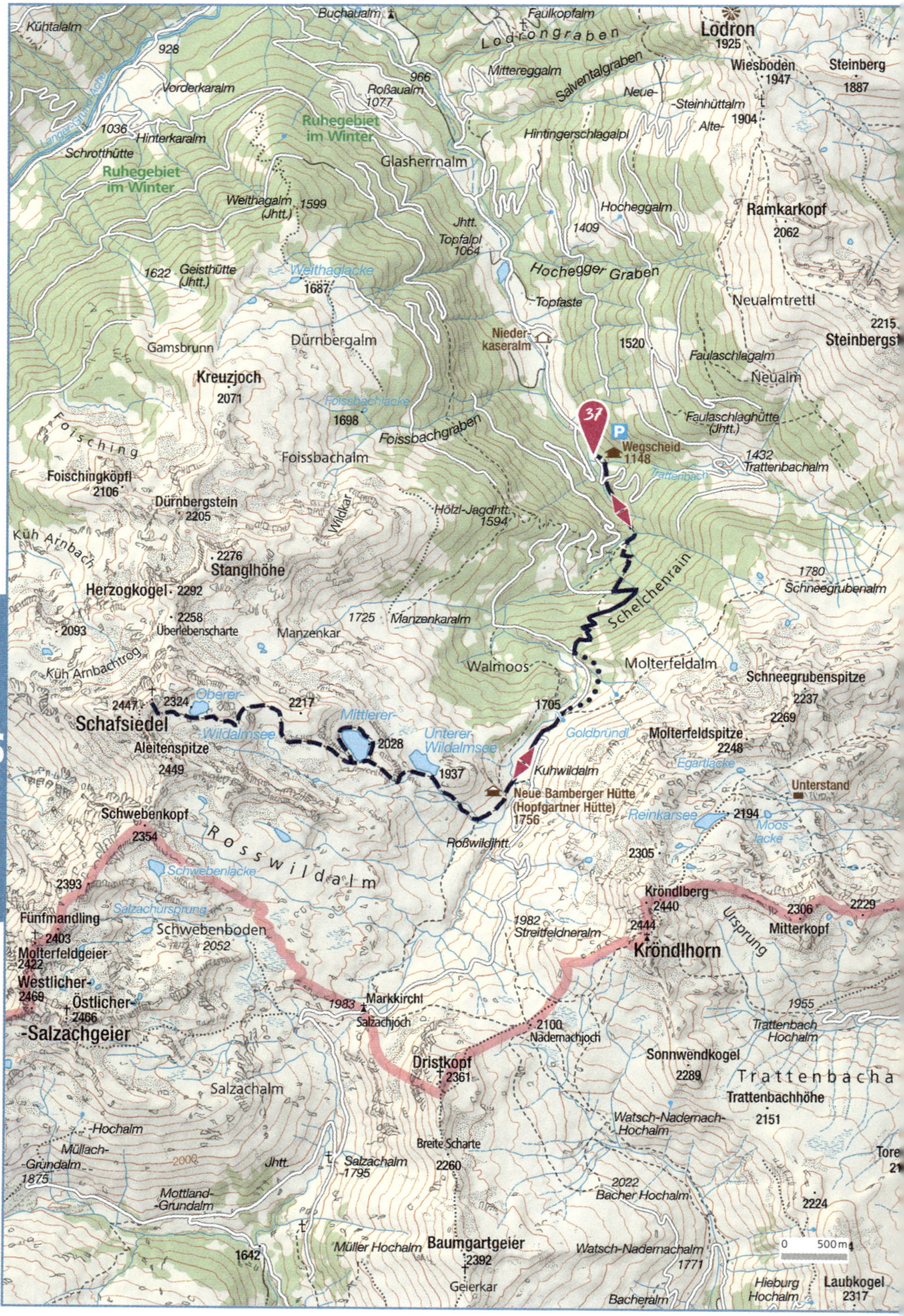

37

Kühtaialm
928
Buchaualm
Faulkopfalm
Lodrongraben
Lodron
1925
Wiesboden
1947
Steinberg
1887
Mittereggalm
Salventalgraben
966
Roßaualm
1077
Vorderkaralm
Neue-
-Steinhüttalm
1904
Alte-
1036
Hinterkaralm
Ruhegebiet im Winter
Schrotthütte
Ruhegebiet im Winter
Hintingerschlagalpl
Glasherrnalm
Weithagalm (Jhtt.)
1599
Hocheggalm
Ramkarkopf
2062
Jhtt.
Topfalpl
1064
1409
1622
Geisthütte (Jhtt.)
Weithaglacke
1687
Hochegger Graben
Topfaste
Neualmtrettl
2215
Steinbergs
Niederkaseralm
1520
Gamsbrunn
Dürnbergalm
Faulaschlagalm
Neualm
Kreuzjoch
2071
Foissbachlacke
1698
37
Faulaschlaghütte (Jhtt.)
P
Foisching
Foissbachgraben
Wegscheid
1148
1432
Trattenbachalm
Foissbachalm
Trattenbach
Foischingköpfl
2106
Dürnbergstein
2205
Wildkar
Hölzl-Jagdhtt.
1594
Kuh Arnbach
2276
Stanglhöhe
Schelchenrain
1780
Schneegrubenalm
Herzogkogel
2292
2258
Überlebenscharte
1725
Manzenkaralm
2093
Manzenkar
Walmoos
Molterfeldalm
Kuh Arnbachtrog
Schneegrubenspitze
2237
2447
2324
Oberer-
2217
1705
2269
Schafsiedel
Mittlerer-
Wildalmsee
2028
Unterer Wildalmsee
Goldbründl
Molterfeldspitze
2248
Aleitenspitze
2449
1937
Kuhwildalm
Egartlacke
Unterstand
Neue Bamberger Hütte (Hopfgartner Hütte)
1756
Reinkarsee
2194
Mooslacke
Schwebenkopf
2354
Rosswildalm
Roßwildjhtt.
2305
Schwebenlacke
Kröndlberg
2440
2306
2229
2393
Salzachursprung
Ursprung
Fünfmandling
2403
Schwebenboden
2052
1982
Streitfeldneralm
2444
Kröndlhorn
Mitterkopf
Molterfeldgeier
2422
Westlicher-
2469
Östlicher-
2466
-Salzachgeier
1983
Markkirchl
Salzachjoch
2100
Nadernachjoch
1955
Trattenbach Hochalm
Dristkopf
2361
Sonnwendkogel
2289
Trattenbacha
Trattenbachhöhe
2151
Salzachalm
-Hochalm
Müllach-
-Grundalm
1875
Watsch-Nadernach-Hochalm
Breite Scharte
Tore
2000
Jhtt.
Salzachalm
1795
2260
2022
Bacher Hochalm
Mottland-
-Grundalm
2224
1642
Müller Hochalm
Baumgartgeier
2392
Watsch-Nadernachalm
1771
0
500 m
Geierkar
Hieburg Hochalm
Laubkogel
2317
Bacheralm

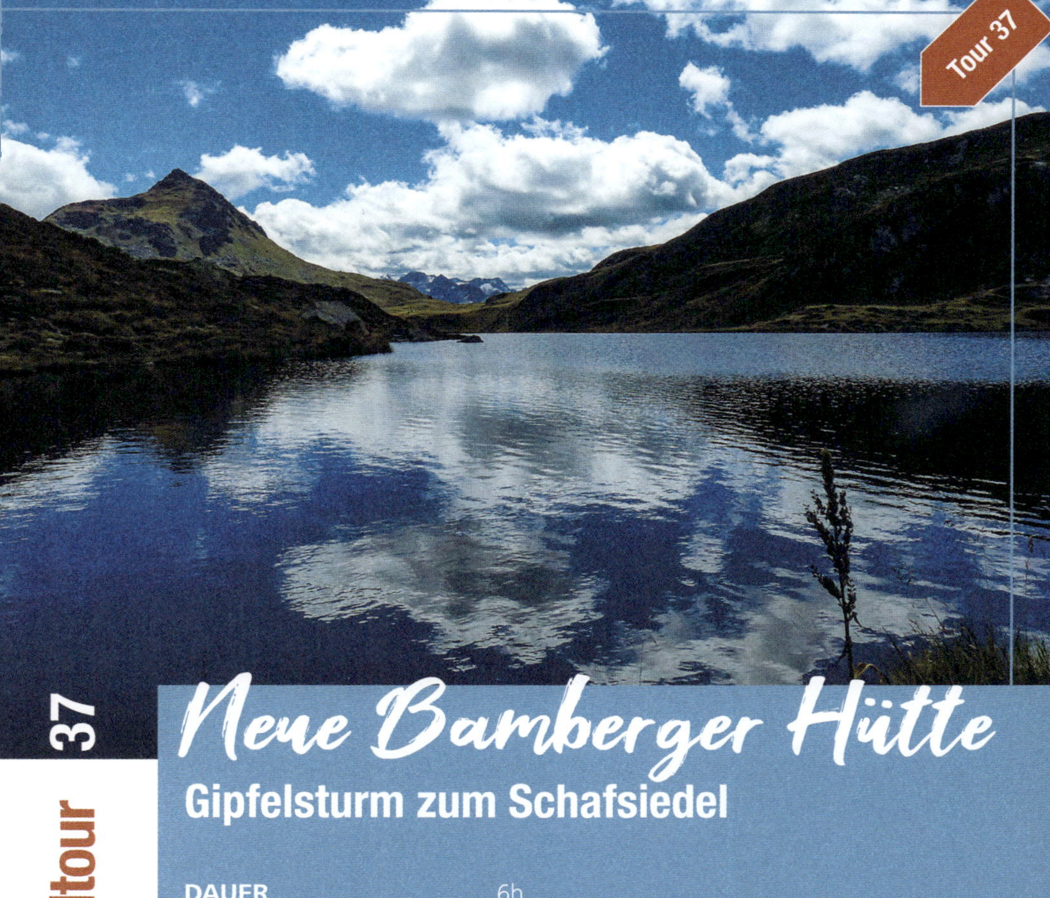

Tour 37

Gipfeltour 37

Neue Bamberger Hütte

Gipfelsturm zum Schafsiedel

DAUER	6h
LÄNGE	16 km
HÖHENMETER	1264 hm
SCHWIERIGKEIT	SCHWER
MIT ÖPNV ERREICHBAR	Ja

Das erwartet dich ...

Die Bergwanderung ist lang und erfordert ein gutes Maß an Kondition. Bis zur Bamberger Hütte verläuft der Weg auf einem schmalen, aber angenehmen Steig. Abschnittsweise begleitet uns auch ein breiter Fahrweg. Nach der Hütte wird's steiler, Trittsicherheit ist auf dem mit vielen Felsen durchsetzten Wiesenweg erforderlich. Unterwegs erwarten uns drei Seen und mindestens ein Gipfel.

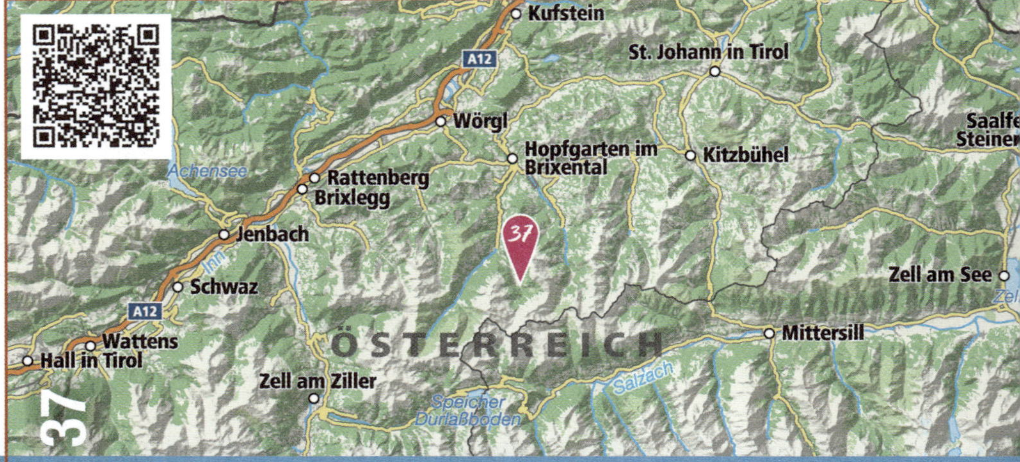

Gipfeltour 37

Start & Ziel & Anreise

Startpunkt ist der Gasthof Wegscheid bei Kelchsau.
Mit dem PKW fahren wir auf der A 12 Richtung Kufstein, Ausfahrt Wörgl Ost, anschließend folgen wir der Beschilderung ins Brixental. In Hopfgarten im Brixental geht's nach der Bahnunterführung weiter Richtung Kelchsau, nach der Mautstelle in Kelchsau führt die Straße weiter in den „Kurzen Grund". Parkmöglichkeiten am Gasthaus. Mit dem Zug fahren wir von Innsbruck nach Hopfgarten im Brixental. Von hier fährt der Bus 4057 weiter nach Kelchsau

Tourenbeschreibung

Wir starten am Parkplatz am Ende des „Kurzen Grundes" gegenüber des Gasthauses Wegscheid. Zunächst richten wir uns nach dem Wegschild „Neue Bamberger Hütte" und wandern erst auf breitem Forstweg Richtung Südosten. Dann passieren wir eine kleine Brücke und wandern dann durch den schattigen Wald. Der Weg wird zu einem schmalen Pfad und bringt uns über kleinere Bachläufe. Nach einer guten halben Stunde endet der Bergwald und wir stoßen auf eine breite Forststraße, verlassen sie jedoch kurz darauf wieder. Im folgenden Wegverlauf treffen wir immer wieder auf den Fahrweg, den wir über den kleinen Pfad abkürzen. Schließlich mündet er endgültig im breiten Forstweg, über den wir die Neue Bamberger Hütte erreichen.

Die Neue Bamberger Hütte liegt im Herzen der Kitzbühler Alpen, eingebettet in einem schönen Talkessel zwischen Schafsiedel und Kröndlhorn und ist ein ausgezeichneter Stützpunkt für viele schöne Berg- und Wandertouren. Die Hütte bietet erstklassige Tiroler Küche an. Auf der kleinen Terrasse, aber auch in der sanften Umgebung kann man einfach mal die Sonne genießen und die Seele baumeln lassen. Die Hütte ist von Anfang Juni bis Mitte Oktober und von Weihnachten bis eine Woche nach Ostern bewirtschaftet.

Nach einer ausgiebigen Rast brechen wir wieder auf zu unserem heutigen Ziel: dem Schafsiedel. Schon wenige Meter hinter der Hütte schauen wir auf die eindrucksvolle Rosswildalm mit ihren riesigen Almwiesen. Ein Wegweiser schickt uns über einen schmalen Pfad durchs Almgelände nach rechts Richtung Schafsiedel. Nach guten zwanzig Minuten stehen wir am Unteren Wildalmsee. Wir schlendern ein kurzes Stück an seinem Ufer entlang. Ein Pfad leitet uns zum Mittleren Wildalmsee. Wir lassen den See rechts liegen und wandern über die sanft geneigte Grasfläche empor. An einem großen Kessel halten wir uns rechts. Über den Kamm schlängelt sich der Weg in Serpentinen nach oben. Auf der Hochfläche erspähen wir zu unserer Linken den Gipfel der Aleitenspitze. Über die Hochebene passieren wir den Oberen Wildalmsee. Über die grasbewachsene Flanke steigen wir zum Gipfelkreuz des Schafsiedels empor. Die Panoramaschau über den Wilden Kaiser und die Zillertaler Alpen mit dem Tuxer Hauptkamm ist herrlich. Der Abstieg erfolgt auf dem Anstiegsweg.

Autoren Tipp

Die Neue Bamberger Hütte bietet sich als Ausgangspunkt für zahlreiche Wanderungen verschiedenster Schwierigkeitsgrade an. Ein mehrtägiger Aufenthalt lohnt sich hier also. Die Hütte hat im Sommer wie im Winter geöffnet. Genaue Öffnungszeiten befinden sich auf der Internetseite vom DAV.

Der Schafsiedel ist der Hausberg der Hütte. Weitere Ziele können das Kröndlhorn, der Tristkopf, das Salzachjoch oder der Salzachgeier sein.

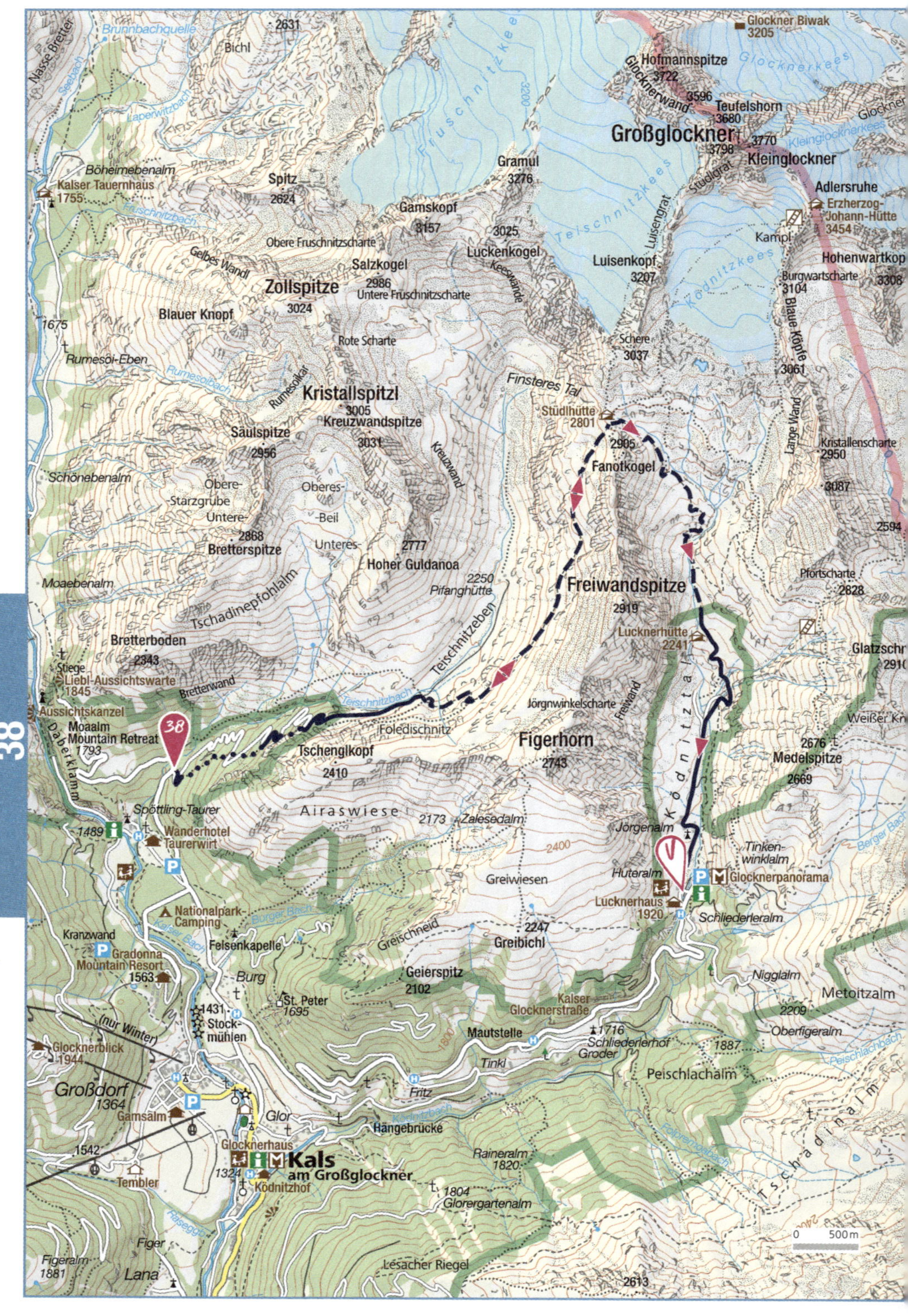

Glockner Biwak
3205
Hofmannspitze
3722
Glocknerwand
3596
Teufelshorn
3680
Großglockner
3798
3770
Kleinglockner
Glocknerkees
Kleinglocknerkees
Studlgrat
Luisengrat
Teischnitzkees
Ködnitzkees
Adlersruhe
Erzherzog-Johann-Hütte
3454
Kampl
Hohenwartkopf
3308
Burgwartscharte
3104
Blaue Köpfe
3061
Luisenkopf
3207
Schere
3037
Fruschnitzkees
Gramul
3276
Gamskopf
3157
3025
Luckenkogel
Keeswände
Obere Fruschnitzscharte
Salzkogel
2986
Untere Fruschnitzscharte
Zollspitze
3024
Blauer Knopf
Gelbes Wandl
Spitz
2624
2631
Bichl
Brunnbachquelle
Nasse Bretter
Seebach
Laperwitzbach
Böheimebenalm
Kalser Tauernhaus
1755
Fruschnitzbach
1675
Rumesoi-Eben
Rumesoibach
Rumesoikar
Rote Scharte
Kristallspitzl
3005
Kreuzwandspitze
3031
Kreuzwand
Finsteres Tal
Stüdlhütte
2801
2905
Fanotkogel
Lange Wand
Kristallenscharte
2950
3087
2594
Säulspitze
2956
Schönebenalm
Obere-
Starzgrube
Untere-
2868
Bretterspitze
Oberes-
Beil
Unteres-
2777
Hoher Guldanoa
2250
Pifanghütte
Freiwandspitze
2919
Pfortscharte
2828
Moaebenalm
Tschadinepfohlalm
Teischnitzeben
Lucknerhütte
2241
Glatzschr
2910
Bretterboden
2343
Stiege
Liebl-Aussichtswarte
1845
Bretterwand
Aussichtskanzel
Teischnitzbach
Jörgnwinkelscharte
Freiwand
Ködnitztal
Weißer Kr
Daberklamm
Moaalm
Mountain Retreat
1793
38
Foledischnitz
Tschengikopf
2410
Figerhorn
2743
2676
Medelspitze
2669
Spöttling-Tauerer
1489
Wanderhotel
Taurerwirt
Airaswiese
2173
Zalesedalm
Jörgenalm
2400
Greiwiesen
Tinkenwinklalm
Huteralm
Glocknerpanorama
Lucknerhaus
1920
Schliederleralm
Berger Bach
Nationalpark-Camping
Kranzwand
Gradonna
Mountain Resort
1563
Felsenkapelle
Burger Bach
Kalser Bach
Greischneid
2247
Greibichl
Burg
Geierspitz
2102
St. Peter
1695
1431
Stockmühlen
Kalser
Glocknerstraße
Nigglalm
Metoitzalm
2209
Oberfigeralm
(nur Winter)
Glocknerblick
1944
Mautstelle
1716
Schliederlerhof
Groder
1887
Tinkl
Peischlachalm
Peischlachbach
Großdorf
1364
Gamsalm
Fritz
Glor
Hängebrücke
Ködnitzbach
Glocknerhaus
Kals
am Großglockner
1324
Ködnitzhof
1542
Tembler
Raineralm
1820
1804
Glorergartenalm
Tschadinalm
Figer
Figeralm
1881
Lana
Lesacher Riegel
2613
0
500 m

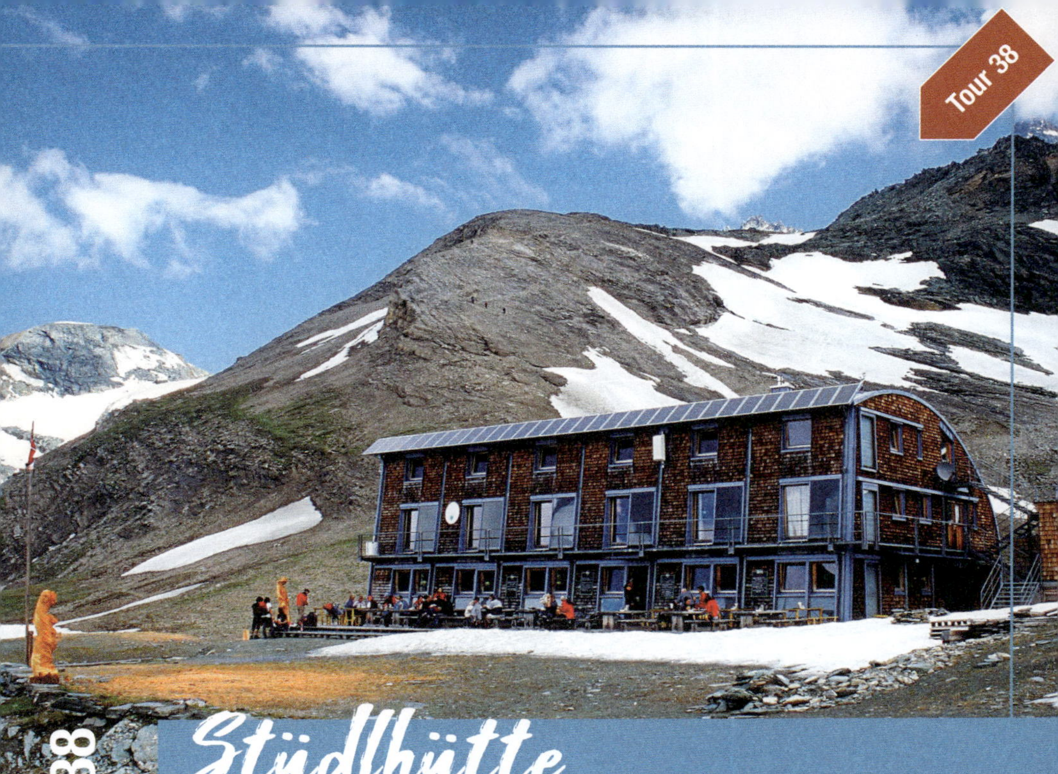

38

Bergtour

Stüdlhütte

Auf Tuchfühlung mit Österreichs höchstem Berg ins Teischnitztal

DAUER	5h 30min
LÄNGE	12,5 km
HÖHENMETER	1200 hm
SCHWIERIGKEIT	MITTEL
MIT ÖPNV ERREICHBAR	nein

Das erwartet dich ...

Ordentlicher Bergweg, der bei guten, schneefreien Verhältnissen mit etwas Trittsicherheit problemlos zu begehen ist. Zu beachten ist der Höhenunterschied, Ausdauer erforderlich. Mit der Stüdlhütte erwartet uns ein imposantes Ziel. Vorsicht bei Nässe, da kann es im oberen Bereich recht rutschig werden.

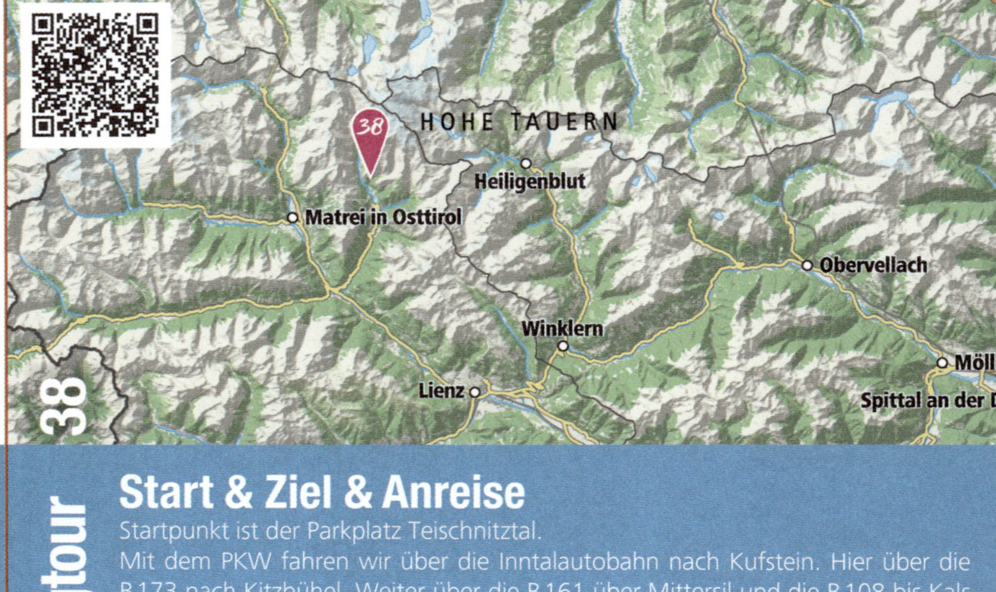

Bergtour 38

Start & Ziel & Anreise

Startpunkt ist der Parkplatz Teischnitztal.
Mit dem PKW fahren wir über die Inntalautobahn nach Kufstein. Hier über die B 173 nach Kitzbühel. Weiter über die B 161 über Mittersil und die B 108 bis Kals am Großglockner. Hier weiter auf „Burg“ am Campingplatz vorbei. Parkplatz Dorfertal nach dem Campingplatz oder weiter auf der Straße und kurz vor der Brücke.

Tourenbeschreibung

Die Stüdlhütte ist nicht nur Ziel für ambitionierte Gipfelstürmer und Hochgebirgsspezialisten. Auch ganz „normale“ Wanderer besuchen oft und gerne die Hütte, um sich von der Aura des „Tauernflüsterers“ gefangen nehmen zu lassen. Im Nahbereich des Gletschers ist für sie dann jedoch Endstation. An dieser Stelle empfehlen wir den längeren, aber wesentlich einsameren Zugang durchs Teischnitztal; der Auf-oder Abstieg durchs Ködnitztal ist wesentlich belebter.

Wir starten am Parkplatz Teischniztal und wenden uns an der Bergstraße zur Moaalm zunächst über einen Abzweig rechter Hand auf einen Fahrweg. Er beginnt kurz vor dem Teischnitzbach und führt in das anfangs klammartige, eingetiefte Teischnitztal hinein. Auf dem Fahrweg lassen sich einige Kehren gut abkürzen, bevor wir zu unserem Abzweig kommen; dieser führt uns auf ca. 2100 m oberhalb der Waldgrenze nach rechts auf den Herrensteig. Der Bergweg Nr. 712

zieht sich aufwärts und entfernt sich dabei allmählich von der Talsohle. Wir queren mehrere Rinnen und steigen unterhalb der Langen Wand weiter empor. Die Umgebung wird wilder und karger. Schließlich gelangen wir nach einer gefühlt endlosen Aufwärtstraverse durch die westseitigen Flanken an die breite Fanatscharte mit der Stüdlhütte.

Die Hütte der Sektion Oberland dient als wichtiger Stützpunkt für eine Besteigung des Großglockners von Kalser Seite aus. Sie ist vor einigen Jahren in modernem Stil vollkommen neu errichtet worden. Ihr Name, der auch am anspruchsvollen Stüdlgrat des Glockners erscheint, erinnert an Johann Stüdl, Bergpionier des 19. Jahrhunderts und einer der Gründerväter des Deutschen Alpenvereins. In der Hütte gibt es eine Indoor-Kletterwand, abtrennbare und eine sehr gemütliche Gaststube und herrliche Terrasse. Trockenräume, eine Schuhtrockenanlage und Schließfächer machen den Aufenthalt noch angenehmer. Die Hütte ist größtenteils energieautark, dafür sorgen Sonnenkollektoren und Photovoltaik.

Für den Abstieg wählen wir entweder den gleichen Weg, andernfalls steigen wir auf der anderen Seite der Fanatscharte ins Ködnitztal ab. Die Route führt über die Lucknerhütte zum Lucknerhaus. Am Ender der Kalser Glocknerstraße fährt der Bus nach Kals. Bei dieser Variante empfiehlt sich morgens der Start an der Bushaltestelle Taurerwirt.

Bei der Stüdlhütte geht man mit Österreichs höchstem Berg auf Tuchfühlung

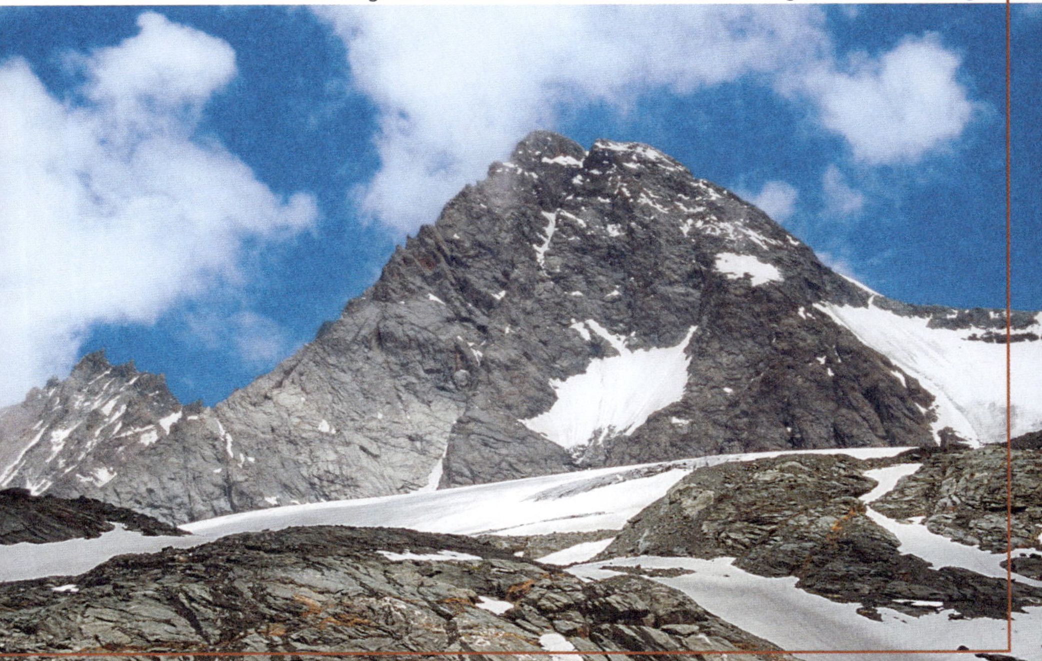

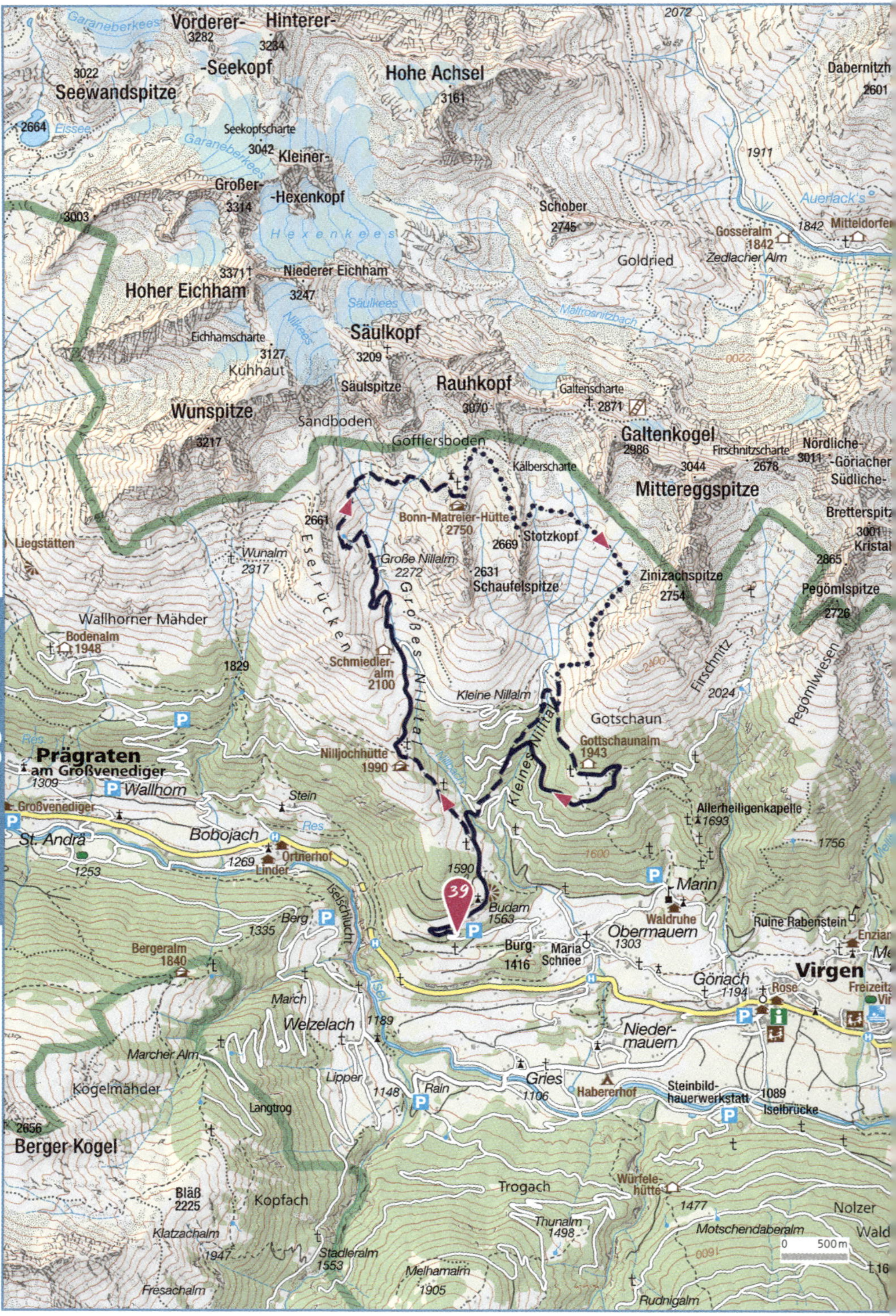

39

Garaneberkees
Vorderer-
3282
Hinterer-
3234
-Seekopf
2072
3022
Seewandspitze
Hohe Achsel
3161
Dabernitzh
2601
2664
Eissee
Seekopfscharte
3042
Kleiner-
Garaneberkees
Großer-
3314
-Hexenkopf
1911
3003
Hexenkees
Schober
2745
Auerlack's
Gosseralm
1842
1842
Mitteldorfer
Zedlacher Alm
Goldried
3371
Niederer Eichham
Hoher Eichham
3247
Säulkees
Maurosnitzbach
Nillkees
Eichhamscharte
3127
Säulkopf
3209
2200
Kuhhaut
Säulspitze
Rauhkopf
3070
Galtenscharte
2871
Wunspitze
Sandboden
3217
Gofflersboden
Galtenkogel
2986
Firschnitzscharte
2678
Nördliche-
3011
-Göriacher
Kälberscharte
3044
Mittereggspitze
Südliche-
Bonn-Matreier-Hütte
2750
Brettersptz
2661
3001
Kristal
Liegstätten
Stotzkopf
2669
Eselrücken
Wunalm
2317
Große Nillalm
2272
2631
Schaufelspitze
Zinizachspitze
2754
2865
Pegömlspitze
2726
Großes Nilltal
Wallhorner Mähder
Bodenalm
1948
Schmiedleralm
2100
Firschnitz
Pegömlwiesen
1829
2400
2024
Kleine Nillalm
Kleines Nilltal
Gotschaun
Res
Prägraten am Großvenediger
1309
Nilljochhütte
1990
Gottschaunalm
1943
Wallhorn
Nillbach
Stein
Großvenediger
Allerheiligenkapelle
1693
St. Andrä
Bobojach
Res
1756
Ortnerhof
1269
Linder
1253
1600
1590
Marin
Iselschlucht
39
Budam
1563
Waldruhe
Ruine Rabenstein
Berg
1335
Obermauern
1303
Enzian
Bergeralm
1840
Burg
1416
Maria Schnee
Virgen
Göriach
1194
Rose
Freizeit
March
Isel
Welzelach
1189
Nieder-mauern
Marcher Alm
Lipper
Gries
1106
Habererhof
Steinbild-hauerwerkstatt
1089
Iselbrücke
Kogelmähder
1148
Rain
Langtrog
2656
Berger Kogel
Trogach
Würfele-hütte
Bläß
2225
Kopfach
1477
Nolzer
Thunalm
1498
Motschendaberalm
Wald
Klatzachalm
1947
Stadleralm
1553
0
500 m
1600
16
Fresachalm
Melhamalm
1905
Rudnigalm

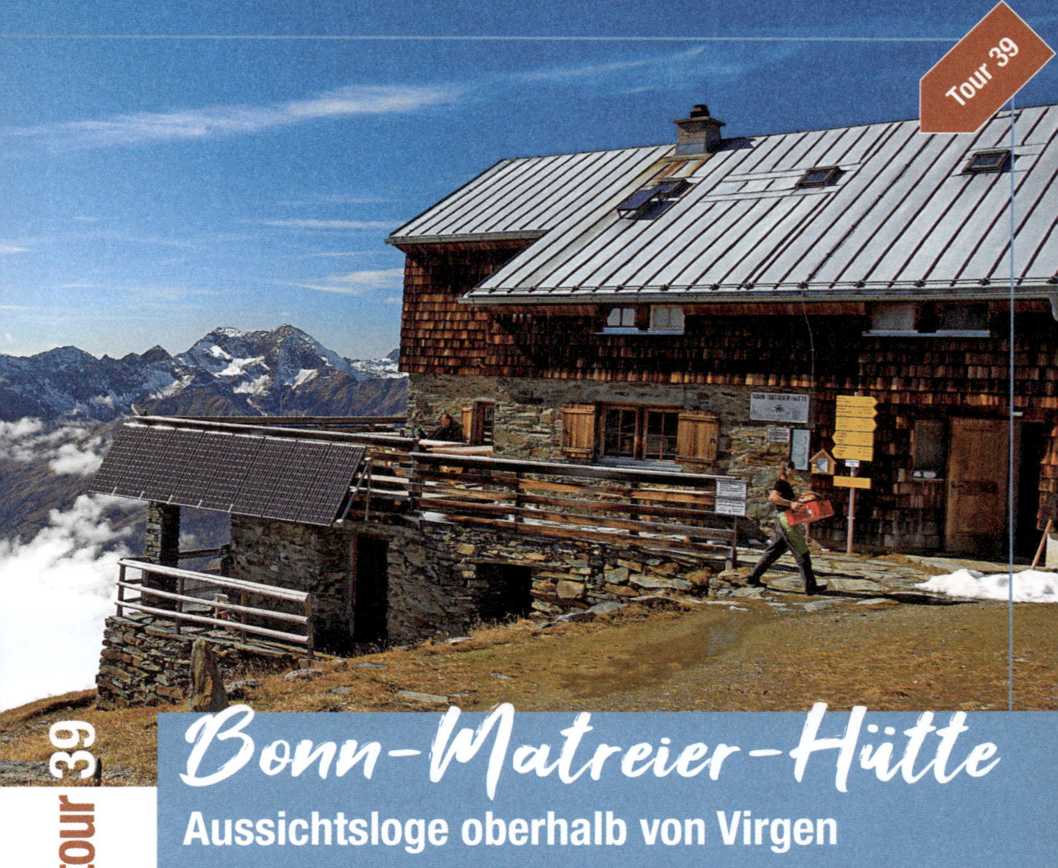

Bonn-Matreier-Hütte

Aussichtsloge oberhalb von Virgen

DAUER	6h
LÄNGE	12,5 km
HÖHENMETER	1270 hm
SCHWIERIGKEIT	MITTEL
MIT ÖPNV ERREICHBAR	Ja

Das erwartet dich ...

Normale Bergwege ohne schwierige Stellen. Bergwanderer mit elementarer Trittsicherheit haben bei dem Weg keine Schwierigkeiten. Im Frühsommer gibt es zuweilen noch Schneefelder. Aufgrund des beachtlichen Höhenunterschieds konditionell recht fordernde Tour, die unterwegs jedoch gleich mehrere Einkehrmöglichkeiten bereit hält.

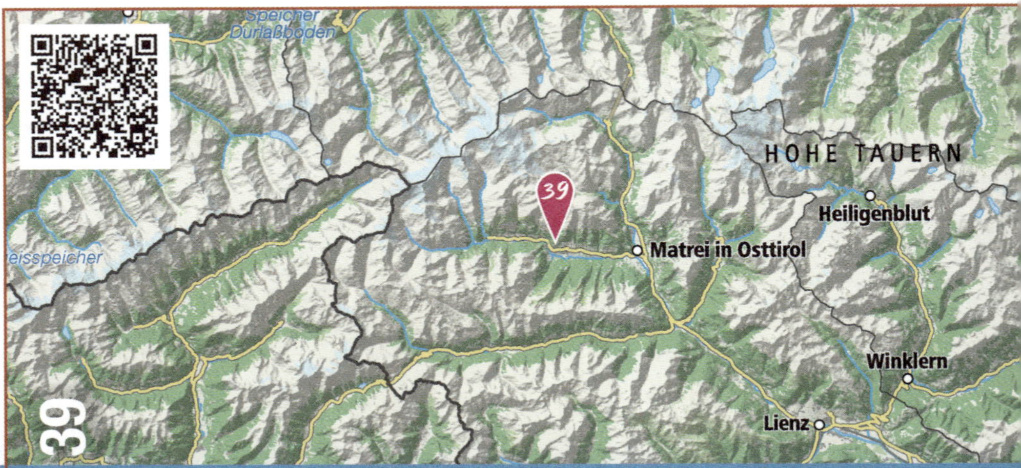

Aussichtstour 39

Start & Ziel & Anreise

Ausgangspunkt ist der Parkplatz Budam.
Anfahrt mit dem eigenen PKW durch Kärnten über die A2 Süd-Autobahn oder durch den Felbertauern-Tunnel nach Lienz und weiter nach Matrei in Osttirol. Von dort über Virgen nach Obermauern.
Bus Nr. 951 von Lienz Richtung Prägraten, Haltestelle Virgen Abzw. Obermauern. Von dort sind es zu Fuß nochmal 2,5 km zum Ausgangspunkt.

Tourenbeschreibung

Die Wanderung in Kombination durch das Große und das Kleine Nilltal bildet eine abwechslungsreiche Variante der beiden Routen. Auf dem Weg begegnet uns die ganze Bandbreite vom Waldsockel der Berge über die Almregionen bis an den Fuß der felsigen Gipfelbauten.

Los geht's am Parkplatz, von wo aus wir über die Straßenschleife zum Budamhof wandern. Nebenan steht eine schöne Kapelle, die einen Besuch wert ist. Der Weg leitet zu kleinen Hütten auf der linken Seite des Taleinschnitts. Dann bringt uns ein Steig über Bergwiesen und Waldparzellen hinauf zur Nilljochhütte. Es bedarf nur eines kleinen Schlenkers, um die Hütte mitzunehmen. Wir laufen in den Almkessel des Großen Nilltales, danach passieren wir die bewirtschaftete Schmiedleralm. Nach einer kurzen Verschnaufpause folgen wir dem Güterweg, der auf einer Höhe von 2300 m wieder in einen Steig übergeht. Wir machen einen weiten

Bogen nach links und fädeln dann in den Venediger-Höhenweg ein. Wenig später erreichen wir den aussichtsreichen Geländerücken mit der Bonn-Matreier-Hütte.

Sie dient als wichtiger Stützpunkt auf dem Venediger-Höhenweg sowie für die größtenteils anspruchsvollen Felsgipfel der Eichhamgruppe, wird aber auch als Ziel einer Tageswanderung aus dem Virgental gern angesteuert. Die Hütte wird vom Deutschen und Österreichischen Alpenverein gemeinsam verwaltet – das ist einzigartig in Europa. In Hüttennähe steht eine Felsenkapelle – es handelt sich dabei um die höchstgelegene in den Ostalpen. Das Haus wurde in den 80er-Jahren um- und ausgebaut, trotzdem hat es sich sein uriges Ambiente bewahrt. Serviert werden Osttiroler Spezialitäten, die diesem sensationellen Ausblick gleich nochmal besser schmecken. Er reicht von den Südtiroler Dolomiten über die Villgratener Berge, die Lienzer Dolomiten und die Schobergruppe bis zum Triglav in Slowenien.

Für den Abstieg richten wir uns nach dem Eichhamkar östlich der Hütte. Wir steuern auf das Gaosschartle in der linken Begrenzungsrippe zu. Es bildet einen eleganten Überstieg ins Kleine Nilltal, wo wir zunächst weit auf die andere Seite laufen. Dann geht's im Zickzack über die Alpenrosenhänge steil bergab. Der weitere Verlauf bietet zwei Möglichkeiten. Entweder über die Kleine Nillalm direkt in den Bacheinschnitt hinunter oder vorher noch mit einer Schleife über die herrlich gelegene Gotschaunalm, die wir über den links abzweigenden Hangweg erreichen. Ein Wirtschaftsweg bringt uns zurück nach Budam.

Autoren Tipp

Auf Grund ihrer hohen Lage kann man von der Bonn-Matreier-Hütte als Basislager recht rasch ein paar Dreitausender erreichen. Der Rauhkopf (3070 m) ist über seinen Südostgrat auf dem Steig Nr. 931 schon nach gut 1h. erklommen. Auch der benachbarte Säulkopf (3209 m) trägt mit Nr. 930 eine bezeichnete Route, ab Hütte steigen wir ca. 1:30h auf. Beide Gipfeltouren sind freilich eher schon „schwarz" und verlangen ausgeprägte Trittsicherheit.

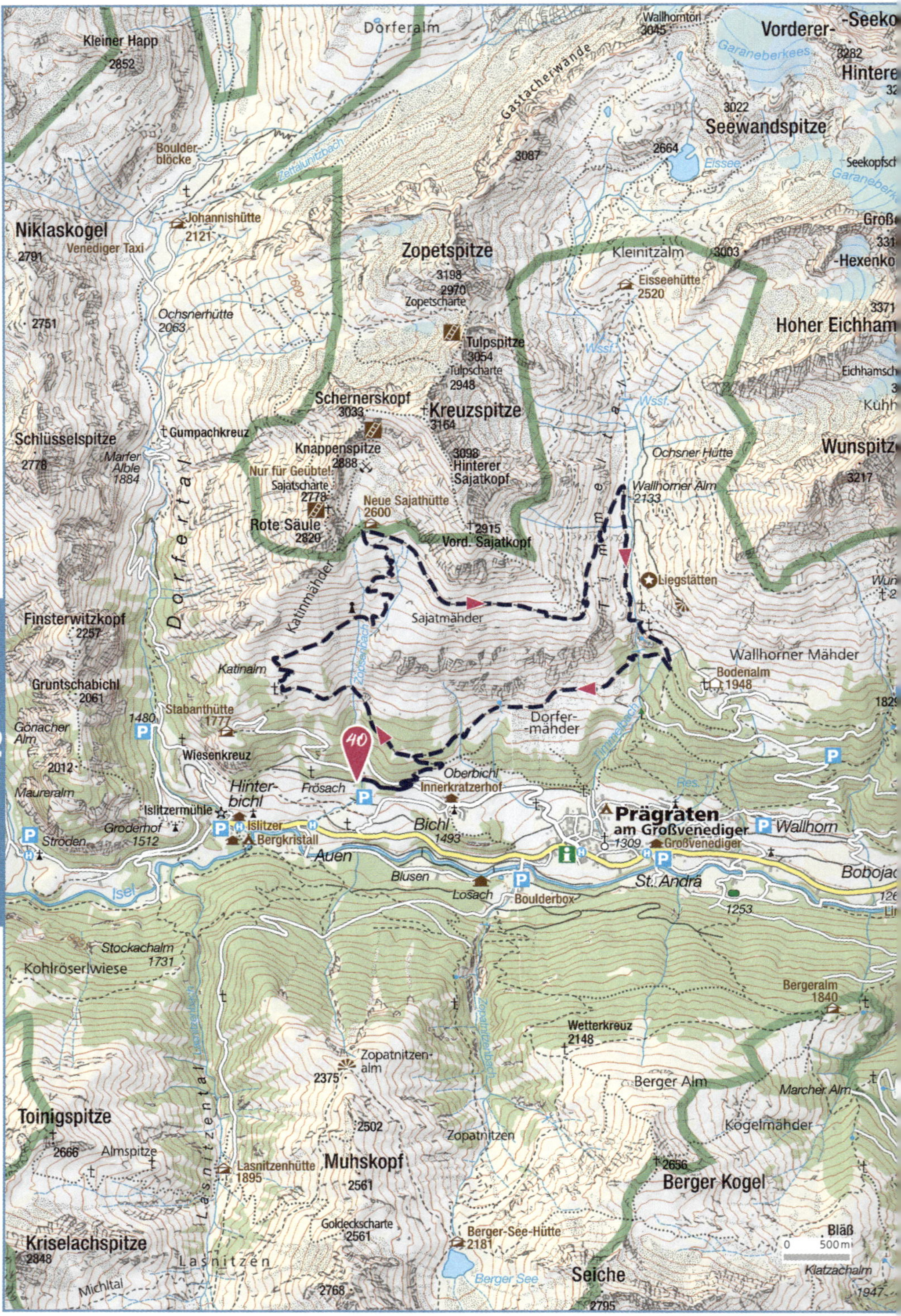

Kleiner Happ
2852
Dorferalm
Wallhorntörl
3045
Vorderer-
-Seeko
Garaneberkees
3282
Hintere
Gastacherwände
3022
Seewandspitze
Boulderblöcke
Zettalunitzbach
3087
2664
Eissee
Seekopfsch
Garaneberk
Niklaskogel
Johannishütte
2121
Venediger Taxi
2791
Zopetspitze
Kleinitzalm
3003
Großt
331
-Hexenko
3198
2970
Zopetscharte
Eisseehütte
2520
2600
3371
Hoher Eichham
2751
Ochsnerhütte
2063
Tulpspitze
3054
Tulpscharte
2948
Wssf.
Eichhamsch
Wssf.
Kuhh
Schernerskopf
3033
Kreuzspitze
3164
Schlüsselspitze
Gumpachkreuz
Knappenspitze
2888
3098
Hinterer
Sajatkopf
Ochsner Hütte
Wunspitz
2778
Marfer
Albe
1884
Nur für Geübte!
Sajatscharte
2778
Wallhorner Alm
2133
3217
Neue Sajathütte
2600
Rote Säule
2820
2915
Vord. Sajatkopf
Dorfertal
Timmeltal
Katinmähder
Liegstätten
Finsterwitzkopf
2257
Sajatmähder
Zopatnitzenbach
Wallhorner Mähder
Katinalm
Bodenalm
1948
Gruntschabichl
2061
1829
1480
Stabanthütte
1777
Dorfer-
-mähder
Timmelbach
Gönacher
Alm
40
Wiesenkreuz
2012
Oberbichl
Maureralm
Hinter-
bichl
Frösach
Innerkratzerhof
Bes.
Islitzermühle
Prägraten
am Großvenediger
Groderhof
1512
Islitzer
Bergkristall
Bichl
1493
1309
Wallhorn
Ströden
Großvenediger
Auen
Bobojac
Isel
Blusen
St. Andrä
Losach
Boulderbox
1253
126
Lin
Stockachalm
1731
Kohlröserlwiese
Bergeralm
1840
Wetterkreuz
2148
Zopatnitzen-
alm
2375
Lasnitzental
Zopatnitzenbach
Berger Alm
Marcher Alm
Toinigspitze
2502
Zopatnitzen
Kogelmähder
2666
Almspitze
Lasnitzenhütte
1895
Muhskopf
2656
Berger Kogel
2561
Goldeckscharte
2561
Berger-See-Hütte
2181
Bläß
0
500 m
Kriselachspitze
2848
Lasnitzen
Seiche
Klatzachalm
Michltal
2768
Berger See
1947
2795

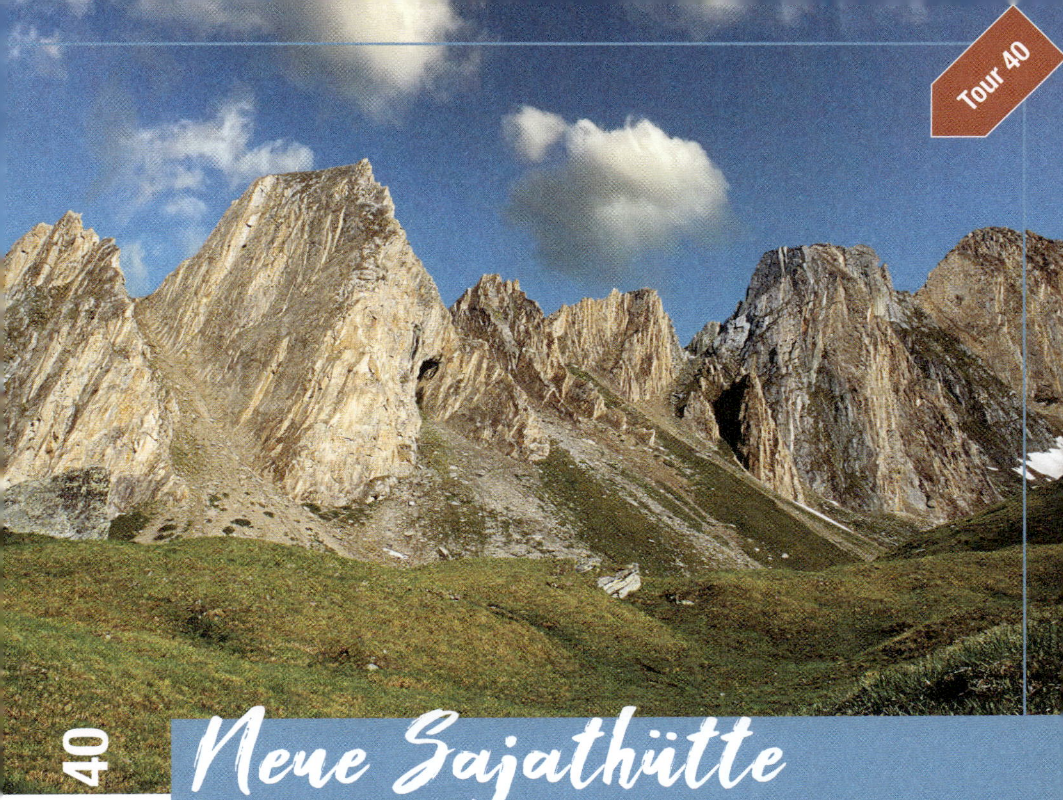

Rundtour 40

Neue Sajathütte

Das „Schloss in den Bergen“

DAUER	5h 30min
LÄNGE	13 km
HÖHENMETER	1120 hm
SCHWIERIGKEIT	MITTEL
MIT ÖPNV ERREICHBAR	Nein

Das erwartet dich ...

Gut angelegte Bergwege, überwiegend durch Mattengelände, mit grundlegender Trittsicherheit problemlos zu begehen. Eine durchschnittliche Tagestour, bei der wir die Getränke nicht vergessen dürfen. Vor der Sajathütte gibt es keine Einkehr. Auf der Hütte genießen wir dann ein herrliches Panorama. Mit dem Prägratener Höhenweg lässt sich im Übrigen eine Rundtour schließen.

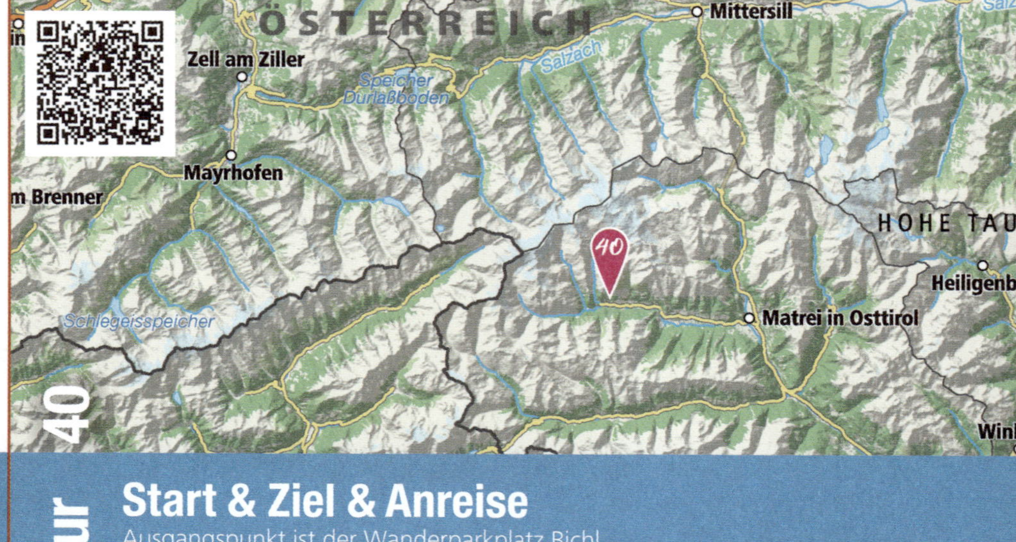

Rundtour

Start & Ziel & Anreise

Ausgangspunkt ist der Wanderparkplatz Bichl.
Anfahrt mit dem eigenen PKW durch Kärnten über die A2 Süd-Autobahn oder durch den Felbertauern-Tunnel nach Lienz und weiter nach Matrei in Osttirol. Von dort weiter über Virgen nach Prägraten.
Mit dem Bus Nr. 951 von Lienz nach Prägraten. Zum Ausgangspunkt sind es dann jedoch nochmal knapp 3 km zu Fuß.

Tourenbeschreibung

Im Frühjahr 2001 fegte eine gewaltige Lawine die Sajathütte weg. Der Schock saß tief, doch die Besitzerfamilie Kratzer fand viel Unterstützung; umgehend wurde ein Neubau in Angriff genommen. Das „Schloss in den Bergen" thront heute wie eh und je am Fuße des Hochkratzers. Die architektonisch wahrlich gelungene Hütte schmiegt sich oberhalb der blumenreichen Sajatmähder in die Landschaft und ist von einem Kranz scharfkantiger Berge umgeben. Das beliebte Wanderziel wird von allen angesteuert: Tageswanderer, die sich aus dem Virgental heraufbegeben, Weitwanderer auf dem Venediger-Höhenweg oder Klettersteigexperten, die sich an die Rote Säule heranwagen.

Vom Wanderparkplatz richten wir uns nach der Wegbeschilderung „Sajathütte" und folgen dem Weg Nr. 23 durch den Bichler Wald. Später wandern wir dann über luftige und freie Wiesenhänge bergan. Während wir den Zopsenbach überschreiten, holen wir weit nach Westen aus. Dann steigen wir in den Katinmähdern oberhalb eines Almhüttchens in die entgegengesetzte Richtung weiter auf. So kreuzen wir die Bachrinne ein zweites Mal. Im Osten werden die üppig begrünten Flanken auch Sajatmähder genannt. Wir vermeiden Abkürzungen und folgen der Route in Serpentinen zur Karschwelle; zu unserer Linken sehen wir schon die Sajathütte, die hier ihren herrlichen Logenplatz beansprucht.

Ohne Zweifel ist es die spektakuläre Architektur, die die Sajathütte in der Tat wie ein Schloss aussehen lässt. Ihre Geschichte begann vor gut 50 Jahren. Friedl und Florian Kratzer erfüllten sich einen Traum: Auf den Wiesen, in die sie im Sommer immer zur Mahd aufbrachen, träumten sie von einer eigenen Hütte. 1974 wurde eine kleine Hütte mit den Händen aufgebaut und stetig erweitert. Im April 2001 fiel sie tragischerweise einer gewaltigen Staublawine zum Opfer. Mit enormer Kraftanstrengung und viel Unterstützung wurde die Hütte innerhalb eines Jahres wieder aufgebaut und erstrahlt heute schöner denn je. Herzlich wird man in der gemütlichen Hütte empfangen. Die Sajathütte verfügt über eine hauseigene Wetterstation. Hier kann man sich ganz genau über die Vorhersagen informieren, bevor man seinen Weg fortsetzt. Außerdem gibt es einen Indoorkletterturm. Im Seminarraum kann man dann interessanten Videovorträgen lauschen.

Für den Weiterweg folgen wir dem Prägratener Höhenweg Nr. 24. Er führt uns gen Osten und quert dabei die Steilflanken des Vorderen Sajatkopfes. Wir steigen gute 300 hm bis an ein markantes Geländeeck ab. Hier schwenken wir ins Timmeltal ein und verlassen den Höhenweg zur Eisseehütte. Schräg geht's zum Timmelbach hinab. Wir folgen dem rechten Ufer aus dem Hochtal hinaus. Bevor es steiler abfällt, wechseln wir nach links. An einer Kreuzung biegen wir scharf rechts ab – wir laufen weder zur Bodenalm noch nach Prägraten. Der Wiesachweg leitet uns zurück in den Bichler Wald und zum Wanderparkplatz.

Autoren Tipp

Um die Hütte gibt es ein paar lohnende Gipfelziele: Die Rote Säule kann über einen Klettersteig mit entsprechender Ausrüstung erschlossen werden. Standfeste Berggeher visieren eher die Kreuzspitze an – ein toller Logenplatz erwartet uns oben. Der Übergang zur Johannishütte über die Sajatscharte ist auf Grund akuter Steinschlaggefahr nicht mehr möglich. Alternativen seht ihr unter www.sajathütte.at

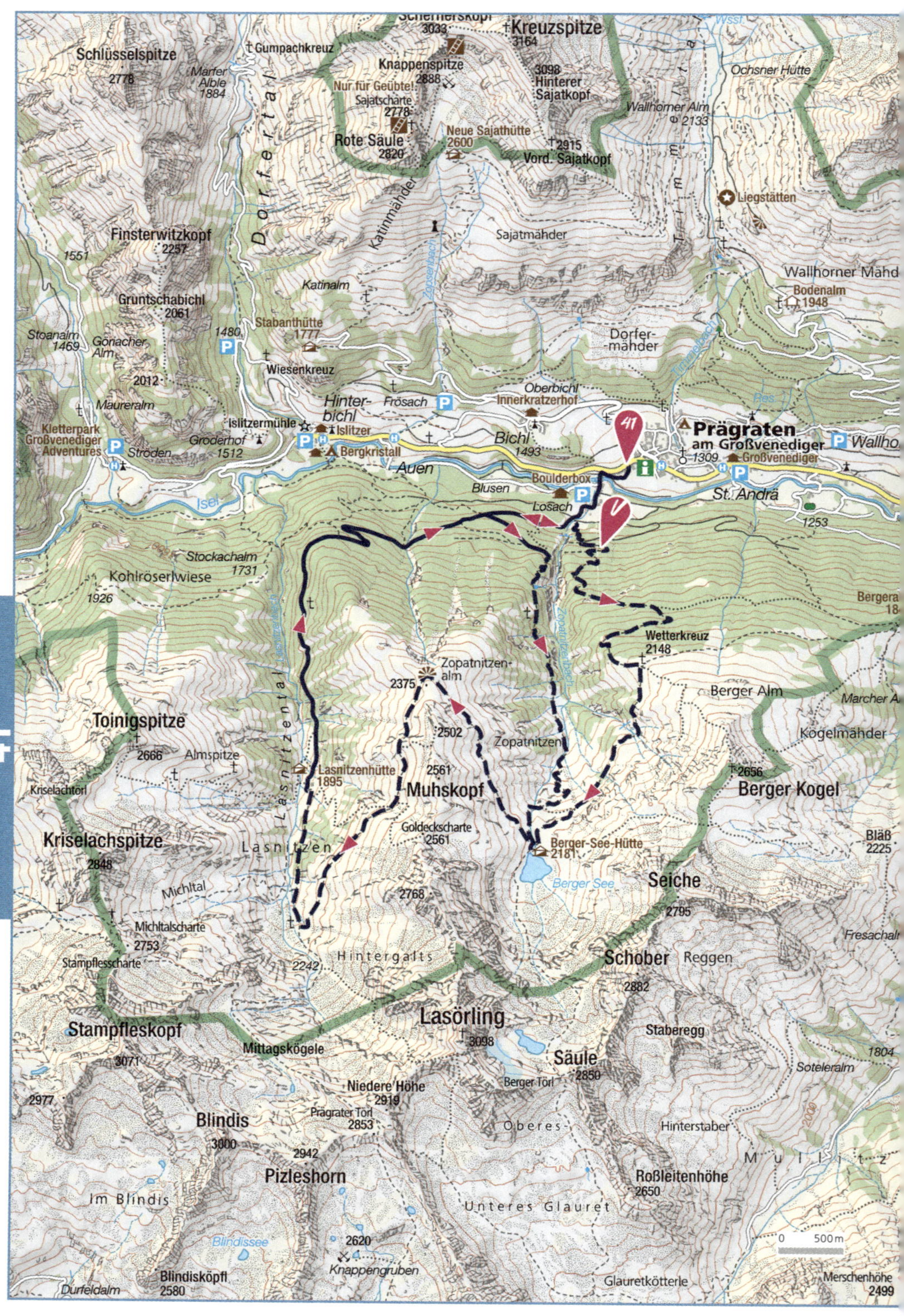

Schwarzer Kopf 3033
Kreuzspitze 3164
Schlüsselspitze 2778
Gumpachkreuz
Marfer Alble 1884
Knappenspitze 2886
3098 Hinterer Sajatkopf
Nur für Geübte!
Sajatscharte 2778
Rote Säule 2820
Neue Sajathütte 2600
2915 Vord. Sajatkopf
Ochsner Hütte
Wallhorner Alm 2133
Dorfertal
Katinmähder
Liegstätten
Finsterwitzkopf 2257
1551
Sajatmähder
Timmeltal
Wallhorner Mahd
Katinalm
Bodenalm 1948
Gruntschabichl 2061
Zopatnitzenbach
Stoanalm 1469
Göriacher Alm
1480
Stabanthütte 1777
Dorfer-mähder
Timmelbach
Wiesenkreuz
2012
Maureralm
Hinter-bichl
Frösach
Oberbichl
Innerkratzerhof
Kletterpark Großvenediger Adventures
Islitzermühle
Islitzer
Bergkristall
Ströden
Groderhof 1512
Bichl 1493
41
Prägraten am Großvenediger
1309
Großvenediger
Wallho
Auen
Isel
Blusen
Boulderbox
Losach
St. Andrä
1253
Stockachalm 1731
Kohlröserlwiese
1926
Bergera 18
Wetterkreuz 2148
Zopatnitzen-alm 2375
Berger Alm
Marcher A
Toinigspitze 2666
Almspitze
2502
Zopatnitzen
Kogelmähder
Lasnitzental
Lasnitzenhütte 1895
2561
Muhskopf
2656
Berger Kogel
Kriselachtörl
Goldeckscharte 2561
Kriselachspitze 2848
Lasnitzen
Berger-See-Hütte 2181
Berger See
Bläß 2225
Seiche 2795
Michltal
2768
Michltalscharte 2753
Fresachalm
Stampflesscharte
Hintergalts
2242
Schober 2882
Reggen
Lasörling 3098
Stampfleskopf 3071
Mittagskögele
Staberegg
Säule 2850
1804
Soteleralm
Berger Törl
Niedere Höhe 2919
2977
Pragrater Törl 2853
Blindis 3000
Oberes
Hinterstaber
2942
Mullitz
Pizleshorn
Roßleitenhöhe 2650
Im Blindis
Unteres Glauret
Blindissee
2620
0 500 m
Knappengruben
Durfeldalm
Blindisköpfl 2580
Glauretkötterle
Merschenhöhe 2499

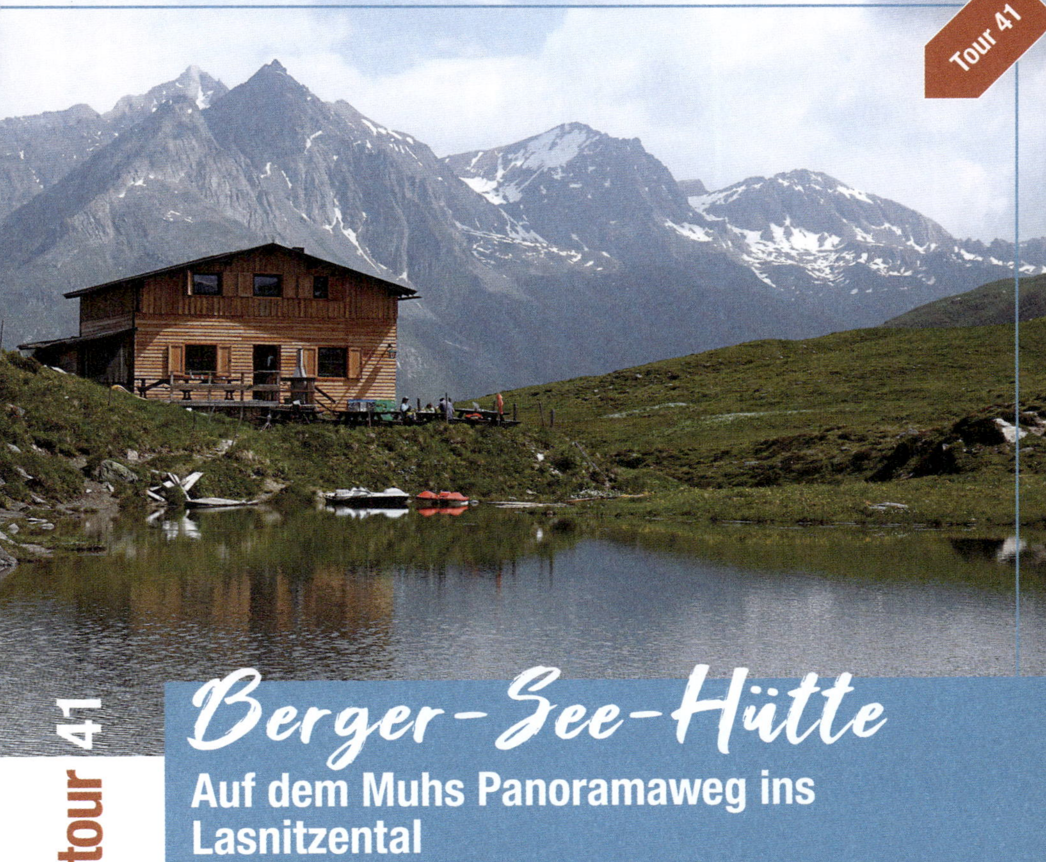

Tour 41

Bergseetour 41

Berger-See-Hütte

Auf dem Muhs Panoramaweg ins Lasnitzental

DAUER	6h 15min
LÄNGE	14 km
HÖHENMETER	1100 hm
SCHWIERIGKEIT	MITTEL
MIT ÖPNV ERREICHBAR	Ja

Das erwartet dich ...

Die Tour besticht durch unschwierige Bergwanderwege; den Schluss bildet ein Güterweg. Die Runde ist jedoch sehr lang und weist einiges an Höhenmetern auf. Ausdauer ist also gefragt. Einkehrmöglichkeiten gibt es im Auf- wie auch im Abstieg. Dennoch sollten genügend Getränke an heißen Tagen im Rucksack nicht fehlen.

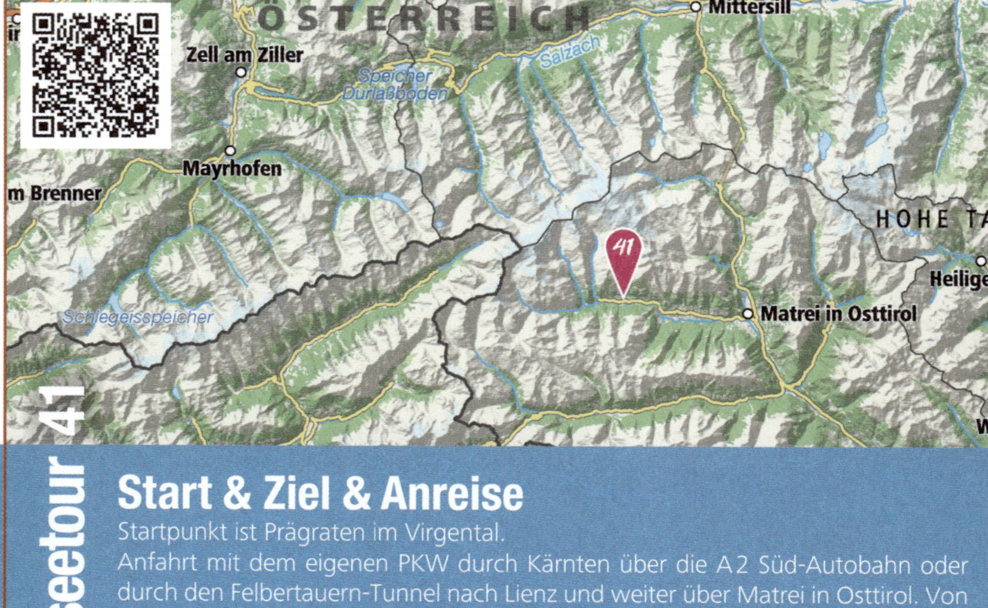

Bergseetour 41

Start & Ziel & Anreise

Startpunkt ist Prägraten im Virgental.
Anfahrt mit dem eigenen PKW durch Kärnten über die A2 Süd-Autobahn oder durch den Felbertauern-Tunnel nach Lienz und weiter über Matrei in Osttirol. Von dort fahren wir über Virgen nach Prägraten.
Der Bus der Linie 951 fährt von Lienz nach Prägraten. Parkmöglichkeiten an der Gemeinde oder im Ort.

Tourenbeschreibung

Wenn wir von Süden die Venedigergruppe überblicken möchten, dann sind wir auf dem Höhenweg zwischen Berger-See-Hütte und Lasnitzenhütte an der idealen Aussichtsloge – sogar mit zweifachen Einkehrmöglichkeiten. Darüber hinaus lernen wir zwei reizvolle Taleinschnitte am Lasörlingkamm kennen. Mit dem tiefblauen Berger See wartet ein besonderes Kleinod auf uns.

Wir beginnen die Wanderung am Ortsende von Prägraten und zweigen zunächst zur Iselbrücke ab. Danach überschreiten wir den Opatnitzenbach und wandern mit der Forststraße bis zu einer Abzweigung. Die Schilder zur Berger-See-Hütte schicken uns nach links über den Weg Nr. 312. Vorerst schiebt sich der Steig recht steil durch den Hochwald hinauf. Je näher wir dem Zopatnitzenkessel kommen, desto angenehmer wird der Weg. Wir überqueren noch einmal den Bach, dann leiten uns einige Kehren hinauf zur Karschwelle und zur Berger-See-Hütte. Sie liegt traumhaft am Ufer des Berger Sees und ermöglicht uns eine freie Sicht auf die gegenüberliegende Venedigergruppe. Die Sonnenterasse lädt zu einem längeren Verweilen ein. Auch Übernachten ist auf der urigen Hütte möglich.

Mit schönem Blick auf umliegendes Traumpanorama wandern wir über den Muhs-Panoramaweg weiter. Dabei machen wir einen weiten Bogen um den Nordausläufer des Muhskopfes. Die Route bringt uns an den äußersten Punkt der Zopatnitzenalm über die Traverse in leichtem Anstieg. Hinter dem markanten Geländeeck steigen wir dann wieder sanft in die entgegengesetzte Richtung ab. Die Abkürzung durch die steilen Hänge beachten wir nicht. Stattdessen folgen wir dem Höhenweg bis in den inneren Lasnitzenkessel. Hier schwenken wir scharf talauswärts, die rechte Bachseite der bewirtschafteten Lasnitzenhütte im Visier. Nach Prägraten zurück geht's über den Herweg. Dafür folgen wir noch ein Stück dem Einschnitt des Lasnitzentales nach Norden, dann drehen wir ostwärts ab.

Alternativ können wir am Anfang auch mit dem Weg Nr. 72 zum Wetterkreuz aufsteigen. Die Hütte erreichen wir dann quer durch die Flanke der Bergerkogels. Das nimmt nur unwesentlich mehr Zeit in Anspruch. Mit der Galteggscharte haben wir einen direkten Übergang zwischen beiden Talkesseln. Die Route ist jedoch mühevoll und zeitintensiv.

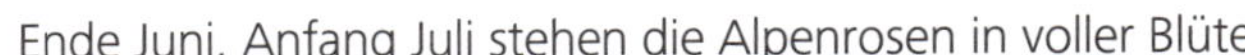

Ende Juni, Anfang Juli stehen die Alpenrosen in voller Blüte

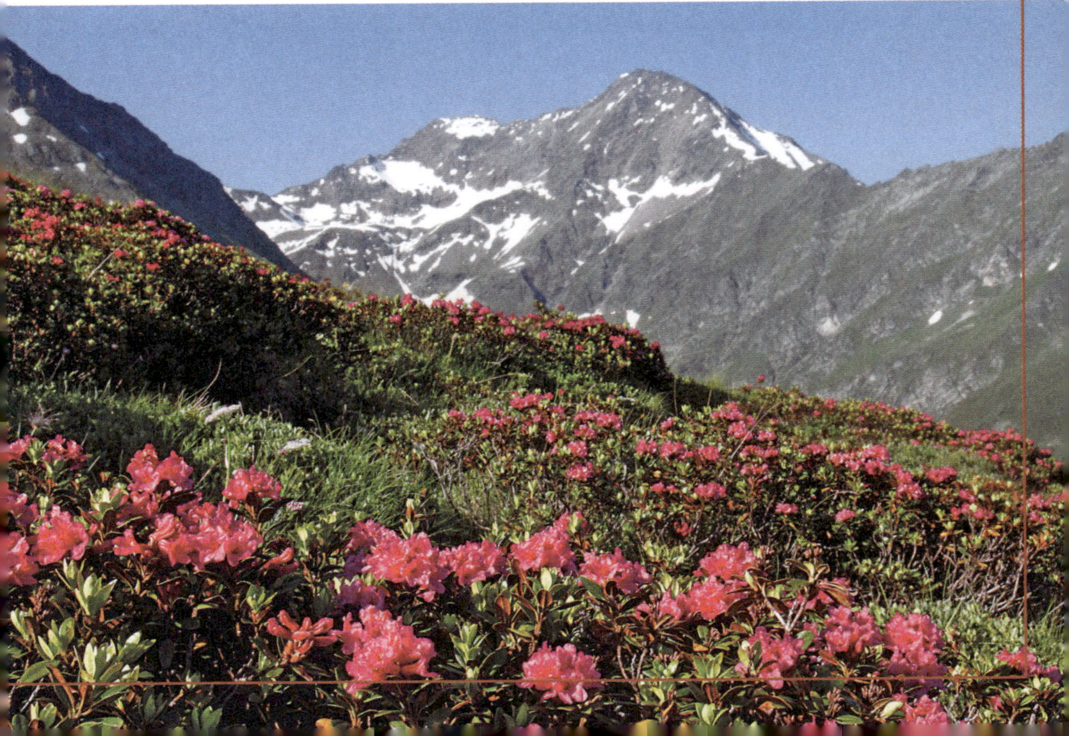

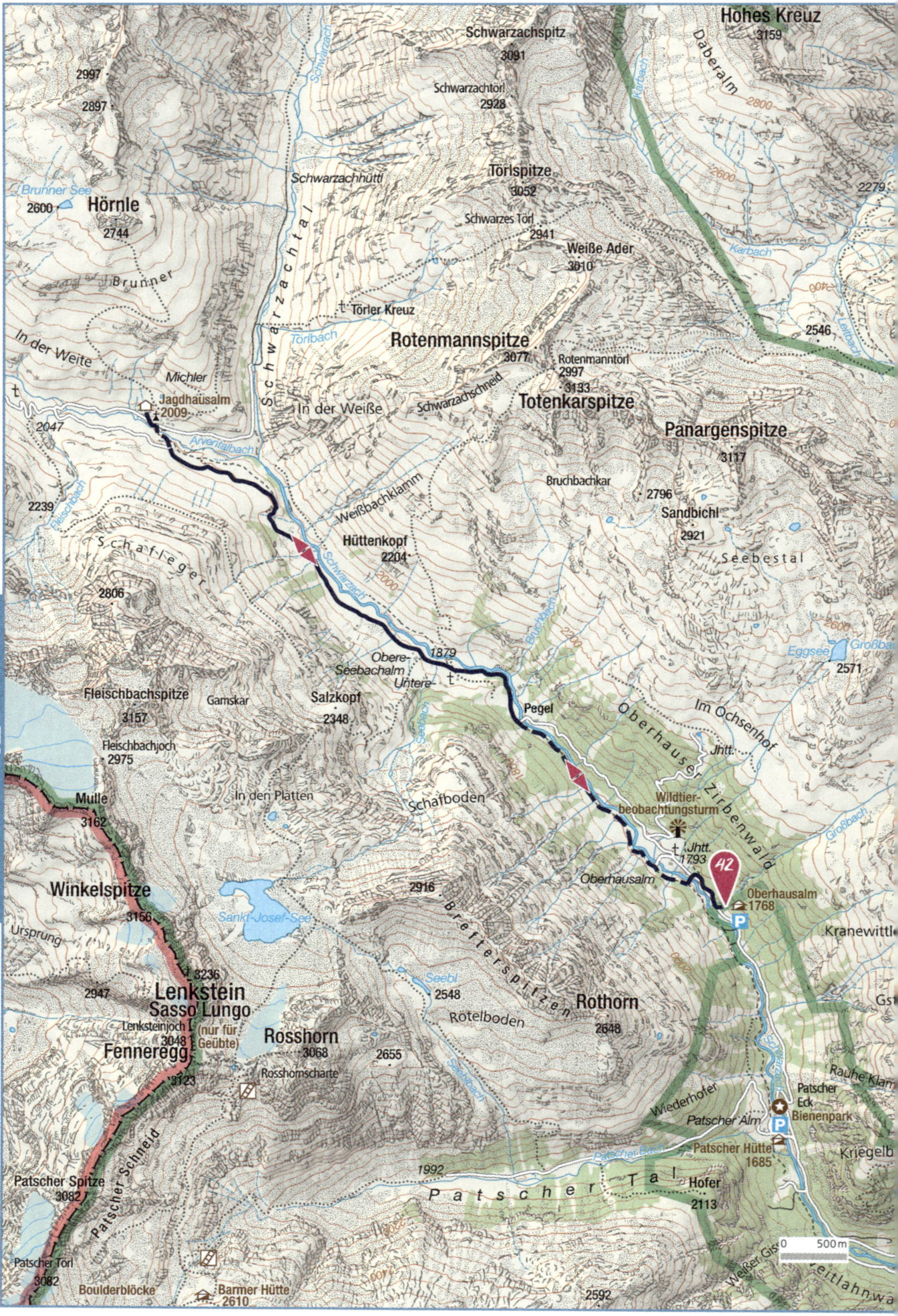

42

Hohes Kreuz
3159
Daberalm
Schwarzachspitz
3091
2997
2897
Schwarzach
Schwarzachtörl
2928
Karbach
2800
2600
Schwarzachhütt
Törlspitze
3052
2279
Brunner See
2600
Hörnle
2744
Schwarzes Törl
2941
Weiße Ader
3010
Karbach
Brunner
Schwarzachtal
Törler Kreuz
Leibach
2546
In der Weite
Törlbach
Rotenmannspitze
3077
Rotenmanntörl
2997
Michler
3133
Jagdhausalm
2009
Schwarzachschneid
Totenkarspitze
In der Weiße
Panargenspitze
2047
3117
Arventalbach
Bruchbachkar
2796
Weißbachklamm
Sandbichl
2239
Fleischbach
2921
Hüttenkopf
2204
Seebestal
Schafleger
Schwarzach
2000
2806
Bruchbach
2600
Großbach
Eggsee
2571
Obere-
1879
Seebachalm
Untere-
Fleischbachspitze
Gamskar
Salzkopf
Im Ochsenhof
3157
2348
Pegel
Seebach
Oberhauser Zirbenwald
Fleischbachjoch
Jhtt.
2975
Mulle
In den Platten
Schafboden
Wildtier-
beobachtungsturm
3162
Großbach
Jhtt.
1793
Winkelspitze
Oberhausalm
42
Oberhausalm
2916
1768
3156
Brefterspitzen
Kranewittl
Ursprung
Sankt-Josef-See
3236
Seebl
2548
2947
Lenkstein
Sasso Lungo
Rothorn
Lenksteinjoch
(nur für Geübte)
2648
3048
Rötelboden
Fenneregg
Rosshorn
3068
2655
Rosshornscharte
3123
Seebach
Rauhe Klam
Patscher Eck
Bienenpark
Wiederhofer
Patscher Alm
Patscher Schneid
Patscher Hütte
1685
Kriegelb
Patscher Spitze
1992
3082
Patscher Tal
Hofer
2113
0 500 m
Patscher Törl
3082
Weißer Gis
Veitlahnwa
Boulderblöcke
Barmer Hütte
2610
2592

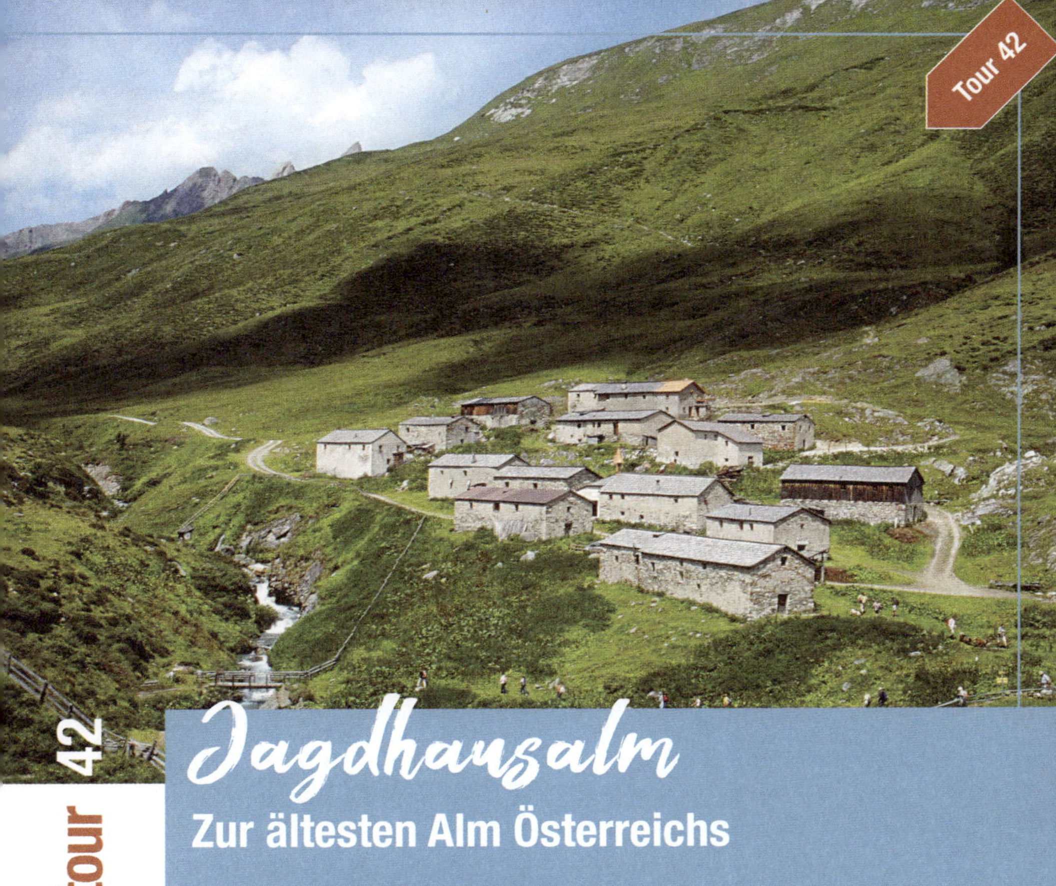

Jagdhausalm

Zur ältesten Alm Österreichs

DAUER	4h
LÄNGE	12,5 km
HÖHENMETER	300 hm
SCHWIERIGKEIT	LEICHT
MIT ÖPNV ERREICHBAR	Nein

Das erwartet dich ...

Die Route führt über einen breiten Fahrweg, an manchen Abschnitten auch auf einfachen Fußsteigen. Es gibt keine nennenswerten Steigungen, der Weg ist insgesamt nicht besonders anstrengend. Auch für Mountainbiker bietet sich diese schöne Strecke an. Unser Ziel, die Jagdhausalm, liegt inmitten des Nationalparks Hohe Tauern und empfängt uns mit urigem Ambiente und einer schmackhaften Brotzeit.

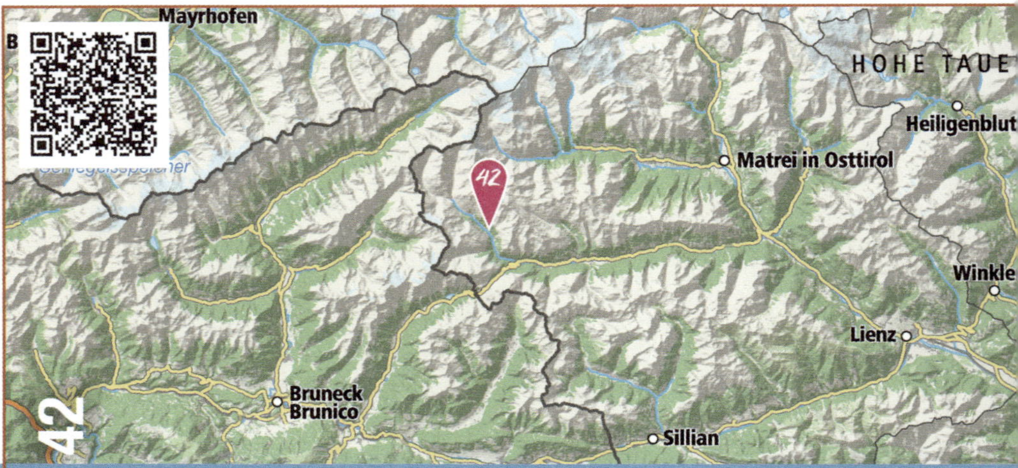

Genusstour 42

Start & Ziel & Anreise

Anreise von München mit dem PKW über die Inntalautobahn A93, Ausfahrt Kufstein Süd. Weiter über die B 173, dann die B 178 Richtung Felbertauern, St. Johann. Über Kitzbühel und Jochberg nach Mittersil, von dort über die B 108 bis Huben. Hier ins innere Defreggental abfahren. Von Innsbruck über die Inntalautobahn bis Wörgl, hier weiter über Kitzbühel und Mittersil nach Huben.

Tourenbeschreibung

Unsere heutige Wanderung zur Jagdhausalm gleicht eher einem ausgedehnten Spaziergang. Entlang des breiten Talweges wartet keinerlei alpinistische Herausforderung auf uns. Dafür wandern wir in der Schwarzach durch ein ursprüngliches Hochtal; das ist in Osttirol selten geworden und erweist sich als großer Gewinn.

Wir können heute bequemerweise bis zur Gaststätte Oberhausalm mit dem Auto anfahren. Gleich dahinter überqueren wir den Bach – den Fahrweg lassen wir auf der rechten Seite liegen. Der Wanderweg bringt uns entlang der Schwarzach. Wir laufen durch den Oberhauser Zirmwald und stoßen bei einer Brücke wieder auf die breite, flache Almstraße. An der Unteren und Oberen Seebachalm vorbei geht's ins Tal hinein. Bald öffnet sich der Blick ins seitliche Quelltal der Schwarzach. Wir bleiben allerdings auf dem Hauptweg und folgen ihm weiter ins Arvental. Wir steigen ein Stück empor, dann entdecken wir schon das urige Hüttendorf der Jagdhausalm. Es liegt auf der anderen Bachseite und ist über einen rechts abzweigenden Steig mit kurzem Zwischenabstieg schnell erreicht.

Mit einer über 800-jährigen Geschichte auf dem Buckel gilt die Jagdhausalm als älteste in ganz Österreich. Zwischendurch wurde sie sogar ganzjährig bewohnt. Das Ensemble der alten und urigen Steinhäuser vermittelt ein Ambiente wie aus längst vergangenen Tagen. Die Alm besteht aus 16 Steinhäusern und einer Kapelle, sie alle wurden gänzlich unter Denkmalschutz gestellt. Dennoch hat es angestammte Funktionen für die Almwirtschaft inne; das Vieh wird von Südtiroler Bauern über das Klammljoch getrieben. Erstmals urkundlich erwähnt wurde das Almgebiet 1212, damals als „sechs Höfe" – die man in der Volkssprache Schwaighöfe nannte. Aufgrund der extremen Höhenlage wurde die Nutzung bald aufgegeben, fortan waren sie nur noch als Sommeralm in Betrieb. Die Bewohner der Siedlung haben damals für die Herren von Taufers Butter hergestellt, dafür erhielten sie Getreide und andere Lebensmittel. Vor 60 Jahren gab es noch über 40 Senner mit 100 Milchkühen und rund 500 Schafen und 100 Schweinen auf der Alm. Die Milch wurde zu Butter und Käse verarbeitet, wovon heutzutage noch die „Kaskeller" zeugen. Nach einer Rast auf der bewirtschafteten Alm steigen wir auf der Anstiegsroute wieder ab.

Im Juli erfolgt die Mahd bei der Seebachalm

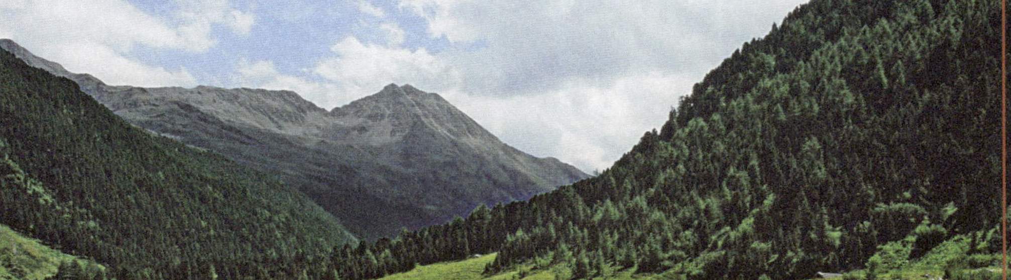

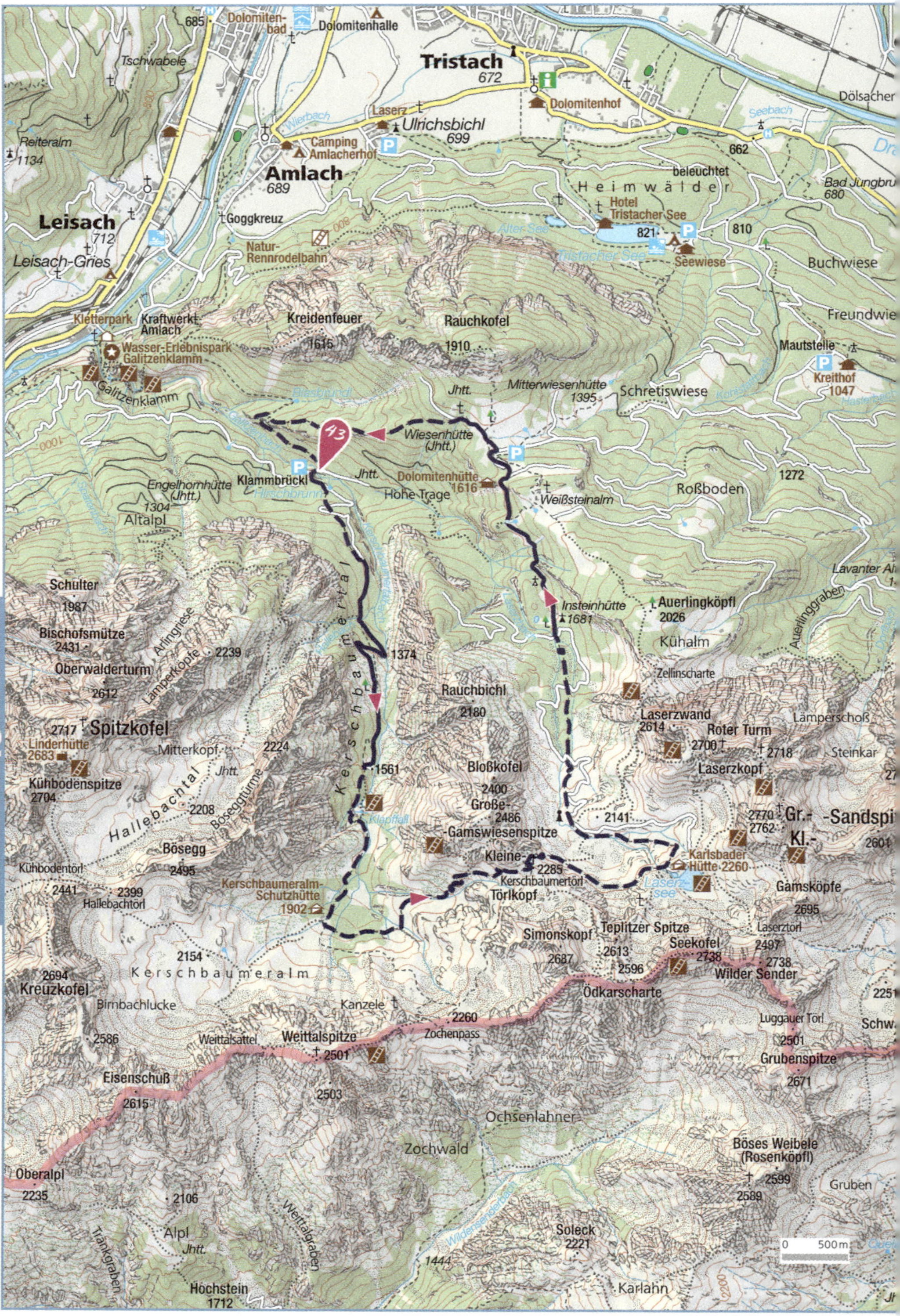

43

Tristach
672
Dolomitenhof
Dolomiten-bad
Dolomitenhalle
685
Tschwabele
Reiteralm
1134
Laserz
Ulrichsbichl
699
Camping Amlacherhof
Amlach
689
Leisach
712
Leisach-Gries
Goggkreuz
Natur-Rennrodelbahn
Heimwälder
beleuchtet
662
Dölsacher
Seebach
Bad Jungbrunn
680
Hotel Tristacher See
821
810
Alter See
Tristacher See
Seewiese
Buchwiese
Freundwie
Kletterpark
Kraftwerk Amlach
Wasser-Erlebnispark Galitzenklamm
Galitzenklamm
Kreidenfeuer
1616
Rauchkofel
1910
Mautstelle
Kreithof
1047
Jhtt.
Mitterwiesenhütte
1395
Schretiswiese
Wiesenhütte (Jhtt.)
Klammbrückl
Engelhornhütte (Jhtt.)
1304
Altalpl
Jhtt.
Hohe Trage
Dolomitenhütte
1616
Weißsteinalm
Roßboden
1272
Lavanter Al
Schulter
1987
Bischofsmütze
2431
Arlingriese
Lamperköpfe
2239
Oberwalderturm
2612
Kerschbaumertal
1374
Insteinhütte
1681
Auerlingköpfl
2026
Kühalm
Auerlinggraben
Zellinscharte
Rauchbichl
2180
2717 Spitzkofel
Linderhütte
2683
Mitterkopf
Jhtt.
2224
Kühbodenspitze
2704
Hallebachtal
Böseggtürme
2208
Bösegg
2495
1561
Bloßkofel
2400
Große-
2486
-Gamswiesenspitze
Kleine-
2285
Kerschbaumertörl
Törlkopf
2141
Laserzwand
2614
Roter Turm
2700
2718
Laserzkopf
Lämperschoß
Steinkar
2770
2762
Gr.- -Sandspi
Kl.-
2601
Karlsbader Hütte 2260
Laserzsee
Gamsköpfe
2695
Kühbodentörl
2441
2399
Hallebachtörl
Kerschbaumeralm-Schutzhütte
1902
Simonskopf
2687
Teplitzer Spitze
2613
2596
Seekofel
2738
Laserztörl
2497
2738
Wilder Sender
2154
Kerschbaumeralm
2694
Kreuzkofel
Birnbachlucke
Ödkarscharte
2251
Kanzele
2260
Zochenpass
Luggauer Törl
2501
Schw.
2586
Weittalsattel
Weittalspitze
2501
Grubenspitze
2671
Eisenschuß
2615
2503
Ochsenlahner
Zochwald
Böses Weibele (Rosenköpfl)
2599
2589
Gruben
Oberalpl
2235
2106
Alpl
Jhtt.
Trankgraben
Weittalgraben
Wildensenderbach
Soleck
2221
1444
0 500 m
Höchstein
1712
Karlahn

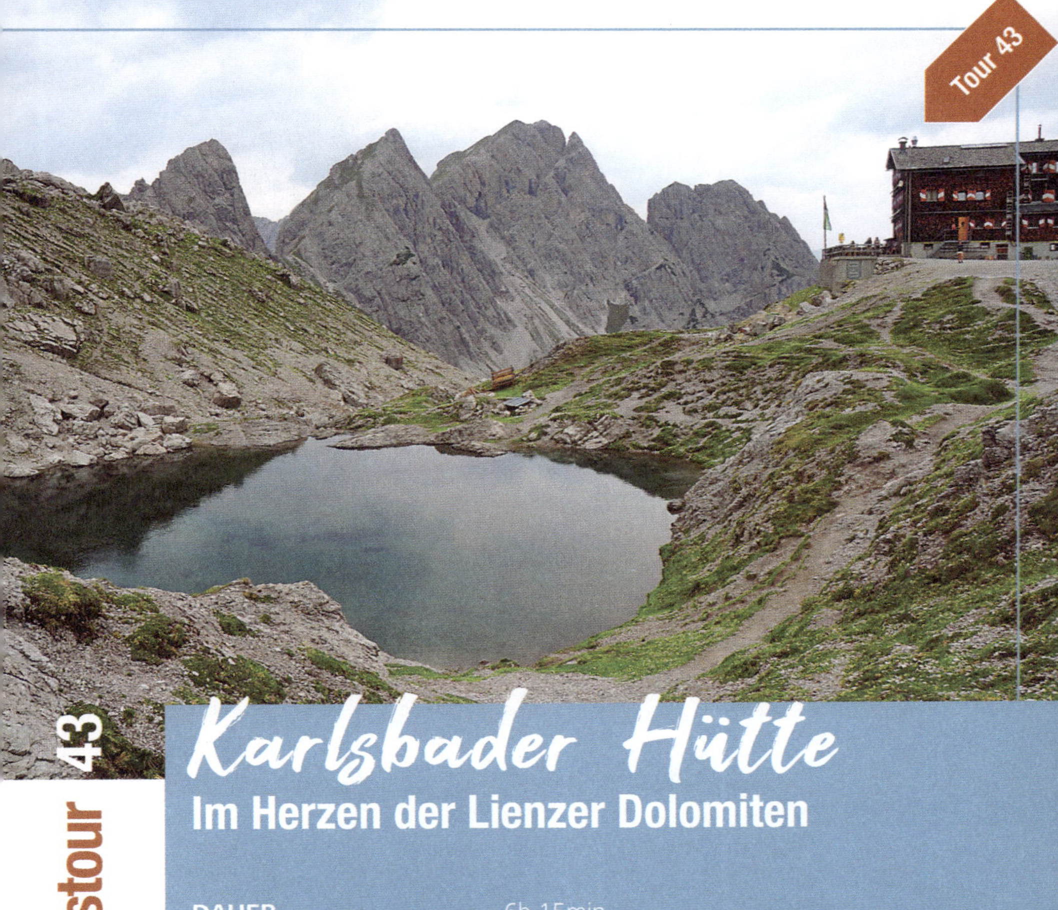

Karlsbader Hütte

Im Herzen der Lienzer Dolomiten

DAUER	6h 15min
LÄNGE	15 km
HÖHENMETER	1150 hm
SCHWIERIGKEIT	MITTEL
MIT ÖPNV ERREICHBAR	Nein

Das erwartet dich ...

Ordentliche, im oberen Teil naturgemäß etwas steinige Bergwege. Teilweise wandern wir auch über breite fahrbare Trassen. Technisch ist die Runde eher leicht; die Wegstrecke ist jedoch sehr lang und die über 1150 hm, die es zu überwinden gibt, sind auch nicht ohne. Gute Kondition ist daher Vorraussetzung.

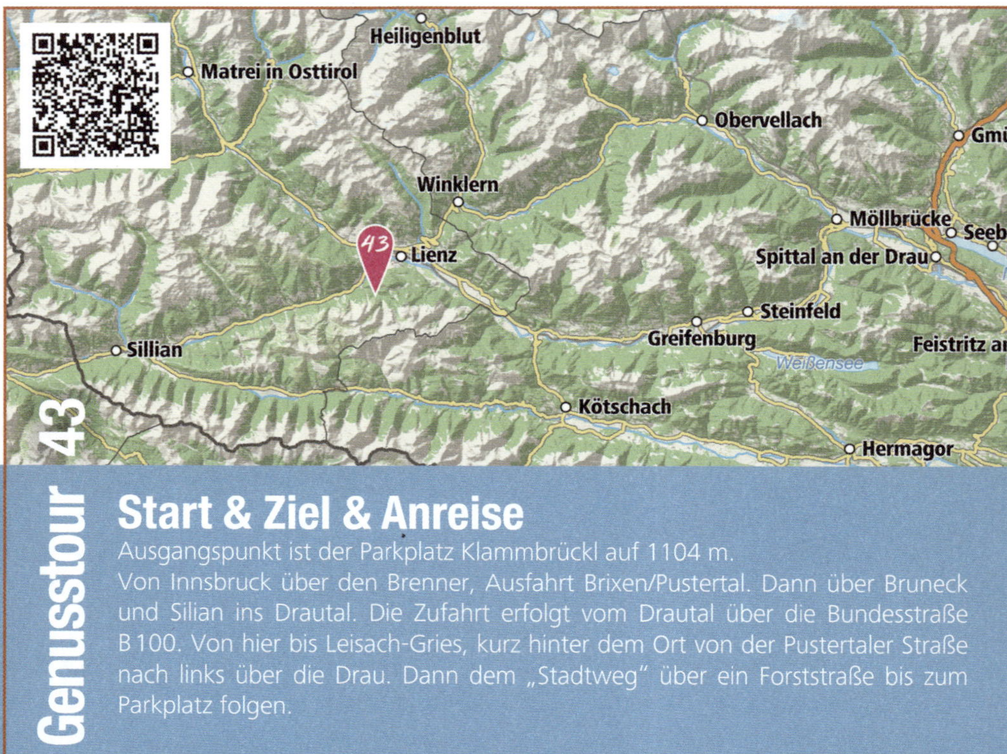

Genusstour 43

Start & Ziel & Anreise

Ausgangspunkt ist der Parkplatz Klammbrückl auf 1104 m.
Von Innsbruck über den Brenner, Ausfahrt Brixen/Pustertal. Dann über Bruneck und Silian ins Drautal. Die Zufahrt erfolgt vom Drautal über die Bundesstraße B 100. Von hier bis Leisach-Gries, kurz hinter dem Ort von der Pustertaler Straße nach links über die Drau. Dann dem „Stadtweg" über ein Forststraße bis zum Parkplatz folgen.

Tourenbeschreibung

Im Laserzkessel rund um die Karlsbader Hütte schlägt wohl das Herz der Lienzer Dolomiten. Die Hütte liegt mitten in der eindrucksvollen Berggruppe unmittelbar südlich der Osttiroler Bezirkshauptstadt. Wir entscheiden uns hier für einen alternativen Zugang und steigen durch das wildromantische Kerschbaumertal auf. Beim gleichnamigen Törl wechseln wir in den Laserzkessel. Der Überraschungseffekt ins einmalig.

Wir starten am schon recht hoch gelegenen Parkplatz Klammbrückl. Zunächst folgen wir der Route durchs Kerschbaumertal auf einem geschotterten Fahrweg; es gibt ein paar Abkürzungen, die lohnen sich aber kaum. An der Materialseilbahn auf ca. 1560 m mündet die breite Trasse in einen üblichen Bergsteig. Er wird nach einiger Zeit durch eine Reiße unterbrochen. Über einen Geländeriegel erreichen wir den hinteren Talabschnitt. Wir wandern durch lichten Wald, immer weiter dem Schutzhaus Kerschbaumeralm entgegen. Wir wechseln hier auf den Weg Nr. 213 und folgen der Route gen Osten erst durch den Wald, dann in Kehren den Latschenhang hinauf. Schließlich erreichen wir nach der Abzweigung zur Großen Gamswiesenspitze (hier können wir mit einem zusätzlichen Aufwand von 1:45 h einen Gipfelaufstieg wagen) die Einsattelung der Kerschbaumertörls.

Im Zickzack laufen wir jenseits weiter, dann halten wir uns rechts unter einem Felsaufbau. Zu guter Letzt geht's in einem Bogen zur Karlsbader Hütte. Nun lassen wir uns eine Rast auf der Hütte und am nahen Laserzsee nicht entgehen. Von der sonnigen Terrasse bestaunen wir die Felsarena rundum. Die tollen, hausgemachten Hauptgerichte und Nachspeisen werden durch eine kleine, aber erlesene Auswahl an österreichischen Spitzenweinen abgerundet. Nach einer Rast wandern wir die breite Schotterstraße abwärts; auch hier gibt es diverse Abkürzungsmöglichkeiten.

Wir folgen dem Egerländerweg hinab zur Lienzer-Dolomiten-Hütte. Von hier aus sind es nur noch wenige Schritte bis zum Parkplatz am Ende der Mautstraße. In der folgenden Kurve halten wir uns links, an einer Jagdhütte nochmals links. Ab hier leitet uns der Goggsteig Nr. 12B durch den Wald hinab. Schließlich führt der Franz-Lerch-Weg Nr. 10A das letzte Stück fast horizontal zum Klammbrückl zurück.

Das Kerschbaumertörl ist ein wichtiger Übergang inmitten der Lienzer Dolomiten

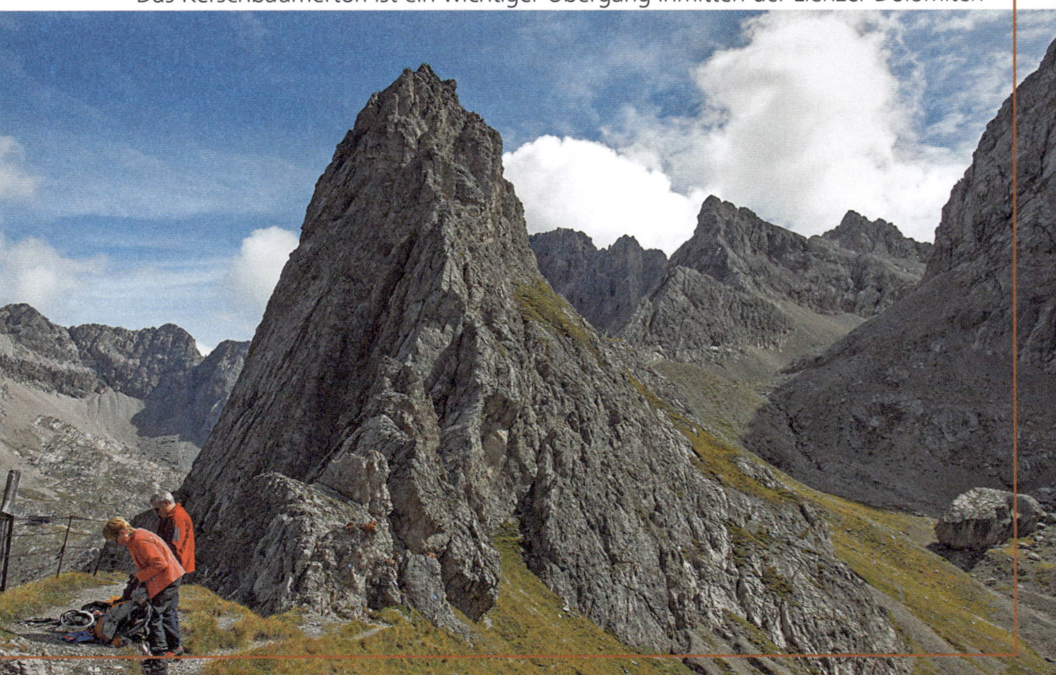

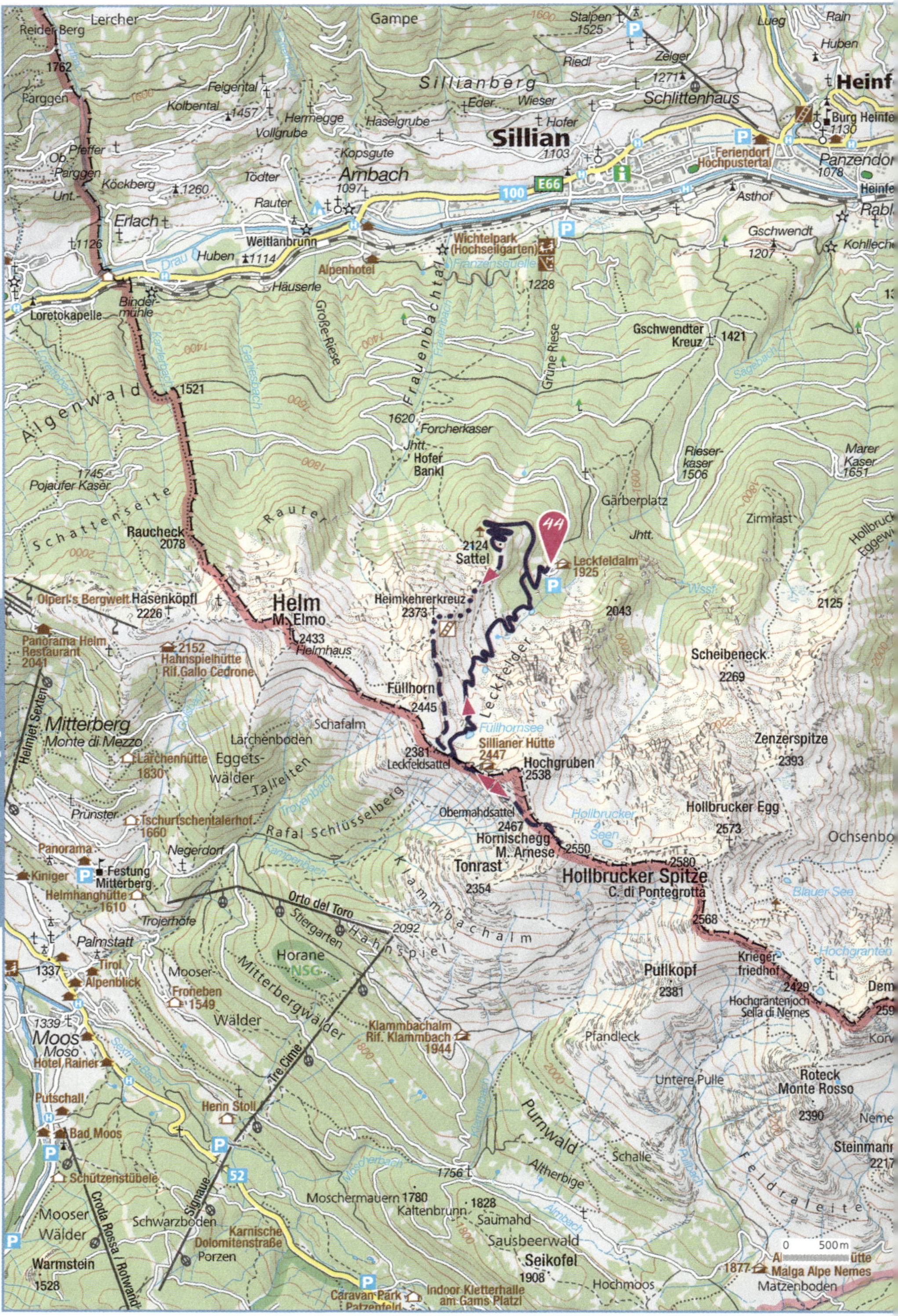

Reider Berg
Lercher
Gampe
Stalpen 1525
Lueg
Rain
Huben
Heinf
1762
Parggen
Feigental
Kolbental
1457
Sillianberg
Eder
Wieser
Riedl
Zelger
1271
Schlittenhaus
Burg Heinfe 1130
Pfeffer
Ob. Parggen
Unt.
Kockberg
1260
Hernegge
Vollgrube
Haselgrube
Hofer
Sillian 1103
Kopsgute
Arnbach 1097
Tödter
Feriendorf Hochpustertal
Panzendorf 1078
Heinfe
Rabl
Erlach
Rauter
Weitlanbrunn
100
E66
Asthof
Gschwendt 1207
Kohllech
1126
Drau
Huben
1114
Wichtelpark (Hochseilgarten)
Franzensquelle
Alpenhotel
1228
Häuserle
Loretokapelle
Bindermühle
Große-Riese
Frauenbachtal
Grüne Riese
Gschwendter Kreuz 1421
1521
Algenwald
1620
Forcherkaser
Jhtt. Hofer Bankl
Rieser-kaser 1506
Marer Kaser 1651
1745
Pojaufer Kaser
Gärberplatz
Schattenseite
Rauter
Raucheck 2078
2124 Sattel
44
Leckfeldalm 1925
Zirmrast
Jhtt.
Hollbruck Eggewi
Olperl's Bergwelt
Hasenköpfl 2226
Helm M. Elmo
Heimkehrerkreuz 2373
2043
2125
Panorama Helm Restaurant 2041
2433 Helmhaus
2152 Hahnspielhütte Rif. Gallo Cedrone
Scheibeneck 2269
Helmjet Sexten
Füllhorn 2445
Leckfelder
Mitterberg Monte di Mezzo
Schafalm
Füllhornsee
Zenzerspitze 2393
Lärchenboden
Sillianer Hütte 2447
Lärchenhütte 1830
Eggetswälder
2381 Leckfeldsattel
Hochgruben 2538
Talleiten
Prünster
Tschurtschentalerhof 1660
Obermahdsattel 2467
Hollbrucker Egg 2573
Hollbrucker Seen
Rafal Schlüsselberg
Hornischegg M. Arnese 2550
Ochsenbo
Negerdorf
Panorama
Festung Mitterberg
Kiniger
Tonrast 2354
2580
Hollbrucker Spitze C. di Pontegrotta
Helmhanghütte 1610
Klammbachalm
Blauer See
Orto del Toro
Stiergarten
Hahnspiel
2092
Trojerhöfe
2568
Palmstatt
Horane NSG
Hochgranten
1337
Tirol
Mooser
Krieger-friedhof
Pullkopf 2381
2429
Dem
Alpenblick
Froneben 1549
Mitterbergwälder
Hochgräntenjoch Sella di Nemes
259
Wälder
1339
Klammbachalm Rif. Klammbach 1944
Pfandleck
Kor
Moos Moso
Hotel Rainer
Tre Cime
Untere Pulle
Roteck Monte Rosso 2390
Putschall
Henn Stoll
Purnwald
Nemes
Bad Moos
Steinmann 2217
Schütznstübele
52
Schalle
Signaue
1756
Altherbige
Feldraleite
Mooser Wälder
Schwarzboden
Moschermauern 1780
Kaltenbrunn
1828
Saumahd
Croda Rossa / Rotwand
Karnische Dolomitenstraße
Sausbeerwald
Warmstein 1528
Porzen
Seikofel 1908
0 500 m
1877
Malga Alpe Nemes
Caravan Park Patzenfeld
Indoor Kletterhalle am Gams Platzl
Hochmoos
Matzenboden

Tour 44

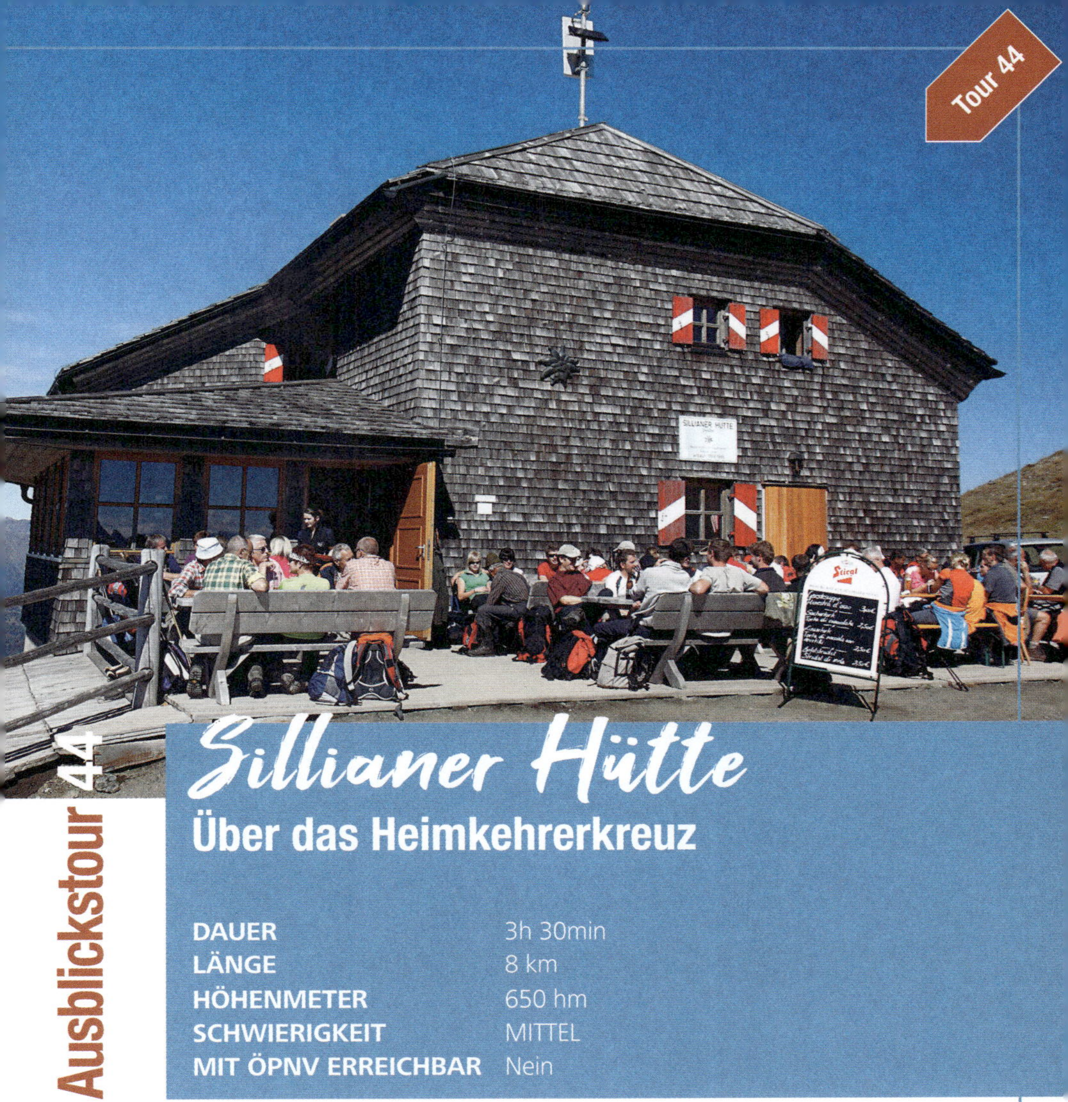

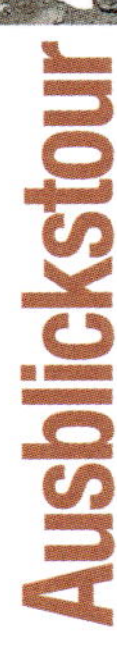

Sillianer Hütte

Über das Heimkehrerkreuz

DAUER	3h 30min
LÄNGE	8 km
HÖHENMETER	650 hm
SCHWIERIGKEIT	MITTEL
MIT ÖPNV ERREICHBAR	Nein

Das erwartet dich ...

Bis auf ein Steilstück zwischen Sattel und Heimkehrerkreuz präsentiert sich die Tour als leichte und kurze Bergwanderung. Trittsicherheit ist dennoch unbedingt erforderlich. Belohnt werden wir dann mit einem Galablick von der Silianer Hütte auf die Sextner Dolomiten. Der Abstecher auf's Hornischegg rundet die schöne Tour ab.

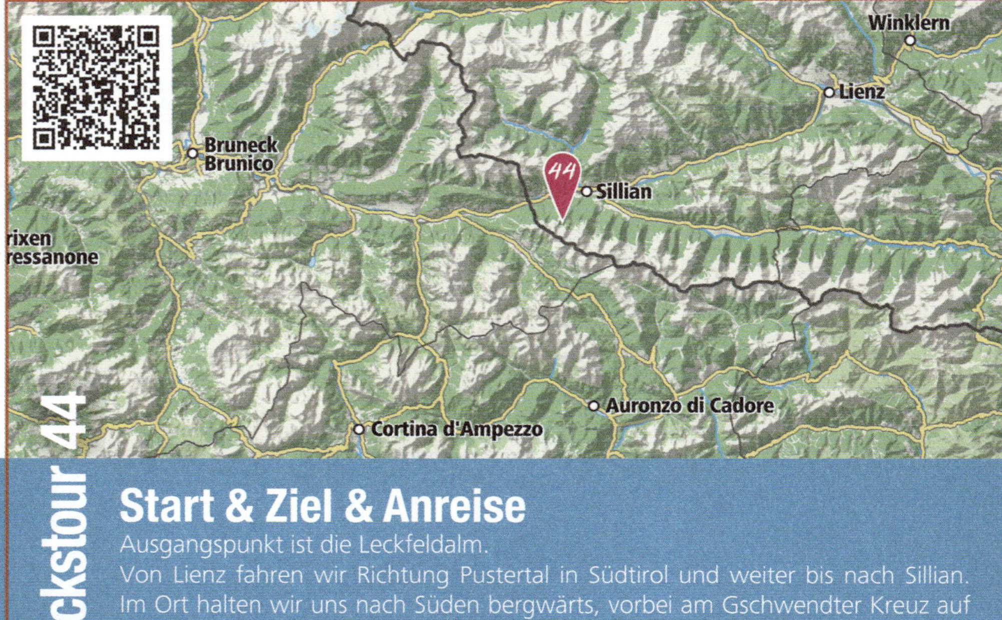

Ausblickstour 44

Start & Ziel & Anreise

Ausgangspunkt ist die Leckfeldalm.
Von Lienz fahren wir Richtung Pustertal in Südtirol und weiter bis nach Sillian. Im Ort halten wir uns nach Süden bergwärts, vorbei am Gschwendter Kreuz auf einem 7 km lange Forststraße bis zum Parkplatz an der Leckfeldalm. Auch per Taxi-Zubringer möglich. Zu Fuß läuft man von Silian ca. 2h.

Tourenbeschreibung

Auf der Höhe des Karnischen Hauptkamms liegt, direkt an der Grenze zwischen Ost- und Südtirol, die Sillianer Hütte. Ein lohnendes Ziel, zumal die unterhalb gelegene Leckfeldalm gut mit dem Auto zu erreichen ist. So kommen wir relativ schnell in den Genuss der herrlichen Panorama- und Gipfelschau auf der Hütte. Da bleibt sogar noch genug Zeit, eine Schleife über's Heimkehrerkreuz zu drehen oder sogar einen Abstecher zu einem der nahen Kammgipfel wie dem Hornischegg zu machen. Ein düsteres Kapitel der Geschichte wird uns allerdings auf dem Gipfel bewusst: Hier über die Gipfel der Karnischen Alpen verlief die Front im Ersten Weltkrieg.

Von der Leckfeldalm richten wir uns nach dem – für den öffentlichen Verkehr gesperrten – Wirtschaftsweg Richtung Sillianer Hütte. Wir folgen ihm nur kurz, dann folgen wir einer breiten Trasse, die sich nach rechts in Serpentinen zum Sattel hinaufschlängelt. Ein schmaler Steig leitet uns hier weiter über eine kleine Anhöhe. Bald darauf steigen wir steil und etwas verschlungen zwischen den Bäumen und schrofigen Felsen empor. An mancher Stelle hilft eine Drahtseilsicherung. Schon von weitem sehen wir unser erstes Ziel, das Heimkehrerkreuz. Alternativ und auf einfacherem Weg könnten wir auch von hinten über den Weg Nr. 113 dorthin aufsteigen (Abzweig vom Direktweg zur Sillianer Hütte).

Weiter geht's über den Weg Nr. 14. Wir queren fast horizontal unter dem Füllhorn entlang in den Leckfeldsattel am Grenzkamm. Hier präsentieren sich uns die Dolomiten in ihrer ganzen Pracht. Wenige Schritte weiter oben empfängt uns die Sillianer Hütte. Aufgetischt werden hier nur frische Produkte aus der österreichisch-italienischen Grenzregion. Von der einladenden Sonnenterrasse hat man einen fantastischen Blick in die Dolomiten. Mitte Juli herum spielen oft einheimische Musikanten auf der Hütte. Am ersten Sonntag im September findet jährlich eine Bergmesse statt.

Der Weiterweg bringt uns an alten Militärbaracken vorbei zu einem Kammsattel. Von hier aus erreichen wir das Hornischegg auf dem nach rechts absteigenden Weg. Vom Leckfeldsattel bzw. der Sillianer Hütte steigen wir schließlich über die nordseitige Hangmulde der Leckfelder. In Kehren geht's auf dem breiten Schotterweg zurück zur Leckfeldalm.

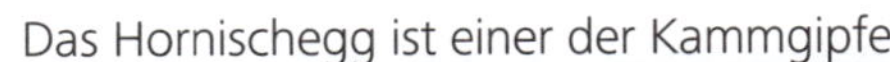

Das Hornischegg ist einer der Kammgipfel

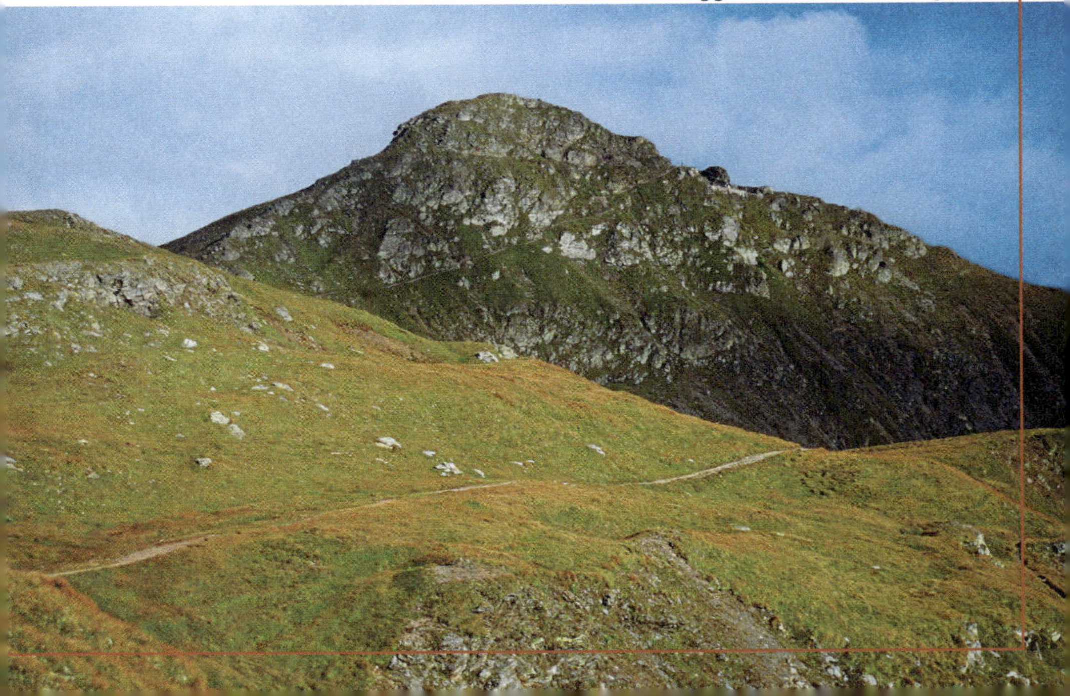

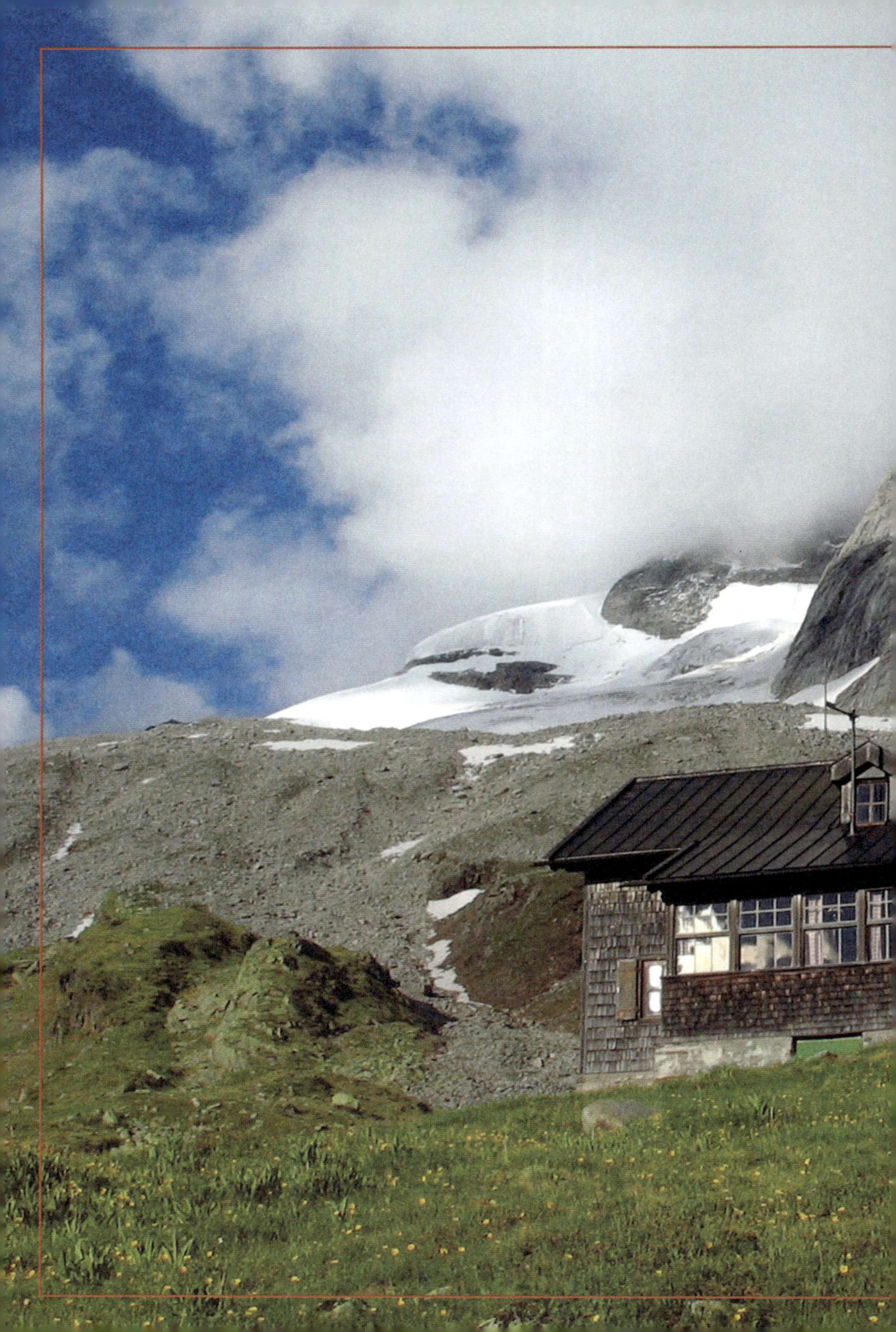

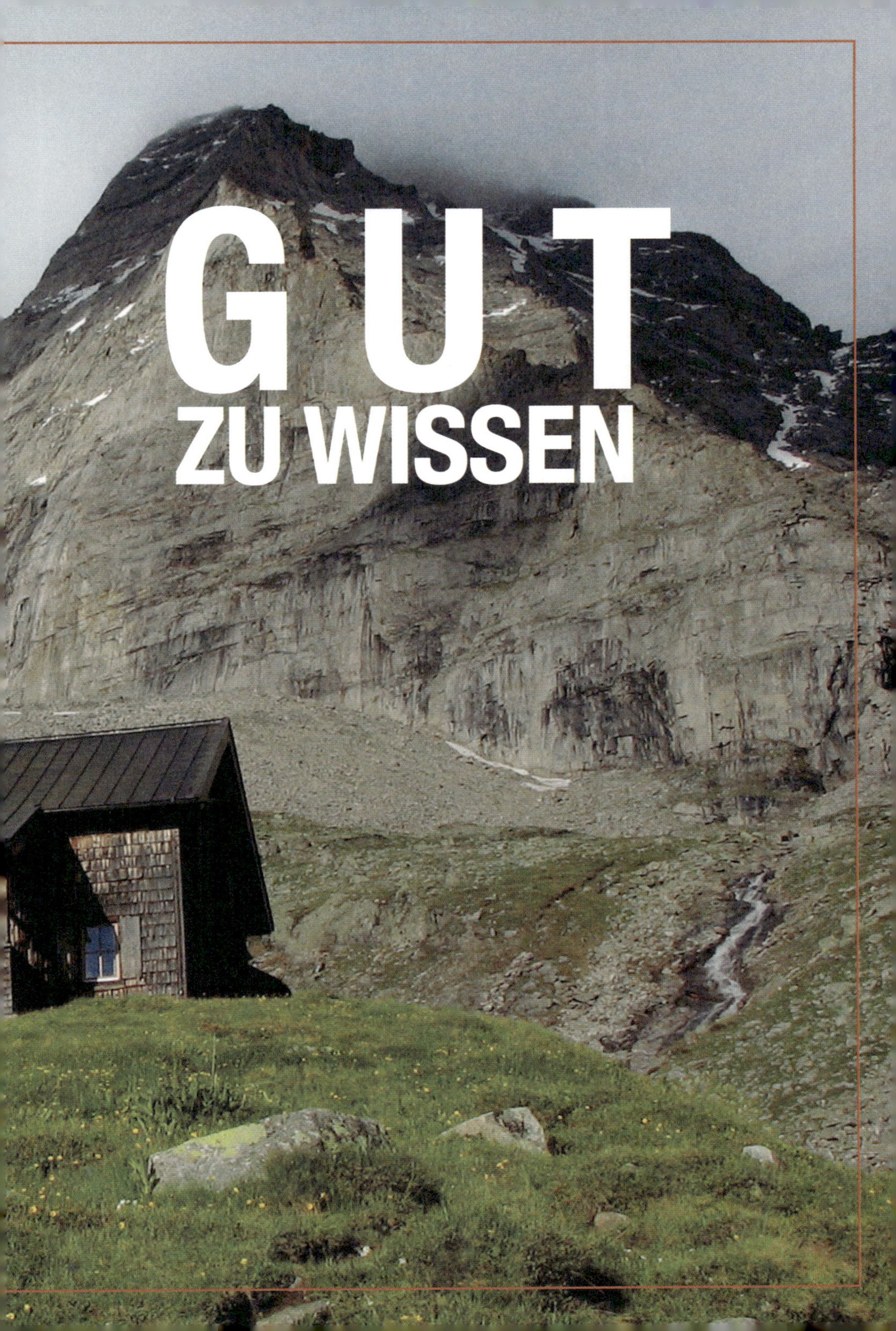

GUT ZU WISSEN

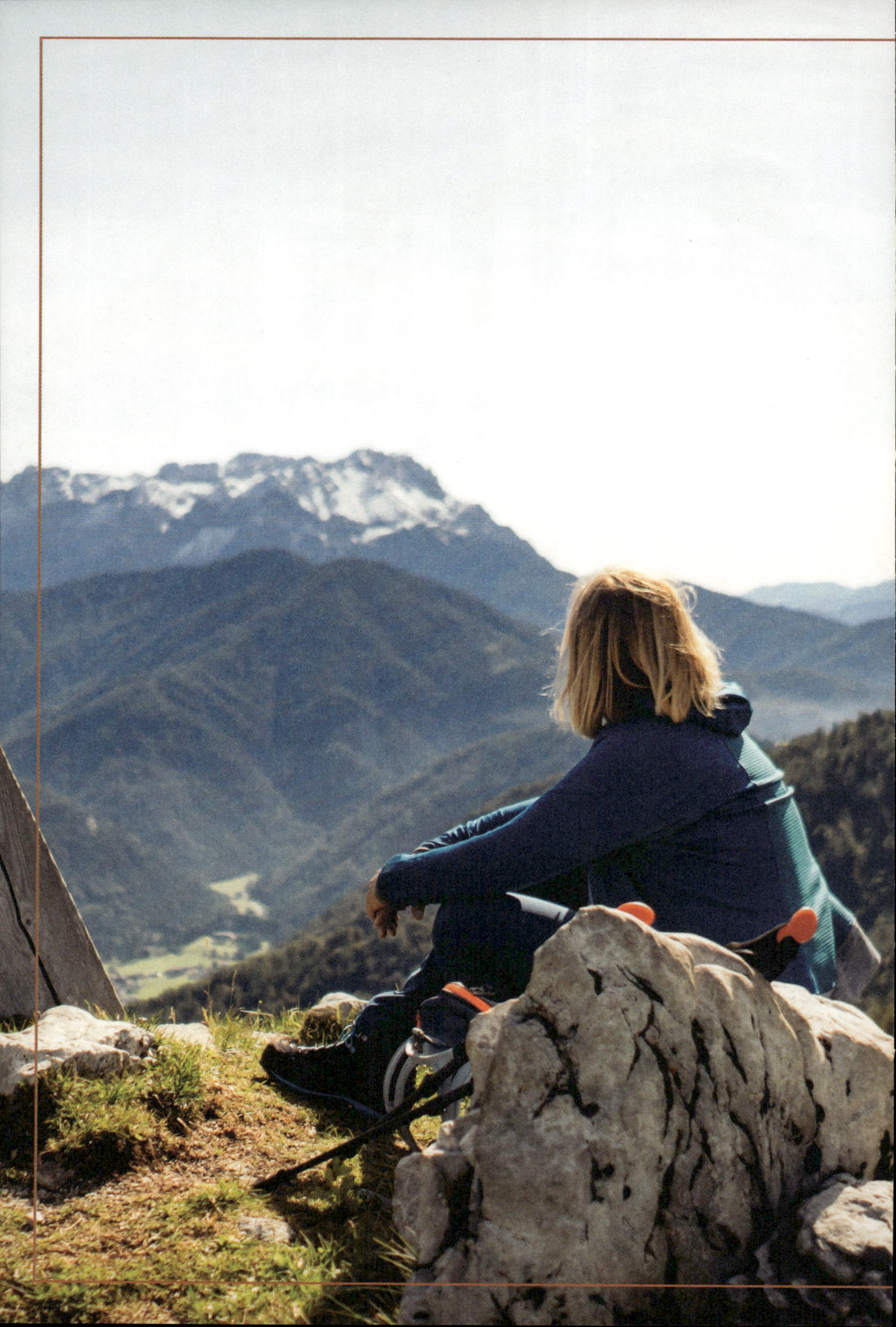

Unsere Hütten-Hacks

Es geht auch einfacher

HACKS

SCHNARCHALARM

Wer kennt es nicht? Du bist gerade eingeschlafen und dann geht das Schnarchkonzert los. Oropax sind das einzige und beste Mittel dagegen und helfen dir, die Nacht gut zu überstehen. Vorsorglich machst du sie gleich beim Zu-Bett-Gehen rein, dann steht deinem erholsamen Schlaf nichts mehr im Wege.

STIRNLAMPE

Die Stirnlampe ist ein wichtiger Begleiter beim Wandern, aber auch auf Hütten wird sie dir das Leben erleichtern: Wo war noch einmal das Klo? Ohne Stirnlampe wirst du den Weg wohl kaum finden, ohne jemanden aufzuwecken. Auch für Leseratten eignet sich das gedimmte Licht: So kannst du im Bett noch lesen, ohne dass sich deine Lager- bzw. Zimmer-Kameraden gestört fühlen.

TROCKENRAUM

Was riecht denn da so gut im Lager? Vermutlich der klassische Bergsteigerduft! Damit sich das Ganze in Grenzen hält, dürfen müffelnde Bergschuhe nicht mit ins Schlaflager genommen werden. Extra für Bergschuhe im Sommer bzw. Skischuhe im Winter gibt es den Trockenraum, der in jedem Fall zu nutzen ist. Deine Lager- bzw. Zimmer-Kameraden werden es dir danken.

Endlich was Neues ausprobieren

Lust was Neues auszuprobieren?

WENN JA HABEN WIR EIN PAAR VORSCHLÄGE FÜR DICH.

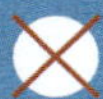

- **HÖHLENTREKKING:** Die Spannagelhöhle bei Hintertux gilt mit einer Länge von 12,5 km als größte Felshöhle der Zentralalpen. Gegen Voranmeldung gibt es hier mehrstündige Höhlentrekkings zu erleben.
- **BERGWERK ENTDECKEN:** Schwaz war im Mittelalter Bergbaumetropole. Die Stollen des Silberbergwerkes erstrecken sich 800 Meter unter die Erde und können bei Führungen besichtigt werden.
- **FIGLN:** Das ist ein fast sommerliches Vergnügen auf dem frühlingshaften Sulzschnee. Perfekte Bedingungen dafür schafft im Frühling die Innsbrucker Nordkette
- **SLACKLINING:** Das Balancieren auf einem gespannten Gurtband. Ein Ganzkörpertraining, das die Körperspannung fördert und wofür man nur zwei Bäume und eine Slackline benötigt.
- **KITESURFEN:** An heißen Tiroler Sommertagen bietet es sich an Abkühlung an einem See zu suchen. Wieso also diesen Tag nicht nutzen, um einen Kitesurfkurs auszuprobieren? Der Achensee bietet dazu Surfschulen.

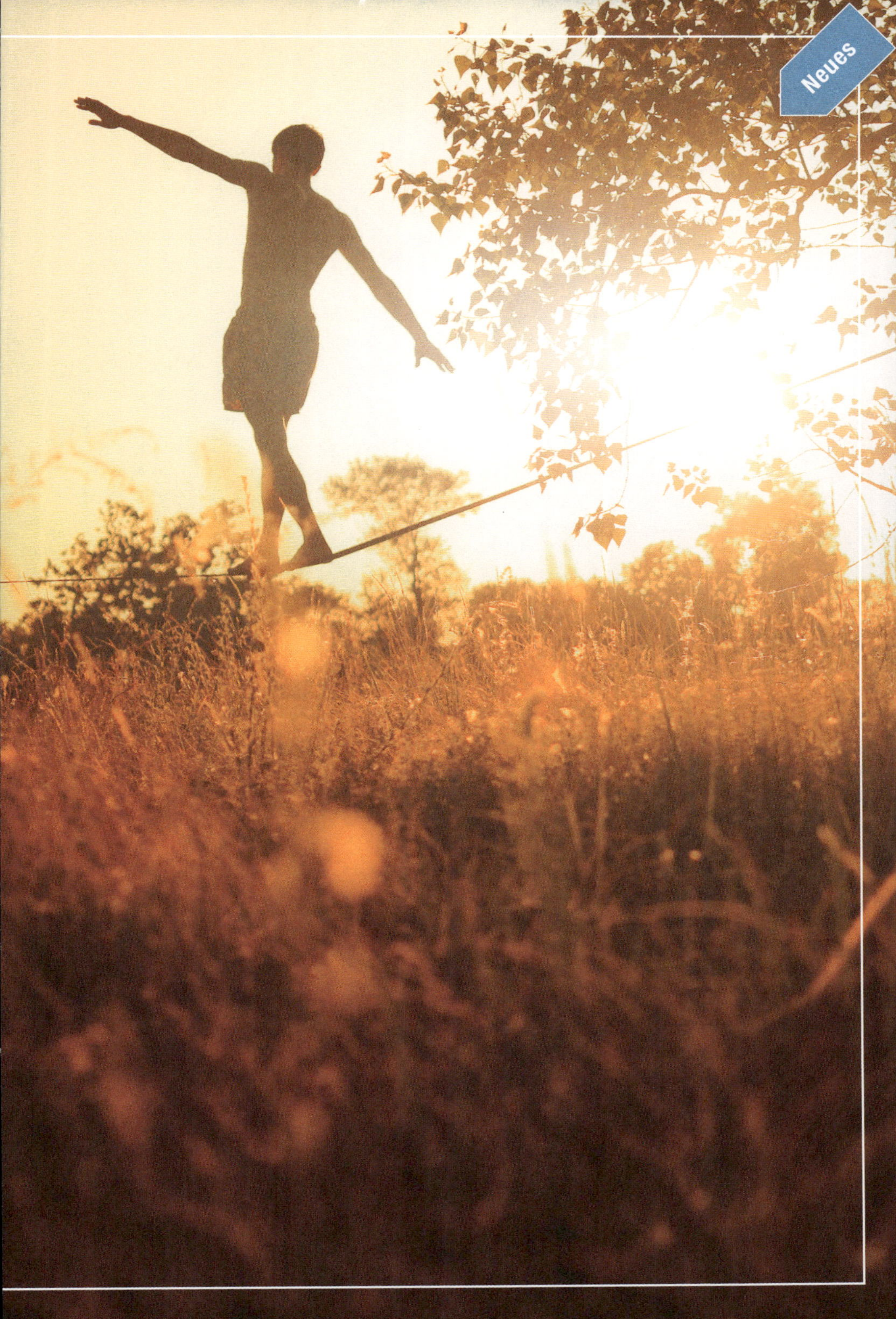
Neues

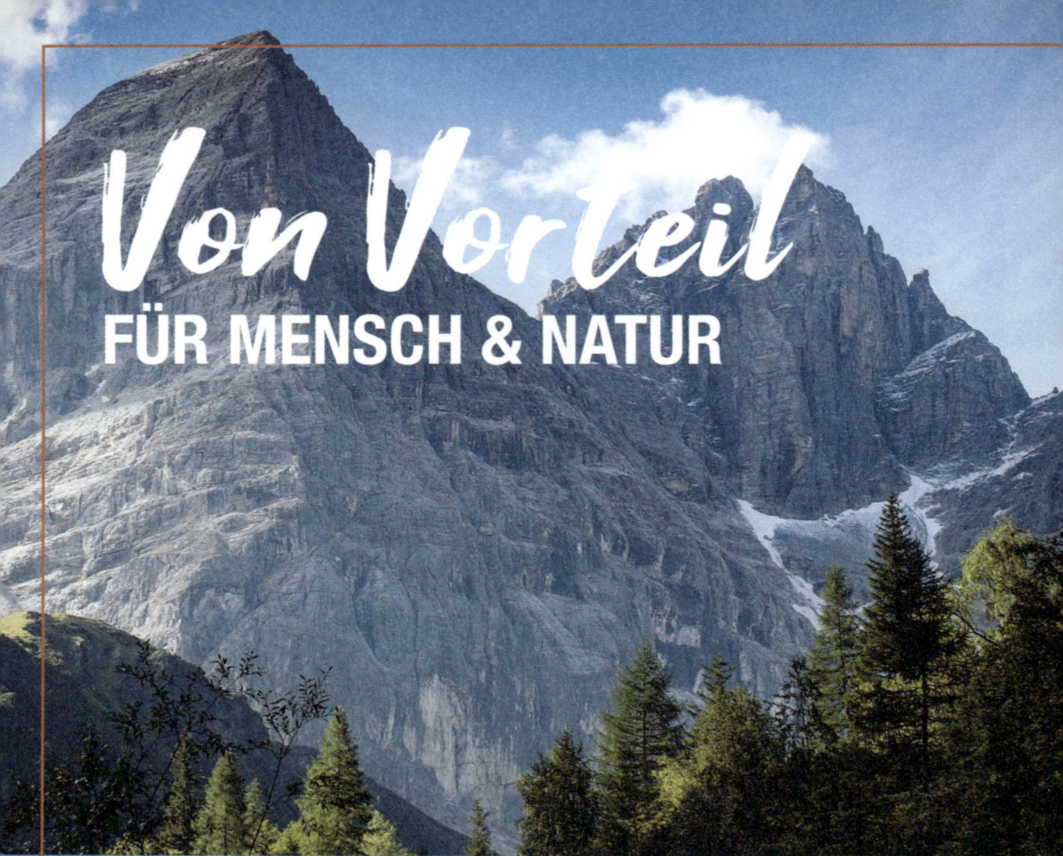

Von Vorteil FÜR MENSCH & NATUR

Nachhaltigkeit

BEIM WANDERN

Wandern ist eine recht schonende Sportart für die Natur und unsere Umwelt, wenn wir einige wenige Dinge beachten. Denn das Gleichgewicht ist hier extrem sensibel: Jedes zurückgelassene Papierchen in schönster Umgebung, jede Plastikwasserflasche oder auch noch so tolle Outdoorjacke, dafür voll von chemischen Inhaltsstoffen, fallen ins Gewicht. Folgende fünf Punkte geben euch einen kurzen Überblick, was ihr für euch und die Natur tun könnt. Denn Umweltschutz betrifft uns alle, schließlich haben wir nur eine Erde und mit dieser sollten wir behutsam und respektvoll umgehen.

Und das kannst du machen …

Green-Guide

01 **Nachhaltigkeit beginnt schon bei der Anreise:** Je mehr Menschen mit dem Auto fahren, desto mehr CO_2-Ausstoß und desto mehr umweltschädlichen Gummiabrieb der Reifen gibt es. Doch viele Ausgangspunkte sind auch gut mit den öffentlichen Verkehrsmitteln zu erreichen. Also einfach mal das Auto stehen lassen. Oder Fahrgemeinschaften bilden.

02 **Keine Einwegflaschen:** Gerade das Trinken ist auf Wanderungen wichtig. Doch sollte man aus Rücksicht zur Natur und sich selbst zuliebe auf Einwegflaschen aus Plastik verzichten und lieber seine eigene Trinkflasche mitnehmen.

03 **Kein Verpackungsmüll:** Die Verpflegung für den Hunger zwischendurch ist mindestens genauso wichtig wie das Trinken. Brotdosen bieten sich zum Transport von Proviant an oder einfach alles in ein Bienenwachstuch einwickeln.

04 **Wanderausrüstung leihen:** Gerade beim Ausprobieren einer Sportart muss nicht gleich alles neu gekauft werden, was dann vielleicht im Keller landet. Manche Ausrüstungsgegenstände können auch erst einmal ausgeliehen werden. Auch ist es nicht notwendig, jedes Jahr ein neues Outfit zu kaufen. Achtet ihr schon beim ersten Kauf auf Qualität, macht sich das bemerkbar, denn qualitativ hochwertigere Produkte begleiten uns oft jahrelang.

05 **Weniger ist mehr:** Oft findet sich die schönste Natur in unmittelbarer Nähe. So muss es nicht immer die weit entfernte Gebirgskette sein. Auch Ziele, die aufgrund ihrer Bekanntheit an Wochenenden und in den Ferien total überlaufen sind, freuen sich über ein paar Besucher weniger. Weniger bekannte Ziele haben auch ihren Reiz und warten nur darauf, entdeckt zu werden.

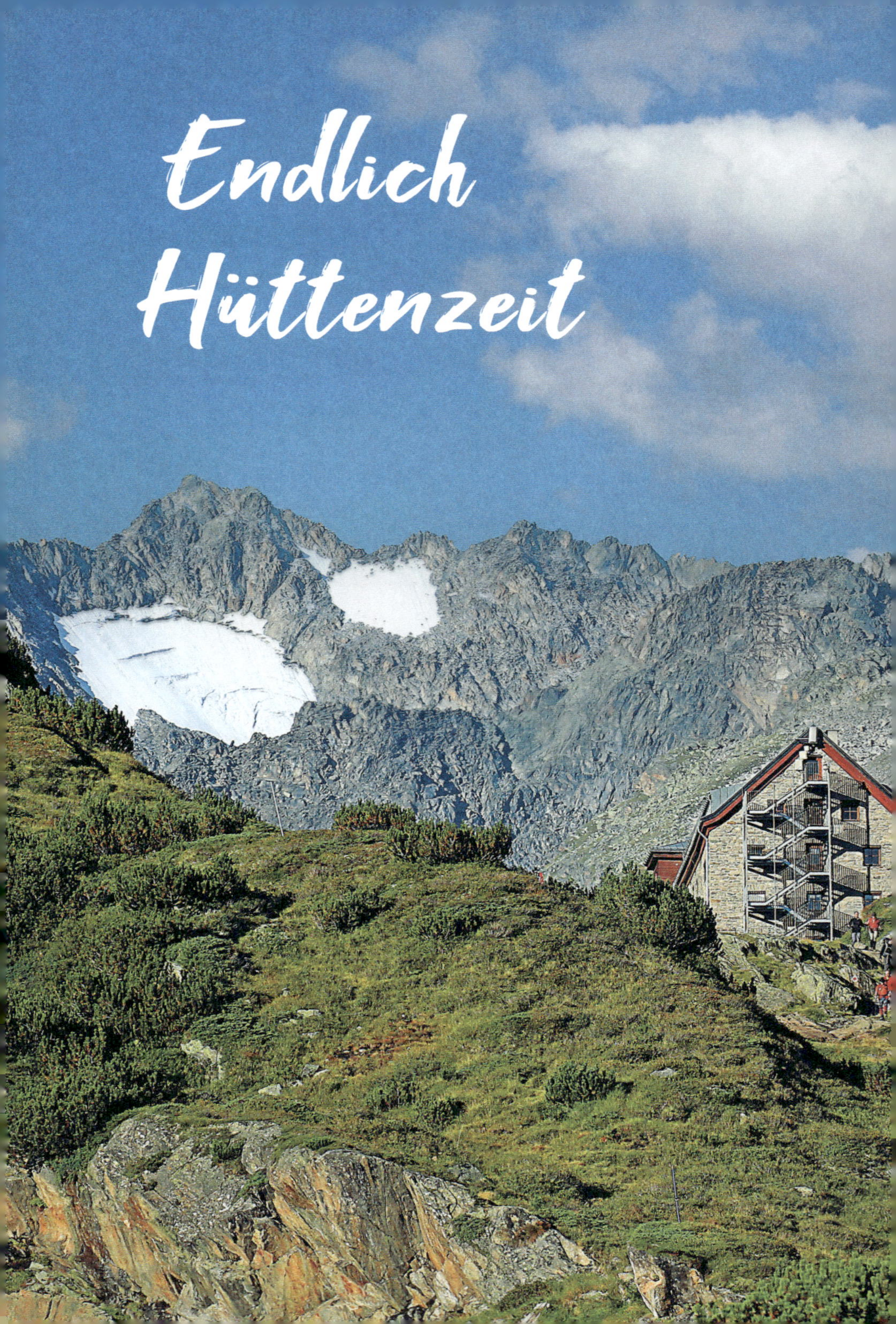
Endlich
Hüttenzeit

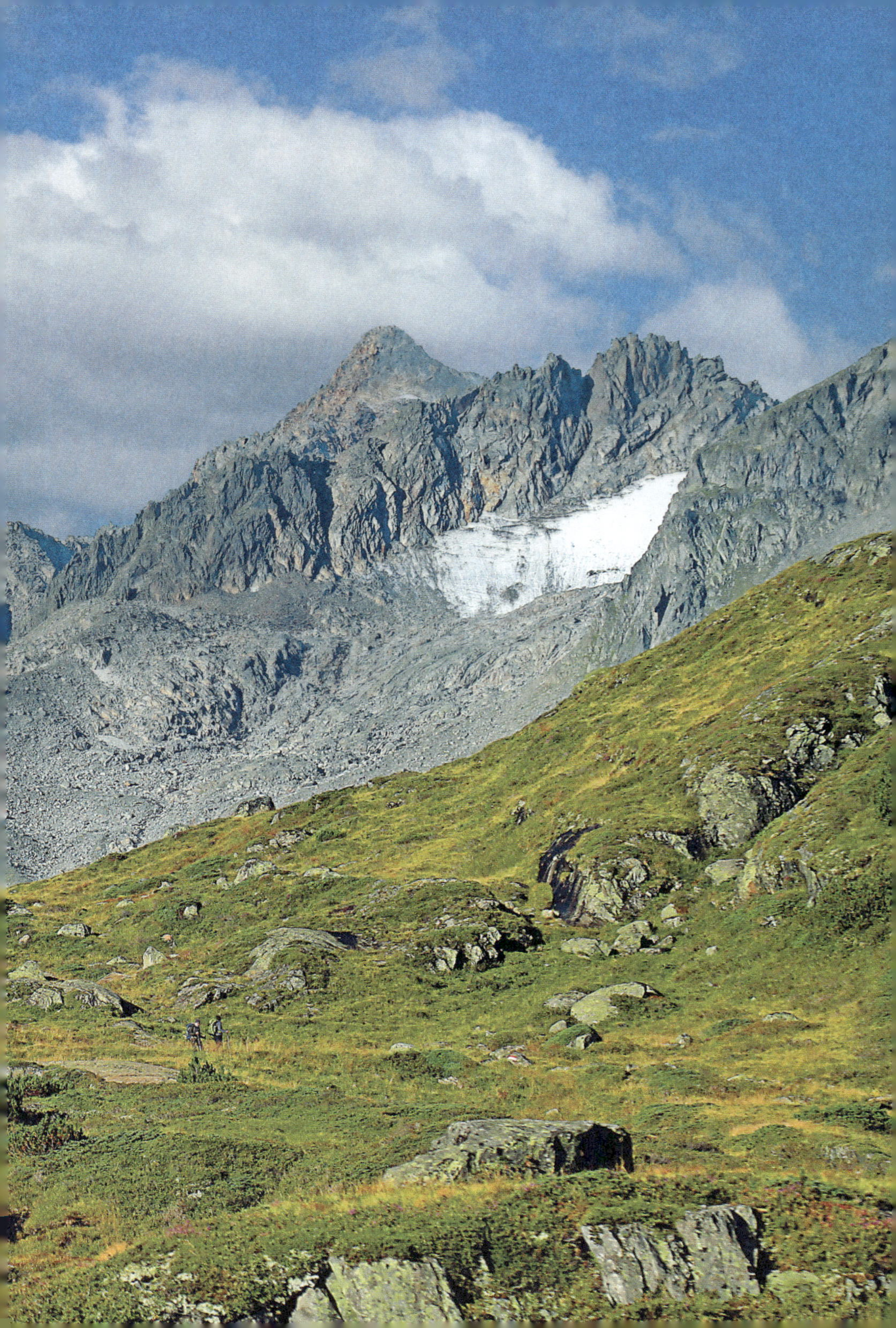

Karl-Kapferer-Straße 5, A-6020 Innsbruck

1. Auflage 2023 (23.01)
Verlagsnummer 3539
ISBN 978-3-99121-852-4

Konzept und Bildnachweis

Konzept & Gestaltung: © KOMPASS-Karten GmbH

Text: KOMPASS-Karten AutorInnen (s. Klappe)

Projektleitung: Jeff Reding

Grafische & Kartografische Herstellung:
© KOMPASS-Karten GmbH

Kartengrundlage: © KOMPASS-Karten GmbH unter Verwendung von OpenStreetMap Contributors (www.openstreetmap.org)

Titelbild: Almhütte in den Bergen;
© Patrick Daxenbichler - stock.adobe.com

Cover Rückseite: Kufstein an einem warmen Sommertag;
© Christoph Rauch - stock-adobe.com

Weiterer Bildnachweis:
S.2/3; S.197 : © twoandonebuilding - stock.adobe.com
S.4/5: © larauhryn - stock.adobe.com
S.8/9; S.10/11: © Netzer Johannes - stock.adobe.com
S.123; S.145; S.147; S.153; S.155; S.157; S.159; S.161;
S.163: Siegfried Garnweidner
S.15; S.177; S.179; S.181; S.185; S.189; S.191; S.193;
S.195; S.199; S.201; S.203: Mark Zahel
S.16: © Halfpoint - stock.adobe.com
S.18: © Hans und Christa Ede - stock.adobe.com
S.21: © Bernd Jürgens - stock.adobe.com
S.22; S.111; S.115; S.117; S.119; S.121: Eva Maria Volgger
S.24/25: © lexpixelart - stock.adobe.com
S.27; S.31; S.35; S.39; S.43: Brigitte Schäfer
S.29: © Marc Kunze - stock.adobe.com
S.45: © johannesha - stock.adobe.com
S.47: Anton Vorauer
S.49; S.214/215: © Laura Kantt - stock.adobe.com
S.51; S.55; S.59: Raphaela Moczynski & Hannes Kleindienst
S.63; S.67; S.71; S.75; S.77; S.79; S.87; S.91; S.93; S.95;
S.97; S.99; S.103; S.107; S.109; S.204/205; S:212/213:
Wolfgang Heitzmann und Renate Gabriel
S.65: © lotharnahler - stock.adobe.com
S.83: Julia Flory
S.85; S.168; S.210: © Christian - stock.adobe.com
S.105: KOMPASS-GmbH
S.127: M. Hausberger
S.130/131: O. Leiner
S.133: E. Unterberger
S.137: Hermann Sonntag
S.141: S. Pilloni
S.149: S. Hölscher
S.165; S.206: © Daniel Gollner
S.167: © josefkubes - stock.adobe.com

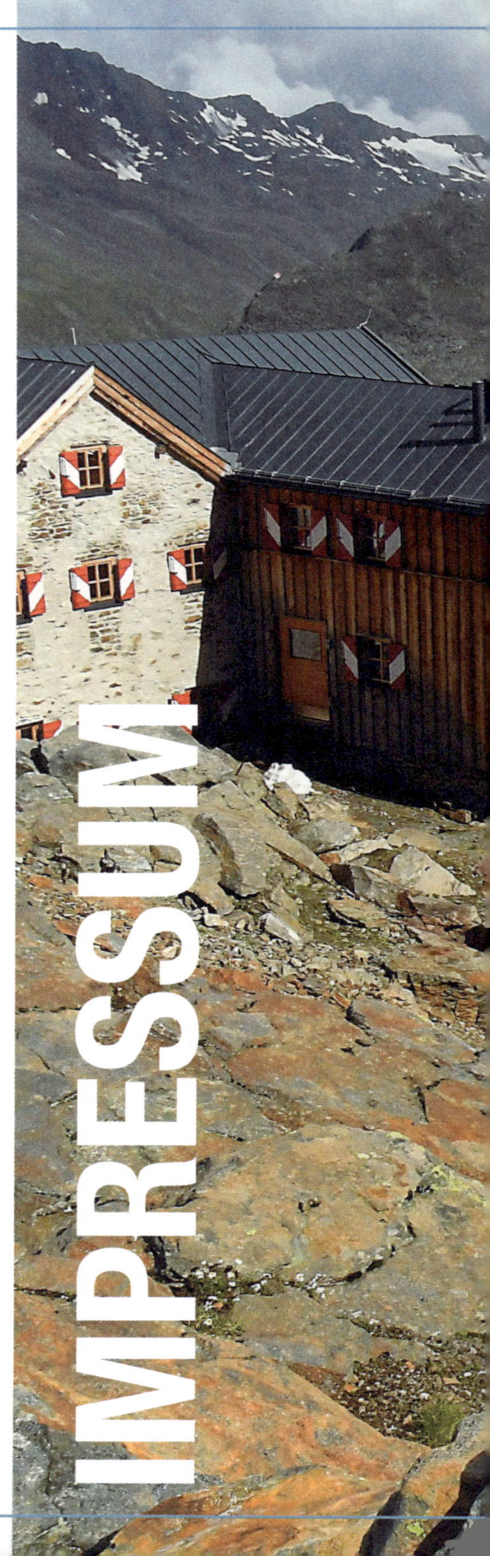

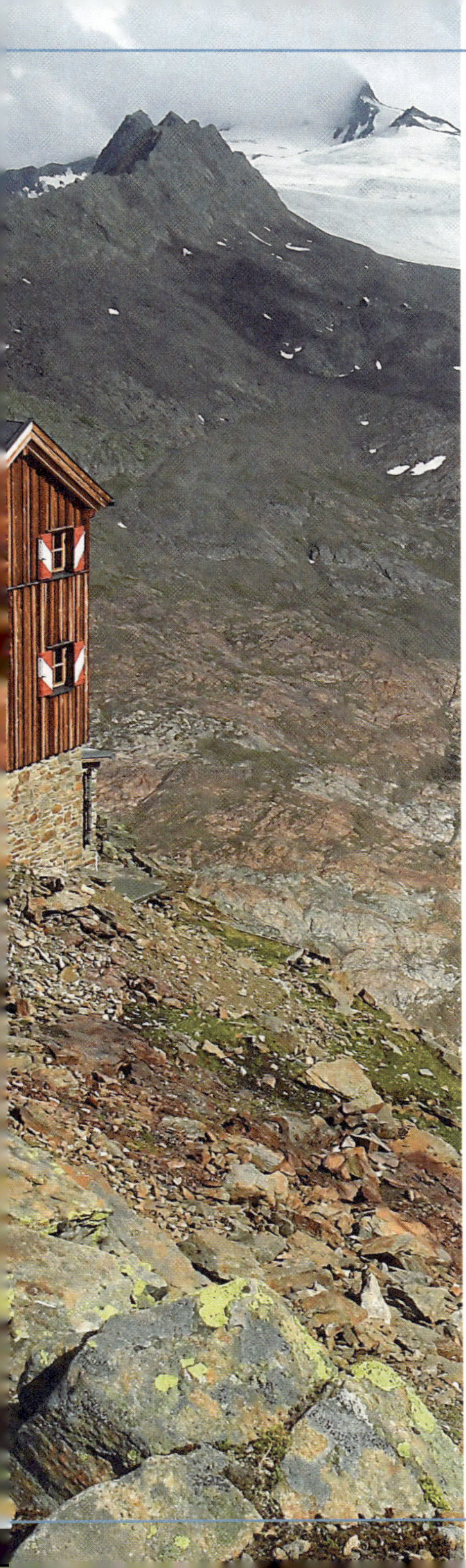

Weiterer Bildnachweis:
S.171: Walter Theil
S.173: © fcja99 - pixabay.com
S.209: © S.Myshkovsky - stock.adobe.com

Alle Angaben und Routenbeschreibungen wurden nach bestem Wissen gemäß unserer derzeitigen Informationslage gemacht. Die Wanderungen wurden sehr sorgfältig ausgewählt und beschrieben, Schwierigkeiten werden im Text kurz angegeben. Es können jedoch Änderungen an Wegen und im aktuellen Naturzustand eintreten. Wanderer und alle Kartenbenützer müssen darauf achten, dass aufgrund ständiger Veränderungen die Wegzustände bezüglich Begehbarkeit sich nicht mit den Angaben in der Karte decken müssen. Bei der großen Fülle des bearbeiteten Materials sind daher vereinzelte Fehler und Unstimmigkeiten nicht vermeidbar. Die Verwendung dieses Führers erfolgt ausschließlich auf eigenes Risiko und auf eigene Gefahr, somit eigenverantwortlich. Eine Haftung für etwaige Unfälle oder Schäden jeder Art wird daher nicht übernommen. Für Berichtigungen und Verbesserungsvorschläge ist die Redaktion stets dankbar. Korrekturhinweise bitte an folgende Anschrift:

KOMPASS KARTEN GMBH
Karl-Kapferer-Straße 5, A-6020 Innsbruck
www.kompass.de/service/kontakt

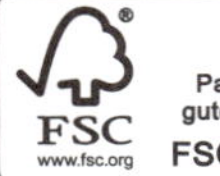
MIX
Papier | Fördert gute Waldnutzung
FSC® C018236

Deine Orientierung

Hallo!
Ich bin deine Anleitung, wie du zu den GPX-Tracks aus deinem neuen Buch kommst. Damit kannst du dir die Route in Outdoor-Apps und Navigationsgeräte laden. Scann den QR-Code oder gehe auf folgende Webseite:

www.kompass.de/gpx

Für Navigationsgeräte und Apps haben wir auf unserer Webseite alle Touren im GPX-Format zum Download bereitgestellt:
Hier findet man alle weiteren Informationen. Einfach das richtige Produkt auf der Seite auswählen, die Daten herunterladen und auf das Zielgerät oder in die gewünschte App importieren.

Was ist ein GPX-Track? GPX ist ein Datenformat für Geodaten. Das Wort GPS steht für Global Positioning System (Globales Positionsbestimmungssystem). Mit einem GPX-Track bekommt man die rote Linie, also den Wegverlauf, als geografische Koordinaten.

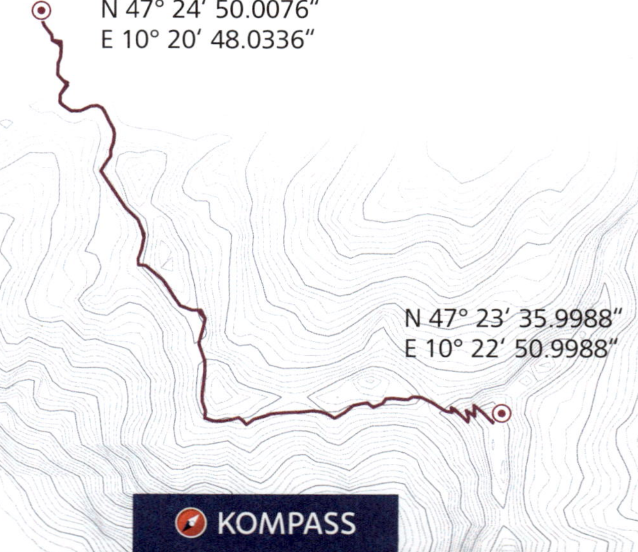